DuMont Dokumente:
eine Sammlung von Originaltexten,
Dokumenten und grundsätzlichen Arbeiten
zur Kunstgeschichte, Archäologie, Musikgeschichte
und Geisteswissenschaft

Kunst im öffentlichen Raum

Anstöße der 80er Jahre

Im Auftrag der Kulturbehörde Hamburg
herausgegeben von Volker Plagemann
Redaktion: Babette Peters

DuMont Buchverlag Köln

Abbildung Umschlagvorderseite: Felix Droese, »Boot«, Hamburg, 1985. (Foto: Wolfgang Neeb.)

Abbildung Umschlagklappe vorn: Sol LeWitt, »Black Form, Dedicated to the Missing Jews«, »Skulptur Projekte in Münster 1987«. (Foto: Rudolf Wakonigg.)

Abbildung Umschlagrückseite: Joseph Beuys, »Gesamtkunstwerk Freie und Hansestadt Hamburg«, Entwurfsskizze, 1983. (Foto: Elke Walford.)

CIP-Titelaufnahme der Deutschen Bibliothek

Kunst im öffentlichen Raum : Anstöße der 80er Jahre / Volker Plagemann (Hrsg.). Im Auftr. d. Kulturbehörde Hamburg. – Köln : DuMont, 1989
(DuMont-Dokumente)
ISBN 3-7701-2482-0
NE: Plagemann, Volker [Hrsg.]

Satz und Druck: Rasch, Bramsche
Buchbinderische Verarbeitung: Bramscher Buchbinder Betriebe

Printed in Germany ISBN 3-7701-2482-0

INHALT

Ingo von Münch
Vorwort 9

Volker Plagemann
Kunst außerhalb der Museen 10

MODELLE

Beate Mielsch
Die historischen Hintergründe der »Kunst-am-Bau«-Regelung 21

Klaus Honnef
Kunstwerke im öffentlichen Raum repräsentativer Demokratien:
»Umwelt-Akzente« in Monschau, 1970 45

Tilman Osterwold
Außenraumprojekte in Stuttgart 53

Leonie Baumann
»Kunst am Bau« und »Kunst im Stadtraum« in Berlin 61

Hans-Joachim Manske
»Kunst im öffentlichen Raum« in Bremen
»Künstler in Bürgernähe. Bürger in Künstlernähe« 71

Karl Weber
»Kunst im öffentlichen Raum« in Hamburg 90

NEUE ANSTÖSSE

Barbara Straka
Die Berliner Mobilmachung
Eine kritische Nachlese zum »Skulpturenboulevard« als
»Museum auf Zeit« 97

Annelie Pohlen
Der Jenisch-Park zwischen Museum und öffentlichem Raum 116

Helen Koriath
»Im Auftrag« – Kunst im öffentlichen Raum in Essen 124

Friedrich Meschede
»Skulptur 1977« und »Skulptur Projekte in Münster 1987« 132

HAMBURGER PROJEKTE

Dietrich Schubert
»Hamburger Feuersturm« und »Fluchtgruppe Cap Arcona«
Zu Alfred Hrdlickas »Gegendenkmal« 150

Jürgen Hohmeyer
Das Hakenkreuz als statische Krücke
Zu Alfred Hrdlickas »Gegendenkmal« 171

Ulrich Krempel
Sieben Anmerkungen zum »Harburger Mahnmal gegen Faschismus,
Krieg, Gewalt« von Esther und Jochen Gerz 177

Dierk Stemmler
Felix Droeses »Boot« in Finkenwerder 184

Siegfried Neuenhausen
Zwischen Kunst und Psychiatrie
Das Projekt in Ochsenzoll 191

Uwe M. Schneede
Joseph Beuys' »Gesamtkunstwerk Freie und Hansestadt Hamburg« 198

Dietrich Helms
Ulrich Rückriems Skulptur vor der Nikolaikirche in Hamburg 206

Michael Lingner
Innere Plätze – »Sieben Orte für Hamburg« von Franz Erhard Walther
Die Instrumentierung der Imagination als Zwecksetzung der Kunst 212

THEORETISCHE ANSÄTZE

Martin Warnke
Kunst unter Verweigerungspflicht 223

Walter Grasskamp
Wem gehört der öffentliche Raum?
Der Aachener Wandmaler 227

Lothar Romain
Die Herausforderung der Moderne im öffentlichen Raum 231

Stephan Schmidt-Wulffen
Verstehen durch Gebrauchen
Siah Armajanis Kunstprogramm als »dritter Weg« einer Kunst
im öffentlichen Raum 241

Michael Lingner
Zur Konzeption künftiger öffentlicher Kunst
Argumente für eine Transformierung ästhetischer Autonomie 246

STATEMENTS VON KÜNSTLERN

Stephan Balkenhol 260
Bogomir Ecker 262
Lili Fischer 266
Ludger Gerdes 268
Horst Hellinger 279
Stephan Huber 282
Raimund Kummer 284
Klaus Kumrow 286
Jan Meyer-Rogge 287
Bernhard Prinz 290
Fritz Rahmann 292
Thomas Schütte 294
Franz Erhard Walther 296

Babette Peters
Katalog der Hamburger Projekte 298

Autoren 347
Auswahlbibliographie 349
Fotonachweis 353
Register 354

Vorwort

Lange bevor es eine staatliche Kulturpolitik gegeben hat, haben Staaten künstlerische Leistungen in Anspruch genommen – als Auftraggeber wie als Käufer – und damit künstlerische Produktion finanziert, aber auch auf künstlerische Produktion Einfluß gehabt oder gar genommen. Staatliche Kulturpolitik hat dann in vordemokratischen Staaten ihre Anfänge erlebt: fürstliche und höfische Aufträge und Käufe, fürstliche Künstlerprotektion, absolutistische Kunstakademien. Die Verstaatlichung der Kunstakademien wie der Kunstsammlungen durch die Französische Revolution hat den Anstoß gegeben für Künstler- und Kunstförderungspolitik als Aufgabe des demokratischen Staates. Künstlerausbildung, Kunstankaufspolitik der staatlichen oder staatlich geförderten Kunstinstitute, öffentliche Kunstauftragspolitik, aber auch zahlreiche andere Künstlerförderungsmaßnahmen sind immer mehr zu einem kulturpolitischen Instrumentarium herangewachsen, das als selbstverständliche Aufgabe des Kulturstaates betrachtet wird.

Anders aber als in vor- und frühdemokratischen Zeiten ist die moderne Demokratie auf die Vorstellung der Moderne von der Autonomie der Kunst verfassungsmäßig verpflichtet – ein Gebot, das nach seiner Umkehrung in nationalsozialistischer Zeit in der Bundesrepublik um so mehr zu beherzigen ist. Damit dies Gebot eingehalten werde, bedarf es ständiger Reflexion und aber auch Bewußtmachung der kulturstaatlichen Aufgaben wie der Verpflichtung zur Freiheit der Kunst.

Der Hamburger Senat hat seit 1981 das Programm »Kunst im öffentlichen Raum« als besonderes staatliches Kunstauftragsprogramm verfolgt. Es wird von einer Kunstkommission fachlich begleitet, in der die Reflexion und Diskussion der einzelnen Projekte stattfindet.

Im Oktober 1988 ist außerdem – auf Anregung der Kunstkommission – ein Symposion veranstaltet worden, zu dem Kunstfachleute und Künstler aus der ganzen Bundesrepublik eingeladen waren. Es sollte die Diskussion der Kunstkommission in grundsätzlicher Weise ergänzen und sich mit Verpflichtungen, Möglichkeiten und Grenzen öffentlicher Kunstauftragspolitik auseinandersetzen. Auch die Ergebnisse des Hamburger »Kunst-im-öffentlichen-Raum«-Programms standen dabei auf dem Prüfstand.

Die vorliegende Publikation stellt die Ergebnisse der grundsätzlichen wie der speziellen Diskussion vor: Aufsätze zur Geschichte öffentlicher Kunstauftragspolitik, zur theoretischen Durchdringung des Problemkreises, Darstellungen neuerer Anstöße in der Bundesrepublik, aber auch die konkrete und manchmal kontroverse Auseinandersetzung mit einzelnen Hamburger Projekten, mit der ein knapper Katalog dieser Projekte korrespondiert. Besonders wichtig – gerade im Sinne der Verpflichtung zur Freiheit der Kunst – erscheint mir aber eine Sammlung von Beiträgen und kürzeren Statements, in denen Künstler, die sich mit Projekten »im öffentlichen Raum« beschäftigt haben, ihre Auffassungen darlegen.

Allen Teilnehmern der Diskussion, aber auch dem DuMont Verlag habe ich für die Zusammenarbeit zu danken.

Prof. Dr. Ingo von Münch,
Zweiter Bürgermeister der Freien und Hansestadt Hamburg

Volker Plagemann

Kunst außerhalb der Museen

Musealität der Kunst und Autonomieanspruch der Moderne

Über den Salon des 18. Jahrhunderts hat sich das Museum als Ort der Kunst etabliert. Die Urheber von Architektur, von Bauplastik, selbständiger Skulptur, Relief und Medaillon, von Wandmalerei und Gemälde, Zeichnung und Druckgraphik, von Kunsthandwerk, Kunstgewerbe und Design strebten einem neuen Ziel entgegen: mit ihren Werken in den Räumen der neuen Institution Museum ausgestellt zu werden, die Aura musealer Präsentation zu erreichen.

Künstler und Kunsthandwerker hatten Jahrhunderte in Diensten von Kirche, von Fürsten und Höfen, von Republiken, von Vereinen oder von Privaten gestanden, hatten ihre Werke zum Teil in festem Auftrag, meist in Zusammenhang von Architektur und unter Regie von Architekten produziert, zum Teil als Ware für einen Markt mit ihnen unbekannter Abnehmerschaft. Bis ins 19. Jahrhundert hinein hatten sie – infolge von Akademisierung und Gewerbefreiheit – ein Höchstmaß an Spezialisierung erreicht. Mit Akademisierung und Geniekult waren das soziale Prestige des Künstlers und der Zulauf zum Künstlerberuf gestiegen. Zugleich hatte sich der Anteil der Produktion für einen »freien« Markt gegenüber dem der Auftragskunst erhöht.

Zwar haben Sempers Theorien vom »Gesamtkunstwerk« wie später die des Bauhauses immer wieder Wunschbilder von einer Einheit der Künste – unter dem Primat der Architektur – heraufbeschworen; Genie und Bohemien konnten jedoch seit Ausgang des 19. Jahrhunderts in scheinbar immer größerer Unabhängigkeit von Auftraggeber und Marktabnehmer für Museen und Ausstellungen produzieren. Dort wurden ihre Werke in immer tieferer Differenzierung von der Steinskulptur bis zum Tafelsilber, vom Gemälde bis zum Buchschmuck als Kunstobjekte – scheinbar unabhängig von Auftrag und Markt – präsentiert.

Aus dem Streben der Kunst nach Musealität hat die Moderne schließlich den Autonomieanspruch der Kunst entwickelt – den Anspruch auf Autonomie gegenüber dem Auftraggeber und seinem Auftrag, auf Autonomie gegenüber dem Streben nach Marktabsatz, auf Autonomie gegenüber allen außerkünstlerischen Zwecken, es sei denn, sie entsprächen der künstlerischen Zielsetzung.

So will es die Theorie dargestellt wissen, und so formuliert es eine auf die Geradlinigkeit einer einzigen Entwicklung bedachte Kunstgeschichtswissenschaft.

Auftrags- und Marktabhängigkeit der Kunst

Die Entwicklung, deren Ergebnis der Anspruch der Künstler auf Autonomie und deren Errungenschaft die Autonomie der Kunst ist, wird aber paraphrasiert von der Realität der Auftrags- und Marktabhängigkeit der Künstler und ihrer Produktion, selbst wenn diese im

Museum gezeigt wurde. Museen für Kunst und Gewerbe als programmatische Vorbildersammlungen für die »Kunstindustrie«, Museen für »angewandte Kunst« wären nicht denkbar ohne die Weiterexistenz von Kunst im Auftrag oder ohne Marktgängigkeit angewandter Kunst. Die Finanzierung der künstlerischen Produktion – selbst wenn sie durch staatliche Künstlerausbildung, staatliche Künstlerförderung, Museumsankäufe erleichtert wurde – wäre unmöglich ohne Abhängigkeit der Künstler vom Auftraggeber oder von der Marktgängigkeit ihrer künstlerischen Arbeit. Schließlich ist die Musealität der Kunst selbst eine der empfindlichsten Einschränkungen der Autonomie des Künstlers und der Kunst: Immer wieder haben sich Künstler aus diesem Grunde – um der Musealität zu widersprechen – auch Aufgaben gesucht, die jenseits von deren Grenzen liegen.

Neben der Indienstnahme der Kunst durch Vorgaben der Nutzbarkeit, durch Zwecksetzungen von Auftraggebern, durch die Bedingungen der Vermarktbarkeit sind »gesellschaftliche Funktionen« von Kunst – also eben nicht ihre Autonomie – immer wieder postuliert worden.

Künstler selbst haben diese widersprüchliche Realität am deutlichsten gespürt. Sie haben erkannt, daß der Widerspruch zwischen Autonomieanspruch und der Realität der Einschränkung der Autonomie nur durch die freiwillige Aufnahme der Einschränkungen in die künstlerische – autonome – Zielsetzung aufzuheben ist. Das künstlerische Selbstbekenntnis zum sozialistischen Realismus ebenso wie zu den Gegebenheiten des Kunstmarktes, das selbständige Streben des Künstlers nach den Bedingungen des Museums wie die freiwillige Übernahme eines Auftrages für ein öffentliches Monument retten einerseits den Anspruch auf künstlerische Autonomie, ermöglichen andererseits eine künstlerische Produktion unter einschränkenden Bedingungen. Nach der Errungenschaft der künstlerischen Autonomie bietet sich den Künstlern nur so die Chance, künstlerische Projekte mit außerkünstlerischer Zielsetzung vor sich selbst zu verantworten.

Vor solchem theoriegeschichtlichen und künstlersoziologischen Hintergrund hat sich die moderne Geschichte öffentlicher Auftragskunst und öffentlicher Aufstellung von Kunst außerhalb des Museums entwickelt.

Reaktion demokratischer Kulturpolitik auf die Moderne

Die theoretischen Postulate und die soziale Situation der Künstler in der Moderne haben die kunstpolitische Entwicklung der westlichen Demokratien angeregt.

In der deutschen Geschichte schlägt sich der Autonomieanspruch der Kunst zum erstenmal in der Reichsverfassung der Weimarer Republik nieder: Der Staat wird verpflichtet, der Kunst Schutz zu gewähren – ein gegen Bevormundung und Zensur in Wilhelminischer Zeit gerichteter Gedanke.

Zugleich soll der Staat aber an der Pflege der Kunst teilnehmen. Dies geschah in erster Linie durch staatliche Organisation der Künstlerausbildung und des Museums- und Ausstellungswesens. Das schon in der Kaiserzeit entstandene Kunstbeamtentum der Museen spielte bei privaten, halbstaatlichen und staatlichen Aufträgen für öffentlich aufgestellte Kunst eine Rolle. Daneben entwickelte sich ungeregelt die Beschäftigung von Künstlern im Zusammenhang von staatlichen und natürlich auch von privaten Baumaßnahmen weiter, ohne daß dabei Autonomieüberlegungen angestellt wurden.

Dem Staat gegenüber entstanden als Reaktion auf die Vereinzelung der immer zahlreicher werdenden bildenden Künstler ständische, gewerkschaftsähnlich operierende Künstlerverbände, die Forderungen nach staatlichen Maßnahmen zur Künstlerbeschäftigung stellten: Gerade auf das ungeregelte Feld der Beschäftigung von Künstlern bei öffentlichen Bauvorhaben richtete sich das Interesse des »Reichsverbandes bildender Künstler« in den 20er Jahren. Sempersche Vorstellungen mögen dabei nachgewirkt haben. Jedenfalls war es der Künstlerverband selbst, der nach künstlerischer Arbeit unter dem Primat der Architektur verlangte.

Die Reichsregierung, die keine kulturpolitischen Kompetenzen hatte, konnte auf solche Verbandsforderungen nicht reagieren, wohl aber die Länder. Die preußische Regierung sprach nach Entschließung des Landtags in einem Runderlaß von 1928 eine erste Empfehlung an die bauenden Stellen aus, bei öffentlichen Bauten Künstler zu beteiligen. Das damit angestrebte Künstlerbeschäftigungsprogramm, das sich vor 1933 nicht mehr nennenswert ausgewirkt hat, beließ künstlerische Beiträge im Zusammenhang von Architekturprojekten.

Aus der gleichen Zeit stammen Überlegungen und praktische Versuche, staatliche Aufträge an Künstler zu vergeben, zugleich aber den Anspruch auf künstlerische Autonomie zu berücksichtigen: Die Hamburger Bauverwaltung unter der Leitung von Fritz Schumacher vergab von 1920 bis 1933 an Malerinnen und Maler wie Anita Rée, Rolf Nesch oder Eduard Bargheer Aufträge, deren Ort in öffentlichen Bauten – meist Schulbauten – zwar vorgegeben war, deren ausführende Künstler aber von einer »Kunstpflegekommission« – der Kunsthallendirektor war beteiligt – ausgewählt und nicht etwa dem entwerfenden und ausführenden Architekten unterstellt wurden. So entstanden »Inkunabeln« einer noch nicht so bezeichneten »Kunst am Bau«, bei deren Entstehung sowohl der Autonomieanspruch der Kunst gewahrt als auch der Auftrag des Staates zur Pflege der Kunst erfüllt werden sollte.

Indienstnahme der Kunst durch die Nazis

Diese kunstpolitische Entwicklung ist von den Nationalsozialisten – wie so oft – geschickt aufgenommen und in ihrem Sinn umgedreht worden. Für die Indienstnahme der Kunst, die Negierung aller Autonomieansprüche, haben sie sowohl inhaltlich-programmatische Vorstellungen entwickelt und – nach inneren Auseinandersetzungen – erfolgreich vorgegeben wie vor allem ein System entwickelt, diese Vorgaben durchzusetzen. Der Schutz der Kunst oder ihrer Freiheit stand nicht mehr zur Debatte. Die Staatlichkeit der Ausbildung der Künstler wurde rigoros zur Umorientierung genutzt. Das Kunstbeamtentum der Museen wurde personell auf die Nazivorstellungen ausgerichtet, das heißt, selbst Deutschnationale wie Max Sauerlandt mußten schon sehr schnell ihr Museumsamt verlassen, wenn sie die Kunst der Moderne propagierten. An die Stelle der Verbände der Künstler trat die nationalsozialistische »Reichskulturkammer«. Die Zugehörigkeit dazu konnte genau kontrolliert werden; nur Angehörige der Kammer erhielten Aufträge. Für staatliche Aufträge – auch Aufträge der Partei – erließ das Goebbelssche Reichsministerium für Aufklärung und Propaganda schon 1934 die erste so auch genannte »Kunst-am-Bau«-Verordnung, die den Zusammenhang der Künste unter dem Primat der Architektur vorgab und die Beteiligung von »bildenden Künstlern und Kunsthandwerkern« bei staatlichen Baumaßnahmen regelte. Die Goebbelssche Verordnung hatte nur die Forderungen des Reichsverbandes bildender Künstler von vor 1933 und den Grundgedanken des preußischen Runderlasses von 1928 – Künstlerbeschäftigung bei öffentlichen Bauten – wiederaufnehmen und die Vorstellungen der Nazis über das System ihrer Durchsetzung vorgeben müssen, um eine strikte Indienstnahme der zugelassenen Künstler wie der öffentlich finanzierten Kunstprojekte zu erreichen: Die Entwicklung der bildenden Kunst der Moderne, die Entwicklung des Autonomieanspruches der Moderne waren damit aus dem Herrschaftsbereich der Nazis verbannt, Künstler konnten sich – im Sinne der Moderne – nur noch außerhalb dieses Herrschaftsbereiches oder im geheimen betätigen.

»Nachholbedarf« und »Kunst am Bau« nach 1945

Die die Traditionen der Weimarer Republik wiederaufnehmende Bundesrepublik wurde erneut auf die Vorstellungen und den Autonomieanspruch der Moderne verpflichtet. Das Grundgesetz übernahm die kulturpolitischen Vorgaben der Weimarer Verfassung: Die allgemeine Freiheitsgarantie des Artikels 5 geht noch über die Formulierungen der Weimarer Republik hinaus. Die Verpflichtung des Staates zur Teilnahme an der Pflege der Kunst entspricht Weimarer Vorstellungen. In der Kulturhoheit der Länder wurden kulturföderalistische Traditionen aus der Zeit des Norddeutschen Bundes wiederaufgenommen. Träger der Kulturarbeit wurden in der Praxis aber zunehmend die Gemeinden; nur in den Stadtstaaten fielen die Aufgaben des Landes mit denen der Gemeinde zusammen, so daß dort später eigene »Kunst«-Regelungen entstehen konnten.

Die Pflege der Kunst geschah durch die staatliche Künstlerausbildung der Länder und die Museums- und Ausstellungsinstitutionen der Länder und Gemeinden.

Zwar konnte der Verlust der Museumssammlungen an Werken der Moderne nicht ausgeglichen werden, zwar wurde nur da eine neue Ausstellungspraxis realisiert, wo neue Museums- und Ausstellungsfachleute tätig werden konnten, aber dennoch waren es in erster Linie die Museen und Ausstellungsinstitute, die die bildende Kunst der Moderne in der Bundesrepublik neu vermittelten, den »Nachholbedarf« befriedigten.

Aber auch für Kunst außerhalb der Museen gingen wesentliche Impulse von den Museumsleuten aus: In Hamburg war noch 1938 unter dem Juryvorsitz eines Nazi-Kunsthallendirektors das Barlachsche Relief des Kriegerdenkmals am Rathausmarkt durch ein den Nazivorstellungen entsprechendes – »Phönix aus der Asche« – ersetzt worden. Nach 1945 aber wirkte der neue Direktor Carl Georg Heise auf seine Weise auf die Präsentation von Kunst außerhalb des Museums ein: 1953 veranstaltete er die in der ganzen Republik diskutierte Ausstellung »Plastik im Freien«, die den Bemühungen der frühen 50er Jahre, Kunst auch außerhalb der Museen zu präsentieren, den Namen gegeben hat. Sie stellte Museumskunst im Landschaftsgarten aus und interpretierte diesen Rahmen wie einen Ausstellungsraum außerhalb des Museums.

Zugleich entstanden wieder Künstlerberufsverbände, die sowohl für die aus der Nazizeit verbliebenen Künstler wie für solche, die Berufsverbot gehabt hatten oder im Exil gewesen waren, Forderungen an den Staat stellten. Darunter war auch die Forderung nach staatlicher Auftragspolitik für bildende Künstler. Aufs neue reagierte der Staat mit

»Kunst-am-Bau«-Verordnungen in Ländern und Stadtstaaten. Ohne daß die aus Sempers Zeiten stammenden »Gesamtkunstwerk«-Vorstellungen der Weimarer Republik oder gar die rigorose Nazi-Kunstauftragspolitik reflektiert wurden, etablierte sich eine Politik der Beschäftigung von Künstlern unter dem Primat der Architektur: Die Finanzierung geschah aus Baumitteln, die Organisation lag bei den Bauverwaltungen, für das einzelne Bauprojekt waren die Künstler den verantwortlichen Architekten zugeordnet. Selbst wenn Entscheidungen von Kunstkommissionen oder Jurys kontrolliert werden sollten, so waren die Künstler doch im Grundsätzlichen wie im Einzelfall der in den Aufbaujahren der Bundesrepublik allmächtigen Architekturadministration zugeordnet.

In engem Zusammenhang mit dem Künstlerbeschäftigungsmotiv der »Kunst-am-Bau«-Verordnungen stand dabei die Protektion von »Landeskindern«, die, wenn auch nicht festgeschrieben, so doch häufig praktiziert wurde: Für Aufträge wurden in erster Linie in dem betreffenden Bundesland oder Stadtstaat ansässige Künstler herangezogen; sicherlich geschah dies keineswegs bewußt, aber die Ähnlichkeit mit dem anders motivierten Protektionismus der Reichskulturkammer fällt ins Auge.

»Landeskinder«-Bonus und Auswahl durch Bauverwaltungen/Architekten bewirkten eine doppelte Filterung der Künstlerauswahl, die keineswegs einer neuen eindrucksvollen Präsentation von bildender Kunst der Moderne zugute kam und ihren Autonomievorstellungen entsprach, sondern häufig im negativen Sinne eine Anpassung der ausgewählten Künstler an bestimmte architektonische Vorgaben zur Folge hatte. Der deutsche »Nachholbedarf« an Beschäftigung von Künstlern der Moderne wie an Präsentation der Moderne – den zu befriedigen viele der Befürworter der »Kunst-am-Bau«-Verordnungen im Sinne gehabt haben mögen – konnte so nur eingeschränkt gedeckt werden.

Nur im Einzelfall entstanden Werke im Zusammenhang von Einzelarchitekturen oder gar losgelöst davon, die dem Stand der Produktion moderner Kunst in der Bundesrepublik oder international, dem Anspruch der Moderne auf Autonomie und also den selbstgesetzten Zielen bildender Künstler entsprachen.

Zugleich läßt sich rückblickend feststellen, daß sich die nachträgliche Rezeption der Moderne in der Bundesrepublik in den 50er und 60er Jahren geräuschlos vollzog. Die »Nachhol«-Veranstaltungen zur Vermittlung der »klassischen Moderne« in den Museen und Ausstellungshäusern wurden zum Teil gierig aufgesogen. »Plastik im Freien« fand freundliche Aufnahme. Auch »Kunst am Bau« wurde offenbar akzeptiert. In erster Linie, weil innerhalb der Spannbreite von Tierplastik im Wohnumfeld und konstruktivistischem Objekt vor öffentlichem Großbau wenig in Erscheinung trat, was über den zwei Jahrzehnte währenden Nachhilfeunterricht in »klassischer Moderne« hinausgegangen wäre. So, wie bei den Protesten gegen »entartete Kunst« vor 1945 kein Unterschied im Verhalten von »Gebildeten« und »Ungebildeten« offenbar geworden war, so trat er auch während des umgekehrten Gewöhnungsprozesses nach 1945 zunächst nicht in Erscheinung.

»Kunst-am-Bau«-Kritik in den 60er Jahren

Allgemein akzeptierte Kritik an der »Kunst-am-Bau«-Ideologie wie an deren Resultaten wurde in dieser Zeit noch nicht formuliert. Sie äußerte sich seit den 60er Jahren vielmehr in einem allgemeinen Überdruß.

Bis in die 60er Jahre hatten Museen und Ausstellungshäuser ihre Nachhilfearbeit erfolgreich betrieben: Künstler, Kunstbeamte, Ausstellungspublikum waren allmählich weit besser informiert als Architekten und Bauverwaltungen. Die über den Bauzusammenhang hinausgehenden Ansprüche und Möglichkeiten zeitgenössischer Kunst wurden deutlicher, der Unterschied zwischen der in Ausstellungen vermittelten und der im Bauzusammenhang realisierten Kunst trat zutage. Die schwächlichen Ergebnisse protektionistischer Künstlerauswahl bestätigten das negative Urteil. Auch der größer werdende Informations- und Gewöhnungsvorsprung des Ausstellungspublikums vor dem, das die »Kunst-am-Bau«-Objekte rezipieren sollte, spielte dabei eine Rolle.

Die Abwendung etablierter Künstler von »Kunst-am-Bau«-Aufträgen und ihre Hinwendung zum Ausstellungsbetrieb und die Forderungen nach Veränderung öffentlicher Auftragspolitik sind zwei Seiten der Reaktion von Künstlern auf den Verruf, in den »Kunst am Bau« geriet.

Die Diskrepanz zwischen der gängigen Praxis in der Bundesrepublik und neuen Künstlerentwürfen wurde bei Großprojekten deutlich: Im Zusammenhang mit den großangelegten Bau- und Kulturplanungen für die Olympiade 1972 in München wurde zum Beispiel mit Walter de Maria ein Künstler eingeladen, der programmatisch Projekte der Land-art fern von Museen und Ausstellungen verfolgte. Er sah vor, in einen Müllberg eine 120 m tiefe Bohrung zu senken, die allein mit ihrem metallenen Verschluß sichtbar geworden wäre. Auch die Tatsache, daß dieses Projekt nicht realisiert wurde, macht deutlich, wie weit die künstlerische Entwicklung die Praxis von »Kunst am Bau« hinter sich gelassen hatte.

In der gleichen Zeit entstanden Gegenkonzepte, die von anderen als der Bauadministration initiiert wurden: die »Umwelt-Akzente« in Monschau (1970), die »Straßenkunst« in Hannover (1970–1973), das »Symposion Urbanum« in Nürnberg (1971) oder die »Olympische Spielstraße« (1972). Die von dem Architekten Ruhnau inszenierte »Spielstraße« holte Künstler und Kunst zwar aus dem Bauzusammenhang, nahm sie aber dafür in den Dienst der Animation; statt der autonomen Kunst eine Spiel- und Nutzkunst – ein Gedanke, der die Kunst- und Museumspädagogik der 70er Jahre lange beschäftigt hat. Das »Symposion Urbanum« war wie »Plastik im Freien« im Landschaftspark eine Art Ausstellung von Kunstobjekten im Stadtraum. Auch »Straßenkunst« präsentierte – allerdings über drei Jahre und zum Teil länger – Kunstobjekte im Stadtzentrum, das dabei wie ein Ausstellungsraum gedacht war und genutzt wurde; »drop sculptures« hätte man später gesagt. In allen Fällen waren es die Organisatoren oder Ausstellungsmacher, die die Kunstobjekte – häufig über den Kunsthandel – bezogen und in einen Zusammenhang – Inszenierung oder Ausstellung – brachten; Künstler wurden kaum beteiligt. Nur für die »Umwelt-Akzente«, das erste dieser Projekte, wurde nach der Idee des Kunstjournalisten Klaus Honnef Künstlern selbst die Kleinstadt Monschau zur Verfügung gestellt, um darin an selbstgewählten Orten selbstbestimmte Projekte zu installieren – zwar nach Art einer Ausstellung außerhalb des Museums, aber von Künstlern bestimmt.

Diese Projekte haben die Augen für neue Möglichkeiten geöffnet, Kunst außerhalb der Museen zu zeigen. Sie verfolgten programmatisch die Idee, Stadträume für die Präsentation von Kunst zu nutzen und dabei ein Publikum mit Kunst zu konfrontieren, das die Museen nicht besuchte. Nicht ohne Grund haben die Projekte auch das erstemal Proteste des darauf nicht vorbereiteten Publikums ausgelöst und Kunstwerken offenbar eine andere Resonanz verschafft als die kennerische Würdigung des Ausstellungspublikums. So sehr sie im einzelnen kritisiert worden sind – spätestens seit diesen Projekten ist der Anachronismus der »Kunst-am-Bau«-Praxis offenbar geworden.

Die neuen Modelle der Stadtstaaten

Lediglich in den Stadtstaaten Bremen (1974), Berlin (1979) und Hamburg (1981) ist mit einer Veränderung der »Kunst-am-Bau«-Verordnung reagiert worden.

In Berlin wurde die Veränderung als Reaktion auf Proteste der Berliner Künstlerverbände eingeführt. Künstlerlobbyismus hatte in erster Linie vermehrte Künstlerbeschäftigung und die Protektion von Künstlern aus Berlin zum Ziel gehabt. Die Ergebnisse waren deshalb stärkere Mitsprache der Künstler, vermehrte Ausschöpfung der Kunstmittel und verbesserte Transparenz und Effizienz von Vergabeverfahren. Wie die Beibehaltung des Begriffs »Kunst am Bau« und der Zuständigkeit der Bauverwaltung signalisieren, wurde an der Vorstellung des Zusammenwirkens von Architektur und Kunst nicht gezweifelt, das Thema »Autonomie der Kunst« nicht zur Diskussion gestellt. Die Bauverwaltung verplante und verwaltete nun nicht mehr selbst die Kunstprojekte in Zusammenhang mit öffentlich finanzierten Baumaßnahmen, sondern hatte diese Aufgaben an ein Büro beim Berufsverband bildender Künstler übertragen, das verpflichtet wurde, die Kunstprojekte auszuschreiben. Ein Verband, gebildet von den Mitgliedern der in Berlin ansässigen Künstler, kontrollierte also das staatliche Kunstauftragsprogramm in Berlin. Kein Wunder, daß der neuen Politik von der Kritik Künstlerbeschäftigungspolitik, Protektion von Berliner Künstlern und »Provinzialismus« vorgeworfen worden sind. Immer wieder hat deshalb die Berliner Kulturverwaltung als für die Kunstpolitik verantwortliche Instanz eigene Projekte bis hin zum »Skulpturenboulevard« dagegenzusetzen versucht.

Auch in Bremen, das sehr viel schneller, schon 1974, reagiert hat, gaben Künstlerproteste den Anstoß für ein Überdenken der »Kunst-am-Bau«-Tradition. Doch hier setzten sich auch die Kulturpolitiker mit den Baupolitikern auseinander. Dabei wurde eine grundsätzliche Abkehr vom »Gesamtkunstwerk« unter dem Primat der Architektur erreicht, von einer Tradition, die von der Kaiserzeit über die Weimarer Republik und die Nazizeit fortgeschleppt worden war: Der Begriff »Kunst am Bau«, der in seiner Formulierung schon die dahinterstehende Ideologie kundtut, wurde zugunsten von »Kunst im öffentlichen Raum« aufgegeben, der ebenso offenkundige Zugriff der Bauverwaltung auf die Kunst endlich beendet. Konsequent öffnete sich die staatliche Kunstauftragspolitik für den gesamten »öffentlichen Raum« und für alle Bereiche der bildenden Kunst – nicht nur der architekturbezogenen monumentalen: Eine Graphothek war nun ebenso finanzierbar wie eine Bildhaueraktion oder ein Performance-Festival. Stark betont wurde das kulturpädagogische Moment sowohl in der anfänglichen Bevorzugung sogenannter ästhetisch defizitärer Stadtteile wie mit der Einrichtung von sogenannten Beratergruppen, in denen Vermittlungsarbeit zwischen dem Künstler und seinem Objekt und der ortsansässigen Bevölkerung betrieben werden sollte; dies hatte auch zur Folge, daß Künstlern, die Vermittlungsfähigkeit einbrachten oder Partizipation von Anwohnern und »Nutzern« anstrebten, der Vorzug gegeben wurde. Der Glaube an die Notwendigkeit der allgemeinen Vermittelbarkeit von Kunstprojekten hat teilweise sogar dazu geführt, daß als schwer vermittelbar eingeschätzte Projekte oder solche, die Proteste auslösten, zurückgehalten wurden.

So offen diese Konzeption ursprünglich war, so wenig hat sie eine Reihe von Schwierigkeiten überwinden können: In den meisten Fällen blieb es der Kulturverwaltung, dem Kunstbeirat, den Bezirksgremien überlassen, die Orte zu finden und die Aufgaben zu formulieren, bevor Künstler ihre Ideen einbringen konnten, auch wenn immer wieder Ideenwettbewerbe und Künstlersymposien zu neuen Lösungen führen sollten. Der Glaube der 70er Jahre an politisch-aufklärerische Funktionen von Kunst führte dabei oft sogar zur Vorgabe politischer Themen und Zielsetzungen. Mit kunstpädagogischen Motiven wurde zunehmend auf Nutzbarkeit, »Bespielbarkeit« und leichte Vermittelbarkeit, schließlich in der Wiederholung realistischer Wandmalereiprojekte auf Harmonie gesetzt, wo zunehmend ästhetische und inhaltliche Innovation und wohl auch Konfrontation erforderlich gewesen wären. Mehr und mehr – nicht zuletzt wegen der Reduzierung der Mittel – wurde dabei auch eine Beschäftigungspolitik für Bremer Künstler betrieben, die die Chancen der Begegnung mit wichtigen Werken von überregional bedeutenden Künstlern behinderte. Die Konzentration auf Wandmalerei und die zunehmende Einschränkung auf Bremer Künstler haben leider auch die Chancen des Bremer Modells beeinträchtigt, seine wichtigen Neuerungen außer in die Berliner und Hamburger Diskussion auch weiterzuverbreiten und eine bundesweite Veränderung der alten »Kunst-am-Bau«-Verhältnisse anzustoßen.

In Hamburg hat es – wohl unter dem Eindruck der Ausstellung »Plastik im Freien« 1953 – nie eine starre Bindung der »Kunst-am-Bau«-Regelung ausschließlich an öffentliche Neubauten gegeben. Immer auch war es möglich, Kunstobjekte im Stadtraum zu präsentieren und aus dem »Kunst-am-Bau«-Ansatz zu finanzieren. Ebenso konnte die Innenausstattung von öffentlichen Bauten mit Kunstobjekten ganz ohne Bezug zur Architektur finanziert werden. Die kritischen Diskussionen der 60er Jahre hatten überdies zur Folge, daß neben der Baubehörde die Kulturbehörde und die von ihr vorgeschlagenen Experten ein Mitspracherecht erhielten. Aber erst 1981 fanden die Bremer Neuerungen Eingang in eine neue Verwaltungsanordnung. Hinfort hieß es »Kunst im öffentlichen Raum«, der Bezug zum einzelnen öffentlichen Neubau wurde ganz beseitigt, der ganze Stadtraum sollte genutzt werden, und die Kulturbehörde hatte allein die Verantwortung. Aber einschränkend wurden »monumentale Formen« der Kunst gewünscht; Haushaltsexperten hatten Sorge, daß »Investitionsmittel« fälschlich für prozessuale oder gar flüchtige Formen der Kunst eingesetzt werden könnten. Daraus ist das finanziell umfangreichste staatliche Auftragsprogramm für Kunst außerhalb der Museen und unabhängig von Baumaßnahmen in der Bundesrepublik geworden. Im Unterschied zu Berlin und teilweise auch zu Bremen bestand nie die Gefahr, daß das Programm lediglich im Interesse der Beschäftigung ansässiger Künstler eingesetzt würde. Aber mit den Bremer Errungenschaften wurden auch gewisse Schwierigkeiten übernommen: Nicht nur die Tradition, sondern auch die Zusammensetzung der Kunstkommission übertrug die Findung der Kunstorte und der Kunstaufgaben gedanklich den Planern und politischen Gremien der Bezirke, der Kulturbehörde und der Kunstkommission. Künstlerische Arbeit sollte erst danach einsetzen; bei der Findung von Ort und Aufgaben, also bei wesentlichen Bestandteilen künstlerischer Projekte, waren Künstler nicht beteiligt. Dies hat sich nach den Aufrufen an Künstler, selbst Vorschläge zu machen, gelockert, aber nur im Hinblick auf

Künstler, die dieser Aufforderung auch nachkommen. Später hat es dann Projekte gegeben, die Künstlern die Findung des Ortes und den Vorschlag für ein angemessenes Projekt überließen. Daran zeigt sich deutlich der Bewußtseinswandel von einer Position der 70er Jahre, nach der die Wahl der Orte im Interesse eines noch unerreichten Publikums und die Relevanz der Aufgabe womöglich mit karitativer oder politischer Zielsetzung geplant und politisch verantwortet werden müßten, hin zu einer Auffassung, nach der ein kunstpolitisches Interesse auch gerade darin besteht, Vorschläge von Künstlern für Ort und Aufgabe von Kunst außerhalb der Museen zu bekommen. Heute stehen neben von Verwaltung und Kunstkommission formulierten Aufträgen – wie dem eines Monumentes für die jüdische Gemeinde in Altona von Sol LeWitt – Projekte, deren Orte sich Künstler selbst gesucht haben – wie »Sieben Orte für Hamburg« von Franz Erhard Walther –, und Aktionen, die so konzipiert sind, daß die eingeladenen Künstler sich selbst Orte auswählen sollen – wie »Jenisch-Park 1986« oder »Hamburg 1989«.

Neue Anstöße

Eine ganze Reihe von Museumsveranstaltungen, von Ausstellungen im Stadtraum, von Großausstellungen, wie besonders die documenta, hat immer wieder bewiesen, daß ein Bedürfnis nach Präsentation von Kunst außerhalb der Museen besteht, auch wenn dies kaum anders als innerhalb der Museen geschieht.

Vor allem die Künstler selbst haben sich in den letzten Jahrzehnten Aufgaben außerhalb der Museen gestellt, monumentale und prozessuale von Happening und Fluxus über Landart und »Kunst in der Landschaft«, Performance und Aktionskunst zu Concept-art und Mail-art, sosehr sie auch immer wieder ins Museum, in die Verkaufsgalerie, in die Privatsammlung zurückgekehrt sind. Sie wollten die Einschränkung der Autonomie der Kunst durch die Musealität überwinden.

Aber auch eine neue Funktionalität von Kunst beschäftigt Künstler wie Interpreten. Ammann hat angesichts eines Objektes von Maria Nordman wieder auf die Rezeption durch Benutzung hingewiesen. Schmidt-Wulffen verweist auf Siah Armajani und seinen »dritten Weg« einer Kunst im öffentlichen Raum und nennt in diesem Zusammenhang Beuyssche Projekte – etwa in Kassel oder für Hamburg – oder, ohne Künstler zu nennen, das »Mahnmal« als Hinweise auf eine Funktionalisierung von autonomer Kunst.

Auch eine Reihe von Projekten der letzten Zeit waren mehr als nur Ausstellungen von Kunst im Stadtraum. Sie wurden von Kulturverwaltungen ohne Erfahrung mit »Kunst am Bau« oder »Kunst im öffentlichen Raum« oder allein von Ausstellungs- und Museumsleuten organisiert. Interessant ist, daß dabei immer wieder – wie beim Berliner »Skulpturenboulevard« – die alte Form der »drop sculptures« der »Straßenkunst« von Hannover (1970–1973) unreflektiert aufgegriffen werden konnte – mit all den Unbedachtheiten, die heute – vorhersehbar – schärfere Reaktionen auslösen als damals. Auch die kunstpolitischen und kunstpädagogischen Vorsätze des Bremer Modells der 70er Jahre fanden – im Essener Projekt »Im Auftrag« – Wiederholung. Eine neue Qualität aber haben – mit den »Umwelt-Akzenten« in Monschau, Bildhaueraktionen der 70er Jahre, mit »Kunst in der Landschaft« und mit dem Hamburger Jenisch-Park-Projekt als Vorläufer – die Münsteraner »Skulptur Projekte« erreicht, die den derzeitigen Stand der Entwicklung von Kunst außerhalb der Museen resümierten: Der öffentliche Raum wurde nicht mehr in gleicher Funktion wie ein Ausstellungsraum außerhalb der Museen eingesetzt; es waren nicht Planer, Behörden, Politiker, Fachleutejurys, die die Orte und Aufgaben der Kunstobjekte auswählten und definierten, vielmehr wurden Künstler selbst in die Entscheidung einbezogen, ob sie im öffentlichen Raum arbeiten wollen, wie sie diesen Raum verstehen, welche Orte sie wählen, wie sie darauf reagieren und welche Funktionen ihre Arbeit darin haben soll. Die Mitwirkung der Vertreter des staatlichen Auftraggebers reduzierte sich also auf die Entscheidung über den Gesamtrahmen und über die mitwirkenden Künstler. Wie im Jenischpark sollte auch bei den »Skulptur Projekten« erst nach der Realisierung der Objekte über deren späteren Verbleib entschieden werden. Die Künstler erhielten ein Entwurfshonorar und Mittel zur Ausführung, blieben aber im Besitz der Objekte und konnten diese – bei Vorkaufsrecht der Stadt – verkaufen. Dies machte wieder den Auftraggeber mächtiger. Er konnte im nachhinein über den Verbleib der Werke entscheiden. Leider ist in Münster für nur wenige Objekte eine solche Entscheidung getroffen worden. Das Projekt hat deshalb wenig mehr als den Charakter einer vorübergehenden Ausstellung behalten, von der nur noch ein Katalog berichtet. Dies mindert aber nicht seine Anregerqualität für Programme, die weniger kurzlebig geplant sind.

Die Vertreter staatlicher Auftraggeber, fachkundige Kommissionen, müssen danach gelernt haben, daß sie sich – wollen sie den Charakter der Autonomie der Kunst erhalten, wollen sie die Kreativität der Künstler auch außerhalb der Museen für den öffentlichen Raum gewinnen – aus der Ortswahl und Aufgabendefinition für die Kunst zurückziehen sollten, daß sie sich konzentrieren sollten auf die Auswahl der Künstler und auf die Entscheidung über die Aufstellung der Objekte.

Modelle

Beate Mielsch

Die historischen Hintergründe der »Kunst-am-Bau«-Regelung

Die wichtigste Maßnahme zur Förderung öffentlicher Kunst sind die nach dem Zweiten Weltkrieg vom Bund, von allen Bundesländern und zahlreichen Stadtgemeinden formulierten »Kunst-am-Bau«-Regelungen, in denen empfohlen wird, bei der Errichtung öffentlicher Gebäude einen bestimmten Prozentsatz der Bausumme für künstlerische Objekte aufzuwenden, soweit Zweck und Bedeutung der Bauten diese Maßnahme rechtfertigen.[1]

Die Absichten, die der Staat mit der Ausübung des Mäzenatentums in diesem Bereich verband, waren vielschichtig bis hin zur Unvereinbarkeit. Keine Form der Kunstförderung ist von den Künstlern, der Kunstkritik und den Bürgern aus unterschiedlichen Motiven so oft angefeindet worden wie die »Kunst am Bau«, die als unzureichende, aber doch überlebensnotwendige Unterstützung der bildenden Künstler galt. Sie ist nur aus dem historischen Kontext verständlich, aus dem sie hervorgegangen ist. Die Vorstellungen über Autonomie und Freiheit der Kunst einerseits und über die Verpflichtung zur Kunstförderung und Volksbildung andererseits, verbunden mit dem Anspruch auf staatliche Repräsentation, haben ihre Wurzeln im 19. Jahrhundert; die ersten Formulierungen einer Kunst-am-Bau-Verordnung erfolgten in der Weimarer Republik und im Dritten Reich.

Bürgerliches Kunstverständnis und öffentliche Kunstpolitik im 19. Jahrhundert

Autonomie der Kunst

Die in der Ästhetik um 1800 formulierten Vorstellungen von der gesellschaftlichen Außenseiterposition des Künstlers, der Besonderheit und Einmaligkeit seines Schaffens und der Überzeitlichkeit seiner Werke haben sich bis in die heutige Zeit tradiert. Da fast alle Formen bürgerlicher Kunstpolitik vor diesem Hintergrund zu sehen sind, ist es notwendig, den Begriff der autonomen Kunst, der den Kern dieses Kunstverständnisses bildet, kurz zu erläutern. Auf den langwierigen und widersprüchlichen Entstehungsprozeß autonomer Kunst seit der Renaissance, der eng mit der Entwicklung der bürgerlichen Gesellschaft verbunden ist, kann in diesem Rahmen nicht eingegangen werden; nur so viel sei zu seinen grundsätzlichen Voraussetzungen gesagt, daß erst die Lösung der Kunst aus dem Bereich des Sakralen es dem Künstler ermöglichte, aus der Anonymität der mittelalterlichen Werkstatt herauszutreten und sein Handeln als etwas Einzigartiges zu begreifen. Als Repräsentationsobjekte der Feudalherren standen seine Werke zwar auch weiterhin im Dienste einer Idee, sie wurden jetzt aber als individuelle Leistungen geschätzt.[2]

Mit der Konsolidierung der bürgerlichen Gesellschaft seit der Französischen Revolution wurde die Kunst inhaltlich und formal aus ihren feudalen Bindungen gelöst. Die Leugnung konkreter Aufgaben der Kunst von seiten des Bürgertums entsprang der Negierung des Herrschaftsanspruches der Feudalherren.[3] Die Formulierung der Menschenrechte, in denen die Freiheit und Gleichheit aller Individuen postuliert wurden, schuf die Grundlage für ein Gesellschaftssystem, in dem die Machtverhältnisse nicht mehr unmittelbar einsichtig waren und dessen Wirtschaft auf dem Konkurrenzprinzip und der freien Verfügung über privates Eigentum beruhte. In einem solchen System kam der Kunst besondere Bedeutung zu: Zum einen bildete sie in der auf zunehmender Arbeitsteilung beruhenden Gesellschaft die einzige Form ganzheitlichen, nichtentfremdeten Schaffens und entsprach damit der Vorstellung von der uneingeschränkten Selbstverwirklichung des Menschen; zum anderen verkörperte sie, sobald sie nicht mehr direkten Zweckbindungen unterworfen war, das bürgerliche Ideal der individuellen Freiheit.

Die Tatsache, daß der Künstler keine wirtschaftlich gesicherte Existenz besaß, da er keine »nützliche«, das heißt gesellschaftlich notwendige Arbeit leistete, wurde nicht in Frage gestellt oder angegriffen, sondern gerade als Voraussetzung für sein künstlerisches Schaffen angesehen. Nach herrschender Überzeugung befähigte ihn erst seine Außenseiterrolle zu allgemeingültigen Aussagen und Formulierungen.

Die Isolierung der Kunst vom gesellschaftlichen Lebensbereich war theoretisch in der Ästhetik des späten 18. und des frühen 19. Jahrhunderts begründet worden. In den Schriften von Kant und Schiller wurde die Freiheit der Kunst übereinstimmend als Zweckfreiheit im Sinne von Unabhängigkeit von den Interessen bestimmter Schichten oder Gruppen definiert. Kant prägte in seiner »Kritik der Urteilskraft« (1790) das vielzitierte Wort vom »interesselosen Wohlgefallen«[4]: Da die Kunst allein ästhetischen Normen unterliegt, die allgemeingültig und jedermann einsichtig sind, kann auch ihr Gegenstand nicht mehr von historischen Bedingungen oder subjektiven Bedürfnissen bestimmt sein. Die Kunst wendete sich folglich im Gegensatz zu allen früheren Epochen an das Individuum, die Einzelperson, und setzte ein distanziertes, kontemplatives Verhalten des Betrachters voraus.

Kunst im Stadtbild

Architektur und Bauplastik

Das um 1800 noch weitgehend mittelalterliche Bild der deutschen Städte veränderte sich bis 1860 zunächst nur langsam; die Anlage neuer Stadtzentren oder Prachtstraßen beschränkte sich auf die Hauptstädte der Partikularstaaten und wurde vom preußischen Staat und den jeweiligen Landesfürsten getragen. Mit der rapiden Vermehrung der Bevölkerung und dem schnellen Anwachsen von Industrie, Handel und Verkehr in der zweiten Jahrhunderthälfte, vor allem nach der Reichsgründung von 1870/71, setzte jedoch ein ebenso schnelles Wachstum der Städte ein, das ihre äußere Erscheinung in wenigen Jahrzehnten entscheidend umprägte. Völlig neue bürgerliche Bauaufgaben traten in den Vordergrund: Bahnhöfe, Postämter, Industrie- und Handelsbauten, Banken, Gerichtsgebäude; das Rathaus gewann die Funktion zurück, die es schon im Mittelalter gehabt hatte, und wurde zum Repräsentationsbau des starken, selbstbewußten Bürgertums.

Lüder Rutenberg, Wohnhaus Mathildenstraße, Bremen, 1871

Durch das aus der Romantik erwachsene Interesse an der eigenen geschichtlichen Entwicklung waren alle Baustile der früheren Epochen verfügbar geworden. Während sie aber zunächst je nach der Bedeutung, die man ihnen unterlegte – so konnte der Klassizismus als »demokratischer«, die Gotik als eigentlich »deutscher« Stil angesehen werden –, für unterschiedliche Bauaufgaben eingesetzt wurden, zeigen die Fassaden des späteren 19. Jahrhunderts meist eine beliebige Mischung von Stilformen und Ornamenten.

Ornamentaler Schmuck, aber auch Masken, Medaillons und ganze Figurenprogramme wurden ein selbstverständlicher Bestandteil der öffentlichen und privaten Repräsentationsbauten des Bürgertums, das mit der Übernahme bestimmter Herrschaftssymbole aus der Feudalzeit, die es zum Teil bis in die Einzelformen nachahmte, seinen eigenen Machtanspruch zu legitimieren suchte. Das Besitzbürgertum übernahm schließlich das Statussymbol reichgeschmückter Fassaden auch für seine Privathäuser. Besonders die in der sogenannten Gründerzeit entstandenen Bürgerhausviertel legen noch heute in vielen Städten ein sichtbares Zeugnis von der Durchgängigkeit dieser Entwicklung ab.

Inhaltlich knüpfte man in der Bauplastik an die Themen der Barockzeit an und stellte neben Putten und Masken mit Vorliebe Allegorien für Werte und Tugenden, für Berufe, für Städte und Erdteile, für Jahreszeiten etc. dar; jedoch auch spezifisch bürgerliche Themen, vor allem die technischen Erfindungen des 19. Jahrhunderts, wurden darstellungswürdig, wenn sie auch in den gleichen barocken oder antikisierenden Formen wiedergegeben wurden. So findet man etwa Personifikationen von Industrie und Handel in den Figurenprogrammen oder mit Zügen oder Dampfern spielende Putten in den Reliefbändern von Bahnhöfen, Post- und Bankgebäuden.

An Privathäusern war figürlicher Schmuck wegen der hohen Kosten weitaus seltener anzutreffen; im späten 19. Jahrhundert wurden die barocken Allegorien, mit denen man zunächst nicht nur Reichtum, sondern vor allem auch Bildung dokumentiert hatte, häufig nicht mehr verstanden, sondern nach rein formalen Gesichtspunkten anhand von Musterkatalogen ausgewählt. Die Bedeutung des Inhalts trat dabei fast gänzlich hinter der reinen Schmuckfunktion zurück.

Es bleibt festzuhalten, daß die traditionelle Verbindung von Architektur und Kunst im 19. Jahrhundert keineswegs abbrach, sondern für größere Teile der Gesellschaft als je zuvor an Bedeutung gewann und schließlich als unverzichtbarer Bestandteil öffentlicher Repräsentation angesehen wurde. Die Bauplastik konnte aber niemals die Wertschätzung der »autonomen« Kunst erreichen, sondern wurde als Kunsthandwerk dem Kunstgewerbe gleichgestellt, weil sie selbst dort, wo sie keine Inhalte mehr vermittelte, einen genau definierbaren Zweck erfüllte; vor allem aber, weil sie immer seltener auf einen individuellen Entwurf zurückging, sondern zu einem Massenprodukt wurde, tausendfach von einmal gefertigten Formen abgegossen.

Denkmäler

Nicht nur im Bereich der Architekturgestaltung, sondern auch in der Förderung der Künste hatte das Bürgertum das Erbe der Feudalherren angetreten und die Rolle des Mäzens übernommen; eine Bindung an die Staatsgewalt hätte der Auffassung von der »Freiheit der Kunst« widersprochen. Das bedeutet nicht, daß nicht auch die Obrigkeit eine gezielte Kunstpolitik von erheblichem Umfang betrieben hätte. Die Einflußnahme richtete sich jedoch in erster Linie auf die Berufsbildung der Künstler; wie auch heute waren die Akademien staatlich finanzierte Einrichtungen.[5]

Gegen diese Form obrigkeitlicher Bildungspolitik entstand bereits in den 20er und 30er Jahren eine bürgerliche Gegenbewegung durch die Gründung privater Kunstvereine, die im späten 19. Jahrhundert zu Trägern vor allem avantgardistischer, gegen die Akademien gerichteter Kunstströmungen wurden. Der wichtigste Bereich öffentlicher Kunstpraxis, die Errichtung von Denkmälern im Stadtbild, unterlag, von wenigen monarchischen Stiftungen abgesehen, zumindest bis in die 70er Jahre fast ausschließlich bürgerlicher Privatinitiative. Zu Anfang des 19. Jahrhunderts setzte man in erster Linie den »großen Männern« der Nation, etwa Luther, Gutenberg, Goethe und Schiller, Denkmäler; seit den 30er Jahren läßt sich das Erstarken bürgerlichen Selbstbewußtseins an der wachsenden Zahl individueller Denkmäler ablesen: Um 1800 gab es achtzehn, im Jahre 1883 bereits zirka 800 öffentliche Denkmäler in Deutschland.[6] Bis zur Reichsgründung galt der Personenkult den Repräsentanten des Bürgertums, Dichtern, Gelehrten, Künstlern und verdienten lokalen Politikern. In diesen Denkmälern dokumentierten sich das Bewußtsein der eigenen Leistungen, historisches Wissen und kulturelle Bildung. Gerade durch ihre scheinbare »Zweckfreiheit« kam den Individualdenkmälern in zweifacher Hinsicht politi-

Robert Bärwald, Ehemaliges Kaiser-Wilhelm-I.-Denkmal, Bremen, 1893

sche Bedeutung zu: Zum einen dienten sie der Legitimation bürgerlichen Herrschaftsanspruches, indem sie dessen Grundlage, die ökonomische Macht, verschwiegen und statt dessen ideelle Werte verkörperten[7]; zum anderen wurde in ihnen, besonders nach den Freiheitskriegen, die Einheit einer Kulturnation beschworen, die auch politisch angestrebt wurde.

Kam der Kultur in der ersten Hälfte des 19. Jahrhunderts die Bedeutung eines »Ersatzraum[es] der versagten politischen Aktivität«[8] zu – zumindest für die liberal-demokratischen Schichten –, so veränderte sich ihr Stellenwert nach der Reichsgründung: Einerseits ging die Integrationsfunktion der Bürgerdenkmäler dadurch zurück, daß sie nicht mehr vorwiegend bekannten und verdienten Persönlichkeiten gestiftet wurden, sondern auch Privatpersonen, zum Beispiel Unternehmer, sich in steigendem Maße Standbilder zu ihrem eigenen Ruhm errichten ließen; andererseits entstand im Dienste der Monarchie und des Reiches eine Bewegung hin zu politischen Denkmälern. Dieser Widerspruch zu der herrschenden Kunstauffassung erklärt sich aus der Tatsache, daß sich das reaktionäre Bürgertum in der Phase des Ausbaues und der Konsolidierung des kapitalistischen Wirtschaftssystems mit der Monarchie verbündete, da es zur Sicherung seiner Vormachtstellung gegenüber der Arbeiterklasse eines starken Staates bedurfte.[9] Die zahlreichen Denkmäler für Wilhelm I. und seine Nachfolger galten nicht so sehr deren persönlichen Verdiensten, sondern wurden als Personifikation der Macht der endlich geeinigten Nation angesehen. Vor allem die 300 bis 400 Wilhelm-I.-Standbilder, die bezeichnenderweise erst nach seinem Tode entstanden und von Wilhelm II. finanziert und gefördert wurden, versuchten die Staatsform der Monarchie, die sich auf kein Gottesgnadentum mehr berufen konnte, im allgemeinen Bewußtsein zu verankern.[10]

Noch zwei andere Formen des politischen Denkmals müssen wegen ihrer Bedeutung und der Zahl ihrer Beispiele genannt werden. Die Kriegerdenkmäler, die während oder nach dem Kriege von 1870/71 zum Kampf gegen die äußere Bedrohung aufriefen oder den Opfertod des Soldaten für sein Vaterland verherrlichten, vermochten – weit mehr als die Fürstendenkmäler – in allen Bevölkerungsschichten patriotische Begeisterung zu entfachen. Seinen deutlichsten Ausdruck aber hat der Nationalkult in der Errichtung von Hunderten von Bismarckdenkmälern, -säulen und -türmen im ganzen Reich gefunden. »Die eigentlichen Urheber der Bismarck-Denkmäler lassen sich im groben ermitteln: Die administrative Obrigkeit war häufig der Anreger. Das Besitzbürgertum stand als Hauptgeldgeber im Hintergrund. Das Bildungsbürgertum lieferte das intellektuelle und künstlerische Programm; sein Stoßtrupp war die damalige deutsche Studentenschaft, deren Generation – als Anreger wie als Empfänger – offensichtlich am stärksten ideologisiert war. Unterstützung kam überall von den Veteranen-, Verschönerungs-, Gesangs-, Wan-

Arnold Hartmann, Bismarcksäule, Köln, 1903

der- und Geschichtsvereinen.«[11] Die Arbeiterschaft, die nicht an der Finanzierung beteiligt war, wurde zumindest bei den Festakten und Einweihungsfeiern integriert. Den zunächst offiziell gelenkten Ehrungen für den Kanzler folgten nach dessen Entlassung 1890 spontane Bewegungen aus dem Bürgertum; um die Jahrhundertwende schließlich wurde die Gestalt des »Reichsgründers« zum Mythos erhoben.

Auf die verschiedenen Formen der Bismarckdenkmäler und ihren jeweiligen Stellenwert kann in diesem Rahmen nicht eingegangen werden[12]; herauszustellen ist jedoch die Reihe der architektonischen Denkmäler, die, häufig ohne jeden Schmuck oder aber mit ins Riesenhafte gesteigerten, stilisierten Bismarckstatuen versehen, in ihrer monumentalen Form wie in ihrem ideologischen Gehalt zu unmittelbaren Vorläufern bestimmter Erscheinungsformen der Kunst im Dritten Reich zu zählen sind. In ihnen fand das seit den Freiheitskriegen durchgängige Bestreben, ein für das gesamte Volk verbindliches Nationaldenkmal zu schaffen – man denke etwa an den Bau der Walhalla, des Niederwald- oder des Hermannsdenkmals –, seinen Abschluß. Der Nationalgedanke erhielt »die Dimension des übermächtig Schicksalhaften und des Kultischen«[13], die zu Feiern bei den als Weihestätten angelegten Monumenten versammelten Menschen sollten sich zu einer »Kampf-, Schicksals- und Opfergemeinschaft«[14] zusammengefaßt fühlen.

Gegen den politischen Gebrauch von Kunst, den das Bürgertum zumindest theoretisch verworfen hatte, gegen den monumentalen Prunkstil des Kaiserreiches, dem auch bei privaten Stiftungen – zum Beispiel kostspieligen Brunnen zur Verschönerung der Plätze

Louis Tuaillon, Rosselenker, Bremen, 1901

und Anlagen – gehuldigt wurde, und nicht zuletzt gegen die immer mehr ins Genrehafte, Anekdotische und damit auch ideell ins Unverbindliche abgleitenden Personendenkmäler war eine Kunstströmung gerichtet, die vor allem für die gegenständliche Kunst des 20. Jahrhunderts wegweisend geworden ist. Sie bedeutete formal einen Rückgriff auf einfache, klassisch-strenge Formen. Die Denkmäler, die die Anhänger dieser Richtung schufen, hatten keinerlei Bezug mehr zu der gesellschaftlichen Wirklichkeit; Hauptthema war der überindividuell aufgefaßte nackte Mensch, dessen ästhetisierende Darstellung zum eigentlichen Gehalt des Kunstwerkes wurde. Diese Form des Ästhetizismus entsprach am meisten der Kunstauffassung eines Bildungsbürgertums, das Überzeitlichkeit und Zweckfreiheit zum vorrangigen Qualitätsmerkmal erhoben hatte, und korrespondierte mit Tendenzen in der Malerei, den Inhalt der Werke ganz hinter Farb- und Formproblemen zurücktreten zu lassen. Das Ergebnis war eine Kunst um ihrer selbst willen, L'art pour l'art.

Der Begriff des Gesamtkunstwerkes

Aus dem oben gegebenen Überblick geht hervor, daß zwar die Verbindung der Architektur mit den bildenden Künsten im 19. Jahrhundert noch selbstverständlich war, daß aber eine Einheit von Form und Inhalt nicht mehr bestand. Die plastischen Elemente bildeten keinen unverzichtbaren Bestandteil der Gebäude wie etwa im Barock, sondern waren als meist beliebig auswechselbare Schmuckformen vor einen glatten Baukörper gesetzt.

Die erstmals in der Romantik beklagte Isolierung der Künste, die durch die streng nach Fachgruppen getrennte Ausbildung der Künstler an den Akademien noch begünstigt wurde, ist als Folge der eingangs erläuterten ästhetischen Vorstellungen zu sehen. Da die Kunst nicht mehr an eine einheitsstiftende Macht wie etwa die Kirche oder den Staat gebunden war, fehlte die Voraussetzung zur Entwicklung eines allgemeinverbindlichen Stils. Eine Ausnahme bilden nur die architektonischen Nationaldenkmäler des Wilhelminischen Kaiserreiches, in denen die Staatsideologie wieder eine adäquate künstlerische Formulierung fand. Da sie aber einen erneuten Rückgriff auf historisierende Stile darstellten und in ihnen die avantgardistischen Strömungen in der Architektur wie in der bildenden Kunst bewußt negiert wurden, konnten sie keinen Einfluß auf die übrigen Kunstgattungen gewinnen. Das Bestreben, die Künste auf der Grundlage eines einheitlichen Geschichtsbildes zusammenzufassen, war deshalb zum Scheitern verurteilt; sein theoretischer Hintergrund muß jedoch in diesem Zusammenhang kurz erläutert werden, da die Idee des »Gesamtkunstwerkes«, wenn auch unter anderen Vorzeichen, bis in die heutige Zeit zu einem Schlüsselbegriff aller »Kunst-am-Bau«-Regelungen geworden ist.

Der Terminus »Gesamtkunstwerk«, 1850 von Richard Wagner geprägt[15] und bei ihm auf das Musikdrama bezogen, wurde im Bereich der Architektur in den Schriften Gottfried Sempers entwickelt.[16] Im Gegensatz zum Positivismus, der sich auf die Erforschung von Fakten beschränkte und diese auch durch sich selbst begründete, war für Semper die Beschäftigung mit Einzelphänomenen nur insoweit gerechtfertigt, als sie dem Aufzeigen universaler Zusammenhänge dienen konnte. Er faßte nicht nur die Natur als ein von inneren Kräften bestimmtes Ganzes auf, sondern sah auch im Kunstwerk, neben allen real bedingten historischen Faktoren, eine absolute Wahrheit gegeben, da der Künstler als genialer Schöpfer mit den Gesetzen der Natur harmoniere. Diese inneren Gesetze aufzuzeigen war Sempers Anliegen; erst aus ihrer Erkenntnis könne eine »organische« Synthese der Künste, ein Abbild des Universums, erwachsen.

Als zusammenfassende »Ordnungsmacht« sah Semper die Architektur an: »Die Architektur ist also die letztgeborene der Künste, zugleich die Vereinigung aller Zweige der Industrie (sc. Kunstgewerbe) und Kunst zu einer großen Gesamtwirkung und nach einer leitenden Idee.«[17] Der Sinn der Semperschen Konzeption des Gesamtkunstwerkes lag darin, durch die Darstellung einer kosmischen Ordnung im Kunstwerk den Menschen in einen sinnvollen geschichtlichen Zusammenhang zu stellen, ihm seine historische Kontinuität begreiflich werden zu lassen: »Vergangenheit, Gegenwart und Zukunft sind zur Synthese gebracht.«[18]

Durch den Absolutheitsanspruch, den Semper an die Kunst herantrug, manifestierte er deren Abgehobenheit von der Lebenspraxis; die Versuche in den 20er Jahren des 20. Jahrhunderts, eine neue Form des Gesamtkunstwerkes entstehen zu lassen, gingen, wie noch zu zeigen sein wird, von dem gegenteiligen Anliegen aus.

Öffentliche Kunstpolitik in der Weimarer Republik

Kunst im Stadtbild

Die Vorstellung des Bürgertums des 19. Jahrhunderts von der Autonomie der Kunst wurde von dem demokratisch verfaßten Staat der Weimarer Republik nicht nur voll bejaht, sondern zum erstenmal in der deutschen Geschichte auch rechtlich verankert.

Der Artikel 142 Satz 2 der Reichsverfassung verpflichtete die Regierung, der Kunst Schutz zu gewähren und an ihrer Pflege teilzunehmen. Der erste Teil des Programms ist als Reaktion auf die staatliche Zensur sowie auf die Indienstnahme von Kunst als politische Propaganda im Wilhelminischen Kaiserreich zu verstehen und entspricht dem Selbstverständnis einer Regierung, die sich als Vertreter aller Interessengruppen einer pluralistischen Gesellschaft fühlte. Im zweiten Teil drückt sich das Bestreben aus, die Rolle des Mäzens zu übernehmen, die bisher von der Monarchie und von Privatpersonen erfüllt worden war; es ist in enger Verknüpfung mit der Situation der Kunst nach dem Ersten Weltkrieg zu sehen, die vor allem durch zwei Faktoren gekennzeichnet war: Zum einen bedeuteten die endgültige Entmachtung des Feudaladels und die vorübergehende Schwächung des Großbürgertums einen erheblichen Verlust an Willen zur öffentlichen Repräsentation, für die enorme Geldsummen aufgebracht worden waren; zum anderen begünstigten die politischen und ökonomischen Verhältnisse die Entwicklung einer Architekturströmung, deren Anfänge bereits vor dem Ersten Weltkrieg lagen und die sich durch äußere Schmucklosigkeit auszeichnete.

Funktionalismus und Sachlichkeit in der Architektur
Ebensowenig wie für das 19. Jahrhundert soll hier ein Abriß der Entwicklungsphasen der modernen Architektur gegeben werden; es genügt, die wesentlichen Erscheinungsformen

Walter Gropius, Teilansicht des Bauhauses, Dessau, 1926

zu konstatieren. Die technische Grundlage für die Entstehung des in den 20er Jahren vorherrschenden Baustils – sofern er überhaupt als Einheit zu fassen ist – bildeten die schon im 19. Jahrhundert entdeckten und verwendeten Baumaterialien Stahl und Beton; sein Ausgangspunkt waren die Bewegung gegen den Historismus und der Versuch, architektonische Lösungen zu finden, die einer zunehmend von Industrie und Technik geprägten Zeit nicht nur formal entsprachen, sondern auch dem Gesichtspunkt der Zweckgebundenheit und der Wirtschaftlichkeit Rechnung trugen. Vor dem Ersten Weltkrieg war der Deutsche Werkbund, eine Vereinigung von Architekten, Kunsthandwerkern und Industriellen, sein wichtigster Träger, in der Weimarer Republik war es das Bauhaus (die staatliche Kunsthochschule in Weimar und Dessau), das die Neuformulierung einer Architekturästhetik und eines Formenkanons leistete. Parallele Bewegungen entstanden in fast allen europäischen Ländern und in Amerika. Formal beruhte dieser Baustil, sehr vereinfacht gesagt, auf der Rückführung der Baukörper auf kubisch-stereometrische Formen, die einander asymmetrisch zugeordnet waren; die Gliederung der Fassaden wurde durch scharf eingeschnittene Fenster oder den Wechsel von glatten Flächen und Fensterbändern erreicht; durch die Verwendung von Eisen- und Stahlkonstruktionen konnten die bis dahin tragenden Außenwände auch gänzlich durch Glas ersetzt werden.

Architektur und Plastik

Die schmucklosen Flächen erhielten einen ästhetischen Eigenwert, der durch die Verwendung von Ornamenten oder Bauplastik zerstört worden wäre. Wenn sich die Anhänger des »Neuen Bauens« in Deutschland auch nur begrenzt durchsetzen konnten, so ist doch ihr Einfluß auch auf die konservativen Architekturströmungen gar nicht zu überschätzen. Der funktionale, »sachliche« Baustil hatte den Historismus endgültig abgelöst; die überladenen Prunkbauten des Kaiserreichs entsprachen – wie auch im privaten Wohnungsbau deutlich ablesbar – nicht mehr dem Repräsentationsbedürfnis des Bürgertums in der demokratischen Gesellschaft.

Die Frage nach den Formen staatlicher Selbstdarstellung in der Baukunst läßt sich nur sehr schwer beantworten, da in der von Reparationszahlungen belasteten, durch Inflation und Wirtschaftskrisen erschütterten Weimarer Republik so gut wie keine größeren Projekte ausgeführt worden sind; die Masse des Bauvolumens lag beim Wohnungsbau.

Wichtigster Auftraggeber war das private Unternehmertum, das zahlreiche Industrie- und Verwaltungsgebäude errichten ließ, die häufig mit Kunstwerken im Innenraum, zuweilen aber auch mit Bauplastik ausgestattet wurden. Doch das Bedürfnis, das auf wirtschaftlicher Potenz beruhende Selbstbewußtsein nach außen zu tragen, manifestierte sich nicht mehr in gleichem Maße wie im 19. Jahrhundert. Meist war lediglich das Sockelgeschoß, besonders die Eingangszone der Geschäftsbauten, plastisch gestaltet, oder es wurden einzelne Figuren sparsam über die Fassade verteilt. Oft bestand der Schmuck auch nur aus einer ornamentalen Strukturierung der Oberfläche, etwa bei Klinkerbauten.

Das gleiche gilt für die Bauplastik an Gewerkschaftshäusern, da die Arbeiterschaft, die zum erstenmal als Auftraggeber für öffentliche Kunst hervortrat, sich an den bürgerlichen Kunstformen orientierte. Die Einheit von Architektur und bildender Kunst war endgültig zerbrochen.

Denkmäler

Die Errichtung der Weimarer Demokratie setzte dem Personenkult des 19. Jahrhunderts und damit der Denkmalidee im traditionellen Sinne weitgehend ein Ende; nur vereinzelt und in bescheidenem Umfang wurden noch verdiente Politiker auf diese Weise geehrt. Die

Bernhard Hoetger, Ehemaliges Denkmal für die Gefallenen der Räterepublik, Bremen, 1919/1922

öffentliche Hand, der die Mittel zur staatlichen Kunstförderung fehlten, finanzierte lediglich eine größere Anzahl von Gefallenendenkmälern und -gedenksteinen. Dem ohnehin wirtschaftlich unstabilen und politisch von demokratiefeindlichen Kräften bekämpften Staat gelang es nicht, neue verbindliche Inhalte zu formulieren. Die wenigen vom Bürgertum gestifteten öffentlichen Kunstwerke zeigen entsprechend keinen Zusammenhang mit der gesellschaftlichen Realität; in Darstellungsweise wie Thematik knüpfen sie an die ästhetisierende Denkmalskunst des späten 19. Jahrhunderts an. Die Gewerkschaften dagegen, die schon als Auftraggeber für Bauplastik genannt worden sind, ließen Denkmäler errichten, die direkt auf die Interessenlage der von ihnen vertretenen Klasse Bezug nehmen, und zwar vor allem Mahnmäler für die Gefallenen revolutionärer Erhebungen. Man bemühte sich, im Gegensatz zum Bürgertum, prominente Vertreter der künstlerischen Avantgarde für diese Aufgaben zu gewinnen, etwa Gropius, Mies van der Rohe und Hoetger. Die Werke dieser Künstler dürften zu den bedeutendsten Beispielen der Denkmalskunst der 20er Jahre in Deutschland zählen.

Der Traum vom »Gesamtkunstwerk«

Es mag widersprüchlich erscheinen, daß gerade diejenigen avantgardistischen und revolutionären Künstlergruppen und -vereinigungen, die durch die abstrakte Form ihrer Werke oder durch die Begründung des »funktionalen« Baustils zur Isolierung der Künste wesent-

Walter Gropius, Denkmal für die Märzgefallenen, Weimar, 1920/21 (nach 1945 rekonstruiert)

lich beigetragen haben, nach dem Ersten Weltkrieg in ihren Programmen die Forderung nach dem Gesamtkunstwerk stellten. So heißt es im Manifest des staatlichen Bauhauses in Weimar von 1919: »Das Endziel aller bildnerischen Tätigkeit ist der Bau! Ihn zu schmükken war einst die vollkommenste Aufgabe der Künste. Heute stehen sie in selbstgenügsamer Eigenheit, aus der sie erst wieder erlöst werden können durch bewußtes Mit- und Ineinanderwirken aller Werkleute untereinander. [. . .] Wollen, erdenken, erschaffen wir gemeinsam den neuen Bau der Zukunft, der alles in einer Gestalt sein wird: Architektur und Plastik und Malerei, der aus Millionen Händen der Handwerker einst gen Himmel steigen wird als kristallenes Sinnbild eines neuen kommenden Glaubens.«[19]

Mit dem Semperschen Begriff des Gesamtkunstwerkes stimmen diese Vorstellungen insofern überein, als die Trennung der Künste durch eine einigende Idee, die allerdings nicht näher bestimmt wurde, sowie durch eine allen Künstlern gemeinsame »überindividuelle Gestaltungssprache«[20] aufgehoben werden sollte; letztere versuchte das Bauhaus dadurch zu erreichen, daß es allen Schülern vor ihrer Spezialausbildung die Grundkenntnisse der verschiedenen Gattungen der Kunst wie auch des Kunsthandwerkes vermittelte.

Zu einer verbindlichen Formulierung eines Konzeptes für den »großen Bau« (Gropius) ist es trotz vieler Experimente und Modellversuche nicht gekommen, wohl nicht zuletzt deshalb, weil es infolge der angespannten Wirtschaftslage keine konkreten Möglichkeiten zu seiner Verwirklichung gab. Mit dem Versuch einer neuen Synthese der Künste war jedoch eine Absicht verbunden, die Sempers Idee diametral entgegenstand: Nicht die Darstellung allgemeingültiger, über der Wirklichkeit stehender Werte, sondern die Wiederannäherung der Künste an die gesellschaftliche Realität war das eigentliche Ziel. Zwar glaubte man nach wie vor, daß eine Distanz des Künstlers gegenüber der Gesellschaft für sein Schaffen notwendig sei, die Kunstwerke aber sollten auf die Bedürfnisse möglichst breiter Bevölkerungsschichten eingehen und gleichzeitig erzieherisch und verändernd wirken.

Die soziale Lage der bildenden Künstler

Das sozialpolitische Engagement, das den Bestrebungen des Bauhauses zugrunde lag, wurde nur von einem geringen Teil der Künstlerschaft geteilt. Es hätte eine wirtschaftlich abgesicherte Stellung der Künstler zur Voraussetzung gehabt, die wegen der extrem schlechten Auftragslage in keiner Phase der Weimarer Republik gegeben war. Die Gründe sind bereits mehrfach genannt worden. Der Kulturetat des Staates und der Gemeinden war durch die Finanzierung von Ausbildungsstätten, Theatern, Opern und Museen schon weitgehend erschöpft; da sich die Regierung, abgesehen von Direktaufträgen, nur dann zuständig fühlte, wenn es sich um die Förderung von Kunst von »gesamtdeutschem Interesse«[21] handelte, waren Mittel zur Unterstützung einzelner Künstler, etwa durch Stipendien oder Preise, ohnehin nicht vorgesehen. Die von 1920 bis 1932 bestehende Stelle eines »Reichskunstwartes« im Innenministerium, der unter anderem zwischen »den Anforderungen der Behörde und denen der freien Künstler vermitteln«[22] sollte, blieb ohne Bedeutung für die Kulturpolitik.

Daß die Bildhauer besonders hart von Existenzsorgen betroffen waren, war sicher ein wichtiger Grund für den Versuch des »Reichsverbandes Bildender Künstler« gegen Ende der 20er Jahre, die Tradition der Ausstattung öffentlicher Gebäude durch Kunstwerke wiederaufleben und zu einem festen Bestandteil staatlicher Förderungsmaßnahmen werden zu lassen. Entsprechend heißt es in einer Entschließung von 1927: »Wir müssen im Reich und in den Staaten dahin wirken, daß in allen öffentlichen Gebäuden, Kirchen, Krankenhäusern, Schulen usw. alle Gelegenheiten ausgenutzt werden, wo Arbeiten künstlerischer Art in Frage kommen. Weiter soll erreicht werden, daß bei allen neu zu errichtenden Staats- und Kommunalbauten neben den handwerklichen Ausführungen von vorneherein auch künstlerische Ausführungen in den Voranschlag hineingebracht werden.«[23]

Auf einen Entschließungsantrag des Landtages aus dem gleichen Jahr, der diesem Anliegen stattgab, folgte ein entsprechender Runderlaß des preußischen Ministers des Innern vom 20. Juni 1928.[24] Er stellt, als Sozialprogramm verstanden, einen ersten Schritt zu einer »Kunst-am-Bau«-Regelung dar, blieb aber ohne nennenswerte Folgen.

Die Tatsache, daß die Arbeitsbeschaffung für Künstler überhaupt auf diesem Wege versucht wurde, zeigt, daß die Vorstellung von der Einheit von Bauwerk und bildender Kunst trotz gegenläufiger Architekturströmungen noch im allgemeinen Bewußtsein verankert war. Man muß sogar feststellen, daß die von Anfang an bestehende Opposition konservativer Kreise gegen die als »kalt« und »unmenschlich« empfundene funktionalistische Architektur um so stärkeren Zulauf erhielt, je mehr dieser Baustil das Gesicht der Städte, vor allem der neuen Siedlungsgebiete in den Randzonen, zu prägen begann. Da man zum Zweck der Kostensenkung die Normierung der Bauteile vorantrieb, den ursprünglich grundlegenden Formenkanon dagegen vernachlässigte, sollte die Kunst den Mangel an ästhetisch befriedigender Gestaltung kaschieren; in größerem Umfang ist ihr diese Ersatzfunktion jedoch erst nach dem Zweiten Weltkrieg zugekommen.

»Kunst am Bau« im Dritten Reich

Die »Gleichschaltung« der Künste

Die zentrale Lenkung und ideologische Indoktrination aller Bereiche der Kunst- und Kulturpolitik durch den faschistischen Machtstaat war bereits gegen Ende der 20er Jahre inhaltlich vorbereitet worden. Die konservative Opposition gegen die avantgardistische Kunst hatte sich 1929 unter der Leitung Alfred Rosenbergs[25] zum »Kampfbund für deutsche Kultur« formiert; 1931 folgte die Gründung eines »Kampfbundes deutscher Architekten und Ingenieure«, der einerseits in engem Zusammenhang mit den Heimatschutzverbänden für eine bodenständige, antiurban gerichtete, »nationale« Baukunst (im Gegensatz zum »Internationalen Stil«) plädierte, andererseits dem Verlust monumentaler Bauaufgaben nachtrauerte. Die 1931, auf dem Höhepunkt der Wirtschaftskrise, für zweieinhalb Jahre verhängte Sperre über öffentliche Bauvorhaben tat ein übriges, in diesen Kreisen die Verbitterung gegen die Regierung zu schüren. Handwerker, Künstler und Kunsthandwerker sahen sich durch die industrielle Normierung und den sachlichen Baustil ihrer Existenzgrundlage beraubt und übernahmen bereitwillig Rosenbergs Schlag-

Albert Speer, Ehrenhof der ehemaligen Neuen Reichskanzlei, Berlin, 1939 (Skulpturen: Arno Breker)

worte vom »Kulturbolschewismus« und der »Kunstfeindlichkeit«, von denen das »Neue Bauen« geprägt sei.[26]

Der Traum weiter Teile des Mittelstandes – besonders des Kleinbürgertums – vom Ständestaat, der in vorindustrieller Zeit allen Berufsgruppen ihre wirtschaftliche Existenz gesichert hatte, wurde von der NSDAP aufgegriffen und als Legitimation für die totale staatliche Kontrolle des gesellschaftlichen Lebens benutzt. 1933 wurden die Künstler und Kulturschaffenden aller Sparten als erste in einer neuen Standesorganisation zusammengefaßt, der »Reichskulturkammer«. Sie war in einzelne Kammern für Schrifttum, Presse, Rundfunk, Theater, Musik und bildende Künste (einschließlich der Architektur) aufgeteilt und unterstand dem Reichsministerium für Volksaufklärung und Propaganda.[27]

Die Mitgliedschaft in der Reichskammer für bildende Künste wurde zur Voraussetzung für die Ausübung jeder künstlerischen Tätigkeit erhoben; eine genaue Prüfung aller Antragsteller auf ihre politische Zuverlässigkeit und ihre rassische Abstammung ermöglichte es, jeden unliebsamen Künstler auszuschließen und ihm damit ein Berufsverbot zu erteilen; seit Mitte 1937 gab es keinen selbständigen Künstlerverband mehr. Trotz der anfänglichen beschwichtigenden Versicherungen von Goebbels – »Niemand fürchte, daß hier die Gesinnungsriecherei eine Heimatstatt finden könnte. [. . .] Niemand befiehlt [. . .]. Wir wollen nur die guten Schutzpatrone der deutschen Kunst und Kultur auf allen Gebieten sein«[28] – hatte Hitler seit seiner Rede auf der Kulturtagung der NSDAP in Nürnberg von 1933[29] keinen Zweifel daran gelassen, daß das Regime nur eine nichtabstrakte, allgemeinverständliche, von der nationalsozialistischen Weltanschauung geprägte Kunst zulassen werde. Die Freiheit der Kunst wurde aufgehoben und geriet vollends zur Farce, je mehr Hitler mit der Selbstherrlichkeit eines absolutistischen Herrschers in Wettbewerbe eingriff oder als einziger Preisrichter über die Vergabe von Kunstpreisen entschied.

Faschistische Architektur

Das Schwergewicht der staatlichen Kunst- und Kulturpolitik lag im Bereich der Architektur als derjenigen Kunstgattung, die sich in zweifacher Hinsicht als Mittel zur politischen Massenbeeinflussung eignet: Zum einen kann sich keine Bevölkerungsgruppe dem Einfluß ihres Erscheinungsbildes entziehen, zum anderen ist dieser Einfluß um so wirksamer, als er keine klar ausgesprochenen Inhalte vermittelt, sondern Emotionen anspricht. So wurde im Siedlungsbau das Einzelhaus mit Garten im traditionellen »Heimatschutzstil« gefördert, um an das Nationalgefühl zu appellieren und die Bindung des einzelnen an die »Scholle« zu erreichen; wie wenig es der Regierung um die sozialen Belange der Bevölkerung ging, zeigt sich in der Tatsache, daß man für den Wohnungsbau meist normierte Bauelemente und billigste Materialien verwendete und ihn weitgehend zu reprivatisieren suchte; erst ab 1940 wurde mit der Erarbeitung eines breitangelegten Programms für den sozialen Wohnungsbau begonnen. In die monumentalen Repräsentativbauten der Partei flossen dagegen ungeheure Summen; Materialien wie Marmor, Natursteinquader oder -platten verwendete man ohne Rücksicht auf die hohen Kosten, um den Bauwerken des »tausendjährigen Reiches« symbolhaft den Charakter von Unzerstörbarkeit und Stärke zu verleihen.

Riesige Aufmarschplätze, weiträumige, symmetrisch angelegte Gebäudekomplexe, aber auch die Einzelbauten selbst mit ihren übermenschlichen Proportionen und den massiven, glatten, ungeteilten Fassaden, die keinen Aufschluß über die Innenstruktur zuließen, spiegelten den Macht- und Autoritätsanspruch eines Staates wider, der die absolute Unterordnung seiner Bürger forderte.

Denkmal und »Kunst am Bau«

Unter den Begriff des Denkmals fallen im Dritten Reich vor allem architektonische Denkmäler, im erweiterten Sinne sogar die gesamten Parteibauten. Die Staatsgewalt wurde in diesem Bereich nicht personifiziert – wie im 19. Jahrhundert –, sondern überindividuell aufgefaßt.[30] Der Schritt von der Würdigung einer Einzelperson zu der Verherrlichung nationalen Ideengutes war in Ansätzen schon bei den Bismarcktürmen und -säulen vollzogen worden; im Dritten Reich errichtete man in inhaltlicher wie formaler Anknüpfung an diese Gattung von Denkmälern eine Fülle von Ehrenmälern, Totenburgen und Heldengedenkstätten.

Die figürliche Plastik im Stadtbild – an Bauten wie auf Plätzen – war fast durchgängig bestimmt durch den am 22. Mai 1934 von Goebbels unterzeichneten »Kunst-am-Bau«-Runderlaß. Sein Kernsatz lautete: »Ich halte es hierbei für unerläßlich, daß bei allen Hochbauten (Neu-, Um- und Erweiterungsbauten) des Reiches, der Länder, der Gemeinden, der Körperschaften des öffentlichen Rechtes und der Körperschaften, bei denen Reich, Länder oder Gemeinden die Aktienmehrheit oder die Mehrheit der Geschäftsanteile besitzen, grundsätzlich ein angemessener Prozentsatz der Bausumme für die Erteilung von Aufträgen an bildende Künstler und Kunsthandwerker aufgewendet wird.« Obwohl der Runderlaß weitgehend als Sozialprogramm formuliert war, das in ähnlicher Weise wie der oben zitierte Runderlaß von 1928 zur Behebung der »furchtbaren Notlage der freischaffenden Künstler und Kunsthandwerker« beitragen sollte, ist die eigentliche Zielrichtung gegen die »materialistische«, »öde«, »überspitzte« Architektur der 20er Jahre deutlich ausgesprochen: »die Baukunst ist Sinnbild des Staatslebens«, die bildenden Künste sollen »den künstlerischen Ausdruck des Volksganzen mitformen«.[31]

Formal konnte diese erneut angestrebte Synthese der Künste nur begrenzt gelingen. Die für die Parteibauten vorbildlichen klassizistischen Strömungen des 19. und des frühen 20. Jahrhunderts wiesen ohnehin nur sparsame Schmuckformen auf; im Dritten Reich wurden die Bauten zusätzlich von allen Ornamenten »gereinigt«, die nicht – wie Säulen, Pilaster oder Gesimse – als Ordnungsprinzipien dienten.[32] Die mit dem Baukörper unmittelbar verbundenen Plastiken und Reliefs bildeten nur in wenigen Fällen unverzichtbare Bestandteile der Fassaden; den Freiplastiken dagegen kam innerhalb eines Baukomplexes häufig eine strukturierende und raumordnende Funktion zu.

Josef Thorak, Plastik vor dem Deutschen Haus, Weltausstellung Paris, 1937

Josef Thorak, Fassadenrelief an der Reichsbank, Berlin, um 1938

Vor allem in der inhaltlichen Aussage aber wurden die in der Parteiarchitektur angestrebten Ausdruckswerte ergänzt. Während dort die Unangreifbarkeit der Staatsgewalt Gestalt gewann, wurde in den Freiplastiken ein überhöhtes Bild des Trägers der Ideologie gezeichnet. In den monumentalen, kraftvollen Gestalten der nackten oder antikisch gekleideten Menschen verherrlichte man das Individuum, um Interessenkonflikte und Klassengegensätze in der Bevölkerung zu überspielen und die gesamte »Volksgemeinschaft« auf die propagierten Tugenden einzuschwören. Bei den meisten Plastiken ist gleichzeitig das Idealbild des »heldischen« Menschen gegeben und die Personifikation eines Begriffes oder Wertes gemeint, zum Beispiel bei den Verkörperungen von »Partei« und »Wehrmacht«, den Darstellungen von Siegesgöttern und Athleten, aber auch von Tugenden, die zu Verhaltensweisen oder zum Handeln aufforderten, wie Kameradschaft, Treue, Opfermut, Kampfbereitschaft, Wachsamkeit etc.

Ganz andere Inhalte öffentlicher Plastik waren im Bereich von Wohnbauten, an privaten Geschäftshäusern oder Kommunalbauten zu finden: die traute Familie, Formen nichtentfremdeter Arbeit (besonders Bauern, Hirten und Handwerker), Mensch und Tier im Einklang mit der Natur, Märchen und Sagen. Es waren die gleichen Themen, die auch in der Malerei vorherrschten und bereits die Biedermeierkunst des 19. Jahrhunderts geprägt hatten. Während aber der Staat im 19. Jahrhundert diese verinnerlichte, volkstümliche Kunstrichtung als nicht repräsentativ ablehnen mußte[33], trug das NS-Regime der Sehnsucht des Mittelstandes nach den Lebensverhältnissen der vorindustriellen Gesellschaft Rechnung, um über die tatsächlichen Machtverhältnisse in dem angeblich ständisch neuorganisierten Staat hinwegzutäuschen.

»Kunst am Bau« nach dem Zweiten Weltkrieg

Nach dem Zusammenbruch des Drittes Reiches und der Wiederherstellung der Demokratie nach 1945 suchte der bürgerliche Staat im wesentlichen an die Kunst- und Kulturpolitik der Weimarer Republik anzuknüpfen. Die Freiheit der Kunst wurde im Grundgesetz verankert, die Kulturhoheit ausdrücklich in die Zuständigkeit der Länder gegeben. Seit 1949 finanziert und fördert die Bundesrepublik Institutionen, in denen ausgewiesene Fachleute über Ankäufe, Ausstellungen, Aufführungen etc. sowie über die Auswahl des künstlerischen Nachwuchses entscheiden. Einzig bei der Förderung bildender Kunst im Stadtraum haben sich die Verwaltungen von Bund, Ländern und Gemeinden die Entscheidungsbefugnis vorbehalten; in den Beratergremien, deren Einberufung nicht zwingend vorgeschrieben ist[34], sind sie ebenfalls durch Fachbeamte vertreten.

Die fast wörtliche Übernahme der »Kunst-am-Bau«-Regelung des Dritten Reiches, wie sie vom Bauausschuß des Deutschen Städtetages bereits im September 1949 befürwortet[35] und vom Deutschen Bundestag am 25. Januar 1950 als Empfehlung beschlossen wurde[36], erfolgte auf Drängen der Künstlerverbände in einer Situation, die der beschriebenen Notlage in den späten 20er Jahren unmittelbar vergleichbar war. An dem ersten Wiederaufbau, der von der Sicherung des Baubestandes und der oft notdürftigen Wiederherstellung von Wohnraum gekennzeichnet war, hatten die Künstler und Kunsthandwerker kaum Anteil. Kunst wurde angesichts der ungeheuren Zerstörungen der Städte als »unzeitgemäßer Luxus«[37] angesehen. Einige Bundesländer (etwa Bremen und Hessen) hatten zwar direkt nach der Währungsreform in Anlehnung an die alte Verordnung die Förderung von Kunst im Zusammenhang mit neuen Baumaßnahmen wiederaufgegriffen, aber nur niedrige Summen angesetzt. Die Neuanträge, auch der erste Antrag an den Bundestag, wurden entsprechend mit »der Not der freischaffenden Künstler« begründet.[38]

Der Kulturausschuß des Bundestages antwortete auf die akute Notlage jedoch nicht mit einem Sozialprogramm, sondern diskutierte über den Stellenwert bildender Kunst in der demokratischen Gesellschaft und über den Sinn einer direkten staatlichen Kunstförderung. Die einzelnen Parteien begründeten schließlich in der kurzen Debatte am 25. Januar 1950 die gemeinsam erarbeitete Vorlage mit einander entgegengesetzten Argumenten: Die Bayernpartei (BP) stellte den Autonomieanspruch der Kunst, der seit 1945 wieder vehement und euphorisch im Ausstellungswesen zum Ausdruck gebracht wurde, grundsätzlich in Frage und forderte, von den Künstlern erneut eine »sinnvolle« Tätigkeit im Dienste der Gesellschaft zu verlangen. Als sinnvoll wurde definiert, was nützlich, schön und dem Volk verständlich sei. Die Künstler müßten, herausgefordert durch den Anspruch, den öffentliche Aufträge stellten, die auf »Zweckentbindung« gerichteten, abstrakten Tendenzen aufgeben und sich wieder einer soliden handwerklichen Tradition verpflichten. Nur unter dieser Voraussetzung würden auch die Bürger bereit sein, wieder

Kunst zu kaufen; nur dann sei die kostspielige staatliche Ausstellungs- und Ausbildungspolitik vertretbar. Die soziale Notlage der Künstler stellte sich aus diesem Gesichtswinkel heraus als selbstverschuldet dar. Man vertraute auf die Selbstheilungskräfte des Marktes und war bereit, dem Privatmann den Ankauf von Kunst durch Steuererleichterungen zusätzlich schmackhaft zu machen. Indem man den Beratergremien ausdrücklich keine Entscheidungsbefugnis zuerkannte, wollte man sicherstellen, daß die »richtige« volkstümliche Kunst gefördert werde.

Die FDP und die Deutsche Partei (DP) akzeptierten und unterstützten diese Antragsbegründung. Die SPD dagegen führte den Bildungsauftrag des Staates an, der die Verpflichtung habe, die Bevölkerung mit »hochrangiger« Kunst zu konfrontieren: Zeitgenössische Kunst gehöre nicht ins Museum, sondern in die Öffentlichkeit, »auf die Straßen und Plätze«. Man zweifle zwar, ob für die in Aussicht gestellte Geldsumme stets genügend adäquate Spitzenqualität gefunden werden könne, wolle dieses Risiko jedoch angesichts des Wegfalls des privaten Mäzenatentums eingehen.

Es ist besonders bemerkenswert, daß alle Parteien mit der »Kunst am Bau« eine Qualitätsförderung einrichten wollten, unabhängig von ihren jeweiligen Kunstvorstellungen. Dieser Anspruch war von vornherein zum Scheitern verurteilt, weil sie keine flankierenden Maßnahmen gegen die auch von ihnen beklagte Notlage der Künstler ergriffen. Da die »Kunst am Bau« der einzige kontinuierliche Arbeits- und Auftragsmarkt blieb und die Beratergremien überwiegend mit Architekten, nicht mit Kunstexperten besetzt waren, entwickelte sie sich zu einem Betätigungsfeld für sehr unterschiedliche Begabungen, die vor allem an ihrer Fähigkeit gemessen wurden, ihre Werke dem Baukörper einzufügen.

Ein nur aus der Tradition zu verstehender, jedoch mit verwaltungstechnischen und fiskalischen Überlegungen begründbarer Schritt war die Wiederanbindung der Kunstförderung an das Bauressort. Von politischer Seite war es offenbar keine ideologische Frage; obwohl von Bauhüttengesinnung die Rede war, stand die »Einheit der Künste« nicht ernstlich zur Debatte. Vielmehr wurde durchgehend von der künstlerischen *Ausstattung* der Gebäude mit Bildern und Plastiken gesprochen, unbeschadet der Aufgabenbereiche für Kunsthandwerker. Die Berufsverbände der Künstler hatten selbst, offenbar zufrieden mit der alten »Kunst-am-Bau«-Regelung, um deren Erneuerung nachgesucht: Die Bereitschaft zur Auftragsarbeit im Sinne des Antrages der Bayernpartei lag durchaus vor. Finanztechnisch gesehen, sicherte die prozentuale Bindung an einen regelmäßigen und voraussichtlich steigenden Etatposten der »Kunst am Bau« ein langfristiges Überleben im Verteilungskampf um die Steuermittel zu.

Diese Entscheidung hatte jedoch weitreichende Folgen: In den Bauverwaltungen der Länder, Städte und Gemeinden führten zunächst die gleichen Beamten die »Kunst-am-Bau«-Empfehlung in Zusammenarbeit mit der gleichen Architekten- und Künstlerschaft durch wie vor 1945 (»Vom Einmarsch der Amerikaner am 17. April 1945 bis zum Wiederbeginn hatten wir gerade zwei Wochen Ferien«[39]). Ihre Vorstellungen waren durchaus noch von der Überzeugung geleitet, daß ein einheitlicher Kunststil unter Führung der Architektur als Ausdruck eines intakten Staatswesens gefunden werden müsse. Erst Ende der 50er Jahre setzte sich die schon in der Kunstkritik der späten 20er Jahre vertretene Auffassung durch, daß Kunstwerke sich nicht einfügen, sondern einen Gegenpol zur Architektur bilden müßten. Die personelle Kontinuität ist für das vielfach kritisierte Anknüpfen öffentlicher Kunstwerke an Themen des Dritten Reichs (Kinder, Tiere, vorin-

Maria Ewel, Bär, Bremen, 1950

dustrielle Arbeitswelt[40]) verantwortlich; eine Verlagerung auf Beratergremien mit reinen Kunstexperten hätte die Hinwendung zur Moderne sicher beschleunigt, war aber, wie oben dargelegt, nur von einer Minderheit politisch gewollt. Der Anspruch auf besonders »hochrangige« künstlerische Qualität mußte, von Ausnahmefällen abgesehen, im Bermudadreieck zwischen bemühter Verwaltung, regionaler Architektur und regionaler Kunst untergehen.

Die Architektur der 50er Jahre bot für eine bauplastische Ausgestaltung so wenig Raum wie diejenige der 20er Jahre. Sie beruhte auf den Siedlungskonzepten der frühen 40er Jahre (Planungsstab Speer) im »Heimatschutzstil« oder griff das Formenvokabular der gemäßigten Moderne (Neue Sachlichkeit der 20er oder 30er Jahre) wieder auf: Besonders die Verwaltungs- und Schulgebäude mit ihren großen Glasflächen, schmalen Fensterbändern und überschlanken Stützen und Gliederungselementen erhielten eine unverwechselbare Prägung. Die bildende Kunst konnte hier kein integraler Bestandteil mehr sein. Entsprechend erhielten die Künstler vor allem Aufträge zur Ausschmückung der Innenräume: für Treppengeländer, Türgriffe, Glasfenster, Mosaiken und Wandbilder; die Grenzen zum Kunsthandwerk waren fließend. Zunächst gelangten nur wenige Kunstwerke in den Außenraum, etwa als Wandreliefs; schon gar nicht auf die Straßen und Plätze. Der Staat setzte sich dezidiert von der Kunstpolitik des Dritten Reiches ab. Große öffentliche Aufträge der 50er Jahre bezogen sich fast durchweg auf Denk- und Mahnmale

Hans Uhlmann, Plastik vor der Deutschen Oper, Berlin, 1960/61

Alexander Calder, Tête et queue, Neue Nationalgalerie, Berlin, 1968

für die Opfer des Zweiten Weltkrieges. Die durch »Kunst-am-Bau«-Mittel finanzierten Freiskulpturen wurden nur dort öffentlich aufgestellt, wo man eine pädagogische Absicht verfolgte: in den Schulen, Kindergärten und Grünanlagen der Wohnsiedlungen.

Diese Skulpturen bestimmen weitgehend unser heutiges Bild von der »Kunst am Bau« der 50er Jahre. Keine der teilweise sehr umfassenden Dokumentationen verschiedener Städte über die öffentliche Kunst berücksichtigt die Werke in den Innenräumen; ebensowenig gibt es eine Analyse ihrer Wirkungsgeschichte. Die zahlreichen abstrahierenden und abstrakten Werke, die als »Schmuckwände« ihren Weg in die öffentlichen Gebäude fanden, haben aber vermutlich die Sehgewohnheiten langfristig verändert und zu einer größeren Toleranz gegenüber unvertrauten künstlerischen Äußerungen geführt. Viele Lösungen verdienen keineswegs das totale Verdikt der nur an Spitzenleistungen orientierten Kunstkritik, der es auf diesen Bildungsaspekt nicht ankommt; er ist jedoch der einzige, den man für die »Kunst am Bau« positiv ins Feld führen muß.

Ende der 50er Jahre begann sich die Kunst vom Bau zu emanzipieren und als eigenständiges Pendant zu behaupten. Bei Repräsentativbauten wurden international anerkannte Künstler hinzugezogen, die mit abstrakten Kunstwerken den Anspruch der westlichen Demokratie auf geistige Freiheit unterstrichen. Das deutsche Wirtschaftswunder vergrößerte das Bauvolumen und damit die »zwei Prozent«. Die architektonische Gestaltung fiel zunehmend, je größer die Baukomplexe wurden, einer durchrationalisierten Bauwirtschaft zum Opfer. »Unwirtlichkeit«, »Verlust der Urbanität«, »Eindimensionalität des Funktionalismus« lauten einige Schlagworte aus der Architekturkritik der 60er und 70er Jahre. Die Künstler wehrten sich immer häufiger gegen die Dominanz der Architekten und verlangten eine frühzeitige Einbeziehung in die Planung. Nur wenige besaßen jedoch eine ausreichende Ausbildung, um in die komplexen Planungsvorgaben wirkungsvoll eingreifen zu können. Dort, wo übergreifende Farb- und Raumkonzepte verwirklicht werden konnten, zeigte sich, daß sie gegenüber der verfehlten Städteplanung nur ein hilfloser Verschönerungsversuch waren. Die ästhetische Teilgestaltung konnte die Fehler einer inhumanen Planung nicht kaschieren, sondern ließ sie noch deutlicher hervortreten. Die Bürger, die in den Schlafstädten und Verwaltungskomplexen vergeblich einen humaneren Lebensraum forderten, protestierten gegen die in ihren Augen unangemessene Mittelvergabe für künstlerischen »Schmuck«. Daß sich die Künstler zunehmend von gegenständlichen, »verständlichen« Formen entfernten, vermehrte die Aggression. Künstler und Verwaltungen mußten erfahren, daß autonome Setzungen als willkürliche Eingriffe aufgefaßt und nicht hingenommen wurden.

Man kann daraus folgern, »daß Kunst und Öffentlichkeit sich nichts zu sagen haben«[41]. Man muß aber auch konstatieren, daß seit den späten 60er Jahren ein ernstzunehmender Teil der Künstlerschaft die »Verweigerungspflicht« der Avantgarde aufgegeben, sich zur sozialen Verantwortung gegenüber der Gesellschaft bekannt und über prozessuale Formen neue Wege beschritten hat, um den Dialog mit der Öffentlichkeit aufzunehmen. Es stellte sich heraus, wie mühsam dieser Weg ist.

Anmerkungen

1 Vgl. Herlyn/Manske/Weisser (Hg.): Kat. *Kunst im Stadtbild. Von »Kunst am Bau« zu »Kunst im öffentlichen Raum«,* Bremen 1976. Der vorliegende Aufsatz entstammt im wesentlichen diesem Katalog; er wurde um einige Passagen gekürzt und um den Abschnitt ›Kunst am Bau‹ nach dem Zweiten Weltkrieg« erweitert.

2 Peter Bürger: *Theorie der Avantgarde,* Frankfurt a. M. 1974, S. 56 und 64–66. Zur Bedeutung der Reformation in diesem Entwicklungsprozeß vgl. Werner Hofmann: »Die Geburt der Moderne aus dem Geist der Religion«, in: Kat. *Luther und die Folgen für die Kunst,* Hamburg 1984, S. 23ff. Zur Bedeutung der Hofkunst vgl. Martin Warnke: *Der Hofkünstler. Zur Vorgeschichte des modernen Künstlers,* Köln 1985.

3 Martin Damus: *Funktionen bildender Kunst im Spätkapitalismus,* Braunschweig 1973, S. 168f.

4 Immanuel Kant: *Kritik der Urteilskraft,* in: *Werke,* Bd. 8, Darmstadt 1968, S. 401ff.

5 Vgl. Frieder Schäuble: *Rechtsprobleme der staatlichen Kunstförderung,* Freiburg 1965, S. 80–83.

6 Thomas Nipperdey: »Nationalidee und Nationaldenkmal in Deutschland im 19. Jahrhundert«, in: *Historische Zeitschrift,* 206, 1968, S. 559 und Anm. 87.

7 Hans-Ernst Mittig: »Über Denkmalkritik«, in: *Denkmäler im 19. Jahrhundert,* hg. v. Hans-Ernst Mittig/Volker Plagemann, München: Prestel 1972, S. 289.

8 Th. Nipperdey, a. a. O. [Anm. 6], S. 559.

9 Martin Damus: *Über den Zusammenhang zwischen der »autonomen« und der gebrauchten Kunst,* Berlin o. J., S. 35.

10 Th. Nipperdey, a. a. O. [Anm. 6], S. 543.

11 Volker Plagemann: »Bismarck-Denkmäler«, in: *Denkmäler im 19. Jahrhundert* [Anm. 7], S. 244.
12 Zur Bedeutung der Bismarck-Denkmäler vgl. Th. Nipperdey, a. a. O. [Anm. 6], S. 577–583, und V. Plagemann, a. a. O. [Anm. 11], S. 217–252; dort vor allem eine ausführliche Darstellung der Ikonographie.
13 Th. Nipperdey, a. a. O. [Anm. 6], S. 577.
14 Th. Nipperdey, a. a. O. [Anm. 6], S. 576.
15 Richard Wagner: »Das Kunstwerk der Zukunft«, in: Gesammelte Schriften und Dichtungen, Bd. 3, 3. Aufl., Leipzig o. J., S. 60 (Erstausgabe Leipzig 1850).
16 Zu den folgenden Erläuterungen vgl. Klaus Eggert: »Der Begriff des Gesamtkunstwerkes in Gottfried Sempers Kunsttheorie«, in: *Alte und moderne Kunst,* 20, 1975, S. 48–56.
17 Zit. n. Eggert [Anm. 16], S. 53.
18 K. Eggert, a. a. O. [Anm. 16], S. 54.
19 *Manifest zur Eröffnung des staatlichen Bauhauses in Weimar, 1919,* zit. n. Giulio Carlo Argan: *Gropius und das Bauhaus,* Reinbek 1962, S. 128.
20 Friedhelm Kröll: *Bauhaus 1919–1933,* Düsseldorf 1974, Anm. 119.
21 Manfred Abelein: *Die Kulturpolitik des deutschen Reiches und der Bundesrepublik Deutschland,* Köln/Opladen 1968, S. 59.
22 Zit. n. Abelein [Anm. 21], S. 60.
23 Staatsarchiv Bremen, aus Akte 4, 49–492/96.
24 F. Schäuble, a. a. O. [Anm. 5], S. 88, Anm. 138.
25 Rosenberg, der Verfasser des Buches *Der Mythos des 20. Jahrhunderts,* verstand sich selbst als Chefideologe der NSDAP; 1934 übertrug ihm Hitler die »Überwachung der weltanschaulichen Erziehung der NSDAP«; 1941–1945 war er Reichsminister für die besetzten Ostgebiete.
26 Anna Teut: *Architektur im Dritten Reich,* Frankfurt 1967, S. 19–22.
27 Joseph Wulf: *Die bildenden Künste im Dritten Reich,* Gütersloh 1963, S. 102 f.
28 Zit. n. Hildegard Brenner: *Die Kunstpolitik des Nationalsozialismus,* Reinbek: Rowohlt 1963, S. 54.
29 Abgedruckt in: *Das neue Deutschland und die Kunst, Nationalsozialistische Monatshefte,* 4, 1933, H. 43, S. 434–442.
30 Berthold Hinz: »Das Denkmal und sein Prinzip«, in: Kat. *Kunst im 3. Reich. Dokumente der Unterwerfung,* Frankfurt a. M. 1974, S. 104.
31 A. Teut, a. a. O. [Anm. 26], S. 189–190.
32 Kißling/Kraut/Wanitzek: »Großbauten des Staates und der Partei«, in: Kat. *Kunst im 3. Reich* [Anm. 30], S. 52.
33 M. Damus [Anm. 9], S. 33.
34 Vgl. *Synopse der Verfahrensregelungen der Länder, Stand Juli 1988,* zus.-gest. v. Landesinstitut für Bauwesen und angewandte Bauschadensforschung, Aachen, ms. Manuskript.
35 *Der Städtetag* 7, H. 12, 1954, S. 583 f.
36 Michael Weisser: »Von ›Kunst am Bau‹ zu ›Kunst im öffentlichen Raum‹«, in: Kat. *Kunst im Stadtbild* [Anm. 1], S. 33.
37 Siehe Anm. 35.
38 Antrag der Bayernpartei vom November 1949, vgl. Elisabeth Dühr: *Kunst am Bau/Kunst im öffentlichen Raum. Geschichte und Entwicklung öffentlicher Kunst im Spannungsfeld von Architektur, Städtebau und Kulturpolitik in der Bundesrepublik Deutschland,* ms. Diss. Bochum 1988, S. 73 f., und *Verhandlungen des Deutschen Bundestages,* 1. Wahlperiode 1949, Stenograph. Berichte Bd. 2, Bonn 1950, S. 941 f.
39 Äußerung des Leiters eines der größten Architekturbüros der Bundesrepublik, zit. v. Gerd Kähler: »Unverjüngt stieg Phoenix aus der Asche«, in: *Die Zeit,* Nr. 13, 24. März 1989, S. 20.
40 Hans-Joachim Manske: »Zu den Inhalten öffentlicher Kunstwerke nach 1945«, in: Kat. *Kunst im Stadtbild* [Anm. 1], S. 52 f.
41 Martin Warnke: »Kunst unter Verweigerungspflicht«, in: Neuer Berliner Kunstverein (Hg.): *Skulpturenboulevard Kurfürstendamm Tauentzien, Kunst im öffentlichen Raum,* Berlin 1987, S. 25.

Klaus Honnef

Kunstwerke im öffentlichen Raum repräsentativer Demokratien: »Umwelt-Akzente« in Monschau, 1970*

Nachts – wann sonst? – zogen die Vandalen aus. Und sie zerstörten, was ihnen tagsüber ins Auge gestochen. Selbst harmlose Schilder mit der etwas rätselhaften Aufschrift »Der unendliche Raum dehnt sich aus« schmissen sie in die Rur. Die Rur, die nicht mit einer berühmteren Ruhr verwechselt werden darf. Mit dem geographischen Hinweis gibt sich dem Kenner zeitgenössischer Kunst der Tatort zu erkennen: das idyllische Eifelstädtchen Monschau am Oberlauf der Rur, Ziel Tausender von Touristen im Frühjahr, im Sommer, Herbst und Winter, bekannt durch lukullische Attraktionen wie Forellen à la Müllerin, die – natürlich – schon lange nicht mehr in der Rur geangelt werden. Wer kein Kenner der Kunst und kein praktizierender Tourist und zudem noch jünger ist als ich, weiß nicht, wovon ich handele. Selbstverständlich will ich nämlich nicht mit Wolfram Siebeck oder Horst Dieter Ebert vom Fachblatt »Feinschmecker« oder anderen Gastrokritikern konkurrieren. Dementsprechend rede ich – dem Motto »Schuster bleib bei deinen Leisten« getreu – über die erste in jeder Beziehung große Ausstellung von Kunst im öffentlichen Raum, die in der Bundesrepublik Deutschland stattgefunden hat. Sie trug den hintersinnigen Titel »Umwelt-Akzente«, bevor der Begriff »Umwelt« zum Modeschlager wurde, und fand anno 1970 – sozusagen im »Mittelalter« für unsere schnelldenkende und trotzdem langlebige Zeit – statt.

Der Täter dieser provokativen Veranstaltung war der Autor dieser Zeilen. Es ist – zugegeben – unbescheiden, daß ich das erwähne, doch angesichts grassierender Vergeßlichkeit im umtriebigen Kulturbereich durchaus notwendig. In Wirklichkeit waren die Künstlerinnen und Künstler, wie immer, wenn es tatsächlich um Kunst geht, die eigentlichen Täter. Künstler, nebenbei bemerkt, mit klingenden Namen: Jan Dibbets, Lawrence Weiner, Günther Uecker, Adolf Luther, Ferdinand Spindel, Peter Brüning – der zur Idee des Unternehmens Wesentliches beigetragen hat –, Winfred Gaul, Alf Lechner, Jeff Verheyen, um nur einige wenige zu nennen. Sie hatten auf Wunsch und mit nachdrücklichem Willen der Stadt, die sich damals vor der Kommunalreform in Nordrhein-Westfalen noch selber regieren durfte, das offenkundige »Desaster« angerichtet. Die Hoteliers, die in einer Touristenstadt gemeinhin das Sagen haben, hatten das Ihre zur Schau der Kunst im öffentlichen Raum geleistet, indem sie den am Ort arbeitenden Künstlerinnen und Künstlern Kost und Logis gratis boten. Urheber des Schildes, das in der Rur landete, war Rune Mields, und der »Stein des Anstoßes« befindet sich heute in meiner Küche.

Vandalen, behauptete ich eingangs, waren die Leute, die nächtens herumzogen und sich über die Kunstwerke im Straßenbild hermachten. Damit schände ich, wie viele vor mir, nur den Ruf des indogermanischen Volksstamms, der sich auch nicht vandalistischer gebärdete als die übrigen Stämme der Völkerwanderung. Es bedarf keiner Rede, daß ich mich wie sämtliche progressiv Gesinnten über die Anschläge auf die Kunstwerke entsetzt

Jan Dibbets, Die Diagonalen von D 3 der Touristenkarte Monschau, Monschau, 1970

zeigte und dies auch öffentlich und privat bekundete. Engagierte und kunstsinnige Studenten aus einer Stadt, in der ich heute lebe und arbeite – Bonn ist gemeint, wo man seinerzeit auf Skulpturen von Erich Hauser mit der Flinte zu schießen pflegte –, baten mich um einen Beitrag für eine von ihnen herausgegebene Dokumentation zum Thema »Außenkunst«, und ich habe, dessen bin ich sicher, die erwarteten scharfen Worte gefunden. Das Attribut »faschistisch« oder »faschistoid« lag damals bekanntlich in der Luft, um das vandalistische Verhalten der nächtlichen »Reinigungstrupps« zu charakterisieren. Aber ich habe es nicht verwendet, weil es mir allzu billig, nichtssagend und vor allem in puncto einer Erklärung

Daniel Buren, Vertikale Streifen (Teil 1, weiß und gelb), Monschau, 1970

Michael Buthe, La Madonna Versibile, Monschau, 1970

des Phänomens hoffnungslos unzureichend erschien. Jeden, dessen Meinung einem nicht gefiel, bedachte man mit solchen Watschen.

Obwohl – der Korrektheit halber möchte ich es nachtragen – ein angesehenes Wirtschaftsmagazin der Stadt Monschau vorgerechnet hatte, daß sie aufgrund der massiven Medienresonanz von der ARD über das ZDF bis zur »New York Herald Tribune«, wie die Zeitung noch hieß, mehr als zwei Millionen Deutsche Mark an Public-Relations-Kosten einsparen konnte, die sie niemals für derlei Zwecke hätte berappen können, bei einer Investition von lumpigen 30000 DM, Katalog eingeschlossen – trotzdem also schreckten die städtischen Administratoren fortan vor weiteren Bürgerprovokationen mittels Kunst im öffentlichen Raum zurück. Nur einmal noch durfte Willi Bongard, ein Jahr später, die Burg von Monschau durch den unvergleichlichen Christo verpacken lassen. Eine Entscheidung provinziellen Kleinmuts? Nicht zuletzt angesichts des Umstandes, daß wenige Monate nach dem Spektakel in Monschau Oberstadtdirektor Martin Neuffer in der niedersächsischen Landeshauptstadt Hannover dem wunderbaren Manfred de la Motte gestattete, die Straßen und Plätze der Metropole mit voluminösen Werken von Künstlern aus aller Welt zu versehen? Mit den bekannten Folgen, wie man weiß!

Offen gestanden, ich sehe das Ganze heute differenzierter als früher. Und insgeheim habe ich sogar ein gewisses Verständnis für die Saubermänner von Monschau – mit einer Einschränkung indes: daß ich als unverbesserlicher Demokrat Gewalt gegen Sachen ebenso ablehne wie gegen Personen, selbst wenn diese mich bis aufs Blut reizen.

Hier bin ich nach langer umständlicher Einleitung endlich in mediis rebus. Martin Warnke, der bedeutende Kunstwissenschaftler der Hamburger Universität, hat in seinem brillanten Buch über den Typus des Hofkünstlers mit Fug bezweifelt, daß das Bürgertum von jeher nennenswerte künstlerische Neigungen geplagt haben. Andererseits ist die repräsentative Demokratie, als deren überzeugten Anhänger ich mich zähneknirschend bekenne, eine unstrittige historische Errungenschaft der bürgerlichen Gesellschaft. Die Hofkünstler, und das sind die Künstler, über deren künstlerischen Rang man sich auch über die Gräben tiefgreifender Meinungsverschiedenheiten hinweg einig ist, waren einem Publikum von veritablen Kennern konfrontiert, denen die Kennerschaft in einem langen und mitunter quälenden Erziehungsprozeß anerzogen wurde. Ein kurzer Blick in den berühmten »Cortegiano« zeigt, welcher Parcours zu bewältigen war, ehe man sich zum nützlichen Mitglied der Feudalgesellschaft emporgedient hatte. Der »freie« Künstler unserer Tage hingegen sieht sich dem alles und nichts wissenden bürgerlichen oder nachbürgerlichen Banausen gegenüber, wobei sein engeres Umfeld, der Kunstbetrieb, sich noch aus den Benevolentes des Banausentums rekrutiert. Den aufmerksamen Leser wird es denn auch nicht verwundern, daß ich mich aufgrund meiner bisherigen Auskünfte zu den Banausen rechnen muß, auch auf die Gefahr hin, den Malevolentes unter ihnen recht zu geben.

Als Banause frage ich mich infolgedessen, ob Kunst im öffentlichen Raum wirklich notwendig ist. Einmal angenommen, jemand ist gezwungen, jeden Morgen durch die verpestete Luft an Schlangen munter tuckernder Autos vorbei, auf einem Trottoir von rücksichtslosen Fahrradfahrern beständig bedroht, in sein Büro, an seinen Arbeitsplatz zu hetzen, wo der Chef offenbar nichts weiter im Kopf hat, als ihn zu ärgern, schlecht gelaunt, nachdem er eine Tasse zu heißen Kaffees vor seiner Odyssee heruntergestürzt hat – dieser Jemand stößt plötzlich auf eine gewaltige Barriere aus Stahlplatten, die zu errichten eine hochmögende Stadtverwaltung irgendwen beauftragt hat, so daß er einen Umweg wählen muß, und sei es nur einen von einer Minute – dieser Jemand wird sauer und vermutlich aggressiv reagieren. Am liebsten würde er in hilfloser Wut gegen die Barriere treten – doch Vorsicht! Er könnte sich dabei an einem Kunstwerk im öffentlichen Raum vergehen. Von Richard Serra beispielsweise. Banal? Ja, das Exempel ist so banal wie das tägliche Leben.

Ich habe mich, wie den geneigten Lesern nicht entgangen sein wird, als bürgerlicher Demokrat und zugleich als Liebhaber der Kunst, in welcher Eigenschaft ich mich an dieser Stelle äußere, in ein offenkundiges Dilemma begeben. In der logischen Konsequenz dessen, was ich soeben entwickelt habe, müßte ich jetzt sagen: Hinweg mit der Kunst aus dem öffentlichen Raum. So einfach möchte ich es mir dennoch nicht machen. Denn wie arm an Geist und Augenlust, an Provokation unserer Phantasie, an Zeugnissen für Schönheit und an Auslösern von Wohlbefinden und hohem Mut wären wir ohne den David von Michelangelo oder den Perseus von Cellini, die Paläste Palladios, von den gotischen Kathedralen, den antiken Tempeln und den Pyramiden ganz zu schweigen! Dementsprechend wäre diese meine Forderung einfach unsinnig. Einmal beiseite gelassen, daß sowohl die Touristikmanager als auch die PR-Berater beflissener Politiker mich für verrückt erklären würden, könnte ich persönlich auf die An- und Zumutungen dieser Kunst- und Architekturmerkmale im öffentlichen Raum nicht verzichten. Allerdings scheine ich mich im deutlichen Bekenntnis zu den Kunstwerken vergangener Epochen als ein tief Gestriger zu entlarven.

Gemach! Es wäre unredlich, zu behaupten, daß die von mir geschätzten Kunstwerke im öffentlichen Raum, einem Raum sozialen Agierens und Reagierens, in dem sich die verschiedenartigsten sozialen Interessen begegnen und bisweilen auch heftig aufeinanderprallen, einhelligen Applaus geerntet hätten, als sie dereinst aufgestellt wurden. Die Stifter freilich, die sich und ihresgleichen in den Kunstwerken und durch sie ins rechte Licht rückten, hatten die Macht, sich notfalls auch mit Gewalt gegen den öffentlichen Protest durchzusetzen. Sie waren die Repräsentanten einer gottgewollten Welt! Dem demokratischen Staat ist diese Gewalt nur bedingt verliehen. Für die Zeit einer Legislaturperiode, im Prinzip auf Widerruf, auch wo er sogenannte Hoheitsaufgaben versieht. Ausnahmen gelten allein für den Beamtenapparat, der aber gegenüber der Legislative – wiederum im Prinzip – weisungsgebunden bleibt. Im Sinne meiner demokratischen Überzeugung ist die – meine – Welt von mir als einem mündigen Bürger unter vielen strukturell so gewollt, wie sie ist. Daraus könnte man spitzfindig folgern: Kunst im öffentlichen Raum ja, jedoch nur für eine bestimmte Zeit. Und dann ab ins Museum. In praxi liefe eine solche Forderung in unserer Gegenwart der mangelnden Zivilcourage auf eine Art Parteienkunst hinaus, dem Votum einer wankelmütigen und stets gefährdeten politischen Mehrheit ausgeliefert. Eine schreckliche Vorstellung. Und dennoch – halten zu Gnaden – nicht abwegig, oder sollte ich formulieren: nicht pervers.

Blenden wir noch einmal zurück: Wessen politischer Initiative sich die Kunstwerke der Vergangenheit im öffentlichen Raum auch verdanken, sie faßten die Gefühls- und Vorstellungswelt eines Gemeinwesens zusammen und gaben ihr adäquat, besser sogar: angemessen Ausdruck. Eines Gemeinwesens, das, was das Abendland anbetrifft, in Gottes Hand ruhte und in der göttlichen Hierarchie von einem unumkehrbaren Oben und Unten verankert war. Wie sollten nun Kunstwerke nach meiner und der idealen Vorgabe einer streitbaren Demokratie in der Gegenwart funktionieren? Sind die Künstlerinnen und

Winfred Gaul, Verkehrszeichen & Signale (Berlin 1964), Monschau, 1970

Ferdinand Kriwet, TALK WALK, Monschau, 1970

Künstler mit diesem Problem nicht ebenso überfordert wie wir, ihr banausisches Publikum? Willy Brandt, der sich – warum auch? – als Kunstkenner keine Meriten erwarb, hat sich gleichwohl immer leidenschaftlich für das Recht der Künstlerinnen und Künstler geschlagen, ihren Vorstellungen und Imaginationen unangefochten von jeglicher staatlichen Gewalt auch Gestalt zu verleihen, unabhängig auch von der – horribile dictu – sozialen Akzeptanz. Aber: Recht um Recht. Die Kunst besitzt kein größeres Recht als der banausische Bürger, besitzt kein Privilegium. Ergo und noch einmal mit Nachdruck: keine Kunst der Zeitgenossen im öffentlichen Raum?

Nicht nur unsinnig wäre das, sondern darüber hinaus auch noch falsch. Befinden sich nicht Museen, Kunsthallen, Kunstvereine, Alternativräume, Privatgalerien ebenfalls im öffentlichen Raum? Institute, die Kunstwerke – ich schenke es mir in diesem Zusammenhang, obwohl es die intellektuelle Anstrengung lohnt, unseren Begriff der Kunst kritisch und historisch zu hinterleuchten – öffentlich ausstellen, zugänglich für jeden, mitunter allenfalls gegen ein lachhaftes Entgelt, Stätten, die uns Banausen wie Kenner mit Kunst förmlich überschütten. Weshalb eine prominente Kunstkritikerin in einem nicht minder renommierten Blatt kürzlich öffentlich aufstöhnte: Es ist alles viel zuviel! Hand aufs Herz. Wer ist schon in der Lage oder willens, an sämtlichen Kunstereignissen der eigenen Stadt teilzunehmen und teilzuhaben? Auch der professionelle Kunstbetriebler nicht. »Mehr Kunst für Bonn« nennt sich eine Initiative Bonner Bürger und kämpft dafür. Selber ein Täter in Bonn, kann ich nur spöttisch kommentieren: Weniger Kunst wäre in diesem Falle mehr.

Den geduldigen Leser möchte ich mit einem letzten Eingeständnis meiner peinlichen Darlegungen traktieren. Als einer, der seinen Beruf als Vermittler von Kunst mit gewissen Zielen verfolgt, paßt mir, was ich soeben thesenhaft und polemisch zu schürzen versuchte, ganz und gar nicht ins Konzept. Denn auch ich hänge im stillen dem Glauben an, man könne und müsse geradezu die Mitmenschen zum Besseren erziehen. Meine Arbeit hätte, würde ich dies nicht glauben, keine Basis, und ich wäre ein bloßer Zyniker. In diesem Zusammenhang muß ich daher mit einem inzwischen diffamierten Begriff aufwarten, der einmal kategorialen Wert besaß. In Wahrheit ist die Frage nach der Kunst und über die Kunst im öffentlichen Raum – und nicht nur dort – eine Frage des Geschmacks. Und guter Geschmack ist unweigerliche Folge guter Erziehung.

Doch wie sollen unerzogene Menschen, deren höchstes Vergnügen es häufig ist, andere Menschen im Auto mit ihren stärkeren Autos auf der Autobahn abzuschießen, überhaupt Geschmack entwickeln können? Es ist in unserer pluralistischen Gesellschaft wirklich zum Verzweifeln. Wäre mithin eine Erziehungsanstalt nach Maßgabe der alten Puritaner die Lösung des Dilemmas? Nein, nein und nochmals nein. Aber auch Kunstwerke, die eine ums Allgemeinwohl besorgte Stadtverwaltung in den öffentlichen Raum plaziert – ich unterstelle den Goodwill einfach –, können und dürfen nicht als Ersatz für die Erziehungsanstalten frühbürgerlicher Zeiten dienen. Als bloße Herausforderungen an die Gutwilligkeit, die man einfach testen will. So betrachtet, würden die Werke der Kunst mißbraucht. Trotzdem: Von dem kurz zitierten Gedanken möchte ich mich nicht so ohne weiteres und vorschnell verabschieden. Können, müssen, sollen im öffentlichen Raum unserer Städte, die zu Stätten des besinnungslosen Konsums bis 18.30 Uhr – notabene – verkommen sind, nicht Zeichen eines Memento, eines Appells zum Innehalten, zur Besinnung, aufgestellt werden, zum Nachdenken, zum zwecklosen sinnlichen Vergnügen auch? Ja und nein. Ich stehe zu beiden Antworten. Eine unerläßliche Vorbedingung für derlei Zeichen und Denk-Male oder meinethalben Kunstwerke im öffentlichen Raum wäre, daß sie das angepeilte Ziel mit dem Bedürfnis der Adressaten, vulgo von uns Banausen, nach einer übergreifenden und Gemeinsinn stiftenden Kraft vereinigen. In anderen Worten: daß diese Kunstwerke uns flüchtige Passanten mit dem zerstreuten Blick, den Benjamin in seinen medientheoretischen Essays beschworen hat, auch noch nach Jahren ihres Daseins anregen. Ich benutze bewußt das Verbum »anregen«, da die Kunstwerke im öffentlichen Raum, die den meist angeheizten und potenzierten »Volkszorn« in den letzten vierzig Jahren überstanden haben, in Wahrheit gesellschaftlich nicht akzeptiert worden sind, sondern weitestgehend dank menschlicher Trägheit überlebten. Bekanntlich gewöhnt man sich an alles. Demzufolge: nur keine unnötige Hektik in einer betroffenen Stadtverwaltung, wenn der Volkszorn aufbraust angesichts eines Kunstwerkes im öffentlichen Raum. Lediglich die Politiker müssen sich beständig zur Wahl stellen; aussitzen ist hier die beste Devise!

Doch ernsthaft: Wenn Kunstwerke im öffentlichen Raum wirken sollen, müssen ihre Urheber und ihre banausischen Adressaten noch viel – voneinander – lernen. Vielleicht auch dies: Das selbstreferentielle Kunstwerk der Avantgarde ist mit seinem unbedingten Anspruch auf Autonomie untauglich für Kunst im öffentlichen Raum, die – keine Diskussion – bestimmte Zwecke zu erfüllen hat. Andererseits ist eine Kunst, die den Anspruch auf Autonomie preisgibt, keine Kunst gemäß unserer Vorstellung mehr. Mit der Autonomie fällt der Begriff und somit auch ihr emanzipatorisches Potential. Die Künstler sind gegenwärtig auf dem guten Wege, eine Lösung des Dilemmas der Kunst im öffentlichen Raum zu finden; etliche der realisierten Projekte in den letzten Jahren lieferten schon überzeugende Exempel. Doch die Fragen bleiben bestehen.

* Der Text ist die nur leicht modifizierte Fassung eines Redemanuskripts und eher auf eine Zuhörer- als auf eine Leserschaft zugeschnitten. Dennoch hat sich der Autor entschlossen, schon aus Gründen von Treu und Glauben, den rhetorischen Charakter des Textes beizubehalten, die Polemiken nicht zugunsten eines differenzierten Diskurses zu entschärfen. Nach dem Muster: Es galt das gesprochene Wort!

Tilman Osterwold

Außenraumprojekte in Stuttgart

In den 60er Jahren ging die Diskussion um eine Dynamisierung der Kunst in der Öffentlichkeit eher von den gesellschaftlichen Verhältnissen aus, die aktionistische künstlerische Reaktionen und Aktivitäten herausforderten. Diese begegneten den gängigen Klischees der durch Massenmedien, Konsumverhalten und technologische Zwänge vorgeprägten Alltagswelt mit kulturkritischen Gegenkonzepten. Die Funktion der Kunst in der Öffentlichkeit geht heute von einer Selbstbestimmung und Selbstbefragung der Kunst aus. Deren autonome Struktur impliziert Elemente der Alltagskultur und der Kulturgeschichte und weist wieder in eine gesellschaftliche Verantwortung und öffentliche Präsenz.

Dieser Wechselwirkung gegenüber ambivalent ist eine in der zeitgenössischen Kunst zugleich zu beobachtende wachsende Tendenz zur Musealisierung, zur damit verbundenen Professionalisierung und Perfektionierung aufwendiger installatorischer, ausstellungstechnischer Maßnahmen, die einen neuartigen Typus von Museums- und Ausstellungsarchitektur beanspruchen. Die Eskalation neuer Bauten für die Kunst will dieser Entwicklung nachkommen. Die Auseinandersetzungen um den Stellenwert der Kunst in den 60er Jahren lebten mehr von der generellen Infragestellung musealer Funktionen und tradierter Kunstbegriffe bzw. konventioneller Ausstellungsstrukturen: die »gesellschaftliche Relevanz« primär als eine fast apodiktische Forderung an die Kunst und nur sekundär als ein Anspruch aus der Kunst heraus – wie wir es jetzt erleben. Denn die geschichtsgebundenen und die fortschrittsorientierten Zivilisationsstrukturen stellen sich heute in den Formen und Inhalten einer zeitgenössischen Kunst selbst dar, und sie bestimmen bzw. charakterisieren somit auch die öffentlichen Funktionen der Kunst, die sich gegenwartsorientiert, zeitbewußt und zeitgleich zeigt.

Handlungsspielraum Stadt

Die Wechselwirkung und Konfrontation von Kunst und Öffentlichkeit ist auf die Kooperation und Zustimmung kommunaler, staatlicher oder privater Administrationen angewiesen: Erst die Genehmigung, die ökonomische Verankerung, der technische Vollzug innerhalb einer Bausubstanz und der ideelle Rückhalt für mögliche Projekte, deren Formen und Inhalte den gängigen Interessen, Vorstellungen und Erwartungen einer urbanen Kultur meist zuwiderlaufen, machen ihre Realisierung denkbar. Es gibt wenige Beispiele von Projekten, wo Stadtverwaltungen, staatliche Institutionen oder auch Privatinitiativen von Unternehmen in ihrer Grundeinstellung nicht von der ästhetischen Harmonisierung durch eine Zusammenarbeit mit Künstlern ausgehen. Die Unterordnung des Künstlers unter die städtischen, baulichen, infrastrukturellen und anderen Vorgaben, seine Anpassung an gestellte Aufgaben, an bestimmte formale oder inhaltliche Erwartungen wird bei gängigen Aufträgen vorausgesetzt. Projekte freierer Art – nur die interessieren uns in diesem Zusammenhang –, nicht gebunden an Vergabepraktiken usw., sind am ehesten in Ausstellungen zu realisieren, als vorübergehende, zeitlich begrenzte und damit in der urbanen Kultur nicht fest verankerte künstlerische Aktivität. Das Abreißen, die Entfernung, das Wegtransportieren, die Ruinierung bzw. Vernichtung einer in der Entstehung bereits finanzierten, teilweise sogar honorierten oder »geschenkten« künstlerischen Arbeit wird bewußt in Kauf genommen. Fast alle Beispiele derartiger Kulturkooperationen zeigen, daß sich die individuellen künstlerischen Beiträge gegenüber den gemeinschaftlich organisierten urbanen Strukturen kraft der Initiative und mit dem Rückhalt einer Kunstinstitution in Planung, Durchführung und Rezeption leichter behaupten können. Von der praktischen Seite aus sei zu bedenken gegeben: Das Kunstwerk kommt im Außenbereich in die für seine Ausstellbarkeit ungewöhnliche Situation, daß es meist nicht versicherbar, um so mehr aber verwundbar, verletzbar, angreifbar und den öffentlichen Reaktionen bis hin zu Aggressionen und Zerstörung ausgeliefert ist. Öffentlich plazierte Kunst darf nicht unbedingt gesellschaftliche Akzeptanz, nicht einmal Toleranz voraussetzen – obwohl sie geistige Souveränität, die Unabhängigkeit von Interessenbindungen, Zweckorientierungen und opportunistischem Verhalten verkörpern kann. Eher versteht sie sich als Reibungsfläche, sucht die Auseinandersetzung und erwartet nicht unbedingt Akklamation.

Stuttgart

Stuttgart, die Landeshauptstadt Baden-Württembergs, gilt innerhalb der Bundesrepublik Deutschland als eine Hochburg der öffentlichen, staatlichen und kommunalen Kulturförderung, von deren Mischfinanzierung die großen und auch die kleineren Kunstinstitutionen stark profitieren. Der Komplex »Kunst im öffentlichen Raum« unterliegt allerdings weiterhin den konventionellen Regelungen und Vorgaben im Rahmen von »Kunst-am-Bau«-Projekten, bei denen nur ansatzweise funktional wirkende künstlerische Arbeiten durchgeführt werden. Selbst Einkäufe von »spektakulärer« Kunst für öffentliche Plätze – in Abwandlung von »Kunst im öffentlichen Raum« –, die nicht unbedingt projektgebunden sind, halten sich im Rahmen des Üblichen (zum Beispiel Henry Moore, Alexander Calder, Otto Herbert Hajek). Die Gestaltung neuer Monumente und Gedenkskulpturen scheitert zwangsläufig an der konventionellen Erwartung nach inhaltlichen Dimensionen sogenannter abstrakter, zeichenartiger künstlerischer Lösungen. Öffentliche Präsentationen von »Kunst im Freien« betreibt und unterstützt die Stadt Stuttgart über das Kulturamt und das Land über die Hochbau- und Liegenschaftsverwaltung. Diese Veranstaltungen, wo sich Kunst – welcher »Qualität« auch immer – manifestiert, beanspruchen die zentralen Plätze der Stadt, zum Beispiel Schloßplatz, Schloßgarten, Königsstraße, Hauptbahnhof und andere, sie befriedigen fast ausschließlich regionalistische Interessen der Kunstrezeption und Kunstförderung. Initiiert und zusammengestellt von regionalen Künstlerverbände (BBK, Künstlerbund, GEDOK usw.), werden diese Unternehmungen kulturpolitisch repräsentativ veranschlagt, erzielen aber in ihrer provinziellen Konventionalität hauptsächlich einen Effekt der Stadtdekoration. Sie können kaum als Beiträge zur in Stuttgart dringend notwendigen Diskussion und Darstellung von Kunst im öffentlichen Raum verstanden werden. Private Initiativen Stuttgarter Galerien sowie Projekte des Württembergischen Kunstvereins versuchen, eine inhaltliche Bestimmung und das Problembewußtsein für den zentralen Aufgabenkomplex einer Kunst im öffentlichen Raum

Reiner Ruthenbeck, o.T., Stuttgart, 1970

durch eigene Projekte zu erreichen, die sich dann im Stadtkomplex wie unerwartet ereignen.

Mark di Suvero – Ortsbestimmung

Der Württembergische Kunstverein hat 1988 eine Ausstellung durchgeführt, die zum Ziel hatte, die interne Öffentlichkeit der kunstvermittelnden Institution mit der Einwirkung in den urbanen Außenbereich zu verbinden. Da der Württembergische Kunstverein im Kunstgebäude am Schloßplatz im »Herzen« der Stadt liegt, wurde diese zentrale Lage für das Konzept thematisiert. Die Ausstellung war dem amerikanischen Bildhauer Mark di Suvero (geb. 1933 in Shanghai, lebt und arbeitet in New York, Kalifornien und Chalon-sur-Saône) gewidmet.

Mark di Suvero und Richard Serra sind zwei Antipoden in der amerikanischen Stahlskulptur. Dies betrifft vor allem ihre künstlerische Motivation und damit verbunden auch ihre Definition einer öffentlichen Funktion ihrer Skulpturen. Serra bündelt und konzentriert skulpturale Kraft auf ein minimalistisches Konzept hin und pflanzt seine Außenraumarbeiten regelrecht in die urbane oder landschaftliche Topographie ein. Seine Plastik wird von dem konkreten Ort mit definiert, und das Werk seinerseits definiert die topographische Bestimmung des Ortes neu. Mark di Suvero hingegen versteht seine Skulptur als

Mark di Suvero, o. T., Stuttgart, 1988

einen eher mobilen Faktor innerhalb einer lokalen Koordination. Die öffentlich fixierte Skulptur bringt die festgelegten örtlichen Strukturen quasi in einen Zustand der Bewegung, sie wirkt als explosiver Faktor innerhalb einer vorgegebenen Ordnung; die künstlerische Ordnung begegnet und widersteht den Normen landschaftskultureller Strukturen und der jeweiligen Stadtmöblierung.

Dieser Wirkung kommt die Eigengesetzlichkeit der Skulpturen di Suveros zugute: Die rationale Grundkonzeption wird durch sinnliche, sinnenhafte, irrationale, spielerische und regelrecht körperliche Faktoren in einen unberechenbaren, scheinbar chaotischen Zustand verrückt, der sich immer wieder seiner Stabilität zu vergewissern scheint. In Mark di Suveros Verständnis von Skulptur im Freiraum begegnen die künstlerischen Kriterien einer gemeinschaftlich anonymen und zugleich individuell durchlebten Gesellschaft. Mark di Suvero versteht Grundbegriffe wie Freiraum, Ordnung, Kreativität und Öffentlichkeit aus einem ausgesprochen politischen Bewußtsein heraus, es geht ihm um die individuelle Selbstbestimmung, Selbsterhaltung und »Standfestigkeit« innerhalb sozialer, ästhetischer und hierarchischer Muster – dargestellt durch Kunst.

Die Ausstellung in den Räumen des Württembergischen Kunstvereins umfaßte eine Retrospektive Mark di Suveros: Skulpturen, Zeichnungen, Bilder von 1959 bis 1988. Die Außenraumskulpturen zeigten den aktuellen Stand seiner künstlerischen Arbeit. Bei der Aufstellung der Skulpturen im Schloßplatz- und Schloßgartenbereich ging der Künstler von folgenden Kriterien aus:

– Plazierung auf die ursprüngliche (nicht mehr sichtbare) axial angelegte, gartenarchitektonisch symmetrisch durchkonzipierte, landschaftsräumliche Situation hin, die von den Skulpturen durchsichtig gemacht, in ihrer Konventionalität und hierarchischen Musterhaftigkeit zugleich aber aufgebrochen wird.

– Gegenläufigkeit zu architektonischen Vorgaben der anliegenden Repräsentationsarchitektur (Schloß, Oper, Theater, Landtag) und zum gewohnten Standortverhalten des Passanten.

– Bestimmung der Orte für die Skulptur aus inhaltlicher und formaler Sicht, Optimierung der plastischen Wirkung, verbunden mit einer gesteigerten Wirkung auf den Ort hin.

Die Ortsbestimmung der Skulpturen geht demnach von den urbanen Verhältnissen, von der Stadt und zugleich von den künstlerischen Orientierungen aus. Das Projekt hat wenig mit den funktionalen Aspekten von Skulptur im öffentlichen Raum zu tun, sondern umgekehrt: Die autonome Skulptur erfüllt von sich und vom Ort aus eine Art Funktionalität, wobei die Begehbarkeit der Arbeit oder ihre Benutzbarkeit als Ruhebereich (zum Beispiel »Symbiosis« mit dem »swinging bed«) ein inneres Kriterium der Plastik selbst ausmacht und nicht als äußeres Kriterium von Funktionalität initiiert ist.

Der Charakter der Skulpturen erfüllt diese öffentliche Wechselwirkung in einer formalinhaltlichen Kongruenz der skulpturalen Elemente.

– Die abstrakten Formen und Konstruktionen beziehen sich auf Physikalisches: Leichtigkeit, Schwere, Achse, Symmetrie, Zentrum, »Herz«, Gelenke, Träger, Querträger, Winkelzüge, Balance, Gleichgewicht, Geradlinigkeit, Stabilität, Labilität, Standpunkt, Schwerpunkt, Schwerkraft, Standfestigkeit, Verankerung, horizontal-vertikale Ausrichtung.

– Die Skulpturen unterstellen Bewegung: Laufen, Schreiten, Springen, Greifen, Schweben, Rotation, Dynamik, Motorik.

– Sie knüpfen an psychosomatische Befindlichkeiten und lebendige Vorgänge, an weitreichende mentale Aspekte an: Spannungen, Korrespondenzen, Konzentrationen, Verdichtungen, »Knoten«, Durchdringungen, Gegensätze, Gegenläufigkeiten (zwei Plastiken in einer), Konflikte, Brüche, Explosionen, Spielerisches.
– Zu bedenken ist dabei die von physikalischen und konstruktiven Begriffen auf mentale und psychische Bereiche im Menschen hin übertragbare Bedeutung.

Die Möglichkeit des Durchschreitens und Umkreisens der Plastik setzt im Betrachter Aktivitäten und Verhaltensweisen in Gang, die nicht zwangsläufig mit Kunst verbunden sein müssen. Die Größenordnung der Plastiken sprengt Grenzen und kreiert Freiräume, überzieht vorgegebene Ordnungen und steht für Selbstvergewisserung eigener Energien. Das Material ist Eisen, als naturbelassener Stahl oder signalhaft (rot) bzw. zurückgenommen (schwarz) angestrichen. Die herausfordernde Komponente, die raumgreifende Entschiedenheit läßt die Skulpturen wie Aufforderungen wirken, die in die gängigen Vorstellungen und Verhaltensmuster der Außenwelt kraftvoll – nicht aggressiv – einbrechen: Die körperliche Verankerung in der Welt spüren, den eigenen Punkt, die Bewegung in die Fläche, die Schritte in den Raum, in die Unerschließbarkeit erfahren und artikulieren – so elementar sind Mark di Suveros Skulpturen angelegt. Er überträgt sein Denken, seine körperlichen und seelischen Empfindungen in technische, unberechenbare Ästhetik, in eine konstruktive Form, deren vielschichtige Dimensionen die gewohnte und gewöhnliche

Mark di Suvero, o. T., Stuttgart, 1988

Eindeutigkeit physikalischer, statischer oder anderer materiegebundener Gesetzmäßigkeiten weit überschreiten wollen.

Geistige und körperliche Mobilität ist die zentrale Intention in Mark di Suveros Skulpturen, sie bündelt die statischen Ausdruckskräfte als Ausdruck einer Initiative von der einen Bewegung in eine neue, nie endgültige, nie endende eigene Motorik. Sie ist konkretisiert in den mobilen Teilen der Skulptur sowie in den latenten, imaginären Bewegungen. Die Skulpturen sind mobil auch im Sinne kommunikativer, aktivierender Energie. Die subjektive, plastische Form will sich gemeinschaftlich auswirken. Mark di Suvero lotet mit seinen raumgreifenden Plastiken – Giganten nur in Relation zum Kleinteiligen ihrer Umgebung, riesig und doch zart, kraftvoll und doch fragil – die individuellen Potentiale konträrer Spannungen bis hin in ihre exzessiven Verrücktheiten aus. Ihre ungebändigt realisierte Kraft, das Unmögliche, Unbegrenzte in den Grenzen des Möglichen und Machbaren reißt den Angesprochenen aus den Einschränkungen seiner Zweckbestimmungen, aus den festgefügten Verhaltensformen heraus.

Zielvorstellungen

Die vom Württembergischen Kunstverein – getragen durch umfangreiche öffentliche Zuschüsse – frei initiierte, aus eigenen Mitteln finanzierte, aber von der Staatlichen Hoch-

Mark di Suvero, o. T., Stuttgart, 1988

bau- und Liegenschaftsverwaltung unterstützte Präsentation von Kunst im öffentlichen Raum ist zusammenfassend auf folgende kulturpolitische Zielvorstellungen hin ausgerichtet:
– Heraustreten aus einer stärker werdenden Tendenz zur Musealisierung von Kunst – gerade auch der zeitgenössischen.
– Alternative zur staatlichen und kommunalen Praxis von »Kunst am Bau«, »Plastik im Freien«.
– Stadträumliche Herausforderung der vorgegebenen Prioritäten im merkantilen, verkehrstechnologischen und Repräsentationsbereich.
– Suche nach allgemeinkulturellen Berührungspunkten und Übertragung inhaltlicher Affinitäten von Gegenwartskunst zu gesellschaftlichen und individuellen Aspekten.
– Vertretungsanspruch öffentlich uneingeschränkter Wirkung von nicht funktional eingesetzter oder einsetzbarer Kunst innerhalb der Stadtstruktur.

Für die jetzige Diskussion um Modelle und Praktikabilität, um Inhalte und Zielvorstellungen, um die Realisierbarkeit von Kunst im öffentlichen Raum ist entscheidend, daß heute Künstler aus den Kriterien ihrer Arbeit heraus ihren Arbeitsplatz in der Urbanität selbst finden bzw. erfinden. Sie schaffen Projekte in Reaktion auf städtebauliche, landschaftsräumliche, soziokulturelle, infrastrukturelle, stadtgeschichtliche Aspekte hin. Sie erarbeiten damit nicht nur einen öffentlichen Raum, sondern – auch wenn es sich um autonome künstlerische Projekte handelt – eine öffentliche Funktion, die am Ort allgemeingesellschaftlichen Geschehens als ideelle und ästhetische eigengesetzliche Realität wahrgenommen wird. Sie genügen nicht der Ornamentierung, Dekorierung und Ästhetisierung stadträumlicher Situationen durch künstlerische Produkte; die Plastik wird vielmehr zum Ort des Erfahrens von individueller und gemeinschaftlicher Kultur. Deren Vertiefung, Erweiterung, Anreicherung und Ausbau durch künstlerische Projektion bringt reagierende und produzierende Motivationen im örtlich gebundenen Objekt zusammen – das erklärt ihre Funktionalität.

Schlußbemerkung

Die aktuelle Diskussion von Kunst im öffentlichen Raum als Aufgabenstellung für gesellschaftliche und künstlerische Entwicklungen hat noch eine historische Dimension. Kunst als selbstverständlicher, umweltgestaltender Faktor ist – entgegen früheren Phasen der Kunstgeschichte – einerseits durch zunehmende Musealisierung von Kunst, vor allem aber und damit zusammenhängend durch das Anwachsen von Massenmedien, Zeichensystemen und hinsichtlich der Funktion festgelegten ästhetischen Regulativen in ein beträchtliches Defizit geraten. Die alte, funktional integrierte Rolle der Kunst wird heute fast ausschließlich von zivilisatorischen Mechanismen einer reinen Gebrauchskultur ersetzt. Diese alten Funktionen wieder wahrzunehmen, diese Verlustzonen aufzuholen erscheint nahezu unmöglich. Dringend notwendig aber ist eine kulturpolitische Offensive von Künstlern und Kunstvermittlern, die über Fragen des Realisierbaren, über die Zwänge des Pragmatismus hinausgeht und die inhaltliche Notwendigkeit von Kunst im öffentlichen Raum von der inneren Notwendigkeit heutiger Kunst her durchsichtig macht.

Leonie Baumann

»Kunst am Bau« und »Kunst im Stadtraum« in Berlin

Nach jahrelangen Verhandlungen zwischen dem Berufsverband Bildender Künstler Berlins (BBK), den politischen Parteien und dem Berliner Senat trat am 1. September 1979 die Neuregelung für »Kunst am Bau« und »Kunst im Stadtraum« – festgehalten in den Verwaltungsvorschriften zur Änderung der Anweisung Bau – in Kraft.

Wesentliche Kritikpunkte der Künstler an vorhergehenden »Kunst-am-Bau«-Vorschriften waren der nicht klar definierte Geltungsbereich, der »Kunst am Bau« nur für »Hochbauvorhaben von besonderer Bedeutung« vorsah, die geringe Ausschöpfung der Gelder von durchschnittlich rund 1 Mio. DM im Jahr und die unkontrollierbare, für Außenstehende nicht nachvollziehbare Vergabepraxis.

Forderungen, »Kunst-am-Bau«-Aufträge über Wettbewerbe auszuschreiben und unabhängig zusammengesetzten Jurys Entscheidungen zu übertragen, wurden nicht nur in Berlin, sondern seit langem bundesweit von den Berufsverbänden der Künstler formuliert. Mit Empfehlungen des Deutschen Städtetages zu »Kunst und Bauen« und der Kultusministerkonferenz zur »Kunst am Bau« von 1978 wurden Modifizierungen und Ausweitungen der »Kunst-am-Bau«-Regelungen vorgeschlagen und die Künstlerforderungen unterstützt.

In Berlin war vor allem durch die seit 1975 geführte Auseinandersetzung um die geplante Direktvergabe eines Millionenauftrages für die Vorplatzgestaltung des Internationalen Congreß Centrums an ein mit dem Architekten befreundetes Bildhauerehepaar eine intensive öffentliche Debatte um die Verbesserung der »Kunst-am-Bau«-Verfahrensweisen entbrannt. Dem BBK gelang es, die Ausschreibung eines internationalen Wettbewerbs einzufordern, der von Jean Ipoustéguy gewonnen wurde und dessen Verfahren als Modellfall und Auslöser für die Berliner »Kunst-am-Bau«-Neuregelung gilt. Das bereits seit 1973 praktizierte Bremer Programm »Kunst im öffentlichen Raum« sei hier als maßgeblich mitbestimmend für die Berliner Neuregelung erwähnt. Während in Bremen jedoch umfangreiche kulturpolitische Ansprüche formuliert worden waren, beschränkte sich Berlin weitgehend auf strukturelle Veränderungen und die Ausweitung des Geltungsbereiches.

Inhalte der Berliner Neuregelung

Die Neuregelung beinhaltet im wesentlichen folgende Verbesserungen:

– Für alle Bauvorhaben des Hochbaus, des Garten- und Landschaftsbaus, des kommunalen Tiefbaus und der Zuwendungsbauten sollen Mittel für »Kunst am Bau« veranschlagt werden (Änderung von einer Kann- zu einer Soll-Vorschrift).

– Neben den »Kunst-am-Bau«-Geldern bei einzelnen Bauvorhaben werden jährlich in einem zentralen Fonds »Kunst im Stadtraum« zusätzliche Mittel veranschlagt, mit denen künstlerische Gestaltungen an stadträumlich bedeutsamen Stellen finanziert werden.

– Ein »Beratungsausschuß Kunst am Bau und Kunst im Stadtraum« berät den Senator für Bau- und Wohnungswesen, gibt Empfehlungen zur Zielsetzung und Aufgabenstellung von »Kunst-am-Bau«- und »Kunst-im-Stadtraum«-Maßnahmen, schlägt Wettbewerbsformen sowie Jury- und Künstlerteilnehmer vor. Ihm gehören je zwei Vertreter von Architektenverbänden und zwei Vertreter des BBK an, außerdem ein Vertreter der Akademie der Künste und ein vom Kultursenator benannter Sachverständiger aus dem Museumsbereich. Hinzu kommen je ein Vertreter der Bau- und Kulturverwaltung sowie zwei Vertreter der Bezirksämter.

Die Bewirtschaftung der Mittel blieb im Gegensatz zum Bremer und Hamburger Modell beim Senator für Bau- und Wohnungswesen bzw. bei der Abteilung Bauwesen der Bezirksverwaltungen. Die Umsetzung in den Bezirken, für die die Neuregelung gleichermaßen gilt, gestaltet sich schwieriger als in der Phase des Neuanfangs vermutet. Die Bezirksverwaltungen handhaben die Vergabe der »Kunst-am-Bau«-Aufträge nach wie vor verwaltungsintern in Absprache mit den zuständigen Architekten und in Ausnahmefällen unter Hinzuziehung der Fachberatung durch das jeweilige Kunstamt. Gleichwohl versuchen die Bezirke, an den zentral veranschlagten »Kunst-im-Stadtraum«-Mitteln zu partizipieren, wobei nicht selten nachträgliche Finanzierungsmöglichkeiten für fertige Ergebnisse gesucht werden.

Lediglich in Kreuzberg hatte sich bereits ein Jahr vor der Senatsanweisung eine bezirkliche »Kunst-am-Bau«-Kommission gegründet. Erst Ende 1988 folgte der Bezirk Schöneberg dem Kreuzberger Beispiel. Beide Kommissionen beraten in paritätischer Zusammensetzung unter Mitwirkung von Künstler- und Fachöffentlichkeitsvertretern über »Kunst-am-Bau«-Aktivitäten bei bezirklichen Bauvorhaben, vor allem Kindertagesstätten, Schulbauten, Seniorenheimen und Sportstätten. Des weiteren bemühen sich die beiden bezirklichen Kommissionen um zusätzliche Finanzierungsmöglichkeiten für bauunabhängige »Kunst-im-Stadtraum«-Aktivitäten.

Bisherige Aktivitäten im Überblick

Fülle und Vielseitigkeit von Aktivitäten der ersten Jahre nach Inkrafttreten der »Kunst-am-Bau«- und »Kunst-im-Stadtraum«-Neuregelung kennzeichnen den Elan, mit dem der Beratungsausschuß seine Arbeit aufnahm. Neben einer Vielzahl von engeren und offenen »Kunst-am-Bau«-Wettbewerben prägten vor allem die im folgenden stichpunktartig genannten Projekte die Bemühungen um neue konzeptionelle Herangehensweisen und transparente Verfahren:

1979 berlinoffener »Kunst-im-Stadtraum«-Wettbewerb für eine Skulpturensammlung im Sommergarten am Funkturm;

1980 berlinoffene Wandmalereiwettbewerbe, unter anderem für fünfzehn Standorte in verschiedenen Bezirken, finanziert aus »Kunst-im-Stadtraum«-Mitteln;

1980/81 neben »Kunst-im-Stadtraum«-Wettbewerben für die Brunnengestaltung an Breitscheid- und Wittenbergplatz weitere in den Bezirken Wilmersdorf, Reinickendorf und Zehlendorf;

1981/82 Kunstwettbewerbe für die Freie und die Technische Universität, finanziert aus »Kunst-am-Bau«- und »Kunst-im-Stadtraum«-Mitteln;

Azade Köker, Andreas Frömberg, Rudolf Valenta, Leslie Robbins, Menschenlandschaft Berlin (Teilansicht), Berlin, 1987

1982/83 »Kunst-am-Bau«- und »Kunst-im-Stadtraum«-Wettbewerb für den Flughafen Tegel;

1983/84 fünf offene und fünf engere Wettbewerbe für das Kunstprogramm der Bundesgartenschau mit einem Kostenrahmen von rund 5 Mio. DM, je zur Hälfte »Kunst-am-Bau«- und »Kunst-im-Stadtraum«-Mittel;

1984/87 in Vorbereitung der 750-Jahr-Feier Erhöhung des Ansatzes von »Kunst im Stadtraum« um insgesamt 4,5 Mio. DM, diverse Wettbewerbe, darunter ein Wandmalprojekt und ein Bildhauersymposion am Schlesischen Tor in Kreuzberg.

Rückblickend fällt auf, daß aus dem zentralen Fonds zunehmend Großprojekte gefördert wurden. Stand anfangs für die Vergabe der Mittel noch die Suche nach neuen Formen von »Kunst am Bau« und »Kunst im Stadtraum« im Vordergrund, so wurden in den letzten Jahren Millionen in Erwartung kultureller, das Berlin-Image fördernder Großveranstaltungen ausgegeben.

Finanzielle Entwicklung

Bezeichnend dafür ist auch, daß nach den »Jubeljahren« der Fonds »Kunst im Stadtraum« seinen seit Bestehen niedrigsten Ansatz erreicht hat. Waren in den Anfangsjahren durchschnittlich zwischen 2,5 und 3 Mio. DM jährlich veranschlagt worden, stehen seit 1988 nur noch 1,6 Mio. DM jährlich zur Verfügung, von denen wiederum 300 000 DM für »Kunst im Krankenhaus« festgeschrieben sind. (Entsprechend dem Krankenhausfinanzierungsgesetz werden bei Krankenhausbauten keine »Kunst-am-Bau«-Prozentsätze veranschlagt.)

Zudem mehrten sich in den letzten Jahren die Fälle, in denen bei der Vergabe der Mittel Wettbewerbsverfahren unterlaufen wurden, so zum Beispiel bei der Finanzierung des umstrittenen »Skulpturenboulevards«. Der Beratungsausschuß hatte wegen der geplanten Direktvergaben im Rahmen des »Skulpturenboulevards« Kritik angemeldet. Bevor es zu einer abschließenden Beratung kam, wurden 2 Mio. DM kurzerhand zum Senator für Kulturelle Angelegenheiten umgewidmet und somit dem Empfehlungsbereich des Beratungsausschusses entzogen.

Spürbar belastet wurde der ohnehin drastisch reduzierte Haushaltstopf weiterhin durch zwei Direktankäufe von insgesamt 1 Mio. DM und die Finanzierung der Aufstellung einer zur 750-Jahr-Feier geschenkten Skulptur mit mehreren 100000 DM. Im Vergleich zur finanziellen Entwicklung des zentralen »Kunst-im-Stadtraum«-Fonds in Bremen ist es offensichtlich der besonderen politischen Rolle Berlins zu verdanken, daß weiterhin Mittel für »Kunst im Stadtraum« zur Verfügung gestellt werden.

Statt daß jedoch nach Innovationen gesucht wird, verkommt der zentrale »Kunst-im-Stadtraum«-Fonds tendenziell zu einem Reservetopf für anderweitig nicht zu finanzierende Kunstobjekte. Die seit 1979 weitgehend routinemäßige Veranschlagung von »Kunst am Bau« ist von Einsparungsmaßnahmen insofern betroffen, als es von jeher üblich ist, bei Finanzknappheit zunächst die Kunst zu streichen. Solange die Ermittlung von »Kunst-am-Bau«-Ansätzen nicht gesetzlich vorgeschrieben ist, wird dieses Problem bleiben.

Der Beratungsausschuß, dem die Neuregelung den Handlungsspielraum einräumt, in besonders gelagerten Einzelfällen eine Überschreitung der für »Kunst am Bau« vorgesehenen Richtsätze vorzuschlagen, nutzt weder diese noch andere Einflußmöglichkeiten optimal aus. Eine notwendige konzeptionelle Grundsatzdebatte steht seit langem aus. Auf der Grundlage zehnjähriger Praxis mit »Kunst-am-Bau«- und »Kunst-im-Stadtraum«-Verfahren und -Ergebnissen in Berlin ist eine Analyse bisheriger Erfahrungen notwendig. Pauschalisierende Kritiken, die in einer »Wettbewerbsmanie« und der mangelnden Beteiligung internationaler Künstler die Ursachen für die Krise der »Kunst im Stadtraum« sehen, greifen zu kurz. Weder Internationalität noch Direktvergabe können eine Gewähr für Qualität darstellen. Notwendig ist die kritische Aufarbeitung bisheriger Projekte, ihrer Verfahrensweisen, der dazugehörigen Aufgabenstellung, kurz, der gesamten Bedingungen, unter denen Kunst sich entfalten konnte, damit alte Fehler nicht wieder begangen und neue Perspektiven entwickelt werden.

BBK-interne Strukturen

Schon Anfang der 70er Jahre hatte sich in Berlin innerhalb des BBK eine »Kommission Kunst am Bau« konstituiert, die mit programmatischen und konzeptionellen Beiträgen die öffentliche Diskussion wesentlich beeinflußt hat. Während dem BBK von Kritikern immer wieder ein ausschließlich soziales Versorgungsinteresse unterstellt wurde und wird, entwickelten gerade die Künstler umfassende Vorstellungen: Kunst dürfe nicht primär formalästhetische Zutat zur Architektur sein; notwendig sei die inhaltliche Auseinandersetzung mit gesellschaftlichen Prozessen, Stadtraum und Gebäudefunktionen.

Bereits in den 70er Jahren aufgestellte Forderungen nach frühzeitiger Beteiligung der Künstler bei Bau- und Stadtplanung, nach besserer Umweltgestaltung durch Zusammen-

Jean Ipoustéguy, Alexander vor Ecbatana – Der Mensch baut eine Stadt, Berlin, 1979

arbeit der Künstler und Nutzer sowie nach Unterstützung durch die Verwaltung bei neuen »Kunst-am-Bau«-Konzepten haben an Aktualität nichts eingebüßt. Bei allen Überlegungen ging der BBK davon aus, daß bessere Verfahren die Grundlage für bessere Qualität darstellen. Bereits im Vorfeld der Berliner Neuregelung hatten einige Wettbewerbe unter Mitwirkung von Künstlern und Nutzern stattgefunden.

Mit Inkrafttreten der Neuregelung 1979 wurde, finanziert vom Senator für Kulturelle Angelegenheiten, innerhalb des BBK ein »Kunst-am-Bau«-Büro eingerichtet, zu dessen Aufgaben Künstler- und Ausloberbetreuung, Vermittlung von Künstlern, die Initiierung von Projekten und die Betreuung von Verfahren sowie die regelmäßige Herausgabe eines »Kunst-am-Bau«-Informationsdienstes gehören. Als Informations- und Koordinationsstelle kontrolliert das »Kunst-am-Bau«-Büro im Interesse der bildenden Künstler die Verfahren und macht Verstöße gegen die Neuregelung öffentlich. Diese kritische, außerhalb der Verwaltung angesiedelte Beobachtung und Beratung eröffnet größere Handlungsspielräume und Kontrollmöglichkeiten als eine verwaltungsinterne Referatsansiedlung wie in Bremen und Hamburg.

Die langjährige Betreuung der »Kunst-am-Bau«- und »Kunst-im-Stadtraum«-Wettbewerbe hat deutlich gemacht, daß die Neuregelung in Berlin ein formales Gerüst ist, die konkreten Projekte aber eines differenzierten Umgangs bedürfen, der die engen Zusammenhänge zwischen Verfahren, Inhalten und Aufgabenstellungen, Künstlererfahrungen, Rezeption und Realisierungsrahmen berücksichtigt. Daß die in der Neuregelung liegenden Chancen noch lange nicht genutzt werden, sollen die im folgenden angerissenen Probleme deutlich machen.

Konsequente haushaltsmäßige Veranschlagung der Mittel

Die Möglichkeiten für die haushaltsmäßige Veranschlagung der »Kunst-am-Bau«-Ansätze werden in vielen Fällen nicht konsequent ausgeschöpft. Die vorgesehenen Prozentsätze für »Kunst am Bau« bezeichnen lediglich die anzusetzenden Künstlerhonorare. Zusätzlich müssen voraussichtliche Materialkosten in den Bauplanungsunterlagen eingesetzt werden, was oft nicht bzw. unzureichend geschieht, unter anderem weil zum Zeitpunkt der Aufstellung der Bauplanungsunterlagen noch keine Vorstellung über die konkrete Kunstmaßnahme besteht. In den seltensten Fällen werden Wettbewerbsverfahrenskosten beantragt, so daß der finanzielle Spielraum für sorgfältig vorbereitete Wettbewerbsverfahren, zudem für aufwendigere eventuell mehrstufige, von vornherein nicht gegeben ist. Darüber hinaus werden bei langjährigen, mehrere Bauphasen beinhaltenden Projekten die »Kunst-am-Bau«-Ansätze nicht gebündelt, sondern nach und nach für mehrere Wettbewerbe ausgegeben. So kann etwa für die AMK-Messehallen kein umfassendes »Kunst-am-Bau«-Konzept mit immerhin 1,5 Mio. DM zur Verfügung stehenden Mitteln entwickelt werden.

Anwendungsbereiche

Die in der Neuregelung vorgesehene Ausweitung der »Kunst-am-Bau«-Anwendungsbereiche über Hochbauten hinaus wird unzureichend praktiziert. Beispiele wie der »Kunst-am-Bau«-Wettbewerb in Kreuzberg, wo im Rahmen der Planungen zum Umbau einer Straße aus Tiefbaumitteln ein umfangreicher Mosaikwettbewerb ausgeschrieben wurde, in dem Künstler die alte Berliner Tradition der Mosaikpflasterung zeitgemäß interpretieren konnten, sind rar. Die Vorstellungen von »Kunst am Bau« und »Kunst im Stadtraum« orientieren sich nach wie vor noch zu sehr an plastischen Werken, so daß zuwenig Phantasien entwickelt werden, um neue Anwendungsbereiche zu erschließen, die formal bereits vor zehn Jahren eröffnet wurden.

Zusammenarbeit zwischen Architekten und Künstlern

»Kunst-am-Bau«-Wettbewerbe werden immer noch zu einem Zeitpunkt ausgeschrieben, zu dem alle wichtigen Entscheidungen der Bauplanung längst getroffen sind, in der Regel der Bau sogar schon fertiggestellt ist. Eine Kooperation zwischen Künstler und Architekt bereits in der Planungsphase aber kann der Kunst völlig neue Aktionsräume eröffnen, die jenseits der vielzitierten »Broschenfunktion« der »Kunst am Bau« liegen. Ein konsequentes Beispiel dafür ist das Ergebnis eines engeren »Kunst-am-Bau«-Wettbewerbs für eine Sporthalle in Kreuzberg, den die Künstlergemeinschaft Raimund Kummer und Hermann Pitz gewonnen hat: Sie entwarfen einen Treppenmonolithen aus blaukristallinem Labradorgranit, der vor Baubeginn gleichzeitig als Grundstein aufgestellt wurde. Die Sporthalle entstand um das Kunstwerk herum.

Aufgabenstellungen

Je später die Ausschreibung im Rahmen der fortschreitenden Baumaßnahme erfolgt und je enger die inhaltlichen und räumlichen Vorgaben in den Aufgabenstellungen gefaßt werden, desto weniger Freiräume bleiben den Künstlern für ungewöhnliche Ideen. Werden dann noch verschönernde, heilende, kommunikationsfördernde, Aufenthaltsqualität steigernde Anforderungen an die Kunst gestellt, so sind Erwartungshaltungen vorhanden, die die Kunst isoliert nicht erfüllen kann.

Wettbewerbe, bei denen es gelungen war, die Aufgabenstellung zu öffnen, den teilnehmenden Künstlern sowohl die inhaltlichen Bezüge als auch die Standortbestimmungen zu überlassen, überzeugten in ihren Ergebnissen. Die Entwürfe waren nicht von krampfhaftem Bemühen geprägt, den Ausschreibungsbedingungen Genüge zu tun, und eröffneten völlig neue und unerwartete Perspektiven.

Verfahrenssachzwänge

Eine qualifiziert vorbereitete Ausschreibung und ein sorgfältig durchgeführtes Verfahren sind Voraussetzung für gute Ergebnisse. Selbstverständlich kann kein noch so gutes Verfahren Qualität garantieren, aber ein schlecht vorbereiteter Wettbewerb verhindert sie in der Regel.

Eines der größten Probleme ist immer wieder der zu knapp bemessene Bearbeitungszeitraum. Während die Wettbewerbsunterlagen monatelang in verwaltungsinternen Schreibtischschubladen auf ihre Ausgabe warten, bleibt für die kreative, künstlerische Entwurfsphase keine angemessene Zeit. Grotesk ist es, wenn eine Jury trotz Unbehagen Ausführungsempfehlungen gibt, da aus Zeitgründen keine Verlängerung des Wettbewerbs möglich ist, setzt man zwei oder drei Monate Überarbeitungsphase in Relation zur Dauer der Aufstellung bzw. Anbringung.

Unter dem Druck der voranschreitenden Fertigstellung eines Bauvorhabens droht die pragmatische Handhabung von engeren Verfahren. Unter Zeitdruck sind Alternativen mehrphasiger Wettbewerbe – offenes Bewerbungsverfahren mit anschließendem engerem Wettbewerb; offener Wettbewerb mit Ideenskizzen und konzeptionellen Überlegungen, auf dessen Grundlage Künstler für eine Konkretisierungsphase ausgewählt werden; mehrstufige engere Wettbewerbe – ausgeschlossen. Beeindruckende Ergebnisse wurden bisher im Bezirk Kreuzberg erzielt, dessen »Kunst-am-Bau«-Kommission nicht nur Vorreiter der zentralen Senatskommission war, sondern auch wegbereitend bezüglich der Initiierung neuer Verfahrensweisen ist.

Das bisher größte Berliner Wandmalprojekt rund um den Abenteuerspielplatz an der Spree zum Thema »Weltenbühne« der Künstler Monika Sieveking, Ralf Fässer und Frank Suplie ist zum Beispiel aus einem zweistufigen Verfahren entstanden. Nach einer ersten Phase konkurrierender Ideen, an der fünfzehn Künstler beteiligt waren, schlossen sich fünf ausgewählte Künstler zu zwei Arbeitsgruppen zusammen und entwickelten ihre Entwürfe weiter. Die beeindruckende Qualitätssteigerung, die zum prämierten Entwurf führte, ist in einer Dokumentation festgehalten. Die Fertigstellung der fünfzehn Wände, ursprünglich zur 750-Jahr-Feier vorgesehen, ist noch nicht abgeschlossen.

Temporäre »Kunst-am-Bau«-Projekte

Bisher wurden »Kunst-am-Bau«- und »Kunst-im-Stadtraum«-Mittel nicht für aktivitätsbezogene, prozeßhafte Projekte zur Verfügung gestellt; Gedankenansätze und Konzepte in dieser Richtung, zum Beispiel die Vergabe der »Kunst-am-Bau«-Mittel für ein Kunstzentrum in der TU, scheiterten am traditionellen »Kunst-am-Bau«-Begriff der Bauverwaltung, die auf ihre haushaltsrechtlichen Ausführungsbestimmungen hinwies.

Die bisher einzigartige und mühsam erkämpfte Ausnahme von der Regel ist die Verwendung der »Kunst-am-Bau«-Mittel der psychiatrischen Kinder- und Jugendklinik Wiesengrund des Humboldt-Krankenhauses. Dort arbeitete der Bildhauer Arnold Hertel

Peter Fromlowitz, o.T., Berlin, 1988

zwei Jahre gemeinsam mit Kindern und Jugendlichen. Es entstand ein Trullidorf, und der Versuch, Kunst als Therapie einzusetzen, war so erfolgreich, daß die Klinik eine Stelle auf Dauer einrichtete.

Versuche in Berlin, mit den zur Verfügung stehenden »Kunst-am-Bau«-Mitteln für die Frauenhaftanstalt und Jugendstrafanstalt in Plötzensee neue künstlerische Arbeitsfelder zu eröffnen, die ähnlich dem Projekt »Parkstreifen Bremen-Oslebshausen« von/mit Siegfried Neuenhausen eine Zusammenarbeit zwischen Künstlern und Inhaftierten vorsahen, scheiterten nicht nur an der Bauverwaltung, sondern auch am erbitterten Widerstand des Justizsenators.

Außer künstlerisch-therapeutischer Arbeit sind ganze Bereiche künstlerischer Ausdrucksformen aus der »Kunst-am-Bau«-Handhabung ausgeschlossen. So können sämtliche temporär angelegten Kunstformen – Dia- und Videoprojektionen, Textilarbeiten, Performance etc. – nicht mit einer Realisierung im Rahmen der »Kunst-am-Bau«- und »Kunst-im-Stadtraum«-Projekte rechnen. Daß etwas mehr Experimentierbereitschaft »Kunst am Bau« aus dieser Starrheit lösen könnte, haben beispielhafte Projekte des »Büros für ungewöhnliche Maßnahmen« und die Kunstaktionen der IBA in Zusammenarbeit mit Kreuzberger Selbsthilfeprojekten, »Picobello – Kunst aus Zwischenräumen«, gezeigt.

Silvia Kluge, Stein Wasser Wellen, Berlin, 1988

Perspektiven

Die seit 1979 geltende Neuregelung hat Strukturen und formale Richtlinien festgelegt, deren inhaltliche Ausfüllung noch nicht ansatzweise gelungen ist. Versäumt wurde in den letzten zehn Jahren eine an Erfahrungen und Ergebnissen ansetzende, solidarisch-kritische Konzeptdebatte, die erweiterte Aufgaben für »Kunst am Bau« und »Kunst im Stadtraum« hätte formulieren können.

Bezeichnenderweise ignoriert die bisher einzige Senatsveröffentlichung zu »Kunst im Stadtraum«, die sich als Bilanz versteht, gänzlich die Neuregelung, die Beratungsgremien, die Verfahrensweisen und die mühseligen Diskussionsprozesse der vergangenen Jahre. Damit wurde wieder einmal eine Chance vertan, mit innovativen Ansätzen auf der Grundlage bisheriger Erfahrungen Entwicklungen von »Kunst am Bau« und »Kunst im Stadtraum« voranzutreiben.

Im Rahmen dieses Beitrages konnte nur ansatzweise ausgeführt werden, wie »Kunst am Bau« und »Kunst im Stadtraum« sich perspektivisch entwickeln können. Statt pauschalisierender Kritiken ist die Analyse anhand konkreter Projekte notwendig. Zu vielschichtig sind Interessen und Probleme, die aufeinandertreffen, als daß es ein allgemeingültiges Rezept gäbe, nach dem »Kunst am Bau« und »Kunst im Stadtraum« abgewickelt werden könnten. Die vorgegebenen strukturellen Möglichkeiten und Chancen gilt es kreativ zu nutzen und neue Utopien zu entwerfen.

Literaturhinweise

Stefanie Endlich: *Kunst am Bau am Internationalen Congreß Centrum Berlin – ein Modellfall,* hg. v. Berufsverband Bildender Künstler Berlins, Berlin 1979.

Stefanie Endlich: »30 Jahre Kunst am Bau in Berlin«, in: *30 Jahre BBK,* hg. v. Bildungswerk des Berufsverbandes Bildender Künstler Berlins, Berlin 1980.

Stefanie Endlich: »Überlegungen zum Bremer Modell Kunst im öffentlichen Raum«, in: *Kunst im öffentlichen Raum in Bremen, Dokumentation 1977–1980,* hg. v. Senator für Wissenschaft und Kunst Bremen, Bremen 1980.

Stefanie Endlich, *Überlegungen zum »Bremer Modell« aus Berliner Sicht,* Berlin 1989 (unveröffentlichtes Manuskript)

Kunst am Flughafen Berlin-Tegel, hg. v. der Berliner Flughafen Gesellschaft mbH, Berlin o. J.

Kunst im Park – Bundesgartenschau 1985, hg. v. Senator für Bau- und Wohnungswesen Berlin, Berlin 1985.

Picobello – Kunst aus Zwischenräumen, hg. v. S.T.E.R.N. GmbH, Berlin 1985.

Kunst im Stadtraum, hg. v. Senator für Bau- und Wohnungswesen Berlin, Berlin 1988.

Weltenbühne – Giebelgestaltung für den Abenteuerspielplatz an der Spree, hg. v. Kunstamt Kreuzberg, Berlin 1987.

Menschenlandschaft Berlin – Bildhauersymposion am Schlesischen Tor, hg. v. Kunstamt Kreuzberg, Berlin 1987.

Kunst am Bau Informationsdienst des Berufsverbandes Bildender Künstler Berlins, hg. v. BBK Berlins (Kulturwerk und Bildungswerk).

Hans-Joachim Manske

»Kunst im öffentlichen Raum« in Bremen
»Künstler in Bürgernähe. Bürger in Künstlernähe«

1973 beschloß die Bremische Bürgerschaft, die seit 1952 bestehende »Kunst-am-Bau«-Regelung zu verändern. Die bis dahin an Neubauvorhaben gebundenen Mittel sollten in zwei Haushaltsstellen für die Stadt und das Land zusammengefaßt werden.

Zum erstenmal tauchte in der deutschen Nachkriegsgeschichte der Begriff »Kunst im öffentlichen Raum« in einem staatlichen bzw. kommunalen Kunstprogramm auf. Er signalisierte weit über Bremen hinaus eine neue Orientierung der Künstler und Künstlerinnen sowie der kommunalen Kulturpolitik: Die Kunst in der Stadt sollte nicht mehr der Verschönerung einer als fragwürdig empfundenen Architektur oder als »Almosen« für Künstler und Künstlerinnen dienen, sondern neue soziale und kommunikative Prozesse im städtischen Alltagsleben auslösen. »Ein neues politisches Umweltbewußtsein stellt zunehmend die sozialen und humanen Funktionen der Kunst für eine zukünftige Stadtgestaltung in den Vordergrund und geht dabei über die Forderung nach ›Kunst am Bau‹ im herkömmlichen Sinne weit hinaus«, heißt es 1973 in einem Papier des Deutschen Städtetages zum Thema »Kunst und Bauen«.[1]

Das Bremer Konzept entstand aus Gesprächen zwischen lokalen Künstlerinnen und Künstlern, Professoren der Hochschule für Künste und der Verwaltung. Die erarbeiteten Gemeinsamkeiten haben die ersten Jahre der Bremer Aktivitäten entscheidend mitbestimmt. Für die endgültige Formulierung des Programms und die ersten praktischen Schritte waren jedoch die interaktionistischen künstlerischen Konzepte der 60er und der frühen 70er Jahre, die Kritik am Städtebau und am Verlust von Urbanität und Öffentlichkeit, von Identität und sozialem Milieu ebenso bestimmend wie die Kulturkritik und die konkreten und utopischen Forderungen der antiautoritären Studentenbewegung, mit denen sich die intellektuelle künstlerische Avantgarde solidarisierte.

Die von Klaus Honnef 1970 unter dem Titel »Umwelt-Akzente« initiierte künstlerische Verwandlung des Eifelstädtchens Monschau, das »Symposion Urbanum« 1971 in Nürnberg, das »Experiment Straßenkunst« in Hannover 1970 bis 1973, die Bergkamener »Bilder-Basare« (ab 1971), die künstlerischen Entwürfe und Konzepte für das Olympiagelände in München 1972 und die von Werner Ruhnau organisierte »Olympische Spielstraße« hatten bereits beispielhaft die Möglichkeiten aktuellen künstlerischen Schaffens im Stadtraum sowohl unter ästhetischen wie unter kommunikativen Gesichtspunkten gezeigt; sichtbar wurden auch die Grenzen einzelner künstlerischer Vorschläge, die nur Konzepte blieben (zum Beispiel das Projekt des 120 m tiefen Schachtes im Münchener Trümmerberg von Walter de Maria), und die Überforderung der Bevölkerung, die vereinzelt mit der Zerstörung von Arbeiten (Monschau) oder emotionalen Protesten gegen bestimmte Werke wie die »Nanas« von Niki de Saint-Phalle (Hannover) reagierte.[2]

Die Künstlerinnen und Künstler und die Verantwortlichen in Bremen wollten keine temporäre, sondern eine dauerhafte Struktur für »Kunst im öffentlichen Raum« schaffen.

Der drohenden Bürokratisierung und Institutionalisierung sollte mit der Transparenz der Entscheidungen, mit neuen und intensiven Formen der Interaktion, mit einer »Kunst als sozialem Prozeß« begegnet werden, die nicht nur unübersehbare gestalterische Akzente in das Stadtbild bringt, sondern ein konstituierender Faktor für eine »kreative und politisch mündige Öffentlichkeit« werden sollte.

»Kunst im öffentlichen Raum« bedeutete eine große, noch nicht abschätzbare Öffnung künstlerischer Tätigkeit, die ortsbezogen und sozial gesehen wurde. Widersprüche wurden bewußt in Kauf genommen. Die Straßenkunstaktionen in Monschau, Nürnberg und Hannover hatten gezeigt, wie eng die Grenzen prozessualer Ansätze sind, solange die Künstlerinnen und Künstler auf ihrer Subjektivität und dem Autonomieanspruch des Werkes beharren. Konzepte, die vor allem auf die kreative Entfaltung des einzelnen zielten, sind von einigen wenigen wie Joseph Beuys oder der »Artist Placement Group« mit sehr unterschiedlichen Ansätzen auf hohem innovativem und qualitativem Niveau realisiert worden.[3] Für die meisten Künstlerinnen und Künstler bestand in der Praxis aber die Gefahr, den Anspruch des Künstlerischen zugunsten pädagogischer und didaktischer Erfordernisse zurückzunehmen oder aufgeben zu müssen. Die radikale Forderung eines George Macunias, die Kunst solle liquidiert und alle künstlerischen Fähigkeiten sollten statt dessen auf sozial-konstruktive Ziele gerichtet werden, war bereits in den zahlreichen Fluxus-Aktionen der 60er Jahre gescheitert.

Widersprüchlich war auch die Forderung, die neuen Ansätze in staatlich organisierten Auftrags- und Entscheidungsstrukturen realisieren zu wollen. Eine – trotz aller Mitarbeit von Künstlerinnen und Künstlern – staatliche Planung, die Durchführung von Wettbewerben als Regel, die ständige Auseinandersetzung mit Laien und die politischen Diskussionen über künstlerische Entwürfe entsprachen zwar dem Wunsch aller Beteiligten nach Partizipation; ein solches »Räderwerk« konnte, wie die »Kunst im öffentlichen Raum« in Bremen gezeigt hat, unendlich viel bewegen, aber es lief auch in vielen Punkten der künstlerischen Entscheidungsfreiheit und Spontaneität zuwider.

Auch wenn diese Widersprüche, zumindest theoretisch, allen Beteiligten klar waren, schienen sie gegenüber der großen Chance, daß sich die Kunst im urbanen Raum neu legitimieren könne, nicht so gewichtig. Zu dieser Legitimation gehörte, sich mit den ästhetischen Defiziten im Stadtraum auseinanderzusetzen, die individuelle Form für einen bestimmten örtlichen und sozialen Kontext zu entwickeln und das jeweilige Konzept oder gestalterische Ergebnis nicht nur von einer Fachjury beurteilen, sondern auch mit zukünftigen Betrachtern sowie mit politischen Stadtteilgremien diskutieren zu lassen.

Die ersten, für das Bremer Programm von »Kunst im öffentlichen Raum« besonders wichtigen Jahre sind in zwei ausführlichen Dokumentationen aus den Jahren 1977 und 1980 niedergelegt; die Bremer Wandmalereien wurden in dem Buch »Bremens Wände« 1986 publiziert. Das theoretische und programmatische Umfeld umreißt der 1976 erschienene Katalog zur Ausstellung »Kunst im Stadtbild. Von ›Kunst am Bau‹ zu ›Kunst im öffentlichen Raum‹«. Eine kritische Bestandsaufnahme vor allem der Jahre 1975 bis 1980 steht im Rahmen eines Forschungsprojektes der Hochschule für Künste in Bremen kurz vor dem Abschluß und wird vermutlich 1990 veröffentlicht werden.[4]

Neu und charakteristisch für die Bremer »Kunst im öffentlichen Raum« war, daß die Planung und Organisation von der Bau- in die Kulturverwaltung wechselte. Die dort verantwortlichen Kunsthistoriker verbanden die klassischen Aufgaben öffentlicher Kunst wie die Gestaltung von Plätzen, Straßen und öffentlichen Gebäuden mit Bestrebungen, die unmittelbar auf die Förderung von Kunst und ihre Vermittlung zielten. In Außen- und Innenräumen wurden innerhalb des Programms von »Kunst im öffentlichen Raum« zeitlich begrenzte Projekte und Ausstellungen möglich, es wurde eine Graphothek eingerichtet, die aktuelle Kunst sammelte und über das dezentrale Netz der Stadtteilbibliotheken entlieh, und man forderte eine Kommunale Galerie als regionales Künstlerzentrum (in den 80er Jahren realisiert). Die Verbindung von »Kunst im öffentlichen Raum« und Künstlerförderung hat vor allem in den 70er Jahren entscheidende Anstöße für die Entwicklung einer eigenständigen lokalen Kunstszene in Bremen gegeben.

Das Verfahren der Entscheidung über künstlerische Projekte wurde mehrschichtig angelegt. Ein zentraler Landesbeirat für »Kunst im öffentlichen Raum«, in dem Künstlerinnen und Künstler, Architekten, Kunstpädagoginnen und -pädagogen, Soziologen, Politikerinnen und Politiker saßen, beriet auf der Grundlage von Vorlagen des Fachreferates über Ort, Art und Umfang der Projekte, das Wettbewerbsverfahren, die Zusammensetzung der Jurys und, bei eingeschränkten Wettbewerben, die Auswahl der Künstlerinnen und Künstler. Jurys mit Beteiligung von Laien schufen die fachliche Empfehlung, in Ausschüssen und öffentlichen Sitzungen der Kommunalparlamente wurden Voten zu dem Ergebnis der Fachjurys eingeholt. Bei zahlreichen Projekten entstanden sogenannte Beratergruppen, in denen sich die Künstlerinnen und Künstler und Laien über die Ziele künstlerischer Aktivitäten unterhielten.[5]

Nach den ersten schweren Konflikten weigerte sich der zuständige Senator für Bildung, Wissenschaft und Kunst, gegen das Votum von Stadtteilparlamenten Aufträge zu vergeben. Diese Haltung war Behinderung und Chance zugleich. Sie schuf für die Künstlerinnen und Künstler und das Fachreferat einen hohen Legitimationsdruck und Vermittlungszwang, bedeutete aber andererseits einen Dauerdialog für die politischen Vertretungen, dem sie sich nicht entziehen konnten. Darüber erreichte die Bremer »Kunst im öffentlichen Raum« ein sehr wesentliches Ziel: die Konstituierung einer immer größeren Öffentlichkeit. Die meisten künstlerischen Werke der ersten Jahre haben immer neue, zum Teil auch immer heftigere Formen dieses öffentlichen Diskurses ausgelöst. Die wechselseitigen Prozesse zwischen der künstlerischen Vorgabe – dem Verhältnis von Form, Material und Thema zum Ort – und den Reaktionen derer, die zu dem beabsichtigten »Eingriff« in ihre gewohnte Umgebung als einzelne, als lose organisierte Bürgerinitiative oder als politisch Verantwortliche Stellung nahmen, waren das zentrale Thema der öffentlichen Kunst Bremens in den 70er Jahren.

Alle Beteiligten waren sich bei der Zielformulierung und bei den Entscheidungen über die ersten Schritte 1974 darüber einig, daß die Zufälligkeit des Ortes, die bei der »Kunst am Bau« wegen der Bindung der Mittel an Neubauten sehr häufig gegeben war und dementsprechend zu »gestalterischen Beliebigkeiten« geführt hatte, zu vermeiden sei. Es galt, die aktuellen künstlerischen Konzepte, angefangen bei den »urbanen Verfremdungsstrategien« über die prozessualen und aktionistischen Ansätze bis hin zu den neueren Tendenzen fotorealistischer und realistischer Positionen, auf ihre Möglichkeiten der Umsetzung im Stadtraum zu überprüfen. Vorrangige Orte sollten dabei jene Stadtteile sein, deren Erscheinungsbild ästhetisch besonders defizitär war und in denen überwiegend Menschen lebten, die in ihrer Familie, in ihrer Ausbildung und in ihrem Alltag selten oder nie künstlerische und kreative Angebote erhalten hatten. Die Aufgaben in den älteren

Industrievierteln und in den Neubauvierteln der 60er und 70er Jahre waren dabei unterschiedlich: In ersteren waren durch Gewerbeansiedlung und Straßenausbau Wohn- und Lebensqualität gesunken und die »gewachsenen Milieus« gefährdet; in letzteren hatte die Ideologie der Funktionstrennung von Arbeit, Wohnen und Freizeit ein »Milieu«, eine Bindung der Bewohner an ihre gebaute Umwelt, gar nicht erst entstehen lassen.

Die genannten Prioritäten der Planung schufen für die künstlerische Arbeit einen deutlichen sozialen Kontext, unabhängig davon, ob sie sich auf den Außen- oder den Innenraum richtete. Verstärkt wurde diese Tendenz durch die Wettbewerbstexte, in denen neben kurzen gestalterischen auch soziologische Charakteristika benannt und gegebenenfalls Hinweise auf Literatur und Adressen, über die stadtteilbezogene Informationen beschafft werden konnten, aufgeführt wurden. Auch die Sitzungen der sogenannten Beratergruppen dienten unter anderem dazu, die ortsspezifischen Kenntnisse zu vertiefen.

Die Künstlerinnen und Künstler haben die Herausforderung durch den »sozialen Ort« vor allem in den 70er Jahren sehr ernst genommen und versucht, ihre individuelle Sprache hier einzubringen. Niemals ist – abgesehen von überwiegend pädagogisch ausgerichteten Aktionen – der Anspruch auf Subjektivität und Individualität aufgegeben worden, was jedoch gegenüber den gewohnten Verhaltensweisen den »Widerspruch« einschließen konnte, das künstlerische Konzept nicht nur auf den architektonischen Raum, sondern auch auf die – angenommene – Wahrnehmungsfähigkeit der hier überwiegend Lebenden zu beziehen. Das bedeutet nicht »Verständlichkeit« um jeden Preis, aber ein Sicheinlassen auf eine Erwartungshaltung, die produktiv umgesetzt werden mußte.

Hans-Jürgen Breuste schuf 1975 in einem neuangelegten Uferpark an der Weser das »Lankenau-Monument«. Der Park liegt im Bremer Ortsteil Woltmershausen; 1975 arbeiteten die meisten Bewohner des Stadtteils noch auf der Werft am jenseitigen Weserufer, der AG-Weser.

Das Arbeitsprinzip Breustes bestand darin, Industriematerialien durch neue Formen der Zusammenordnung ihrer ursprünglichen Funktion zu entkleiden und sie zu kleinen oder großen Monumenten zu verdichten. Im Uferpark sollten den Arbeitern und ihren Familien Objekte und Formen, die ihnen aus der Arbeitswelt vertraut waren, in neuen sinnbildlichen Bezügen gezeigt werden. So entstanden längs der Weser »Skulpturen« aus einer Bugnase, aus der Bündelung von Ankern und aus Bremssteinen. An zentraler Stelle hatte Breuste eine Materialcollage vorgesehen, die er mit Hilfe von Lehrlingen aus der Werft bauen wollte. Als dieses Vorhaben an bürokratischen Schwierigkeiten scheiterte, entwarf er ein 10 m hohes Objekt aus Cortenstahl, einen offenen, mit Bojen gefüllten Container, der an zwei hohen Pylonen befestigt ist.

Das »Monument«, das die Bewohner schnell »Schrottkiste« tauften, beherrscht mit seiner Größe von 10 × 8 × 4 m seine weiträumige Umgebung und schafft sofort einen optischen und inhaltlichen Bezug zur Werft auf der anderen Weserseite. Form und Material der Großskulptur sind für und aus dem Ort und seiner Umgebung entwickelt. Der Versuch des Künstlers, durch die Bojen in dem »containerförmigen Korb« und die im Park an anderer Stelle plazierten Schiffsteile den Zugang zu der eher abstrakten Gesamtform

Hans-Jürgen Breuste, Lankenau-Monument, Bremen, 1975 ▷

des Kunstwerkes zu erleichtern, konnte die massiven Verständnisprobleme, die in der ersten Zeit nach der Errichtung des Kunstwerkes auftraten, nicht verhindern.

Breuste hat sich sehr geduldig und sehr intensiv unzähligen Gesprächen und kontroversen Diskussionen im Stadtteil gestellt. Auch wenn es ihm nicht gelang, die Notwendigkeit seiner subjektiven Formentscheidung an dieser Stelle zu vermitteln, schon gar nicht die Wahl des Materials, das von den Bewohnern als notwendiger Teil der Arbeitswelt, aber als Fremdkörper in ihrem Erholungsraum angesehen wurde, entstand beim Publikum doch ein Konsens darüber, daß hier ein ernsthaftes Bemühen vorlag, eine ästhetische Aussage zum Thema der Werftarbeit zu schaffen. Als die Werft 1983 geschlossen wurde, wich das ursprüngliche Gefühl, es handele sich bei dem Werk um einen subjektiven, störenden Eingriff, der Einstellung, damit an einen Arbeitsplatz erinnert zu werden, der den Stadtteil und seine Menschen über mehrere Generationen geprägt hatte.

Zum hundertsten Geburtstag von Bernhard Hoetger, dem bedeutendsten Architekten und Bildhauer in Bremen zwischen 1910 und 1930, wurde 1974 als eines der ersten Projekte des neuen Programms von »Kunst im öffentlichen Raum« beschlossen, den »Zyklus der Arbeit« von 1928 wieder errichten zu lassen. Hoetger hatte ihn im Auftrag des Allgemeinen Deutschen Gewerkschaftsbundes für das Bremer Gewerkschaftshaus (Volkshaus) geschaffen; 1933 galt eine der ersten Maßnahmen nach der Machtergreifung der Nationalsozialisten in Bremen seiner Entfernung und Einschmelzung.[6]

Jürgen Waller, Wandbild Pastorenweg, Bremen, 1978

Das Bremer Volkshaus, das im Zweiten Weltkrieg nur geringfügig zerstört wurde, liegt im Arbeiterstadtteil Walle. Mit den angrenzenden Stadtteilen Gröpelingen und Oslebshausen bildet Walle das klassische Industriegebiet im Bremer Westen, in dem das Leben seit Beginn dieses Jahrhunderts von den Hauptarbeitsplätzen Hafen und AG-Weser bestimmt wurde. Die Geschichte der Bremer Arbeiterbewegung ist unlösbar mit der Werft in Gröpelingen verbunden. Die Diskussion um den »Zyklus der Arbeit«, der keine heroischen Arbeiterfiguren, sondern die Wirkung der Arbeit auf den menschlichen Körper in Form eines Zyklus der Lebensalter zeigt, führte sehr bald zu Überlegungen, ob Künstlerinnen und Künstler an diesen Themenkreis noch einmal anknüpfen könnten.

1978 malte Jürgen Waller mit Unterstützung von Studentinnen und Studenten der Hochschule für Künste ein dreiteiliges Wandbild an dem Hochbunker am Pastorenweg in Gröpelingen. Der Bunker liegt 300 m von der AG-Weser entfernt, in den umliegenden Straßen leben fast ausschließlich Werftarbeiter und ihre Familien. Da es weder eine Geschichte der Werft noch eine Geschichte des Stadtteils gab, sammelten die Studentinnen und Studenten fast ein Jahr lang Text- und Bilddokumente und befragten die Arbeiter.

Die auf dieser Grundlage entworfenen Wandbilder, die in bewußtem Rückgriff auf Montagetechniken der 20er Jahre die Geschichte des Stadtteils, der Werft und Deutschlands weniger illustrieren als kommentieren, sind mehrfach publiziert worden.[7] Sie sind, zumindest in der sehr kurzen Geschichte der Wandmalerei in der Bundesrepublik, der einzige großangelegte und auch gelungene Versuch eines monumentalen Historienbildes geblieben. Als besonders wichtig sind die zahlreichen Kontakte zu werten, die in der Planungsphase und während der Ausführung zu den Bewohnern entstanden. Durch diese Gespräche entwickelte sich bei vielen ein Geschichtsbewußtsein, das zuvor nicht bestanden hatte.

In der Achse des Pastorenweges, der parallel zu einer die gesamten Bremer Arbeiterviertel im Westen durchziehenden alten Heerstraße verläuft, entstanden mit den Skulpturen »Zur Schicht« (Waldemar Otto, 1983) und »Arbeitende Hände« (Bernd Altenstein, 1987) zwei weitere Werke aus dem gleichen Themenkreis. Bei der Skulptur des »Schichtarbeiters« fanden Versammlungen der Arbeiter der AG-Weser bei ihren Demonstrationen für die Erhaltung der Werft statt. Als sie im Herbst 1983 die Besetzung abbrechen mußten, plazierten sie vor das Kunstwerk eine gußeiserne Platte mit der Inschrift »Wer kämpft, kann verlieren, wer nicht kämpft, hat schon verloren«.

Im Eingangsbereich des Waller Friedhofes, der am östlichen Ende des Pastorenweges liegt, wurden 1981 die Skulpturen »Sterbender« und »Marsyas« von Alfred Hrdlicka aufgestellt. Sie stehen als »symbolischer Ersatz« für die 1919 errichtete »Pieta« von Bernhard Hoetger, die an die im Kampf um die Bremer Räterepublik gefallenen Arbeiter erinnern sollte und – wie der »Zyklus der Arbeit« – 1933 von den Nationalsozialisten zerstört wurde.

Die genannten Kunstwerke sind von den Künstlern nicht als »einfache Muster« für die Identifikation mit dem Stadtteil geschaffen worden. Durch die Ereignisse von 1983 sind sie aber sehr viel tiefer als unter normalen Umständen in das Bewußtsein der Bewohner gedrungen. Der Verlust zahlreicher Arbeitsplätze im Stadtteil und das allen genannten Werken eigene »Pathos« haben die Entwicklung beschleunigt, sie bereits als »Denkmäler« zu sehen.

Waldemar Otto, Zur Schicht, Bremen, 1983

Alfred Hrdlicka, Sterbender, Marsyas, Bremen, 1981

Ein Schwerpunkt der Bremer »Kunst im öffentlichen Raum« lag in den 70er Jahren bei den großen Wandmalereien, von denen die interessantesten an Hochbunkern realisiert wurden; die Bilder am Pastorenweg wurden bereits erwähnt. Aus dem ersten Wettbewerb, der ausschließlich für Bunkerwände ausgeschrieben wurde, wählte die Jury im Sommer 1977 den Entwurf des Bremer Künstlers Hermann Stuzmann aus. Stuzmann hatte die Wand nicht als Möglichkeit zur Darstellung illusionistischer Tricks und optischer »Superzeichen« begriffen, sondern den Bunker als einen solchen thematisiert und als Mahnmal interpretiert. Die zu bemalende Seite der 21 m hohen und 19 m breiten Wand zeigt zur Oslebshauser Heerstraße, die anderen Seiten reichen zum Teil direkt an den dahinterliegenden Oslebshauser Park heran. Mit Hilfe des Prinzips des »Bildes im Bild« distanzierte der Künstler das Hauptmotiv, die Wiedergabe des äußeren Erscheinungsbildes und des Umfeldes des Bunkers, vom Betrachter. Mit einem gemalten Notizblock im Zentrum der Darstellung erinnert er ihn an einen Satz, der nach dem Zweiten Weltkrieg millionenfach gedacht und geschrieben worden war: »Liebe Herta, nie wieder Krieg, haben wir ge . . .«

Die Argumente in der von allen Beteiligten sehr emotional geführten Debatte verdeutlichten generationsspezifische und politische Kontroversen. Die Aufforderung »Nie wieder Krieg« wurde von den Älteren als eine unberechtigte Schuldzuweisung von seiten der jüngeren Generation interpretiert. Es fehlte weder das Argument, daß solche »Sprüche« nur Kommunisten schrieben, noch der »klassenkämpferische« Hinweis, dieses Bild doch bitte in einem der vornehmen Bürgerviertel Bremens zu realisieren, weil am ehesten dort

Hermann Stuzmann, Wandbild »Liebe Herta«, Bremen, 1979

Menschen lebten, die im Gegensatz zu den Arbeitern in Oslebshausen vom Krieg profitiert hätten.

Der »Bunkerkrieg« von Oslebshausen rief regional und überregional ein starkes Presseecho hervor, das die Journalistinnen und Journalisten überwiegend auf der Seite der protestierenden Bevölkerung zeigte und den Senator zu einem vorläufigen Rückzug veranlaßte. Aus den sich anschließenden Gesprächen zwischen dem Künstler und den verschiedenen Bevölkerungsgruppen entstand schließlich eine Initiative, die zur Ausführung des Entwurfes an einem Bunker gleichen Typs im benachbarten Stadtteil Gröpelingen führte.

Der Oslebshauser Konflikt hat die politische Dimension öffentlicher Kunst in Bremen zum erstenmal in aller Deutlichkeit offengelegt. Der »öffentliche Diskurs« wurde von nun an ein wesentlicher Bestandteil der öffentlichen Kunst, auch dann, wenn das provokative Moment nicht im Thematischen und Inhaltlichen, sondern allein im Ästhetisch-Gestalterischen lag.

Die aufklärerischen und kritischen Intentionen, die gerade die künstlerisch wichtigen Bremer Wandbilder auszeichnen, bedienen sich einer Bildsprache, die bei aller Gegenständlichkeit eher der Montage als dem Narrativen verpflichtet ist. Nimmt man als Beispiele die Werke »Gewalt und Idylle« von Rolf Thiele an dem Bunker an der Kornstraße im Bremer Ortsteil Huckelriede (1981) und »Faschismus und Widerstand« von Thomas Recker am Bunker am Rosenberg im Bremer Stadtteil Hastedt (1983), so muß man konstatieren, daß die Werke, die ihre Aussage mit genuin ästhetischen, nicht plakativen Mitteln entwickelten, Diskussionen provozierten, die nicht nur Angst und Abwehren des Eingriffs in einen »emotional besetzten Raum« beinhalteten, sondern auch den Anspruch auf künstlerische Subjektivität manifestierten.

Die Künstlerinnen und Künstler waren in diesen Auseinandersetzungen, obwohl von einzelnen Bevölkerungsgruppen, von der Fachverwaltung und teilweise auch von den Politikerinnen und Politikern unterstützt, sehr harten »Identitätskonflikten« ausgesetzt. Der fast einjährige Konflikt um das Wandbild von Rolf Thiele wurde erst gelöst, als der Künstler zwei besonders suggestiv wirkende Kriegssymbole, einen Infanteristen und einen Panzer, in der Art von Christo »verpackte«. Die Debatte darüber, ob diese Selbstzensur vom Künstler verantwortet werden durfte, hat nie ein Ende gefunden.[8]

Aus dem 1976 bundesweit ausgeschriebenen Ideenwettbewerb »Kunst im öffentlichen Raum – Modellprojekte«, in dem um Konzepte für »sechs soziale Orte« (Neubauten eines Gemeinschaftszentrums, eines zentralen Krankenhauses und einer Strafanstalt, eines Schulzentrums sowie zweier Kernbereiche von Neubauvierteln) gebeten wurde, gingen unter anderem zwei Vorschläge hervor, die auf sehr unterschiedliche Weise das »Partizipatorische« interpretierten. Die Architekten- und Künstlergruppe Haus Rucker Co. entwickelte für einen Platz zwischen dem Bürgerzentrum und dem Sozialzentrum im nördlichen Stadtteil Vegesack, der zugleich eine Ruhezone und ein Durchgangsort sein sollte, eine »Mobil-Zone« mit einem Tiefgarten (Ausführung 1981). Neben einer abgesenkten Fläche, die mit bunten Steinen und Fundstücken aller Art mosaiziert war, wurde ein gleichmäßiger, aus Quadraten bestehender Raster in die gepflasterte Fläche gelegt, der es ermöglichte, an allen Schnittpunkten schmale Stangen zu verankern. Mit ihrer Hilfe konnte der Bereich vom sozialpädagogischen Personal der beiden Zentren umgestaltet werden. Als optischer und »funktionaler« Kristallisationspunkt diente ein 5 m hoher Kamin aus Ziegelsteinen und Eisenblech.

Auch wenn sich die Erwartungen an die Eigenaktivität der Nutzer nur bedingt erfüllten – was auch für zahlreiche andere, vergleichbare Ansätze jener Jahre gilt –, ist es der Gruppe Haus Rucker Co. gelungen, die in den 70er Jahren oft geforderte Verbindung einer höchst qualitätvollen, für den besonderen Standort konzipierten Gestaltung mit Möglichkeiten nicht nur der passiven, sondern auch der kreativen Nutzung zu verbinden.

Einen ganz anderen Weg der »Partizipation« bzw. »Interaktion« ging Siegfried Neuenhausen mit der Einrichtung einer Bildhauerwerkstatt in der Bremer Strafvollzugsanstalt Oslebshausen. Von 1978 bis 1980 schuf er mit durchschnittlich zehn Häftlingen Stein- und Bronzeplastiken, die ein integrativer Bestandteil eines vor der Strafanstalt neu angelegten Grünzuges geworden sind. Die Anlage dieses Grünzuges wurde von Neuenhausen, seiner »Kunstkolonne« und dem Gartenbauamt gemeinsam geplant.[9]

Neuenhausens Leistung besteht vor allem darin, Menschen in einer extrem isolierten Lebenssituation zu einer außergewöhnlichen Entfaltung ihres kreativen Potentials gebracht zu haben. Widerstände innerhalb der Strafanstalt und erhebliche Schwierigkeiten, vor allem mit den Drogentätern, haben ihn von seinem Ziel nicht abbringen können. Sein Wunsch war, die Werkstatt als Teil der Drogentherapie zu etablieren. Dazu ist es nicht gekommen, doch die Werkstatt wurde weitergeführt und besteht nunmehr seit zehn Jahren. Mit wechselnder Betreuung durch Künstler und Pädagogen entstehen hier Skulp-

Siegfried Neuenhausen, Bildhauerwerkstatt Oslebshausen, Bremen, 1978/79

turenensembles für Straßenräume und Freiflächen in den älteren Neubauvierteln Bremens, jenen Vierteln, in denen ein nicht geringer Teil der Häftlinge zuvor lebte.

Neuenhausens Konzept und seine Durchführung haben gezeigt, daß nicht kurzfristige Animationsangebote, die sehr häufig im rein Pädagogischen steckenblieben, sondern nur intensive und längere Programme für eine Zusammenarbeit von Künstlern und Laien im öffentlichen Raum fruchtbar werden können. Nach einem Konzept des Berliner Architekten Engelbert Kremser, das von dem Bremer Architekten und Künstler Eberhard Syring aufgegriffen wurde, veränderten in einem Zeitraum von zwei Jahren Schülerinnen und Schüler einen Teil ihres öde betonierten Schulhofes mit Hilfe von Abbruchziegeln und einfachen Mosaiken in eine expressionistische Architekturlandschaft (Schulzentrum an der Drebberstraße in Hemelingen, 1981/82); drei weitere, ähnlich groß angelegte Projekte auf Pausenhöfen und Freiräumen folgten.[10]

Seit 1986 bietet die interdisziplinär besetzte Künstlergruppe »Blaumeier« in ihrem Atelier in Walle psychisch Kranken, die in der unmittelbaren Umgebung in Wohnheimen leben, kontinuierlich Möglichkeiten zu künstlerischer Arbeit. Ähnlich wie in der Bildhauerwerkstatt in Oslebshausen liegt hier der Schwerpunkt nicht auf der Therapie, sondern auf dem Herstellen von Bildern, Masken und Kostümen sowie auf der Planung und Inszenierung von Theateraufführungen auf den Straßen des Stadtteils, in der Innenstadt während des zentralen Bremer Kulturfestes »Breminale« oder im Niederdeutschen Theater.

Jan Meyer-Rogge, Aufgebäumter Stamm, Bremen, 1978

Hawoli, Kran, Bremen, 1978

Alle bisher genannten Künstler entwickelten ihre Ideen in der Auseinandersetzung mit den gestalterischen und sozialen Komponenten der vorgegebenen urbanen Situation. Die Berücksichtigung dieses Kontextes bedeutete kein Denken und Handeln mit soziokulturellen Zielen, bei denen der Anspruch auf künstlerische Qualität oft eher sekundär ist. Gerade in den ersten Jahren des Bremer Programms von »Kunst im öffentlichen Raum« sind zahlreiche Projekte erarbeitet worden, die den Grenzbereich der Soziokultur ausgelotet haben. Bis auf wenige Ausnahmen bewerten die meisten Künstlerinnen und Künstler ihre Erfahrungen jedoch negativ.

Viele Künstlerinnen und Künstler haben Tätigkeiten im Rahmen der genannten Ziele von »Kunst im öffentlichen Raum« verweigert, nicht nur in Bremen. Aus ihrer jeweiligen künstlerischen Position heraus ist diese Haltung verständlich und konsequent. Einige lehnen Kunst im Auftrag des Staates oder von privater Seite generell ab, andere sind bereit, unter der Bedingung völliger Selbstbestimmung eine Auseinandersetzung mit bestimmten Orten zu suchen. Hier kommen entweder nur Ankäufe oder gemeinsame Standortsuche mit den Künstlerinnen und Künstlern in Frage oder spezielle Symposien, die auf einen Ort bezogen sind; eine häufig genutzte Alternative sind temporäre Veranstaltungen wie Freiskulpturenausstellungen, Performances und Aktionen in Außen- und Innenraum sowie die Kombination von Materialsuche im Außenraum und Präsentationen im Innenraum, wie sie beispielsweise Raffael Rheinsberg mit Fundstücken von der geschlossenen Werft AG-Weser und deren »Inszenierung« in den Ausstellungsräumen der Gesellschaft für Aktuelle Kunst praktiziert hat.[11]

Im Rahmen eines Symposions am Osterdeich in Bremen 1978 sind zwei überzeugende Ergebnisse der Auseinandersetzung mit dem Ort entstanden, der sogenannte »Kran« von Hawoli und der »Mastbaum« von Jan Meyer-Rogge, die leider nicht in Bremen verblieben, sondern anschließend von Ruth Falazik in der Umgebung ihrer Galerie in Neuenkirchen/Soltau neu plaziert wurden.[12]

Ein Jahr später entwickelten Romuald Frejer, Makoto Fujiwara, Hawoli, Ewerdt Hilgemann, Peter Jacobi, Anna-Maria und Wolfgang Kubach-Wilmsen sowie Louis Niebuhr im Rahmen eines Symposions an der Kleinen Weser im Bremer Stadtteil Neustadt eine gemeinsame »Skulptur«, die eine zurückhaltende, aber gezielte »Intervention« in die vorhandene Park- und Wasserlandschaft darstellt. Das vorgegebene Steinmaterial, große ornamentale Architekturteile der Fassade eines abgerissenen Postgebäudes im Stil der Neorenaissance, wurde in eine einfache geometrische Form gebunden und an einen Hang gelegt, so daß ein Steingrat mit zwölf Prozent Neigung gegen Norden, entwickelt aus den aufgegriffenen Strukturen der Umgebung, entstand. Alle Beteiligten waren an der formalen Gesamtidee und ihrer Ausführung beteiligt. Die Steine wurden so verankert, daß alle ornamentierten Teile im Boden liegen: Die Auslöschung der künstlerischen Individualität entspricht der Auslöschung der ursprünglich gegebenen »Individualität« der Steine.

Gegenüber den aus Wettbewerben hervorgegangenen Projekten ist der Anteil von Direktaufträgen oder Ankäufen deutlich geringer, weil diese zumindest in den 70er Jahren der von allen geforderten Demokratisierung der Entscheidungen widersprachen. Dennoch können Direktvergaben immer wieder gerechtfertigt sein: Beispiele sind das erwähnte »Lankenau-Monument« von Hans-Jürgen Breuste 1975, das »Raumschiff General Spinaxis« von Panamarenko 1978, Hrdlickas Figuren »Marsyas« und »Sterbender« und ein

Romuald Frejer, Mokoto Fujiwara, Hawoli, Ewerdt Hilgemann, Peter Jacobi, Anna-Maria und Wolfgang Kubach-Wilmsen, Louis Niebuhr, Steingrat, Bremen, 1979

Zweitguß des »Freiheitskämpfers« von Fritz Cremer aus dem Jahr 1947, der 1985 vor einem der ehemaligen Gestapo-Gefängnisse in der Innenstadt aufgestellt wurde.

Die »Kunst im öffentlichen Raum« in Bremen war in den 80er Jahren starken Wandlungen unterworfen. Rückläufige Finanzen haben die materielle Basis für eine konsequente Fortentwicklung geschwächt. Die Bereitschaft der Künstlerinnen und Künstler, sich auf die Bedingungen bestimmter sozialer Orte und demokratischer Entscheidungsverfahren einzulassen, ging spürbar zurück. Der öffentliche Raum wurde immer deutlicher von partikularen kulturellen und politischen Interessen besetzt. Die Träger der Anfang der 80er Jahre besonders expandierenden Soziokultur begegneten dem Anspruch auf künstlerische Subjektivität mit der Forderung nach Instrumentalisierung der Kunst; sie taten es vor allem in jenen Stadtteilen, in denen die Künstlerinnen und Künstler in Bremen in den 70er Jahren zum erstenmal künstlerische und kulturelle Prozesse ausgelöst hatten. Ihr gesellschaftliches Engagement wandte sich plötzlich gegen sie. Aus der Forderung nach Transparenz und einer die Anerkennung der Subjektivität einschließenden Demokratisierung war die Forderung nach ausschließlich basisdemokratischen Entscheidungen, aus den Ideen der »Kunst als sozialer Prozeß« das Postulat der kulturellen und künstlerischen Eigentätigkeit von Laien geworden.

Ulrich Rückriem, Stele, Bremen, 1988

Per Kirkeby, o.T., Bremen, 1988

Die postmodernen Idyllen im neuen Wohnungsbau und die neue Passagenrenaissance haben eine »Stadtkronenkunst« gefördert, die in temporären großen Ereignissen, in der Aufstellung teurer Solitäre oder in anekdotischer Möblierung besteht. Diese Situation hat in Bremen das Engagement für die öffentliche Kunst zusätzlich verringert, jedoch auf dem Hintergrund neuer theoretischer Debatten Diskussionen darüber ausgelöst, ob die öffentliche Kunst in der Bremer Tradition der 70er Jahre ihr Widerspruchspotential verstärken oder ob sich der Anspruch auf Individualität und Subjektivität verändern müsse.

Neue Positionen in der öffentlichen Kunst Bremens in den 80er Jahren stellen sich eher zurückhaltend als programmatisch dar. Am signifikantesten im Sinne künstlerischer Autonomie sind die 4 × 3,90 m große, geschnittene Granitplatte und die 4,50 m hohe, in drei Blöcke gespaltene Stele von Ulrich Rückriem an der wichtigsten Verbindungsachse der Innenstadt zum Bremer Bahnhof sowie der große Turm von Per Kirkeby, der, an einem der bedeutendsten innerstädtischen Verkehrsknotenpunkte errichtet, zentrale Sichtachsen bündelt und somit ein räumlicher Orientierungspunkt erster Ordnung ist. Im Vergleich zu diesen Werken ist das Beharren auf Individualität bei den Arbeiten von Norbert Radermacher und dem Bremer Künstler Achim Manz deutlich geringer; ihre »Eingriffe« wirken ebenso selbständig wie anonym. Mit temporären Installationen im Außen- und im Innenraum versucht die Bremer Künstlerin Renate Paulsen neue Formen der Auseinandersetzung mit dem Thema »Raum und Zeit«, besonders beispielhaft in ihren Projekten »Die vierzehnte Klasse« in einem Schulzentrum im Bremer Westen und »Zwölf Tröge« (1986/87), einer Rauminstallation in einem nordbremischen Park. An gleicher Stelle realisierte Bert Haffke sein Objekt »1 + 1«, einen von mehreren Versuchen, den »Ort« im öffentlichen Raum neu zu definieren (1986; die zuletzt genannten Projekte entstanden im Rahmen eines Symposions der Galerie Birgit Waller).

In den letzten Jahren hat, ausgehend von neuen Einstellungen und Ergebnissen einiger Künstlerinnen und Künstler, eine kritische Auseinandersetzung mit der »Kunst im öffentlichen Raum« eingesetzt, die in ihrer Dichte und Heftigkeit an die theoretischen Diskussionen der frühen 70er Jahre erinnert. Jean-Christophe Ammann hatte mit seinem 1984 in der Zeitschrift »Parkett« erschienenen Aufsatz »Plädoyer für eine neue Kunst im öffentlichen Raum« den Anfang gemacht; die Möglichkeiten von »Interventionen in urbanen Räumen« sind 1987 beispielhaft in den von Klaus Bußmann und Kasper König initiierten »Skulptur Projekten in Münster« gezeigt worden. Viele Realisierungen und Konzepte können hier als Maßstab für zukünftiges künstlerisches sowie kultur- und kunstpolitisches Handeln gelten, ähnlich wie die erwähnten Projekte in Monschau, in Hannover und in München zu Beginn der 70er Jahre.

Der Ausgangspunkt von Ammanns Kritik ist das geläufige Phänomen der »drop sculptures«, die eher willkürlich auf einen Platz hingestellt werden. Sie symbolisieren »das gängige Vorgehen, Plätze, Vorsprünge, Höfe und Parkanlagen mit beliebigen und somit austauschbaren Skulpturen zu besetzen«[13]. Diese Kritik findet sich in zahlreichen jüngeren Beiträgen, die überwiegend im Aufsatzband zum Katalog des Berliner »Skulpturenboulevards« von 1987 abgedruckt sind.[14] Für Barbara Straka ist »Kunst im öffentlichen Raum heute Kunst für alle und für keinen«. Aufgabe der Kunst sei es dagegen, »Öffentlichkeit herzustellen und demokratische Formen gesellschaftlichen Lebens zu entwikkeln«. Peter Iden akzeptiert zwar grundsätzlich Positionen der 70er Jahre, spricht aber bei den künstlerischen und kulturpolitischen Konsequenzen von einem »Herunterdemokratisieren«, einer Erniedrigung der Kunst, einer Kunstvernichtung auf breitester Ebene, und macht hier uunter anderen als Schuldige Künstler aus, »die in Wahrheit Stadt-Designer oder Schmutzecken-Reparateure waren«. Das Kunstwerk muß seiner Meinung nach stören, provozieren, aus sich heraus gesetzt sein.

Stephan Schmidt-Wulffen schreibt zu der Kunst der 60er und 70er Jahre: »Kunst im öffentlichen Raum, das hatte etwas mit bürokratischen Auswahlgremien, mit öffentlicher Meinung und öffentlichem Almosen zu tun«[15]. Er konstatiert, »daß Kunst keine praktische Funktion mehr hat, daß sie nicht einmal mehr eine kommunikative Aufgabe erfüllt«.

Für Martin Warnke besteht kein substantieller Bedarf an einer »Kunst im öffentlichen Raum«; er kommt zu dem Schluß: »In der rigiden Distanz zu allen Verwertungsofferten leistet die Kunst heute vielleicht ihren wichtigsten gesellschaftlichen Beitrag.«

Während Schmidt-Wulffen in Anlehnung an Ammann für eine Kunst plädiert, die soziale und kommunikative Abläufe begünstigt und sich als subjektive Aussage zum Verschwinden bringt, und zu dieser Kunst auch einen neuen Betrachtertypus, den »Flaneur«, fordert, der die Kunst nicht sucht und nicht durch die Frage, was Kunst ist oder was nicht, behindert wird, scheint Martin Warnke den Künstler zur völligen Verweigerung aufzufordern. Sein Kunstbegriff leitet sich von dem »emphatischen Werkbegriff« Adornos, der vor allem in den 50er und den frühen 60er Jahren unangefochtene Geltung besaß, ab; von jenem Werkbegriff, der alle diejenigen Bestrebungen der Moderne eliminiert, die »das Ästhetische gerade nicht im Kunstwerk bannen, sondern es aus dessen Grenzen befreien und als lebensveränderndes Potential in den Alltag entlassen wollen«[16].

Jede ernsthafte Erneuerungsbewegung der »Kunst im öffentlichen Raum« der letzten Jahrzehnte setzt aber gerade an diesen Utopien der frühen Avantgarde des 20. Jahrhunderts an. Es fällt in jüngeren Kritiken auf, daß die »Kunst im öffentlichen Raum« der letzten eineinhalb Jahrzehnte mit fast den gleichen Formulierungen kritisiert wird, die bereits von ihren Propagandisten gegenüber der traditionellen »Kunst am Bau« verwendet wurden. Auch in den prospektiven Äußerungen finden sich erstaunliche Übereinstimmungen zwischen den frühen 70er und den späten 80er Jahren.

Der eigentliche Grund solcher Koinzidenzen muß in der fehlenden Aufarbeitung und Analyse der wesentlichen Ansätze von »Kunst im öffentlichen Raum« in den 70er Jahren gesehen werden. Während Peter Iden den Autonomieanspruch im hermetischen, störenden und provozierenden Kunstwerk gewahrt sieht und damit entsprechend heftige Reaktionen der Bevölkerung als notwendig erachtet, attackiert Stephan Schmidt-Wulffen den »avantgardistischen Konsens« darüber, daß »das rabiate Unverständnis einer breiten Öffentlichkeit direkt proportional zum künstlerischen Wert eines Werkes« sei. In diesem Konflikt zwischen der »Moderne« und der »Postmoderne« oder besser zwischen zwei Traditionslinien der Moderne würden die Erfahrungen mit dem Beharren auf künstlerischer Subjektivität bzw. dem Verzichten darauf, die in den 60er und 70er Jahren gemacht wurden, helfen, die Positionen schärfer zu konturieren.

Die wichtigsten und qualitativ überzeugendsten Beispiele der Kunst der 70er Jahre sind in Bremen wie anderswo nicht beliebig geplant und plaziert, sondern in einem besonderen Maße ortsbezogen konzipiert. Die Kritik an den »drop sculptures« ist zu allgemein, weil sie immer trifft. In allen Städten stehen zahlreiche Skulpturen und Objekte, die unabhängig von ihrer ästhetischen Qualität, ihrer räumlichen, inhaltlichen oder schmückenden Funktion den öffentlichen Raum zu einer Galerie oder einem Museum machen. Sie tragen häufig noch, wie Jean-Christophe Ammann richtig bemerkt, »die Schicksalsspuren des 19. Jahrhunderts«. Aber sie beharren, und diese Funktion kann nicht hoch genug eingeschätzt werden, in ihren besten Manifestationen auf einer Individualität, die im öffentlichen Raum nur noch in der Kunst wahrgenommen werden kann.

Die Künstlerinnen und Künstler und die für das Programm von »Kunst im öffentlichen Raum« Verantwortlichen empfanden die Kunst als einen sozialen Eingriff, der auch sozial legitimiert werden müsse. Das neue Selbstverständnis einiger Künstlerinnen und Künstler, wie es in den Projekten von Münster 1987 und in den zitierten Texten von Ammann und Schmidt-Wulffen zum Ausdruck kommt, teilt diese Überzeugung. Nach der Phase der »Enthaltsamkeit« (Grasskamp), die dem Engagement und den Utopien der 70er Jahre folgte, ist eine andere Einstellung zur urbanen Umwelt und zum »Sozialen« entstanden. Ludger Gerdes[17] spricht in seinen Aufsätzen zur »res publica« von der Schönheit, von einem neuen Rollenspiel, das die Kunst ermöglichen soll. Bei Siah Armajani heißt es: »Unsere Absicht ist es, Bürger zu sein«, bei Ammann geht es um Eingriffe und die Schaffung von »Situationen«, die der Bevölkerung eine qualitative Verbesserung der Nutzungsmöglichkeiten von Freiräumen bringen. Schmidt-Wulffen spricht von einem veränderten Kunstbegriff, von einer Überprüfung bzw. »Entgrenzung« der Autonomie: »Die Kunst bringt sich als subjektive Aussage zum Verschwinden.«[18]

Die von der politischen Aufbruchstimmung der 60er Jahre bestimmten Künstlerinnen und Künstler haben die Distanz, die das von Subjektivität geprägte Kunstwerk vom Gebrauchsgegenstand sichtbar unterscheidet, nie aufgegeben bzw. sich nicht der Gefahr aussetzen wollen, sie zu verlieren. Ihre Parteinahme für die Menschen brachte sie deshalb immer wieder in einen schweren Konflikt mit jenen, für die sie dachten und gestalteten. Die Bremer »Kunst im öffentlichen Raum« ist ein besonders gutes Beispiel für diesen Hauptwiderspruch.

Die Kunst der 70er Jahre besaß in ihrem Anspruch – unabhängig von ihren Formen und Gehalten – eine politische und kritische Dimension, die in der jüngsten Theoriedebatte auffällig verschwiegen wird. Es ging hierbei nicht um vordergründige Politisierung, sondern zunächst um die grundsätzliche Erkenntnis, daß jeder Quadratmeter öffentlichen Raumes durch ein komplexes Kompetenz- und Machtgefüge besetzt ist. Es kann, wie das Beispiel Münster gezeigt hat, für eine begrenzte Zeit außer Kraft gesetzt, aber nicht dauerhaft umgangen werden. Die Entscheidungen über einige der in Münster errichteten Kunstwerke belegen dies deutlich. Ob die Hoffnung vieler Künstlerinnen und Künstler, der Kunst durch Einverleibung der sogenannten Alltagserfahrungen gleichsam eine neue Lebensqualität zu verleihen und dadurch dem Publikum nicht mehr in autonomer Arroganz entgegenzutreten (Lothar Romain), diese Situation aufhebt, bleibt abzuwarten. Romain kommt zu dem Schluß, daß die »postmodernen Ansätze bisher weder gewirkt in bezug auf die alltägliche Kunstfeindlichkeit noch Modelle sichtbar gemacht haben, die über die Rezeption zur echten Partizipation breiter Teile der Bevölkerung geführt haben« (aus einer unveröffentlichten Stellungnahme zu »Kunst im öffentlichen Raum« Bremen).

Das neue Interesse der Künstlerinnen und Künstler am öffentlichen Raum und ihre Suche nach neuen Lösungen, »dem Kunstwerk im öffentlichen Raum eine soziale, kommunikative und ästhetische Bedeutung zu verleihen« (Ammann), erfordern eine sehr gründliche Diskussion der herrschenden öffentlichen Auftrags- und Vermittlungsstrukturen. Das Bremer Programm von »Kunst im öffentlichen Raum« und viele vergleichbare andere waren in ihren Entscheidungs- und Organisationsabläufen eine Folge neuen künstlerischen Denkens und nicht dessen Voraussetzung. Heute gilt es wieder, den Wandel des künstlerischen Bewußtseins auf allen Ebenen, auch auf der von Politik und Verwaltung, nachzuvollziehen. Die in den jüngsten Kritiken »dämonisierten« demokratischen Entscheidungsstrukturen wie Wettbewerb und öffentliche Diskussionen sind nicht generell die Verursacher der beklagten Zustände. Die »drop sculptures« sind häufig Ergebnis einsamer Entscheidungen äußerst kompetenter Vermittlerinnen und Vermittler. Der Berliner »Skulpturenboulevard«, dessen Konzept eher in die 70er als in die 80er Jahre gehört, ist dafür ein gutes Beispiel. Es geht, wie oft zu Recht betont wird, nicht um die Macherinnen und Macher, sondern um die Künstlerinnen und Künstler. Sie sollten ihre Konzepte nicht nur ohne fest umrissenen Auftrag entwickeln, sondern auch selber vertreten können. Die heutigen Debatten über das »Rollenspiel«, die widersprüchlichen Definitionen des öffentlichen Raumes als »Bühne« oder als Ort und Anlaß einer »räsonierenden« Öffentlichkeit und die Versuche der Künstlerinnen und Künstler, die Autonomie der Kunst im öffentlichen Raum neu zu definieren, werden jedoch nur zu wirksamen Lösungen führen, wenn die Kunst auch weiterhin als ein wesentlicher Anlaß zum öffentlichen Diskurs begriffen wird.

Anmerkungen

1 Das Papier u. a. abgedruckt in: Kat. *Kunst im Stadtbild. Von »Kunst am Bau« zu »Kunst im öffentlichen Raum«*, hg. v. Sunke Herlyn/Hans-Joachim Manske/Michael Weisser, Bremen 1976, S. 149–151.
2 Siehe den Beitrag v. Michael Weisser, in: Kat. *Kunst im Stadtbild* [Anm. 1], S. 30–51.
3 Margarethe Jochimsen: »Kunst als soziale Strategie«, in: *Kunstforum*, Bd. 27, 3/78, S. 77ff.
4 Dok. *»Kunst im öffentlichen Raum«, Bremen 1974–1976,* hg. v. Senator für Wissenschaft und Kunst, Bremen 1977, und Dok. *»Kunst im öffentlichen Raum« in Bremen. Die Entwicklung eines Programmes, 1977–1980,* bearb. v. H.-J. Manske, hg. v. Dieter Opper, Bremen 1980.
5 Siehe hierzu Volker Plagemann: »Die Konzeption für Kunst im öffentlichen Raum«, in: Dok. *»Kunst im öffentlichen Raum«,* Bremen 1977 [Anm. 4].
6 *Das Volkshaus in Bremen,* bearb. v. Heidrun Gode-Luerßen, hg. v. Senator für Bildung, Wissenschaft und Kunst, Bremen 1985.
7 Uwe M. Schneede: »Historienmalerei auf einem alten Bunker – eine monumentale Wandmalerei von Jürgen Waller«, in: *Kunst und Öffentlichkeit. Beitrag der Internationalen Gesellschaft der Bildenden Künste, Sektion der Bundesrepublik Deutschland, zum Weltkongreß der AIAP in Stuttgart 1979,* Stuttgart 1979, S. 195–197. Und Hans-Joachim Manske: »Die Wandbilder Jürgen Wallers in Bremen«, in: Kat. *Jürgen Waller,* hg. v. Verband Bildender Künstler der Deutschen Demokratischen Republik, Berlin 1987, S. 72–83.
8 Hans-Joachim Manske: *Bremens Wände,* Köln/Frankfurt a. M. 1986.
9 Kat. *Die Planung und Herstellung von Plastik durch die Kunstkolonne der Justizvollzugsanstalt Bremen unter Anleitung von Siegfried Neuenhausen,* hg. v. Kathrin Sello und Siegfried Neuenhausen, Kunstverein Hannover 1979. Und Kat. *Mauern öffnen. 10 Jahre Bildhauer-Werkstatt Oslebshausen,* hg. v. Kommunale Galerie/Senator für Bildung, Wissenschaft und Kunst, Bremen 1987.
10 Ein Außenraumprojekt im Neubauviertel Obervieland sowie zwei weitere Pausenhofumgestaltungen in den Stadtteilen Walle und Blumenthal (künstlerisch verantwortlich waren Almut Blume, Johannes Schneider und Eberhard Syring) sind hier zu nennen.
11 Kat. *Raffael Rheinsberg. »A mit B = 1 x«,* Gesellschaft für Aktuelle Kunst in Bremen, 1985.
12 Dok. *Symposion auf dem Weserdeich in Bremen* (Victoria Bell, H.-J. Breuste, Hawoli, Jan Meyer-Rogge, Manfred Saul), hg. v. Hawoli im Auftrag des Senators für Wissenschaft und Kunst, Bremen 1978. Und Dok. *Symposion am Deichschart,* hg. v. Hawoli im Auftrag des Senators für Wissenschaft und Kunst, Bremen 1979.
13 Jean-Christophe Ammann: »Plädoyer für eine neue Kunst im öffentlichen Raum«, in: Neuer Berliner Kunstverein (Hg.): *Skulpturenboulevard Kurfürstendamm Tauentzien, Kunst im öffentlichen Raum,* Berlin 1987.
14 Zitate aus Kat. *Skulpturenboulevard* [Anm. 13]; Barbara Straka: »Kunst im Stadtraum in der Krise?«, Peter Iden: »Nein, sie ist nicht für alle da. Über einige grundlegende Mißverständnisse der Kunst im Stadtraum«; Martin Warnke: »Kunst unter Verweigerungspflicht«; Walter Grasskamp: »Warum wird Kunst im Außenraum zerstört? Künstlerischer und kultureller Raum«.
15 Stephan Schmidt-Wulffen: »En passant«, in: Kat. *Jenisch-Park Skulptur,* hg. v. d. Kulturbehörde Hamburg, Hamburg 1986.
16 Peter Bürger: »Im Schatten von Joseph Beuys«, in: *Kunstforum,* Bd. 90, September 1987, S. 77f.
17 In: *Res publica. Plätze, Gärten, Monumente, Kunstforum* 4/85
18 Siehe Anm. 15.

Karl Weber

»Kunst im öffentlichen Raum« in Hamburg*

Am 24. Februar 1981 im Hamburger Senat beschlossen, trat die Verwaltungsanordnung »Kunst im öffentlichen Raum« am 1. Juli 1981 in Kraft. Im Oktober 1981 konnte in dem bei der Kulturbehörde neu geschaffenen Referat mit einer geregelten Arbeit begonnen werden. Leitziele der Neuorientierung waren in der Verordnung wie folgt umrissen worden: »Ziele der Förderung sind die Verbesserung der städtischen Umwelt, die Ausprägung der urbanen Identität Hamburgs und der Eigenart seiner Stadtteile. [. . .] Aufgaben im Rahmen von ›Kunst im öffentlichen Raum‹ werden von bildenden Künstlern erfüllt. Zu den Leistungen der Künstler gehören Werkprojekte und -objekte für Straßen, Plätze, Grünanlagen und Hochbauten sowie Planungsbeiträge, die auf die Einbeziehung bildender Kunst in diese Baumaßnahmen ausgerichtet sind. Dabei soll sich die Arbeit des Künstlers als sichtbarer Beitrag auf und mit den der Öffentlichkeit zugänglichen Verkehrsflächen, Anlagen und Gebäuden verwirklichen. Zu den Leistungen der bildenden Künstler gehören darüber hinaus Arbeiten, die im Zusammenhang mit Gestaltungsaufträgen Kontakt und Verständnis der unmittelbar Beteiligten fördern sowie der Bevölkerung Einsicht in die künstlerische Praxis und in die Probleme der jeweils gestellten Aufgabe vermitteln. Im Rahmen von ›Kunst im öffentlichen Raum‹ sollen alle Möglichkeiten der bildenden Kunst berücksichtigt werden.«

Die Hauptkonsequenz der Veränderung von »Kunst am Bau« hin zu »Kunst im öffentlichen Raum« für die Künstler ist die Loslösung vom neubaubezogenen Einzelprojekt, dessen Integration in den Bau häufig fragwürdig war, hin zu einer Praxis, die freier und weniger eingeschränkt Orte im öffentlich zugänglichen Raum wählen kann und Künstler möglichst frühzeitig an den Planungen beteiligt. Früher, stärker und vielfältiger sollen Künstler bei der Gestaltung der städtischen Umwelt mitwirken. Dieser Umorientierungsprozeß hat gerade auch in der grundsätzlichen Einschätzung der Rolle der bildenden Kunst weitreichende Konsequenzen.

Durch die Praxis von »Kunst am Bau« haben sich in der bildenden Kunst über Jahrzehnte beinahe losgelöst voneinander zwei Sparten entwickelt. In der Plastik hatten sich zum größten Teil gefällige, leicht rezipierbare Formen für den öffentlichen Raum herausgebildet, die möglichst populär auftreten und nur ab und zu scheinbare Widerstände hervorrufen. Auch in der Malerei konnte der Trend hin zur Dekoration und zur Ausstattung beobachtet werden. »Kunst am Bau« hatte sich in weiten Teilen gegenüber der Entwicklung der bildenden Kunst verselbständigt.

Ein wesentliches Kriterium für Kunst, die Überschreitung der Grenze des Bisherigen, des Bekannten, Störung und Herausforderung, war beim Ausstattenden unerwünscht und wurde verworfen. Leicht zugängliche, einfach verfügbare Formen wurden vorgeführt und häufig wiederholt. Aus heutiger Sicht läßt sich feststellen: Das verwandte Formenrepertoire hat sich schnell abgenutzt, die Kritik- und Lernfähigkeit des Publikums wurde unterschätzt.

Die Funktion von Kunst in der Stadt soll zwar sein, die Kommunikation zu fördern, Freiräume – und diese nicht nur im räumlichen Sinne – zu schaffen, aber auch gegen die ausufernde Normierung des Alltags Gegenpositionen zu setzen. Wenn die Rolle von

Kunst richtig verstanden wird, sollte sie also weit mehr sein als ein oberflächlicher »Augenstreichler« – ein kurzfristiger optischer Reiz.

Auch wenn es für viele zunächst schmerzlich klingt – die Annäherung eines Betrachters an ein Kunstobjekt erfordert mehr als den flüchtigen Blick, nämlich ein Mindestmaß an Neugier, Toleranz und Aufgeschlossenheit, von Künstlern vorgegangene Wege nachzuvollziehen, Neuland jenseits der eingefahrenen Gleise zu entdecken. Der Wert der Kunstobjekte für die Öffentlichkeit besteht nicht darin, Bekanntes noch einmal vorzuführen, sondern Störfaktor, Irritation, Denkanstoß zu sein.

Die besondere Schwierigkeit für »Kunst im öffentlichen Raum« liegt darin, daß sie sich nicht im schützenden Raum eines Museums einem vorinformierten Publikum präsentiert, sondern direkt ohne hemmende Schwellen vor eine breite Öffentlichkeit tritt. Dadurch bietet sich ihr zugleich die Möglichkeit, auf wirklich Unvorbereitete zu treffen und mögliche Überraschung und Irritation auszulösen. Es bedeutet aber auch, daß die Auseinandersetzungen um eine Arbeit spontaner und mit mehr Emotionen geführt werden.

»Kunst am Bau« ist immer ein wesentlicher Auftraggeber für bildende Künstler gewesen. Nach Konzentration der Mittel ist das noch deutlicher geworden. »Kunst im öffentlichen Raum« ist das umfangreichste staatliche Auftragsprogramm für bildende Kunst. Zugleich eröffnet es auch inhaltlich ein breites Auftragsspektrum. Um so mehr erwächst dem öffentlichen Auftraggeber daraus auch die Pflicht, dieses Auftragsspektrum in seiner ganzen Breite zu nutzen und den denkbaren neuen Möglichkeiten Chancen zu geben, das heißt, möglichst vielseitige Aufträge zu formulieren oder auch die Auftragsgrenzen möglichst weit zu öffnen.

Inzwischen haben viele Künstler die Chancen erkannt, die dieser Freiraum bietet:
– Sie können jederzeit auch von sich aus Ideen und Projekte vorschlagen und anregen;
– sie können sich in vielen Fällen die Orte selbst wählen und dadurch eine wünschenswerte Einheit zwischen Ort und Projekt herstellen;
– sie werden nach Möglichkeit frühzeitig in die Planungen der Architekten oder Stadtplaner mit einbezogen;
– und sie arbeiten mit einem Auftraggeber zusammen, der versucht, die künstlerische Idee vor Veränderungen und überzogenen technischen Anforderungen zu schützen.

Andererseits wurde mit der außerordentlich breiten Vielfalt der Themenstellungen, die den Künstlern zur Bearbeitung angeboten werden können, versucht, ein so großes Spektrum abzudecken, daß auch der Kreis der nutznießenden Künstler möglichst breit ist.

Es soll jedoch nicht verschwiegen werden, daß manche gerade der älteren Künstler sich mit den veränderten Bedingungen schwertun, da die größeren Freiheiten, aber auch die damit verbundenen Erwartungen für sie schwieriger zu bewältigen sind als klar ausgegrenzte »Sockelkunstwerke«.

Es erscheint künstlerisch fragwürdig und in der Praxis auch nicht durchführbar, quasi eine flächendeckende Vorausplanung und Zuweisung von künstlerischen Projekten für die gesamte Stadt Hamburg erreichen zu wollen. Vielmehr soll versucht werden, aus einzelnen Projekten ein sich verdichtendes Netz herzustellen, das im Laufe der Zeit alle wichtigen Punkte der Stadt erfaßt.

Die Anregungen zu einzelnen Projekten kamen – in der Reihenfolge ihrer Häufigkeit – aus den bezirklichen Gremien oder den Planungsabteilungen der Bezirke, von der Kunstkommission und aus der Kulturbehörde, von den Künstlern, von Privatpersonen.

Bei den Anregungen, die aus den Bezirken kamen, muß festgestellt werden, daß noch nicht alle Planungsämter bzw. bezirklichen Gremien die besonderen Chancen, die im Programm »Kunst im öffentlichen Raum« liegen, erkannt haben. Wichtige Voraussetzungen für eine gute Zusammenarbeit sind:

– Die Bezirke müssen die Planungen für die Neu- bzw. Umgestaltung zum Beispiel von Straßen oder Plätzen möglichst frühzeitig der Kunstkommission vorstellen.

– Die Planungen sollen für zusätzliche Anregungen und Ideen der Künstler noch offen sein.

– Von seiten der Planer und Architekten soll Bereitschaft zur Zusammenarbeit mit Künstlern bestehen.

Die für die Integration eines künstlerischen Vorhabens notwendige frühe Einschaltung und Beteiligung von Künstlern war nicht immer gewährleistet. Erst in der jüngeren Vergangenheit gelang es, dies in fast allen Bezirken zu erreichen.

In der Kunstkommission wurde immer wieder auch über die grundsätzlich anzustrebende Zielrichtung diskutiert. Die Kommission besteht aus drei bildenden Künstlern, drei Fachleuten der Kunstinstitutionen, der Architektenschaft und der Behörden sowie gewählten Vertretern aus den sieben Hamburger Bezirken. Die von Kulturbehörde und Kunstkommission gemeinsam erarbeiteten Projekte haben für das Gesamtprogramm entscheidende Akzente gesetzt.

Erst nach einer Anlaufzeit und nach einer Fülle von Hinweisen haben auch die Künstler die Möglichkeit erkannt, von sich aus initiativ zu werden. Es mag zum Teil mit dem sich im Umbruch befindenden generellen Selbstverständnis der Künstler zusammenhängen, daß der Weg, ein Konzept für ein Vorhaben unaufgefordert einzureichen, bislang noch nicht häufig genug begangen wurde. Bei den eingereichten Arbeiten handelt es sich jedoch häufig um qualitativ überzeugende Beiträge. Anträge von privater Seite sind wegen des erforderlichen Finanzierungsanteils und der sehr eingeschränkten räumlichen Möglichkeiten noch Einzelfälle.

Nach intensiven Diskussionen hat sich ein klar umreißbares Selbstverständnis der Kunstkommission herausgebildet: Empfehlungen wurden vordringlich unter dem Gesichtspunkt der künstlerischen Qualität gefaßt. Der Blick wurde auch auf die überregionale Ausstrahlung von Projekten und die darauf bezogene Auswahl der zu beteiligenden Künstler gerichtet. Dabei wurde in der Regel erwartet, daß schon bei den Künstlervorschlägen nicht nur Hamburger Künstler genannt werden, sondern ein Spektrum für die spezielle Aufgabe besonders geeigneter Künstler überregionaler Herkunft.

Diese Auswahl nach qualitativen Kriterien hat zur Konsequenz, daß das Hamburger Modell in der Zwischenzeit in weiten Teilen der an Kunst interessierten deutschen Öffentlichkeit durch Themenstellung und Auswahl der Arbeiten immer mehr Beachtung findet und vor allem im Bereich der aktuellen Plastik eine ganz wesentliche Rolle spielt. Dazu gehört auch, daß eine Reihe von jungen Künstlern, die an der Schwelle zu überregionaler Anerkennung stehen, in Hamburg ihre ersten größeren Projekte im Außenraum verwirklicht haben.

Es hat sich jedoch auch herausgestellt, daß die Auswahl nach qualitativen Gesichtspunkten eine breite vermittelnde Tätigkeit notwendig macht. Obwohl eine Reihe von Projekten durchgeführt wurde, die vor allem den pädagogischen Aspekt und die Beteiligung der Bevölkerung in den Vordergrund gestellt haben, bestehen Schwierigkeiten, exponierte Projekte zu vermitteln. Deshalb werden immer wieder auch Ausstellungen und Veranstaltungen finanziert, die überblickartig neue Tendenzen der raumbezogenen Kunst vorführen. Hier ragen das Projekt »Halle 6«, das in der Kampnagelfabrik 1982 durchgeführt wurde, und »Jenisch-Park« 1986 heraus. Für diese Ausstellungen mit ortsbezogener bildender Kunst erhielten Künstler, teils mit internationalem Ruf, teils der Nachwuchsgeneration angehörend, die Gelegenheit, raumbezogene Arbeiten zu realisieren, um neue Möglichkeiten von bildender Kunst im Bereich der Skulptur vorzustellen.

Ein weiterer wichtiger Aspekt der Arbeit der Kunstkommission war es, neben der qualitativen Auswahl breite Möglichkeiten der Themenstellung für die Künstler zu gewährleisten. Diese Themen lassen sich nach zwei Ordnungsschemata kategorisieren: Zum einen, nach den Standorten geordnet, gibt es Projekte

– mit gesamtstädtischer Wirkung (meist mit vermittelndem oder experimentellem Charakter);
– im Stadtzentrum (an prägenden und typischen Orten);
– in Zentren für bestimmte Gruppen (mit besonderer Rücksicht auf die jeweiligen spezifischen Eigenheiten);
– in den sieben Bezirken (mit besonderer Berücksichtigung der Stadterneuerungsgebiete).

Zum anderen lassen sich die Projekte nach besonderen Aufgabenstellungen einteilen:

– Projekte mit experimentellem oder vermittelndem Charakter versuchen beim Publikum Aufgeschlossenheit für neue Sehweisen und Ansätze in der bildenden Kunst zu wecken. Sie dienen zum Teil auch dazu, Künstlern Gelegenheit zu geben, sich in einem räumlich und finanziell beschränkten Rahmen vorzustellen, um so auch eine Art Trainingsfeld für spätere größere Projekte im Rahmen von »Kunst im öffentlichen Raum« zu bieten. Beispielsweise hat neben dem bereits erwähnten Projekt »Halle 6« auch eine Wandmalereiaktion in den Räumen einer verlassenen Fabrik oder eine Abfolge von Installationen im »Spritzenhaus« auf dem Kampnagelgelände oder im Künstlerhaus in der Weidenallee stattgefunden. Ein Großteil der daran beteiligten Künstler wurde in der Folge an Wettbewerben zu »Kunst im öffentlichen Raum« beteiligt. Im »Skulpturenpark Moorweide« soll jeweils einem Künstler Gelegenheit gegeben werden, ein richtungweisendes Vorhaben unter museumsähnlichen Bedingungen im öffentlich zugänglichen Park zu verwirklichen. Begonnen wurde das langfristig angelegte Programm mit Ulrich Rückriem.
– Im Rahmen von »Kunst im öffentlichen Raum« beschäftigen sich bildende Künstler auch mit den Menschen und ihrer Situation in Vollzugsanstalten, in psychiatrischen Kliniken, in Krankenhäusern, Altenheimen oder Sonderschulen. In den meisten Fällen entstehen Arbeiten gemeinsam mit den unmittelbar Betroffenen. Bei diesen Vorhaben wird besonders stark auf Aspekte der Rehabilitation, des pädagogischen Ansporns und der sozialen Eingliederung Wert gelegt. Hierbei werden auch speziell auf die jeweilige Situation der betreffenden Einrichtung abgestimmte Methoden und Vorgehensweisen entwickelt und angewandt. Beispiele hierfür sind das Vorhaben von Jörg Möller mit den Insassen in der Langzeitvollzugsanstalt in Fuhlsbüttel oder die Projekte von Siegfried Neuenhausen und Sabine Reiff mit den Patienten im Allgemeinen Krankenhaus Ochsenzoll, die »Arche Noah« von Rolf Laute für die Kinder in den Alsterdorfer Anstalten oder Wandbemalungen von Regine Rothlach, Maria de Luz dias Lino und Uwe Paduck im Ausländermeldeamt am Hauptbahnhof oder Projekte in den Altenpflegeheimen.

– Auseinandersetzungen mit ethisch-moralischen Sondersituationen wie die Beschäftigung mit den anonymen Beisetzungen in Finkenwerder oder den Behandlungsräumen für ultraharte Bestrahlung fordern von den Künstlern besonders hohe Einfühlung.
– Projekte unter besonderer Einbeziehung und Mitwirkung der Bevölkerung legen den gesamten Prozeß der künstlerischen Arbeit offen und erlauben dem Publikum, aktiv in die Gestaltung einzugreifen. Beispielsweise hat die Wandmalgruppe Nissen und Keller einen nie fertiggestellten Bunker in den Falkenriedterrassen zusammen mit den Bewohnern gestaltet, auf ähnliche Weise entstand eine Brunnenfigur in der Lindenallee oder fanden 1982 Kunstaktionen vor einem Kaufhaus in Barmbek statt.
– Das Vorhaben »Stadt – Natur – Skulptur« ist in der Diskussion mit den Künstlern entstanden; besonders problematische Situationen in der Stadt, Brachflächen, Reststücke, zerstörte Strukturen oder Einfallschneisen in die Stadt sollen zur künstlerischen Auseinandersetzung herausfordern. Unter dieser zunächst recht globalen Themenstellung sollen Ideenkonzepte entwickelt werden, die die beinahe aus dem öffentlichen Bewußtsein verdrängten Situationen – die in manchen Stadtteilen einen erheblichen Teil der städtischen Umwelt bestimmen – mit gestalterischen Mitteln humaner machen und eine neue Qualität der urbanen Identität Hamburgs schaffen. Diese Aufgabenstellung ist bei den Künstlern auf sehr großes Interesse gestoßen.
– Eine Reihe von Projekten mit Mahnmalcharakter versucht, mit Mitteln der bildenden Kunst einen Beitrag zu politisch motivierten Themen, vor allem der Aufarbeitung von Vergangenheit, zu leisten. Zu nennen sind hierbei das breit angelegte Vorhaben der Umgestaltung des 76er Denkmals durch Alfred Hrdlicka, Ulrich Rückriems Gedenkstein für die Deportation der Juden an der Moorweidenstraße, das Mahnmal vor der ehemaligen Synagoge Oberstraße von Doris Waschk-Balz oder der Rosengarten für die ermordeten Kinder vom Bullenhuser Damm von Lili Fischer. Der Wettbewerb für ein Mahnmal gegen den Faschismus in Harburg unter fünf Künstlern wurde 1986 mit der Fertigstellung des vielbeachteten Monuments von Esther und Jochen Gerz abgeschlossen.
– Bildende Künstler sind bei einer Reihe von Neu- oder Umgestaltungen von zentralen Plätzen oder Straßenzügen beteiligt, so beispielsweise am Gänsemarkt, im Neubaugebiet Buchenkamp, am Tibarg in Niendorf oder am Probsteier und Harzlohplatz im Bezirk Hamburg-Nord.
– Zum größten Teil Abwicklung von Altaufgaben noch aus der Zeit der »Kunst am Bau« stellen neubaubezogene Einzelprojekte dar. Zum Teil wurden Beauftragungen zu Ende geführt, aber auch Gesamtprojekte mit an den Neubau gekoppelten Geldern durchgeführt. Die Ausgestaltung von Atrien im Neubau der Staats- und Universitätsbibliothek durch Jan Meyer-Rogge, Bodo Baumgarten und Karina Raeck oder eine Stele von Edgar Augustin vor dem Gymnasium Ohlstedt sind Beispiele hierfür.

Die Palette von Themen gibt auch eine Vorstellung davon, welche Fülle von Vorhaben sich gleichzeitig in Bearbeitung befindet. Nachdem die Kunstkommission einleitende Beschlüsse zu einem Projekt gefaßt hat, werden sehr häufig mehrere Künstler aufgefordert, an einem geschlossenen Wettbewerbsverfahren teilzunehmen. Sie werden eingeladen, Aufgabe und Situation kennenzulernen, dann werden Verträge über ihre Teilnahme an diesem Wettbewerb abgeschlossen. Nach einer Bearbeitungszeit werden die Beiträge eingeliefert und in technischer und finanzieller Hinsicht vorgeprüft. Die Künstler stellen ihre Arbeitsergebnisse in der Regel vor der Kunstkommission dar, die dann einen entsprechenden Beschluß als Empfehlung an die Kulturbehörde faßt. Nach der Bestätigung werden die Ergebnisse in den bezirklichen Gremien vorgestellt. Nach Abschluß der Ausführungsverträge muß sehr häufig das Projekt weiter detailliert werden; dies geschieht unter Beteiligung von Sonderfachleuten.

Da es unabdingbare Notwendigkeit ist, daß auch die Oberleitung der Ausführung in Händen der Kulturbehörde liegt und die meisten Vorhaben ungewohnte Probleme in bautechnischer, statischer oder konstruktiver Hinsicht aufweisen, ist es bei fast jedem Projekt notwendig, eine bis ins Detail gehende Betreuung durchzuführen. Da in den meisten Fällen die Kunstobjekte auch den Regeln der Hamburgischen Bauordnung unterliegen, unter dem engen Korsett dieser Vorschriften aber schon der normale Hochbau stöhnt, wird man sich leicht vorstellen können, welche Mühe und welchen Aufwand es bei etwas phantasievolleren Objekten kostet, einen für alle Seiten tragbaren Kompromiß zu finden. In der Regel müssen die erforderlichen Baugenehmigungen, statischen Nachweise, Sondererlaubnisse etc. eingeholt werden. Häufig ist es auch notwendig, Künstler vor den im Rahmen der zur Verfügung stehenden Mittel nicht erfüllbaren Forderungen von technischen Prüfinstanzen in Schutz zu nehmen.

Insgesamt wurden bisher zirka 180 Einzelprojekte bzw. Wettbewerbe begonnen oder zu Ende geführt. An Wettbewerben, Ankaufaktionen und Projekten des Programms »Kunst im öffentlichen Raum Hamburg« waren in den vergangenen Jahren insgesamt zirka 380 Künstler beteiligt.

* Der Aufsatz ist zuerst erschienen in: *Kunstforum International,* Bd. 81, 1985, S. 120–123, und wurde für die vorliegende Publikation geringfügig geändert.

Neue Anstöße

Barbara Straka

Die Berliner Mobilmachung

Eine kritische Nachlese zum »Skulpturenboulevard« als »Museum auf Zeit«

Es geht um die Frage, inwiefern das umstrittene Projekt »Skulpturenboulevard« in Berlin neue Anstöße für die Theoriediskussion der Kunst im öffentlichen Raum und die Geschichte der Außenskulptur – vom Denkmal zum Antidenkmal – liefern konnte. Da die ästhetische Diskussion um die Skulpturen am Berliner Kurfürstendamm hinter einer soziologischen, auf breiter Ebene geführten öffentlichen Debatte um die Kunst der Moderne zurückblieb, liegt der Gedanke nahe, daß mit dem Skulpturenboulevard immerhin ein neues Kapitel der Rezeptionsgeschichte in der Auseinandersetzung zwischen Öffentlichkeit und Kunst (Auftraggeber, Publikum, Medien, Künstler etc.) aufgeschlagen wurde. Aus dem Skulpturenboulevard – als politisches Renommierstück wie als »Modellversuch und Experiment einer neuen Kunst im öffentlichen Raum« angelegt – entwickelte sich sehr bald ein Rollenkonflikt unter allen Beteiligten, ein »soziologisches Experiment« (Brecht). Im Verlauf des Projekts, mit dessen organisatorischer Leitung die Verfasserin zwei Jahre lang beauftragt war, wurde eine Fülle von Widersprüchen und ungelösten Problemen offenbar; die Fragen nach dem Sinn der Skulptur im öffentlichen Raum heute, nach ihrem gesellschaftlichen Auftrag, ihrer stadträumlichen Funktion und ihrer Vermittelbarkeit stellten sich neu. Künftige Modellversuche dieser Art werden auf die daraus gewonnenen Erfahrungen und Einsichten zurückgreifen müssen, wenn sie neue Perspektiven und Konzepte entwickeln wollen.

Die Rezeptionsgeschichte des Skulpturenboulevards als die »vielleicht größte öffentliche Diskussion um die Kunst der Moderne nach 1945« (Bazon Brock) hat eine erschreckkend tiefe Kluft zwischen Kunst und Öffentlichkeit erfahrbar werden lassen und ein bisher unbekanntes Ausmaß rechtskonservativer bis -radikaler Kunstfeindlichkeit offengelegt, die das Image der »weltoffenen, toleranten Kulturmetropole Berlin« im Jubiläumsjahr 1987 und im »Europäischen Kulturjahr 1988« empfindlich beeinträchtigt hat. Das Repräsentationsbedürfnis des feierfreudigen Berliner CDU-Senats als Auftraggeber, dem die Künstler mit ihren Werken Genüge tun sollten, wurde nicht nur durchkreuzt, sondern im Ergebnis in sein Gegenteil verkehrt. Die mäzenatische Geste, mit der ein herausragendes Exempel statuiert werden sollte, führte in eine Performance, in der die Berliner Bürger in der Hauptrolle zwei Jahre lang das Grundrecht der Kunstfreiheit erprobten.

Dieser Diskussion ist es auch zu verdanken, daß in Berlin die verfahrene Situation der Kunst im öffentlichen Raum selbst wieder kritischer ins Visier genommen wird. Daß museale Ausstellungskonzepte nicht »auf die Straße« gehören, daß der Bürger mitdiskutieren und ernstgenommen werden will und schließlich, daß Kunst im Stadtraum nicht als

»drop sculpture« (Jean-Christophe Ammann) abgestellt und zu Dekorationszwecken (»City-Design«) mißbraucht werden darf, sondern einer langfristigen Integration in architektonische, stadt- und landschaftsplanerische Prozesse bedarf – auch dafür hat der Skulpturenboulevard das Berliner Bewußtsein geschärft.

Daß die sieben Skulpturen an Kurfürstendamm und Tauentzienstraße und ihre Urheber eine derart spektakuläre Aufmerksamkeit erlangen würden, hätte anfangs niemand vermutet. Die Ereignisse traten unverhofft ein und zwangen alle Beteiligten zu schnellem Handeln. Veranstalter, Künstler und Auftraggeber gerieten ins Kreuzfeuer der Kritik; Presse und Publikum wollten sich weder mit kulturpolitischen noch kunstdidaktischen oder feuilletonistischen Erklärungsmustern zufriedengeben. Die Künstler Dornseif, Erben, Matschinsky-Denninghoff, Metzel, Kienholz, Rickey, Szymanski und Vostell waren mit ihren Werken lediglich Katalysatoren in dieser Debatte, nicht aber ihr Gegenstand, wie man erwartet hätte. Wolf Vostell äußerte einmal in einem Interview: »Gut, die soziologische und politische Debatte haben wir geführt – wo aber bleibt die ästhetische?« Wie die Flut von Presseberichten, Leser- und Protestbriefen gegenüber den Reaktionen der Fachpresse gezeigt hat, hat es diese ästhetische, kunstimmanente Diskussion um die Skulpturen am Kurfürstendamm nie gegeben. Kaum ein Kritiker nahm die sieben Auftragswerke selbst zum Anlaß der kritischen Würdigung. Wie auch? Die »gesellschaftliche Wirklichkeit«, sonst oft ausgeblendet, schob sich davor und »verstellte« den Blick auf die Kunst.

So standen die Berliner Skulpturen im Schatten der Großprojekte jener Jahre: Die Kasseler documenta 8 (1987) erhob die »Rückkehr des Künstlers zum sozialen Kontext« (Schneckenburger) zum Paradigma und überzeugte mit einem großen Aufgebot an Außenskulpturen im Stadt- und Landschaftsraum. Die »Skulptur Projekte in Münster 1987« eröffneten einen neuen Blick für die Typologie der Außenskulptur heute, vom monolithischen, autonomen Werk mit Denkmalfunktion über den Einsatz neuer Medien, die Überschreitung der Grenzen zwischen Architektur, Design und Kunst im engeren Sinne bis hin zu Konzeptkunst und Werken mit ephemerem Charakter, die von den eingeladenen Künstlern vor Ort und ausschließlich für den jeweiligen Ort geschaffen wurden.

Während die Berliner noch darum stritten, wieviel Kunst der Kurfürstendamm vertrage, drehte sich die Diskussion im harten Kern längst um die Frage »Wieviel Kunst verträgt die Demokratie?«, wie sie Walter Grasskamp anläßlich der Eröffnungsrede zum Skulpturenboulevard (24. April 1987) stellte: »Der Plan, die offizielle Eröffnungsveranstaltung im Außenraum abzuhalten, wurde aufgegeben und diese Feier unter noch beklemmenderen Umständen, nämlich noch aufwendigeren Sicherheitsvorkehrungen, in den Innenraum verlegt, mit einem gut überlegten Timing bei dem Versand der Einladungskarten. Damit verschlägt es wohl jedem die Lust, die notwendige Diskussion darüber zu eröffnen, ob der Skulpturenboulevard ein ästhetisch gelungenes Projekt ist [. . .]. Erst recht die Frage, was man von einzelnen Skulpturen halten soll, nimmt sich als geschmäcklerische Idylle aus im Vergleich zu den Problemen der Veranstalter und Künstler, die sich gegen Telefonterror, Bombenankündigungen, Morddrohungen, Beleidigungen, Ehrabschneidungen und Hetzaufrufe zu behaupten hatten. Hier steht offensichtlich nicht mehr die Kunst im öffentlichen Raum zur Debatte, sondern der verwahrloste Zustand der öffentlichen Diskussion.«[1]

Das Konzept

Als die Vorbereitungen für die kulturellen Höhepunkte der Berliner 750-Jahr-Feier bereits auf Hochtouren liefen, ersann der damalige Berliner Kultursenator Volker Hassemer (CDU) gemeinsam mit seinem Beraterstab die Grundkonzeption des Vorhabens, die als Idee schon seit einigen Jahren in der Berliner Stadtplanung herumgeisterte. Warum sollte nicht eine von vielen Kunststraßen, die sich in internationalen Metropolen großer Beliebtheit erfreuen, auch für die Berliner das passende Jubiläumsgeschenk sein? Der Bundeskanzler, Helmut Kohl, sollte dem Geburtstagskind Berlin im selben Jahr noch den Grundstein zum Deutschen Historischen Museum schenken und die Firma Mercedes ein neues Wahrzeichen stiften, das Carillon im Tiergarten. Die Gäste und Freunde Berlins ließen sich ihre Geschenke etwas kosten, und Berlin selbst geizte nicht mit einem großen Aufgebot an Feiern und Kulturprogrammen für jedermann. In dieser politischen Ausnahmestimmung fiel es nicht schwer, der Idee einer »Kunstmeile« zum Durchbruch zu verhelfen, war ähnliches doch schon mit kommerziellen Interessen (»Kunst im Schaufenster«) am Kurfürstendamm mehrfach erfolgreich erprobt worden. Eine Projektkommission, besetzt mit renommierten Berliner Kunsthistorikern und Ausstellungsmachern (Dr. Lucie Schauer, Thomas Kempas, Jörn Merkert, Prof. Eberhard Roters), wurde vom Kultursenator mit der Auswahl der Künstler und der Ausarbeitung der Konzeption beauftragt; die Projektleitung wurde von dem Gremium später delegiert.

Losgelöst von den üblichen demokratischen Wettbewerbsverfahren und ohne Blick für neue, integrierte Modelle der Kunst im öffentlichen Raum – so lauteten später die fachimmanenten Vorwürfe – habe die Projektkommission die Künstlerauswahl vorgenommen. Dem Wunsch des Senators folgend, wurden ausschließlich in Berlin lebende Künstler vorgeschlagen. Altmeister wie der Wahlberliner George Rickey durften ebenso das Programm bereichern wie der »unbequeme« Wolf Vostell oder Avantgardisten wie Olaf Metzel und Frank Dornseif, die bislang nur wenig Erfahrung mit Außenskulpturen hatten. Alles in allem strebten die Initiatoren »Kunst für jeden« an, doch der ausdrücklich beabsichtigte Stilpluralismus in der künstlerischen Selbstdarstellung Berlins mochte bei der Unvereinbarkeit der künstlerischen Ansätze schon vor ihrer Realisierung kein überzeugendes Bild ergeben. Man tröstete sich mit der Vorstellung eines »Museums auf Zeit« (Kultursenator Volker Hassemer) und verdrängte den Verdacht, Kunst und Künstler für kurzfristige kulturpolitische Anliegen in Dienst zu nehmen, um das schon vorprogrammierte Abräumen der Skulpturen nach Ende der Vorstellung nicht rechtfertigen zu müssen. So lief der »Skulpturenboulevard« (Urheber des Begriffs war Wolf Vostell) zunächst auf das Konzept einer Ausstellung im Stadtraum hinaus. Damit unvereinbar war jedoch der Charakter der Investitionsmittel (1,8 Mio. DM, zweckgebunden für Kunst im öffentlichen Raum) des Senators für Bau- und Wohnungswesen und deren Höhe: 120000 DM Realisierungskostenzuschuß pro Skulptur und je 50000 DM Honorar für die Künstler, die im übrigen Eigentümer ihrer Skulpturen blieben, rechtfertigten prinzipiell nicht den Gedanken eines »Museums auf Zeit« mit auf Vergänglichkeit angelegten Projektbeiträgen und Aktionskonzepten. Hier setzte später auch die Kritik an der »Verschwendung der Steuergelder« (Erklärung des Bundes der Steuerzahler im März 1987) ein.

Das ursprüngliche Konzept, das bis Ende 1986 beibehalten wurde, sah vor, die acht Skulpturen »wie eine regelmäßige Perlenschnur« (Vostell) aufgereiht auf dem Mittelstreifen des Boulevards zwischen Halensee und Wittenbergplatz aufzustellen. Erst der »Städtebauliche Ideenwettbewerb Kurfürstendamm« und der zeitgleich geplante Wettbewerb »Kunst im Stadtraum« für die Kurfürstendammplätze, deren Planung Ende 1986 begann, brachten Veranstalter und Projektleitung des Skulpturenboulevards zum Umdenken. Die Hoffnung der Künstler auf Ankauf ihrer Skulpturen durch das Land Berlin bzw. das Angebot von Dauerleihgaben hätte sich durch die zeitgleichen, konkurrierenden Verfahren zerschlagen. Die unkoordinierten Planungen der drei beteiligten Senatsverwaltungen (für Bau- und Wohnungswesen, Umwelt, Kulturelle Angelegenheiten) und die zu befürchtende »Zerstaltung« des Boulevards mit einem »linearen Regelwerk« gerieten berechtigterweise ins Kreuzfeuer der Presse und ließen den Skulpturenboulevard um so überflüssiger und konzeptionsloser erscheinen. Die Vorstellung, daß die Auftragswerke bedeutender Berliner und international bekannter Künstler nach einer Zweijahresfrist mittelmäßig-provinziellen Ergebnissen eines Kunstwettbewerbs weichen sollten[2], veranlaßte den Neuen Berliner Kunstverein als Veranstalter jedoch zum Umdenken. Es galt, den Skulpturen auch im Rahmen der geplanten Wettbewerbe die Möglichkeit der Daueraufstellung zu sichern. Die von den Künstlern selbst gewählten Standorte entlang des Kurfürstendamms wurden mit dem Auslober des städtebaulichen Wettbewerbs abgestimmt und im Prinzip beibehalten. In zwei Fällen (Szymanski und Vostell) wurden alternative Standorte zugunsten der Künstler vorgeschlagen. Daß dies später der Anlaß zur Bildung einer »Bürgerinitiative Rathenauplatz« sein würde, war nicht vorhersehbar. Wolf Vostell nahm das Angebot des Bezirksamtes Wilmersdorf seinerzeit begeistert an, nicht ahnend, daß später niemand mehr etwas davon wissen wollte. Da der Mittelstreifen des Kurfürstendamms für eine langfristige Aufstellung der Objekte nicht geeignet schien, wurde die Einbindung der Kunstkonzepte in die jeweilige architektonische und platzräumliche Situation angestrebt. Auch die Künstler bemühten sich, die zuvor eher isolierten Konzepte ihrer Projektbeiträge (»drop sculptures«) in eine neue Typologie »standortbezogener Skulptur« zu überführen. Sie begannen sich mit den geschichtlichen, städtebaulichen und sozialen Gegebenheiten des jeweiligen Standortes ihrer Wahl auseinanderzusetzen.

Die Künstler

Mit der Entscheidung der Projektkommission für die Künstler Josef Erben, Frank Dornseif, Matschinsky-Denninghoff, Edward Kienholz und Nancy Reddin-Kienholz, Olaf Metzel, George Rickey, Rolf Szymanski und Wolf Vostell wurden Vertreter unterschiedlichster Generationen und stilistischer Provenienz auf den Plan gerufen. Anfangs herrschten unter den Künstlern beträchtliche Spannungen, Argwohn und Konkurrenzdruck wegen der Standortwahl, die keine Überschneidungen zuließ. Für die Mehrzahl der Beteiligten war der bevorstehende Auftrag keine neuartige Aufgabenstellung: Rickey, Matschinsky-Denninghoff und Szymanski hatten seit vielen Jahren im In- und Ausland Skulpturen für den öffentlichen Raum ausgeführt, Vostell allerdings noch nie in Berlin. Für alle Beteiligten war es jedoch die erste Erfahrung mit einem Gruppenprojekt, das von Anfang an einer kritischen Öffentlichkeit ausgesetzt war und intern Solidarität der Teilnehmer erforderte. Für Künstler, die um ihre Prominenz wissen, ist dies nicht nur gegenüber jüngeren Kollegen mit Herausforderungen, Kritik und Auseinandersetzungen verbunden; auch gegenüber dem Publikum mußten alle Beteiligten lernen, sich der Diskussion zu stellen und sich nicht darauf zu verlassen, daß die Akzeptanz von Person und Werk in der kunstinternen Fachöffentlichkeit von vornherein auch in der gesellschaftlichen Öffentlichkeit gegeben ist. Die noch vor der Eröffnung des Skulpturenboulevards im März 1987 einsetzende »Mobilmachung« der Berliner Öffentlichkeit führte nur bei wenigen Künstlern zu der Bereitschaft, sich auf diese neue Situation einzulassen. Ihre Kollegen übten sich in distinguierter Zurückhaltung statt in gesellschaftlicher Verantwortung. Der Aufgabe, sich der von ihrem eigenen Werk entfachten Wirkung zu stellen, waren sie kaum gewachsen.

Es ist bemerkenswert, daß gerade Edward Kienholz und Nancy Reddin-Kienholz von der unerwarteten tagespolitischen Aktualität ihres temporären Projektbeitrags »The Dumb Dumm Duel« überrascht wurden und davor kapitulierten, schließlich von der Ausführung des Aktionskonzeptes Abstand nahmen. Zwei in den Deutschlandfarben bemalte Baukräne sollten, am Adenauerplatz einander gegenüberstehend, mit ballonartig aufgeblasenen Präservativen und einer Stechvorrichtung ausgerüstet, sich in einem mehrere Tage dauernden Kampfspiel bekriegen; das Ziel der Künstler, auf die Sinnlosigkeit von Kriegen aufmerksam zu machen und die Obszönität von Gewalt zur Schau zu stellen, wurde durch die neue deutsch-deutsche Annäherung im Zeichen von Glasnost und mehr noch durch die heftig entfachte Aidsdebatte schlicht in den Schatten gestellt. Nicht minder bemerkenswert ist, daß das Künstlerpaar Kienholz/Reddin-Kienholz die Debatte zu seinen Gunsten nutzte und gegenüber dem Senat und dem Veranstalter von »Zensur« sprach. In der Tat hat es eine »Zensur« durch administrative Eingriffe des Auftraggebers oder inhaltlich – durch Einwirken der Projektkommission – nie gegeben. Lediglich formale Kriterien zur Gewährleistung der öffentlichen Sicherheit mußten – wie bei jedem Bauantrag – auch von den Künstlern bei der Erarbeitung ihrer Entwürfe eingehalten werden.

Der Auftraggeber

Der seinerzeit amtierende Kultursenator, Dr. Volker Hassemer, stellte den Skulpturenboulevard in eine Reihe mit den aufwendigen Stadtinszenierungen und Renommierprojekten einer konservativen »Kultur von oben«, die sich auch mit den Großskulpturen am Kurfürstendamm betont populistisch geben wollte (»Geburtstagsgeschenk für die Berliner«) und nach dem bewährten Motto »panem et circenses« verfuhr. Mit Recht demonstrierten die Vertreter einer basisdemokratischen, dezentralen Kulturpolitik gegen das zentralistische Konzept des Kultursenators anläßlich der 750-Jahr-Feier, das andere Projekte der Kunst im Stadtraum und die notwendige Fachdiskussion zugunsten der kulturellen Highlights vernachlässigte und ihnen finanziell das Wasser abgrub. Es ist in diesem Zusammenhang paradox, daß der Skulpturenboulevard einerseits als Negativbeispiel konservativer Elitekulturpolitik denunziert, andererseits aber bei der Bilanz des Berliner Stadtjubiläums und bis heute als massenwirksamste und für die Berliner Öffentlichkeit effektivste Veranstaltung – gerade durch die Berliner Sozialdemokraten – gewürdigt wird. Der engagierte Kulturpolitiker Hassemer sah sich von Anfang an in einer schwierigen

Lage, ähnlich Goethes Zauberlehrling, der die von ihm gerufenen Geister nicht mehr bannen kann. Die Kluft zwischen der Gewährleistung der Kunstfreiheit einerseits und der politischen Verpflichtung gegenüber dem Regierenden Bürgermeister, Diepgen, andererseits, stellte den Auftraggeber immer wieder vor ernste Konflikte, die er aber nach dem Prinzip »im Zweifel für die Künstler« zu lösen verstand. Die Funktionsteilung und Hierarchisierung bei der Organisation des Skulpturenboulevards entband den Kultursenator zwar von einer persönlichen Einflußnahme, schuf aber ein Vakuum zwischen ihm und den Künstlern. Ausdruck dieses gestörten Vertrauensverhältnisses war auch, daß nach den ersten kritischen Pressestimmen zur Frage nach dem Sinn solcher Großprojekte der Ausstellungsetat von ursprünglich 2,1 Mio. auf 1,8 Mio. DM gekürzt wurde.

Am eklatantesten brach der schwelende Konflikt zwischen Auftraggeber und Künstlern jedoch durch das Verhalten des Regierenden Bürgermeisters auf. Eberhard Diepgen (CDU) fiel seinem Kultursenator und den von der Stadt beauftragten Künstlern in den Rücken: Vor Millionen Fernsehzuschauern äußerte Diepgen, es werde während seiner Amtszeit in Berlin keinen zweiten Skulpturenboulevard geben. Daß Diepgen später die Äußerung modifizierte und davon sprach, man müsse »die Skulpturen ertragen«, nur sei der Ku'damm der falsche Ort, änderte nichts an der Grundtendenz der Aussage. Zum Zeitpunkt der spektakulären öffentlichen Distanzierung Diepgens hatte lediglich die Skulptur »13. 4. 81« von Olaf Metzel gestanden, eine zweite, Vostells »Beton-Cadillacs«, war in der Aufbauphase. Das anbiedernde Verhalten Diepgens vor dem Fernsehpublikum

Kultursenator Hassemer und der Künstler Olaf Metzel besichtigen die Bauteile der Skulptur in den Bildhauerwerkstätten des BBK, Berlin, Oktober 1986

wurde zum Auslöser einer Lawine von Reaktionen auf den Skulpturenboulevard und ermutigte nicht zuletzt konservative bis rechtsradikale Kreise im Schutz der staatlichen Autorität zu ungezügelten Reaktionen. Seit der Äußerung Diepgens erwies sich der Skulpturenboulevard als »Zugpferd« in den Medien, und die Medien waren es auch, die mit groß angelegten Kampagnen für die »Mobilmachung« der Berliner Öffentlichkeit sorgten und für den oftmals schlechten Stil der Debatte die Verantwortung trugen. Es ist interessant, daß es innerhalb der CDU – von der Einschätzung des Skulpturenboulevards bestimmt – zu einer Polarisierung zwischen »Kunstbefürwortern« (linker Parteiflügel) und »Kunstgegnern« (rechter Parteiflügel) kam. Ausgerechnet die »Republikaner«, die mitverantwortlich für die Niederlage der Christdemokraten im Berliner Abgeordnetenhaus wurden, griffen damals die Tendenzen der Zersplitterung begierig auf: In einer parteieigenen Zeitung (»Die Republikaner«) erschienen ab Mai 1987 mehrere Aufrufe gegen den Skulpturenboulevard, in Anzeigen wurde auf ein spezielles »Beschwerdetelefon« für die Berliner Kunstgegner hingewiesen, und im übrigen hieß es: »Auch der Skulpturenboulevard ist von Linken gemacht« (Die Republikaner, Nr. 2, 1987).

Daß die Ereignisse um den Skulpturenboulevard in der Folge kulturpolitische Entscheidungen in Berlin beeinflußt, ja zum Teil Umdenken und neue Strategien bewirkt haben, steht außer Frage: »Der Skulpturenboulevard ist [. . .] ein Beispiel dafür, daß wir uns vermehrt Gedanken darüber machen müssen, wie wir die Gesellschaft mit der zeitgenössischen Kunst konfrontieren. Der Skulpturenboulevard ist zugegebenermaßen durch den gewählten Ort eine besonders herausfordernde Konfrontation, weil diese Präsentation ein sehr hohes Maß an Unausweichlichkeit für den einzelnen Bürger mit sich bringt. Die Kunst kann sich nicht von der Meinungs- und Wertebildung des großen Teils der Bevölkerung absentieren.«[3]

Anderthalb Jahre später spricht aus den Gedanken des Kultursenators geläuterter Optimismus: »Die heftige Reaktion während der sechzehn Monate seither hat gezeigt, daß dies die innere Vorstellung vieler Berliner von der Topographie ihrer Stadt verletzt hat, daß hier nicht nur Nutzflächen in Anspruch genommen wurden, sondern Bedeutungsräume aneinandergeraten sind, die der Normalbürger getrennt hält und für unvereinbar erachtet – den Raum der Kunst [. . .] und auf der anderen Seite den Boulevard, dessen Inhalt und Bedeutung mit dem Treiben der zeitgenössischen Künstler nicht vereinbar sind. Ich glaube, die Erfahrung mit dem Skulpturenboulevard und die Diskussion darüber haben auch ein Stück Stadtentwicklung bewirkt oder doch zumindest das konzeptionelle und virtuelle Vorfeld der Stadtentwicklung klären helfen. [. . .] Nicht wenige haben dabei ein neues Verhältnis zu dieser Kunst bekommen, die sie zuvor vielleicht noch gar nicht gekannt hatten. Ebenso viele haben hoffentlich auch neue Augen für den Kurfürstendamm bekommen. So ist die *innere Kultur der Stadt,* die Befassung unserer Bürger mit der Kunst, in Bewegung gekommen.«[4]

Die Medien

Kein zweites Kulturprojekt in Berlin und vielleicht auch darüber hinaus dürfte seit Jahren so die Schlagzeilen der Presse beherrscht haben wie der Skulpturenboulevard am Kurfürstendamm. Nicht die Feuilletons, sondern die Lokal- und Titelseiten der Boulevardpresse füllten sich mit immer neuen Berichten. Das Interesse der Medien hat bis heute nicht nachgelassen. Für eine »Skandalgeschichte« gibt das Thema immer noch genügend her.

Unter dem Titel »Kunst-Gericht im ZDF: 400 Berliner rechnen mit Cadillac-Vostell ab« forderte die Bild-Zeitung am 5. Januar 1989 ihre Leser auf, dem Künstler die Meinung zu sagen: Eine ernstgemeinte Presseerklärung des ZDF anläßlich einer geplanten Live-Sendung mit Vostell wurde von der Boulevardpresse begierig aufgenommen und im Wortlaut abgedruckt: »Die Berliner sollen die Künstler in der Sendung ermutigen, kritisieren, verbessern, loben – und wenn es sein muß, auch beschimpfen« (Intendant Wolfgang Lörcher). Noch drastischer formulierte die BZ (5. Januar 1989) die »Einladung«: »Wer will Wolf Vostell beschimpfen? [. . .] Es werden Berliner gesucht und erwartet, die mit den beiden Künstlern der Frage nachgehen: Gibt es eine Kluft zwischen Gegenwartskunst und Publikum?« Zu der groß angekündigten Live-Sendung mit Vostell und Muthesius kam es natürlich nach einem so ungeheuerlichen Aufruf an die Öffentlichkeit nicht. Wolf Vostell sagte seine Teilnahme an der Veranstaltung durch seinen Anwalt dankend ab.

Daß das Publikum von der Berliner Presse zum Richter über Kunst und Nichtkunst bestellt wird, hat indessen schon Tradition. Mit der distanzierten Äußerung des Regierenden Bürgermeisters vor Eröffnung der Ausstellung gegenüber einem auf »Unterhaltungskultur« eingestimmten Fernsehpublikum und mit seiner speziellen Mißbilligung der Werke Metzels und Vostells waren alle Schleusen geöffnet worden, um Künstler und Öffentlichkeit gegeneinander auszuspielen.

Am Sonntag, dem 29. März 1987, also einen Monat vor der Eröffnung des Skulpturenboulevards, stellt die Berliner Morgenpost ihren Lesern in Sonntagsstimmung die Frage: »Kurfürstendamm – Kunst oder Schrott?« Das Foto, später durch dpa-Bildfunk auch in der überregionalen Tagespresse verbreitet, zeigte eine Baustelle, wie es sie zu Hunderten in jeder Stadt gibt. Es war die Baustelle am Rathenauplatz, in dessen Mitte Wolf Vostells »Zwei Beton-Cadillacs in Form der Nackten Maja« entstehen sollten, ein zivilisationskritisches Werk über das Ende der Industriegesellschaft und die urbane Brutalität in Stein. Nur wenige Tage später, als sich die Glossen und Leserbriefspalten der Tagespresse bereits zu füllen begannen, stellte die »Berliner Abendschau« (SFB-Fernsehen) an ebenjener Baustelle Rathenauplatz den schon aufgebrachten Anwohnern der umliegenden Beton-Wohnsilos die Gretchenfrage: »Stehenlassen oder Abräumen?« Was sich hier am Aufbau der Vostell-Skulptur entzündete, wurde von den Programmgestaltern demagogisch geschickt auf das gesamte Vorhaben des Skulpturenboulevards übertragen und von den Berlinern begeistert aufgenommen. Die Telefone des Fernseh-Kunstgerichts im SFB liefen heiß, die Notruftelefone der Polizei und Feuerwehr (mit den gleichen Anfangsnummern) waren über eine halbe Stunde blockiert. Ein Grund mehr, sich einen Tag später über die Kunst aufzuregen, da ja nun auch Rettungseinsätze verhindert worden waren und damit vielleicht sogar Menschenleben auf dem Spiel gestanden hatten. Die Umfrage der Abendschau hatte übrigens mit 76% Stimmen ein überwältigendes Plädoyer dafür erhalten, die Skulpturen von Metzel und Vostell abräumen zu lassen – ein klares »Aus« für den Skulpturenboulevard, wenn es nach den Kunstrichtern unter den Berliner Bürgern gegangen wäre.

In den Berliner Tageszeitungen wurde der Skulpturenboulevard bereits lange vor der Eröffnung zum Thema der Lokalberichterstattung. Fast täglich waren zwischen März und Juli 1987 neue Meldungen über Initiativen der Veranstalter, der Bürgerinitiative und anderer Interessengruppen, des Publikums und über die Reaktionen der Künstler zu lesen. Die Leserbriefspalten in Boulevard- und Tagespresse, vor allem das »Demokratische Forum« des Berliner Tagesspiegels, füllten sich mit Protestbriefen und Solidaritätsaufrufen aus allen Teilen der Berliner Öffentlichkeit, die das Podium nutzten, um »endlich auch einmal ihre Meinung sagen zu können«. Die Medien boten hierzu die Diskussionsplattform und übernahmen die Rolle eines »Stimmungsbarometers«, an dem Schärfegrad und Tendenz der Debatte ablesbar waren. Diese Stimmung war großen Schwankungen unterworfen; während das Berliner Stadtjubiläum auf vollen Touren lief und Millionen von in- und ausländischen Touristen die Stadt besuchten, trat eine leichte Mäßigung in den Auseinandersetzungen um den Skulpturenboulevard auch in den Medien ein und schuf allmählicher Akzeptanz Raum. Unter dem Eindruck dieser Wendung zum Positiven sah sich der Berliner Kultursenator ermutigt, die Aufstellungszeit der sieben Skulpturen und Installationen um ein weiteres Jahr bis Ende 1988 (Europäisches Kulturjahr) zu verlängern. Schon im Juli 1987 hatte ein »meinungsbildendes« Berliner Boulevardblatt die Wende im öffentlichen Bewußtsein registriert: »Der Skulpturen-Boulevard: Einst gehaßt, jetzt lieben ihn die Berliner.« »Unbedingt Matschinsky am Ort lassen!« schrieb ein Berli-

»Kunst oder Schrott?«, Zeitungsschürze der Berliner Morgenpost, 29. März 1987

ner kurz und knapp an den für den Skulpturenboulevard zuständigen Neuen Berliner Kunstverein (NBK). Und er war nicht der einzige: Immer mehr Berliner forderten, die sieben Objekte zwischen Tauentzienstraße und Rathenauplatz stehen zu lassen! Über 500 Briefe bekam der NBK seit März – heftig ablehnend waren sie nur zu Anfang. Mit Abstand am beliebtesten war die Figur »Berlin« (Matschinsky-Denninghoff) an der Tauentzienstraße. Doch sogar die Beton-Cadillacs von Wolf Vostell fanden immer mehr Freunde: »Vostells Kunstwerk stellt sehr schön den Tanz der Autofahrer ums Goldene Kalb dar«, schrieb einer. »Ich wohne im Wedding«, erzählte eine Berlinerin, »vier junge Menschen sind hier gegen die Mauer gerast. Und womit? Mit dem Auto! Weil Sie das aufzeigen, darum gibt's Geschrei« (Bild, 18. Juli 1987). Nach Monaten einer von den Berliner Medien betriebenen Meinungsmache klingt der Text geradezu unglaubwürdig, doch war in der Tat in weiten Teilen der Berliner Öffentlichkeit mittlerweile ein Gewöhnungseffekt gegenüber der Kunst am Kurfürstendamm eingetreten, der schließlich auch Interessen für den Ankauf der Skulpturen mobilisierte. Nur die Bürgerinitiative Rathenauplatz machte unverdrossen weiter. Sie gab in den Berliner Tageszeitungen ganzseitige Anzeigen mit Texten von Ephraim Kishon auf, um ihren biedermännisch-desavouierenden Kampagnen gegen die Beton-Cadillacs von Wolf Vostell zum Durchbruch zu verhelfen. Als der Abbau der Skulpturen im Herbst 1988 zur Debatte stand und sich bereits verschiedene Interessengruppen für Erhaltung und Ankauf ausgesprochen hatten (Unterschriftensammlungen), flammte die Kontroverse zwischen Kunstfreunden und Kunstfeinden auch in den Medien mit unverminderter Heftigkeit wieder auf.

Die überaus problematische Rolle der Medien im Kontext der Berichterstattung über den Skulpturenboulevard läßt sich – rückblickend betrachtet – unter drei Aspekten beschreiben:
1. die demagogische, populistisch orientierte und tendenziöse Berichterstattung der Lokalredaktionen, die das Kunstprojekt unsachlich, mißverständlich, zusammenhanglos und oft ohne jede Fachkompetenz darstellten;
2. das Versagen der Feuilletonredaktionen und der Fachpresse, die die Eröffnung des Skulpturenboulevards, den sie als »Ausstellung« begriffen, abwarteten, statt in die Kampagne der Lokalredaktionen und die damit einhergehende »Mobilmachung« durch die Berliner Medienlandschaft mit Fachkompetenz und Solidarität einzugreifen;
3. die einseitige Handhabung der Informationspflicht, die ausführliche Beleuchtung der ereignishaft-skandalösen Seite des Geschehens, statt die beteiligten Künstler und Kunstvermittler zu Wort kommen zu lassen und deren schwierige Übersetzungsarbeit bei der Darstellung von Kunst im öffentlichen Raum zu unterstützen.

Der Veranstalter

Trotz intensiver Pressearbeit waren den Möglichkeiten des Neuen Berliner Kunstvereins, das Projekt in der Öffentlichkeit zu vermitteln, enge Grenzen gesetzt. Zwar fanden zwischen Oktober 1985 und April 1987 drei Pressekonferenzen statt, doch war weder die Struktur des NBK noch die Anzahl der für den Skulpturenboulevard tätigen Mitarbeiter (Projektleitung, Sekretärin, sporadisch mitarbeitende studentische Helfer) auf eine der Größenordnung des Projekts adäquate Öffentlichkeitsarbeit angelegt. Im Gegenteil:

Dieser im Kostenplan kaum berücksichtigte Faktor und damit die bedenkliche Unterschätzung des Bedarfs an Vermittlungsarbeit führte mehrere Krisen im Projektverlauf herbei und wurde für alle Beteiligten zu einer unzumutbaren Belastung. Die Projektleitung hatte in den Kunstvereinsräumen am Kurfürstendamm ein »Organisations- und Informationsbüro« eingerichtet, das jedermann offenstand und zwischen Januar 1986 und April 1987 insgesamt zehn vorbereitende und begleitende Studioausstellungen durchführte. In diesen Ausstellungen wurden die am Projekt beteiligten Künstler mit ihren Entwürfen zum Kurfürstendamm, mit Modellen und anderen, im Kontext stehenden Werken der Öffentlichkeit vorgestellt, die natürlich größtenteils aus dem üblichen Publikum des Kunstvereins bestand, während neue Zielgruppen kaum erschlossen werden konnten. Nach der Aufstellung der Skulpturen aber, ab März 1987, wurde das Büro zur zentralen Anlaufstelle für aufgebrachte oder kunstengagierte Bürger, die persönlich ihre Meinung mitteilen wollten. Gleichzeitig gingen über Monate hinweg Hunderte von Briefen und Anrufen im Kunstverein ein, der sich genötigt sah, ein »Krisentelefon« einzurichten, das den erbosten Anrufern mit Toleranz, Sachkompetenz und Auskünften beratend und informierend zur Seite stehen sollte. Der NBK als Veranstalter wurde für die »skandalösen Vorgänge« am Kurfürstendamm mehr oder weniger verantwortlich gemacht – von einem Publikum, das sich von der Kulturpolitik, den Medien und schließlich einer undurchschaubaren »elitären Kunstclique« in die Irre geführt und allein gelassen fühlte. Mit kunstdidaktischen Unternehmungen oder Presseerklärungen des NBK und des Senators für Kulturelle Angelegenheiten wollte man sich nicht mehr abspeisen lassen. Die Projektleitung des Skulpturenboulevards initiierte daraufhin eine Reihe ergänzender Maßnahmen für die Öffentlichkeitsarbeit: Faltblattaktionen (Auflage: 20000), kunsthistorische Führungen (dreimal wöchentlich), Tonbandinterviews mit der Bevölkerung vor Ort, Veranstaltungen mit den Künstlern an den Skulpturen und Videovorführungen. Ein zweiteiliger Videofilm über das Projekt und die Publikumsreaktionen, unterstützt von der SPD Charlottenburg und der TU Berlin, leistete dem NBK wichtige Hilfe bei der Vermittlung in den Berliner Schulen.

Nachträglich müssen diese Maßnahmen, so wichtig sie im entscheidenden Augenblick waren, als hilflose und gescheiterte Versuche angesehen werden, den größten, kunstunkundigen Teil der Bevölkerung zu erreichen. Es hätte ganzer Legionen von kunstpädagogisch geschulten Mitarbeitern bedurft und Broschüren in verschiedenen Sprachen mit unterschiedlichem intellektuellem Niveau und mit einer Millionenauflage, um nur annähernd das Berliner und das in jenem Jahr massenhaft nach Berlin strömende touristische Publikum zu erreichen. Erschwerend kam hinzu, daß die Verträge der NBK-Projektmitarbeiter mit dem Senat im Juni 1987 endeten, also eine Fortsetzung der kunstdidaktischen Begleitaktionen ohnehin nicht mehr gewährleistet war. Die Notwendigkeit solcher Maßnahmen wurde zwar nachträglich vom Kultursenator zugestanden, doch liegen solche personal- und kostenintensiven Veranstaltungen außerhalb des üblichen Rahmens kultureller Großunternehmen, die im allgemeinen auf das Ergebnis, nicht auf den Prozeß fixiert sind, der im Falle des Skulpturenboulevards ein Lernprozeß hätte sein können. Ein Kunstverein mit seinem verhältnismäßig kleinen Wirkungsradius kann diese Erfordernisse und Erwartungen nicht erfüllen, wenn seine Bemühungen nicht gleichzeitig von den Informationsmedien mit »verlängerter Hebelwirkung« aufgegriffen werden. Von der Kulturverwaltung als Auftraggeber mußte sich der NBK als Veranstalter berechtigterweise finanziell im Stich gelassen fühlen, denn Anträge zur Nachfinanzierung in der entscheidenden Projektphase blieben ohne Erfolg. Genau hier aber liegt der blinde Fleck bei Großprojekten der Kunst im öffentlichen Raum, die das Publikum als entscheidende »dritte Instanz« vernachlässigen. Und so läßt sich auch der »Erfolg« der Vermittlungsarbeit des Veranstalters eher qualitativ als quantitativ beschreiben. Dazu gehörten Gespräche und Diskussionen – am Telefon und vor Ort – mit interessierten und kritischen, wenn auch nicht immer toleranten Bürgern, die das Angebot des NBK aufgriffen und für die eigene Weiterbildung und Information über Gegenwartskunst zu nutzen verstanden. Die Seltenheit dieser Begebenheiten macht deutlich, daß Kunstvermittlung in der Öffentlichkeit bei derartiger gut gemeinter »Einzeltherapie« als »Mund-zu-Mund-Beatmung« nicht stehenbleiben darf, daß aber überzeugende und angemessene Strategien bislang nicht entwickelt worden sind.

Fachöffentlichkeit, Kulturinstitutionen

Am 23. März 1987, vier Wochen vor der Eröffnung des Skulpturenboulevards und im Zusammenhang mit der Distanzierung Diepgens vor dem Fernsehpublikum, richtete der Bund der Steuerzahler einen offenen Protestbrief an den Kultursenator und zog damit eine Flutwelle öffentlicher Reaktionen nach sich: »Der ›Drahthaufen‹ [gemeint war Metzels Skulptur ›13. 4. 81‹] könne den Eindruck erwecken, der Ku'damm sei eine ›Müllhalde‹. Als ›Geschenk‹ an die Berliner Bürger will der Bund der Steuerzahler die umstrittene Plastik schon gar nicht gewertet wissen, [. . .] denn schließlich, so meint die protestierende Volkesstimme, müssen die Berliner für den Skulpturenboulevard teuer bezahlen« (Süddeutsche Zeitung, 28. März 1987). Eine Reihe von Faktoren kam schließlich zusammen, um das Faß der öffentlichen Meinung zum Überlaufen zu bringen und das »gesunde Volksempfinden« herauszufordern: das Argument von der »Verschwendung der Steuergelder«, die Übersättigung des Berliner Publikums mit Jubelkunst und repräsentationsheischendem Kulturrummel, der Unmut über die »Besetzung« des Kurfürstendamms als »falscher Standort«, die demagogische Berichterstattung der Presse, das lange Schweigen der Fachöffentlichkeit, die Distanzierung des Auftraggebers, die als provokativ empfundene Haltung der Künstler, des Kultursenators und der Veranstalter – so sprach die NBK-Projektleiterin ungeschickterweise »im Zusammenhang mit den Protesten von einer ›Chaotisierung‹ der Bevölkerung, die auch auf Presseveröffentlichungen zurückzuführen sei. ›Enorme Spießigkeit‹ schlage den Künstlern entgegen. Immerhin, hieß es selbstironisch, habe man bereits das ›Klassenziel‹ erreicht, bei der Debatte über Kunst im öffentlichen Raum Berlin aus dem ›provinziellen Tiefschlaf‹ herauszuholen« (Der Tagesspiegel, 26. März 1987). Die daran geknüpfte Hoffnung des Blattes, die Berliner seien »für einen wirklichen Volkszorn [. . .] jedoch hoffentlich großstädtisch genug – auch wenn die postwendende ›Publikumsbeschimpfung‹ der von der Vehemenz der Proteste getroffenen Veranstalter nicht eben zur Beruhigung der Gemüter beitragen dürfte« (ebd.), diese Hoffnung sollte sich indessen nicht erfüllen. Das lange Schweigen der Fachöffentlichkeit ließ sich nur so verstehen, daß man der endgültigen Aufstellung aller Skulpturen und damit der Bewertung des »ästhetischen« Ergebnisses nicht vorgreifen wollte. Erst als die Bürgerproteste immer militantere Züge annahmen, offen antidemokratische und rechtsradikale Untertöne laut wurden und schließlich die Künstler und Veranstalter Beschimp-

Olaf Metzel, »13. 4. 81«, Skulptur für den Joachimstaler Platz/Kurfürstendamm, Berlin, 1985/87

fungen, Diskriminierungen und Bedrohungen ausgesetzt waren, schalteten sich die demokratischen Kulturinstitutionen in die Debatte ein, allen voran die Berliner Akademie der Künste: »Wir werten es an und für sich als ein gutes Zeichen, daß Kunstwerke heute noch provozierend wirken können. Eine ernsthafte Kontroverse, auch die harte Auseinandersetzung mit dieser Provokation steht der Berliner Bevölkerung durchaus gut an. Mit tiefer Besorgnis blicken wir jedoch auf den blinden Eifer derjenigen, die sich zu den Gegnern jener Kunstwerke zählen, die die Auseinandersetzung an jeglicher Vernunft vorbei und von vornherein in eine irrationale Dimension getrieben haben und zur Diffamierung von Künstlern, gar zur Bombendrohung gegen ihre Werke greifen. Wir bedauern es zutiefst, daß ein Teil der Berliner Presse in ihren Lokalteilen diesen Prozeß durch mißverständliche und abwertende Berichterstattung gefördert hat. Das Bild der kulturellen Aufgeschlossenheit unserer Stadt erleidet dadurch unabsehbaren Schaden, ja es wird die Erinnerung an die finsterste Zeit des Kunstvandalismus vor fünfzig Jahren geweckt. Wir appellieren an die Tugenden der Liberalität, der Toleranz, gepaart mit der Tugend der Skepsis, die den Menschen in unserer Stadt nachgesagt werden. [. . .] Wir empfehlen den erregten Gemütern, ihr Engagement auf die weltweit ernsthaft unser aller Leben bedrohenden Probleme zu richten und das Angebot der Künstler und ihrer Kunst zum Nachdenken über diese anzunehmen. Wie zu allen Zeiten, so hat gerade heute die Kunst nicht in erster Linie die Aufgabe, schön zu sein« (Presseerklärung der Akademie der Künste, Ende März 1987).

Diesem Dokument der Zivilcourage schlossen sich Anfang April weitere Kulturinstitutionen und Interessengruppen, Fachverbände und Einzelpersonen an, um den Drohungen gegen die Künstler und der Diffamierung der Gegenwartskunst ein Ende zu bereiten. Dazu gehörten offene Briefe und Presseerklärungen des BBK, des Kulturforums der Sozialdemokratie (Bonn), des Bundesvorstandes des BBK, der Interessengemeinschaft Berliner Kunsthändler und anderer:

»Diese Auseinandersetzung um moderne Kunstobjekte sollte fair von allen Beteiligten geführt werden und nicht auf einer Ebene, die an Zeiten erinnert, in denen unerwünschte avantgardistische Kunst mit dem Stempel ›entartet‹ versehen wurde. Betroffen ist der BBK von den persönlichen Angriffen gegen die am Skulpturenboulevard beteiligten Künstler. Der BBK stellt sich eindeutig schützend vor die Künstler, die im Rahmen der Auseinandersetzungen diffamiert und bedroht werden« (Wolfgang Ludwig, Vorsitzender des BBK Berlin, 8. April 1987).

»Kunst darf kritisch sein, darf polarisieren, darf auch harte Diskussionen auslösen. Aufgabe von Politik muß es hier sein, für Toleranz zu werben, Freiräume von Kunst zu schützen, über die künstlerische Kritik nachzudenken. Im Gegensatz zu einer solchen Haltung hat sich Eberhard Diepgen populistisch einer Volksstimmung angepaßt und beleidigt pauschal die Berliner Künstler. [. . .] Und im Hinblick auf Berlin als Kulturmetropole 1988 ist der Vorgang skandalös: die Stadt der Kultur, der Avantgarde, der modernen Künste macht sich lächerlich. [. . .] Wir protestieren gegen opportunistischen Populismus« (Linda Reisch, Geschäftsführerin des Kulturforums der Sozialdemokratie, Bonn, 9. April 1987).

»Der Berliner Senat [. . .] hat die Pflicht, die beauftragten Künstler bei der Ausführung ihrer Arbeit zu unterstützen und vor den Übergriffen von Vertretern des ›gesunden Volksempfindens‹ in Schutz zu nehmen« (Dierk Engelken, Sprecher des Bundesvorstandes des BBK, 9. April 1987).

»Berlin will nächstes Jahr die europäische Kulturmetropole sein. Dann dürfen wir nicht mittelmäßigen und spießigen Geschmack als Elle am Skulpturenboulevard anlegen« (Hans-Joachim Bergandt, Alternative Liste, zit. n. Berliner Morgenpost, 29. März 1987).

Die übrigen Vertreter der Berliner Kulturlandschaft – zum Beispiel die Museen und Ausstellungsinstitutionen – hüllten sich in distanziertes Schweigen; dafür tobte der Streit um die Skulpturen am Kurfürstendamm unter den Fraktionen des Berliner Abgeordnetenhauses, nicht nur bei den Kulturpolitikern, um so heftiger.

Das Publikum

Das wirkliche Ausmaß an Öffentlichkeit, das der Skulpturenboulevard während seiner offiziellen Laufzeit und in der späteren Rezeptionsphase erreicht hat, läßt sich wie bei allen Großprojekten dieser Art nicht mit Zahlen belegen. Die Resonanz, auf die Kunst im öffentlichen Raum stößt, läßt sich nicht wie bei ihrem Pendant, der Museumskunst, an Eintrittskarten und Besucherrekorden ablesen. Fest steht, daß in den Jahren 1987 und 1988 wohl jeder Berliner und Berlinbesucher irgendwann einmal mit dem Skulpturenboulevard konfrontiert wurde, direkt oder indirekt, bei einem Gang über den Kurfürstendamm oder durch Zeitung, Fernsehen und Rundfunk. Das Innovative an diesem umstrit-

Zustandsfoto beim Aufbau der Vostell-Skulptur, Berlin, März 1987

tensten aller Kunst-im-Stadtraum-Projekte Berlins war, daß hier keine Selektion des Publikums vorgenommen werden konnte: Der Skulpturenboulevard richtete sich nicht an eine bestimmte Teilöffentlichkeit, etwa Museumsbesucher oder allgemein Kunstinteressierte, Anwohner oder Nutzer einer Garten- und Parkanlage, eines öffentlichen Geländes. Er richtete sich an »Öffentlichkeit« und wurde nicht zuletzt dadurch zum »soziologischen Experiment«, daß er je nach Brisanz und Standort der Kunstobjekte andere Publikums- und Interessengruppen mobilisierte. Damit wurde ein unbegrenzter Diskussions- und Meinungsbildungsprozeß in Gang gesetzt, der auch Menschen erfaßte, die sich nie zuvor mit moderner Kunst auseinandergesetzt hatten oder ihr überhaupt begegnet waren.

Der mehrfach vom Neuen Berliner Kunstverein ins Gespräch gebrachte Vorschlag einer Rezeptionsanalyse, die eine einmalige Chance zur Auswertung dieses Projekts dargestellt hätte, wurde vom Senator für Kulturelle Angelegenheiten abgelehnt, so daß eine zusammenfassende Auswertung notwendig Fragment bleiben muß. Dokumente, die erhalten geblieben sind, beschränken sich auf mehrere hundert Briefe und Antwortschreiben von Bürgern, Fragebogen, die der NBK mit seinen Faltblättern verteilt hatte, ferner auf Tonbandprotokolle vor Ort mit dem Publikum geführter Gespräche, Flugblätter von Bürgerinitiativen und Interessengruppen, Fotos und Presseberichte. Erfreulich war die Resonanz, die der Skulpturenboulevard in den Schulen und Hochschulen hervorrief: Es entstanden Dissertationen, Magister- und Seminararbeiten an kunsthistorischen, kunstpädagogischen, soziologischen, politologischen und architektonischen Fachbereichen.

»Ausgediente Autoskulpturen«, in: Der Tagesspiegel, Berlin, 22. Oktober 1988

»1967–1987«, Rückblende mit APO-Demonstration und Metzel-Skulptur, Fotomontage, Berlin, 1987

Offenkundig war eine ungehemmte Feindlichkeit gegenüber künstlerischer Avantgarde, die sich vor allem an den beiden umstrittensten Plastiken von Olaf Metzel und Wolf Vostell entzündete. Ihre militante Ausprägung fanden diese Stimmen in den offen neofaschistischen Flugblättern eines »Aktionskreises Kunst«, in anonymen Briefen und telefonischen Drohungen gegen die am Projekt Beteiligten, vor allem aber in der »Bürgerinitiative Rathenauplatz« (Standort der Beton-Cadillacs von Vostell).[5] Diese von dem »akademischen« Maler Herbert Liebenau ins Leben gerufene Initiative fand spontan einige hundert Anhänger aus dem Umkreis des gehobenen Mittelstandes von Berlin-Wilmersdorf und bemühte sich durchaus phantasievoll über einen Zeitraum von zwei Jahren mit Aktionen, Menschenketten, Happenings, Flugblättern und Transparenten, verstecktem und offenem Vandalismus letztendlich erfolglos um die Beseitigung des ungeliebten Kunstwerks. Unterschriftensammlungen, Anzeigenkampagnen in Berliner Tageszeitungen und Fernseh-Rededuelle (SFB, »Berliner Platz« u. a.) zwischen Kultursenator, Veranstalter, Bürgerinitiative, Kunstkritikern, Künstlern und Anwohnern unterstützten den »Kulturkampf« der Bürgerinitiative.[6] Ihre ungewöhnlich aktiven Umtriebe waren es vermutlich, die sowohl vandalistische Akte gegen Skulpturen nach sich zogen als auch rechtsradikale Äußerungen, die von den seinerzeit in der Berliner Parteienlandschaft bereits auftauchenden »Republikanern« noch geschürt wurden. In einem Flugblatt des »Aktionskreises Kunst« hieß es: »Wie lange wollt ihr euch noch foppen lassen? [...] Den Erzeugern jener unförmigen Gebilde, die sie Plastiken nennen und die von Kulturbonzen gekauft und öffentlich ausgestellt werden, wäre nur gedient, wenn man diese Plastiken zerschlagen würde!« In einem Brief der Gruppe »Kampf gegen die Kurfürstendamm-Schandflecke« wurde angekündigt, »bei Nacht-und-Nebel-Aktionen [...] diesen Spuk schnellstens wieder verschwinden zu lassen«. Anonyme Briefeschreiber und Passanten unterschiedlichsten Alters sprachen ungeniert von »entarteter Kunst« und »Kunst von Geisteskranken«, Künstler und Veranstalter »gehörten an den Skulpturen öffentlich aufgeknüpft« (Dokumentation des NBK). Genau fünfzig Jahre nach der Ausstellung »Entartete Kunst« flammte durch den Skulpturenboulevard ein lange schon schwelender Konflikt wieder auf: Das Publikum, ohne ein mündiges Verhältnis zur Geschichte, denunzierte Unverstandenes und zerstörte es, wo es sich selbst allein gelassen und von politischen Entscheidungen überrumpelt fühlte.

Die Rezeption des Skulpturenboulevards hat noch ein besonderes Phänomen freigesetzt, das bisher beispiellos geblieben ist: die »Trabantskulpturen«, kreative, meist anonyme und laienhafte Kommentare aus der Bevölkerung, die von Zeit zu Zeit die Kunstobjekte am Kurfürstendamm begleiteten und herausforderten: ein Berliner Bär aus Beton, eine aus Metallfundstücken zusammengeschweißte Figur, eine Blumeninstallation, Transparente und Objekte, schließlich eine ganze Skulpturengruppe aus silhouettenförmigen, eisernen Ganovenfiguren im Umkreis der Vostellschen Beton-Cadillacs, als deren Urheber sich der Berliner Künstler Sylvester Anthony bekannte. Prototyp und Höhepunkt jener »Trabantskulpturen« war ein pyramidenförmig einbetonierter DDR-»Trabant« neben dem Vostell-Objekt[7], der auf eine Stammtischinitiative Wilmersdorfer Geschäftsleute zurückging. Er stand gut plaziert auf dem Mittelstreifen vor dem Rathenauplatz und enthielt als ironischen Kommentar zum Zeitgeschehen überdies die Pappfiguren Michail Gorbatschows und Ronald Reagans, womit zugleich auf die abenteuerliche Geschichte der Flucht von DDR-Bürgern in einem mit »Pappoffizieren« ausstaffierten

Pkw aus jenen Tagen im Sommer 1987 angespielt wurde. Die »Trabantskulpturen« verhielten sich zu den Kunstobjekten wie der Mond zur Erde: Sie adaptierten die äußere Form, gaben kein eigenes Licht, sondern standen im Schatten ihres großen Bruders, dem sie ihre Entstehung, wenn auch nicht ihre Wirkung verdankten. Sie überlebten ihr Pendant nie und gingen als Zeugnisse laienhaften Kunstschaffens zum Leidwesen ihrer Urheber nicht in die Annalen der Kunstgeschichte ein, sondern verschwanden meist schneller wieder von der Bildfläche, als man ihr Erscheinen bemerkt hatte. Im Fall des Beton-Trabis hat man sich allerdings für Erhaltung und Verbleib neben den Beton-Cadillacs eingesetzt: »Auch er gehört, Antwort zur Provokation, auf diesen Platz. Ohne beide [Objekte] wäre die Stadt um eine schöne Groteske ärmer, Touristenziel bestimmt und vielleicht sogar für die lokale (Zeit-)Geschichte« (Der Tagesspiegel, 22. Oktober 1988).[8]

Der Trabant hat die Skulpturen am Kurfürstendamm jedoch nicht überlebt, und auch der Skulpturenboulevard selbst ist mittlerweile nur noch ein Torso des ursprünglichen Konzepts. Matschinsky-Denninghoffs »Berlin«, Erbens »Pyramide« und Vostells »Beton-Cadillacs« sind erhalten geblieben und wurden teils aus öffentlichen Mitteln, teils mit privatem Sponsoring erworben. Außer für Olaf Metzels Installation fanden sich für die übrigen Werke Käufer außerhalb Berlins bzw. Museumssammlungen.[9]

Es wäre zynisch, zu behaupten, die Entstehung von Kunst sei an Demokratie als ihre Voraussetzung gebunden. Im Gegenteil. Wenn der Skulpturenboulevard auch in vielem hinter seinen Ansprüchen zurückgeblieben ist, bleibt es sein Verdienst, ein Exempel für unser kulturelles Bewußtsein und für den Entwicklungsstand unserer Demokratie statuiert zu haben. Solange dies im Ergebnis so unbefriedigend ausfällt, ist es Aufgabe der Kunst, Öffentlichkeit herzustellen und damit ein Stück demokratisches Verhalten zu bewirken, wenn nötig mit Provokation. Mehr kann Kunst im öffentlichen Raum heute nicht erreichen.[10]

Anmerkungen

1 Walter Grasskamp: »Wieviel Kunst verträgt die Demokratie?«, in: Klaus Staeck (Hg.): *Nazi-Kunst ins Museum?,* Göttingen 1988, S. 123.

2 Vgl. dazu die Dokumentation, hg. v. Senator für Bau- und Wohnungswesen, Berlin (*Kunst im Stadtraum,* Berlin 1988).

3 Volker Hassemer: »Kunst – im Herzen der Stadt? Gedanken zur kreativen Beunruhigung« (Eröffnungsrede zum Skulpturenboulevard vom 25. April 1987), in: *Zeitzeichen, Berliner Gesprächsbeiträge,* Nr. 1, hg. v. Landesverband der CDU Berlin, 1987.

4 Volker Hassemer: »Kulturpolitik und Stadtentwicklung«, in: *Berliner Bauwirtschaft,* H. 24, Dezember 1988.

5 Ende März 1987, vier Wochen vor Eröffnung des Skulpturenboulevards, begann die Bürgerinitiative Rathenauplatz mit Protestkundgebungen und Demonstrationen in der ihr eigenen Form »kreativen Protests«, der viele Anhänger und – nicht immer so harmlose – Nachahmer fand. Der Trauerkranz auf der noch unfertigen Cadillac-Beton-Skulptur (Abb. S. 111) trägt die Aufschrift: »Hier ruht in Beton und Schrott Berlins Kunstverstand«.

6 Anläßlich eines »Kunst-Begräbnisses«, zu dem die Bürgerinitiative Rathenauplatz auch in der Presse aufgerufen hatte, sprach der jüdische Belletristikautor Ephraim Kishon, den die Bürgerinitiative zu ihrem Sprachrohr auserkoren hatte. Über ein Jahr lang begleitete Kishon die Aktionen der Halenseer Interessengruppe von Anwohnern und Geschäftsleuten mit ganzseitigen polemischen Anzeigentexten in Berliner Tageszeitungen und mit Solidaritätsbekundungen aller Art. Nicht unwesentlich im Zusammenhang mit der von Kishon kunstfeindlich betriebenen Kampagne war ein Schild mit der Aufschrift »Der wahre Kunstbanause« und einer antisemitischen Karikatur mit den Zügen des Künstlers Wolf Vostell. Bei dieser und ähnlichen Protestkundgebungen wurde Vostell wiederholt mit den Worten »Vostell – Jude! Ab nach Auschwitz« beschimpft.

7 »Ausgediente Autoskulpturen. Zum Ende des Kulturjahres E 88 sollen auch Vostells Cadillacs und der aus Protest dazu von Bürgern aufgestellte Trabi verschwinden«, berichtete der Berliner Tagesspiegel, der damit die Jubelkulturmüdigkeit der Berliner Öffentlichkeit nach »B 750« und »E 88« durchaus treffend widerspiegelte. Ob die »Beton-Cadillacs« von Vostell auch weiterhin am Rathenauplatz stehen bleiben können, ist auch nach dem Wechsel zu einem rotgrünen Senat in Berlin noch ungewiß.

8 Nachdem der Berliner Bezirk Wilmersdorf über den vorläufigen Verbleib des Vostell-Werks im Februar 1989 entschieden hatte, findet das umstrittene Objekt seine späte »Rehabilitation« in der Produktwerbung einer Berliner Einrichtungsfirma. Auf der Feuilletonseite des Tagesspiegels wirbt die Anzeige mit den »Beton-Cadillacs« für die Bandbreite ihres Angebots: »Der eine liebt Schleifen, der andere Beton. Entwickeln Sie Ihren ganz persönlichen Wohnstil – mit oder gegen den Zeitgeist. Wir stehen Ihnen für alle Extravaganzen mit Rat & Tat & Spaß zur Verfügung; von der Riesenschleife bis zum Edelstahl-Beton.«

9 Während des Berliner Volkszählungsboykotts im Sommer 1987 wurde die Skulptur von Olaf Metzel am Tauentzien »besetzt«. Von einem erhöhten Standpunkt aus erwies sich das Gerüst als ausgezeichneter »Verteiler« für Flugblätter, nicht nur der Volkszählungsgegner. Die überdimensionalen Absperrgitter wurden binnen weniger Monate zum Identifikationsobjekt der Berliner Gegenöffentlichkeit.

10 Vgl. zum Thema: *Skulpturenboulevard Kurfürstendamm Tauentzien, Kunst im öffentlichen Raum,* 2 Bde., hg. v. Neuen Berliner Kunstverein, mit Beiträgen von Martin Warnke, Hans-Ernst Mittig, Peter Iden, Jean-Christophe Ammann, Walter Grasskamp, Barbara Straka u. a., Berlin 1987.

Annelie Pohlen

Der Jenisch-Park zwischen Museum und öffentlichem Raum

Nach den Malern kamen die Bildhauer. 1985 gelangte das Schlagwort von den Modellbauern zu Aktualität. In jenem Jahr fand im Bonner Kunstverein eine Ausstellung mit Skulpturen von Bogomir Ecker, Albert Hien, Klaus Jung, Harald Klingelhöller, Klaus Kumrow, Manfred Müller, Norbert Radermacher und Thomas Virnich unter dem Titel »mitten im Werktag« statt. Einer der Aspekte, die in jener Ausstellung zum Tragen kamen, war die unterschwellige Vision von der kreativen Einmischung des Künstlers »im Werktag«. Im gleichen Jahr erschien das »Kunstforum International« mit dem Thema »Skulptur '85«.

All dies mag die Veranstalter in der Hamburger Landesvertretung in Bonn motiviert haben, mich als Eröffnungsrednerin zur Vorstellung des Hamburger Modells auf Bundesebene zu engagieren. Die Zeit war günstig – nicht nur in Bonn. Die großen Skulpturenausstellungen der unmittelbar folgenden Zeit – Sonsbeck, Münster, documenta 8 und eben der Jenisch-Park – unterstrichen das wachsende Interesse an einer Neubestimmung der Skulptur im öffentlichen Raum.

Doch nicht dieses weltweit eklatante Interesse, sondern die weiterreichende Frage nach den Möglichkeiten der Interaktion zwischen dem in sich autonomen Ansatz der Kunst und dem funktionalen Denken aller an der Gestaltung des öffentlichen Raumes beteiligten Kräfte war und ist der Kern der Auseinandersetzung um die Skulpturenparks der letzten Jahre. In diesem Kontext gebührt dem Jenisch-Park besondere Aufmerksamkeit. In ihm kristallisiert sich nicht nur das in den 80er Jahren keimende – wenn auch äußerst verhaltene – Interesse der Künstler, an der Gestaltung von Umwelt kreativ mitzuwirken, sondern ein immerhin von Politikern zu verantwortendes, im Ansatz bahnbrechendes Modell, eben das sogenannte »Hamburger Modell«.

Über die meist mißglückten künstlerischen Realisierungen in der überholten Tradition der »Kunst-am-Bau«-Maßnahmen zu lamentieren lohnt kaum die Zeit. Daß die vorgeschriebenen zwei, drei oder wieviel auch immer Prozent von den für öffentliche Bauten angesetzten Summen für bis zur Unerträglichkeit peinliche Werke verschleudert wurden (um das Wort »Kunst« in diesem Kontext möglichst zu vermeiden), liegt jedem auch nur einigermaßen sensiblen Architektur- und Kunstbetrachter seit je schwer im Magen. Im Hamburger Modell nun ist von einer tatsächlichen Interaktion zwischen allen Gestaltern unserer alltäglichen Lebenswelt die Rede. Utopie oder realisierbarer Weg?

Der Jenisch-Park reiht sich ein in die Kette der Probeläufe. Was aber stellt er dar auf der weiten Strecke von der Museumskunst – autonomer Kunst der Moderne im Schutz der von Kunstspezialisten betreuten Kunsträume jenseits aller außerhalb der Kunst liegenden Funktionen – hin zur Integration in einen Lebensraum, der der bildenden Kunst der Gegenwart nicht eben mit offenen Armen und liebenden Augen begegnet?

Der Gang durch den Jenisch-Park in Begleitung eines der dort Ausstellenden war der Gang von Flaneuren mit der Frage im Hinterkopf, ob dies eine ins Freie verlegte

Museumsausstellung oder doch schon eine Etappe auf dem Weg der Realisierung des Hamburger Modells genannt werden könne. Ich erfuhr bei diesem so entspannten Spaziergang bei strahlendem Wetter – eine Atmosphäre, die im übrigen alle vergleichbaren Projekte auch für Insider zum ungewohnten Genuß machte – von den unter solchen Umständen schwer vorstellbaren Aggressionen der Anwohner. Schwer zu glauben, was denn in dieser wahrlich friedlichen Atmosphäre hat stören können. Oder war es lediglich der Spaß an so manch köstlicher »Reliquie« mit dem – wenn auch unverstandenen – Siegel Kunst, der den Diebstahl motivierte?

Wie auch immer. Die Frage überschreitet das ständig latente Problem der Auseinandersetzung des Publikums mit der Kunst im öffentlichen Raum. Von tieferer Bedeutung ist das Verhältnis des Jenisch-Park-Projektes zum öffentlichen Raum, sein Stellenwert zwischen Museum und öffentlichem, alltäglichem Raum. Es geht um die künstlerische Strategie im Jenisch-Park mit Blick auf eine in die Zukunft weisende Konzeption von der

Bernhard Prinz, Repertoire und Resonanz, Hamburg, 1986

Thomas Schütte, Tor, Hamburg, 1986; im Hintergrund: Ludger Gerdes, Hamburger Stern (Teilansicht), Hamburg, 1986

Kooperation der Künstler mit allen an der Gestaltung des öffentlichen Raumes beteiligten Kräften.

Betrachtet man die Projekte für den Jenisch-Park unter diesem Gesichtspunkt, dann gilt es festzuhalten, in welchem Maße Künstler sich mit dem Ort ihrer Arbeit (der vielleicht noch Schutzraum genannt werden kann, indes dem Museum als Ort reiner Kunstvermittlung nicht verwandt ist) auseinandersetzten, in welchem Maße sie sich auf diesen Ort bezogen. Ein solcher Bezug bestimmt das Fundament jeder Diskussion um eine ernstzunehmende Gestaltung des öffentlichen Raumes.

Wie jeder andere Park ist der Jenisch-Park ein Ort künstlich gestalteter Natur. Aus der Tradition des Parks als kulturelles Gelände liegt die Strategie des Zu- oder Einfügens von Kunst durchaus nahe. Auffallend in diesem Projekt ist sicherlich eine deutliche Bezugnahme aller Künstler auf Geschichte, Tradition als Fundament für ein Arbeiten heute – unter allen skeptischen Vorbehalten für die Zukunft.

Der Rückblick in die reiche Vergangenheit der Gestaltung des öffentlichen Raumes ist nun keineswegs verknüpft mit nostalgischen Gesichtspunkten. Versucht man Licht auf den Hintergrund zu werfen, so taucht ein Text von Ludger Gerdes, einem der am Jenisch-

Wolfgang Luy, Labyrinth (Teilansicht), Hamburg, 1986

Park beteiligten Künstler, in meiner Erinnerung auf. Es ist ein Text, den ich eine der wesentlichen Künstlerstellungnahmen zum Problem der kreativen Gestaltung des öffentlichen Raumes nennen möchte. Im Katalog zur Ausstellung »Der versiegelte Brunnen« verweist Gerdes auf die Tradition öffentlicher Plätze in der Zeit des Barocks und zieht von dorther die Schlußfolgerung, daß es gilt, den Platz als Ort der Kommunikation, des Feierns usw. neu zu bestimmen. Der öffentliche Platz als Zentrum einer Gesellschaft, der die eigene Umwelt noch gemeinschaftliches Anliegen sein konnte, als Vision einer neu zu definierenden Zukunft in der Gegenwart ist möglicherweise eine der zentralen Fragen an die Akteure im Feld der Kunst im öffentlichen Raum.

Aus diesem Blickwinkel nimmt der Rückgriff auf die Geschichte in den Skulpturen und Projekten für den Jenisch-Park seinen besonderen Charakter an. Von hier aus läßt sich über die Arbeiten von Bernhard Prinz, Ludger Gerdes, Wolfgang Luy und anderen sprechen als von Modellen für das, was Platz oder Ort der Kommunikation sein könnte. Handelt es sich auch in den genannten Projekten um solche, die nur für diesen und keinen anderen Ort entstanden sind, beziehen sie eben den Jenisch-Park mit seiner spezifischen Geschichte und seinen natürlichen Topoi wie Wasser als Spiegel (Prinz), die Höhenunterschiede als Ausgangspunkt für Teil- und Gesamtsicht (Gerdes), den nahe gelegenen Hafen als Ausgangspunkt für ein Tor (Thomas Schütte) ein, so gilt doch die Bestimmung eines Ortes mit Auslösefaktoren für eine grundsätzlich über diesen Park hinausweisende Betrachtung des zu gestaltenden öffentlichen Raumes im Sinne der Frage nach dem Standort der Kunst im Öffentlichen überhaupt.

Stephan Balkenhol, Reiter, Hamburg, 1986 (vor dem Jenisch-Haus)

Unter anderen Gesichtspunkten nehmen Stephan Balkenhol und Stephan Huber das Zwiegespräch mit der Vergangenheit auf. Obelisken (Huber) und Reiterstandbilder (Balkenhol) gehören zum traditionsreichen Repertoire öffentlicher Plätze, um nicht zu sagen zum Repräsentationsgut feudaler Gesellschaften. In diesem Zusammenhang sind auch die im Innenraum der Gutsvilla präsentierten Gipsköpfe von Olaf Metzel zu nennen. Daß solche Repräsentationsgüter im Kontext der Kunst im öffentlichen Raum von hochgradiger Relevanz sind, liegt angesichts der gerade heute absurd wirkenden, nahtlos an die Geschichte des öffentlichen Raumes als Tummelplatz von Denkmalshütern anknüpfenden Gebräuche auf der Hand. Die Sehnsucht, das Erbe ungebrochen zu übernehmen oder ihm nostalgisch nachzutrauern, bestimmt unterschwellig die Diskussion. Der Verzicht auf eine ernstzunehmende Gestaltung des öffentlichen Raumes dürfte auch in der kritischen

Distanz gegenüber traditionellen Möglichkeiten auf der einen und den lamentablen Adaptionen auf der anderen Seite liegen. Beides zusammen läßt die Schlußfolgerung zu, daß für die Gestaltung des öffentlichen Raumes heute die Definition seiner selbst, die Definition von Öffentlichkeit fehlt.

Um so intensiver sind die genannten Versuche zu bewerten. Hubers Obelisk ebenso wie Balkenhols Reiterstandbild und Metzels Köpfe verknüpfen die Abwehr der Traditions-

Stephan Huber, Helden der Arbeit, Hamburg, 1986

Bogomir Ecker, Hohlweg, Hamburg, 1986

nostalgie mit einer Neubestimmung der in der Tradition verborgenen Funktionen von Erhabenheit, indem sie deren Trägerschaft mit dem Blick auf die heute wirkende – wenn auch durch andere gesellschaftliche Kräfte überlagerte – Öffentlichkeit verknüpfen. Der Obelisk als brüchiges Etwas für die Helden der Arbeit, das Reiterstandbild für den exemplarischen gesellschaftsneutralen Menschen, die durch aggressive Eingriffe in einen ambivalenten Zustand des Menschenbildes versetzten Köpfe von Metzel – sie unterlaufen die Repräsentationskultur des öffentlichen Raumes, um nach einer neuen Repräsentativität zu forschen.

Gegenüber den traditionsbezogenen Arbeiten nehmen die aus der Gegenwartszivilisation schöpfenden Beiträge zum Jenisch-Park wie die Ohren von Bogomir Ecker, der Panzerschrank von Felix Droese und die im Wald verborgenen Relikte von Hermann Pitz einen ganz eigenen Standort ein. Aus der Perspektive des Banalen entsteht eine Aura des Ambivalenten zwischen der Poesie des Geheimnisses und der Aggression des Zerstörten öffentlicher Kultur.

Dieser Polarität entgegen steht die Gemeinsamkeit der Bildsprache. Läßt man eben die historischen Bezugspunkte außer acht, dann entfalten die Objekte eine Zeichensprache; sie entziehen sich der Vereinnahmung durch die Bestimmungskategorien des öffentlichen Raumes und setzen essentielle Bilder jenseits eindeutiger Funktionen frei: der geplünderte oder doch offene Sicherheitsschrank, die Ohren einer Lauschaktion oder einer stillen Kommunikation, das Labyrinth als Ort der Bewegung oder der Verwirrung, das Tor – um nur auf einige der Beispiele zu verweisen.

Kommen wir von daher zurück zum Verhältnis von Park und Stadt als öffentlichen Räumen. Können Arbeiten wie jene im Jenisch-Park unter dem Blickwinkel des öffentlichen Raumes betrachtet werden, oder gilt doch die Parksituation im Sinne eines erweiterten musealen Raumes? Der Park ist nicht Natur und nicht öffentlicher Raum im übergreifenden Sinne. Er ist ein Freizeitraum, ein künstlich geschaffener Raum. Auf diesen haben sich die Künstler eingelassen. Sie haben nicht einfach Arbeiten hingestellt, insofern etwas jenseits musealer Bedingungen geschaffen. Arbeiten wie jene von Bernhard Prinz beziehen sich auf die spezielle Situation, suchen eine spezielle Örtlichkeit, um den der Arbeit eigenen Charakter in seiner Gültigkeit zu steigern, wie hier das spiegelnde Wasser, dem die Öffnung der trichter- oder arenaförmigen Skulptur zugewandt ist, womit eine Ansicht vom Wasser und eine Ansicht vom Land gültig in einen Diskurs über Erhabenheit eintreten. Als weiteres Beispiel sei noch einmal Thomas Schüttes Tor/Bild im Eingang des Hamburger Hafens als Rahmen eines Landschaftsbildes unter ortsspezifischen Gesichtspunkten angeführt.

Diese wenigen Beispiele mögen genügen, um die Beiträge im Jenisch-Park vor dem Hintergrund der Diskussion über Kunst im öffentlichen Raum besonders unter dem Gesichtspunkt des Hamburger Modells zu betrachten. Handelt es sich hier ganz offensichtlich um eine kreative Auseinandersetzung mit einem Ort jenseits des Schutzes musealer Gegebenheiten, handelt es sich vor allem um eine Arbeitsweise, die den Ort des Arbeitens als gesellschaftsrelevanten Ort bestimmt und die Fragen der Gesellschaft nach ihrer eigenen Stellungnahme einbezieht in die Reflexion über ihre Möglichkeiten, Kunst als Faktor des öffentlichen Raumes wahrzunehmen, so ist doch der Schritt aus der Parksituation hinaus damit noch zu erproben.

Es wird sich erst erweisen müssen, inwieweit es außerhalb dieser auf Zeit geplanten Projekte in den urbanen Situationen zu einer Kooperation kommen kann. Es ist leicht festzuhalten, daß das sogenannte Publikum, der durchschnittliche Nutzer des öffentlichen Raumes, der aktuellen Kunst fremd gegenübersteht, wenn er ihr nicht gar feindlich gesinnt ist. Die Frage ist, wer wirklich diese Fremdheit erzeugt oder – anders herum – wer an der Kooperation trotz der öffentlichen Aggression, wenn sie denn tatsächlich aus sich heraus da ist, Interesse hat. Unbestreitbar auch, daß die in früheren Epochen eingeübte gemeinschaftliche Aktivität zwischen den Gestaltern der Öffentlichkeit – den politischen Kräften, den Architekten und den Künstlern – nicht mehr vorhanden ist. Die Ursachen sind nicht nur in schlichtem Unverständnis zu suchen. Die gewandelten Kompetenzen der Mitsprache – der Wechsel von der fürstlichen Entscheidungsbefugnis zur demokratischen Mitsprache – sind zweifellos in diesem Kontext von größter Bedeutung. Auch dies hat mit der

Felix Droese, Der Sicherheitsschrank, Hamburg, 1986 (vor dem Jenisch-Haus)

mangelnden Bestimmtheit von Öffentlichkeit als Ort des kreativen Eingreifens zu tun. Künstler sind sicher unter diesen Bedingungen die Partner, deren Rolle bei der Gesamtgestaltung noch am wenigsten eingeübt oder selbstverständlich genannt werden kann. Was wunder, daß ihr Wille, sich zu beteiligen – unabhängig von allen Diskussionen über autonome versus funktionale Kunst –, von erheblicher Skepsis begleitet ist.

Unabdingbar ist nicht zuletzt die Frage, inwieweit Kunst dem öffentlichen Raum angesichts einer grenzenlosen Überflutung ebendieses Raumes mit Bildern und Objekten überhaupt sinnvoll hinzugefügt werden kann oder muß. Selbst wenn man wie ich in dieser Sache positiv entscheiden wird, muß die Frage mit nachdrücklichem Ernst gestellt werden. Denn nur so läßt sich vermeiden, daß Kunst im öffentlichen Raum weiterhin blindwütiges Addieren von als Kunst deklariertem Sperrgut auf der Basis der »Kunst-am-Bau«-Entscheidungen bleibt. Kunst im öffentlichen Raum kann ohne tatsächliche Interaktion aller am Gestaltungsprozeß Beteiligten keinen in die Zukunft weisenden Sinn machen. Aus diesem Blickwinkel kommt dem Probelauf Jenisch-Park Gewicht zu.

Helen Koriath

»Im Auftrag« – Kunst im öffentlichen Raum in Essen

Im Zweijahresrhythmus findet in Essen ein »Festival der Künste« statt, das als Versuch zu werten ist, die Folkwang-Ideen des Begründers des städtischen Museums, des Industriellen Karl Ernst Osthaus, wiederaufleben zu lassen. Osthaus formulierte zu Beginn dieses Jahrhunderts in seinen Folkwang-Projekten Forderungen nach einem durch Kunst und Kultur aufgewerteten, humaneren Lebensraum für die Menschen im durch schwerindustrielle Arbeit gekennzeichneten Ruhrrevier.

Der Gedanke, im Rahmen eines »Festivals der Künste« das Schwergewicht auf die »Kunst im öffentlichen Raum« zu legen, lag im Zusammenhang mit Osthaus' Ideen geradezu auf der Hand. So beschloß der Rat der Stadt Essen 1985, für die Finanzierung des sogenannten Zentralimpulses des Festivals des Jahres 1987, für »Kunst im öffentlichen Raum«, 700000 DM zur Verfügung zu stellen. Die Federführung wurde dem Museum Folkwang übertragen.

Schon von vornherein war klar, daß ein wie auch immer geartetes Projekt zu diesem Thema die zeitlichen Grenzen des auf zirka vier Wochen festgelegten Festivals sprengen müßte. Die Leitgedanken, die schließlich in einem ersten Vorentwurf zu einer Konzeption formuliert wurden, machten dies deutlich. Die wichtigsten Gedanken waren:

– Installation der Kunstwerke nicht für einen kurzen Ausstellungszeitraum, sondern auf Dauer, um der Bevölkerung die Möglichkeit der intensiven Auseinandersetzung mit Kunst anzubieten;

– Partizipation der Stadtbewohner unter Berücksichtigung ihrer Wünsche bezüglich der Standortwahl, mit dem Ziel, eine Situation des öffentlichen Auftrags herzustellen;

– Beteiligung international bekannter, aber auch junger, zum Teil noch unbekannter Künstler und Künstlerinnen, die im Auftrag der Bürger für bestimmte Standorte Kunstwerke entwickeln sollten.

Das wichtigste Unterscheidungsmerkmal im Vergleich zu anderen Projekten gleichen Themas stellte die Einbeziehung der Bürger dar. Ziel des »Im Auftrag« getauften Essener Projekts war eine aktive Mitwirkung der Bürger bei der Stadtgestaltung. Um dies im Ansatz zu erreichen, wurden sie zunächst gebeten, Orte aufzuzeigen, an denen sich das urbane Selbstverständnis der Menschen im Ruhrgebiet konkretisiert. Sie wiesen auf zahlreiche in ihren Augen vorhandene Defizite und gestalterische sowie soziale Brennpunkte hin, schlugen aber auch die traditionellen Standorte für mögliche Monumente vor. Dieses Procedere hinsichtlich der Standortwahl verhinderte eine Konzentration von Kunstwerken in der Stadtmitte und lenkte das Interesse der Künstler auf weniger privilegierte Stadtteile. Die Auftragsvergabe wurde transparent gemacht, und alle Entscheidungen wurden in Gesprächen innerhalb der Bezirksvertretungen, in Vereinen und anderen Gruppen diskutiert. Dabei stand die Überlegung im Vordergrund, der Öffentlichkeit Kunst als einen integrativen Bestandteil des soziokulturellen Stadtlebens begreifbar zu machen und ihr Möglichkeiten zu eröffnen, mittels künstlerischer Markierungen bestimmter Orte der Unwirtlichkeit ihrer Stadt etwas Beheimatendes entgegenzusetzen.

Diese Absichten setzten die Bereitschaft der Künstler und Künstlerinnen voraus, sich möglichst auf die vorgeschlagenen örtlichen Situationen einzustellen, auf die Bedürfnisse der Öffentlichkeit zu reagieren, also die öffentlichen Aufträge anzunehmen. Daher sprach das Museum Folkwang Künstler und Künstlerinnen an, die sich bereits mit dem Arbeitsfeld »Kunst im öffentlichen Raum« befaßt hatten. Junge, noch relativ unbekannte Künstler und Künstlerinnen wurden eingeladen, Konzepte zu entwickeln, deren Realisierung jedoch zunächst nicht gesichert war.

Um Mißverständnissen vorzubeugen, sei betont, daß die Bürger als Auftraggeber fungierten, nicht aber Themen vorgaben oder über die Objekte bestimmen sollten. Den vom Museum ausgewählten Künstlern und Künstlerinnen wurde in der Konzeption und in der Ausführung ihrer Arbeiten völlig freie Hand gelassen.

Auf die im Dezember 1985 an die Bürgerschaft gerichtete Bitte um Standortvorschläge gingen bei den neun Essener Bezirksvertretungen mehr als sechzig Meldungen ein. Im März 1986 wurden alle interessierten Künstler und Künstlerinnen nach Essen eingeladen, um sich auf Stadtrundfahrten und anhand von Fotos aller Standorte mit den örtlichen Gegebenheiten vertraut zu machen und Vorentscheidungen zu treffen. Schließlich sagten dreißig Künstler und Künstlerinnen ihre Teilnahme zu: Dennis Adams, Bogomir Ecker, Ludger Gerdes, Jochen Gerz, Albert Hien, Stephan Huber, Barbara Kruger, Raimund Kummer, Wolfgang Liesen, Wasa Marjanov, Bruce McLean, Olaf Metzel, Hermann Pitz,

Stephan Huber, Rote Sonnen, Essen, 1987

James Reineking, Ulrich Rückriem, Thomas Schütte, Klaus Simon, Timm Ulrichs, Nil Yalter, Hilmar Boehle, Rolf Glasmeier zusammen mit Fritz Jürgen Böttcher, Monika Günther, Marcel Hardung, Klaus Jung, Wolfgang Luy, Oveis Saheb, Ilona und Wolfgang Weber sowie VA Wölfl.

Jochen Gerz, James Reineking und Ulrich Rückriem nahmen eine Sonderstellung ein. So widersprach die Aufstellung der Plastik »Dislocator« von James Reineking der Konzeption insofern, als das Werk bereits zehn Jahre zuvor entstanden war und von einem Essener Bürger als Dauerleihgabe zur Verfügung gestellt wurde; es fand jedoch an einem der benannten Standorte seinen Platz. Ulrich Rückriem erhielt seinen Auftrag über die Theater und Philharmonie GmbH Essen, die das Museum in der Planungsphase des Projekts um Vorschläge für die Gestaltung des Geländes rund um das zur selben Zeit entstehende Aalto-Theater bat. Jochen Gerz entschied sich für eine auf acht Wochen befristete Aktion, die sich auf sieben Orte bezog, die nach den Zerstörungen des Zweiten Weltkriegs wiederaufgebaut wurden.

Um den Bezug zum »Festival der Künste« herzustellen, das Ausgangspunkt für das Skulpturprojekt gewesen war, wurde für den Zeitraum des Festivals eine zentrale Ausstellung im Museum Folkwang eingerichtet, in der alle Standorte und die entsprechenden künstlerischen Konzeptionen vorgestellt wurden. Hier konnte sich nun jeder interessierte Essener über den Stand der Auftragsarbeiten informieren, der an Skizzen, Zeichnungen, Modellen und Collagen ablesbar war.

In einem nächsten Schritt wurden die Vorbereitungen für die Realisierungen in Angriff genommen. War der Ablauf bis zu diesem Zeitpunkt reibungslos gewesen, so setzten nun die Schwierigkeiten ein. Die Absichtserklärungen der verschiedenen Stadtämter, bei den anstehenden erforderlichen Verfahren, technischen Planungen und Berechnungen behilflich zu sein, erwiesen sich oft als wenig fundiert. Auch die Standorte bereiteten Probleme. So mußte bis auf wenige Ausnahmen in jedem einzelnen Fall die Aufstellungsmöglichkeit genauestens überprüft werden. So wurde ein Kunstwerk ganz verhindert, in anderen Fällen wurden jedoch meist Standortalternativen angeboten. Mehrfach scheiterte die Kunst an anderweitigen städtischen Planungen. Albert Hien, der zwei Alternativen ins Auge gefaßt hatte, bekam erst auf Umwegen eine Installationsgenehmigung. Auf unsere Bauvoranfrage erhielten wir die Antwort, eine Aufstellung sei an beiden Plätzen ausgeschlossen, da hier umfangreiche bauliche Veränderungen vorgesehen seien. Erst als diese Pläne für die Baumaßnahmen auf einem der Plätze am Widerstand der Bürger gescheitert waren, konnte die Realisierung des Kunstwerks doch angegangen werden – und dies zur großen Freude der Bewohner des Stadtteils, die das Vorhaben von Anfang an begeistert unterstützt hatten. Für fast jedes Kunstwerk mußte ein gesonderter Bauantrag gestellt werden, der dann mit größter Akribie geprüft wurde. Nur kleinere oder flach am Boden installierte Arbeiten – wie eine Plastik von Hermann Pitz – fielen aus den umständlichen und zeitraubenden Genehmigungsverfahren heraus. Auf die zahlreichen bürokratischen Behinderungen – zum Teil wurden Rechtsgutachten eingeholt, weil Ampelanlagen in ihrer Funktion beeinträchtigt schienen, unbegründet Verkehrsstaus und Unfälle sowie viele unwesentliche Komplikationen befürchtet wurden – möchte ich hier nicht detailliert eingehen, da Hürden dieser Art jedem mit dem Thema »Kunst im öffentlichen Raum« befaßten Künstler und Ausstellungsmacher allzu vertraut sind. Daß Mißstände – wie ungeklärte Besitzverhältnisse der Grundstücke und von niemandem zu verantwortende Baufälligkei-

Klaus Simon, o.T., Essen, 1987

ten, beispielsweise einer Schnellstraßenbrücke – erst durch unser Bemühen, an diesen Stellen Kunst anzubringen, ans Licht gelangten, mag vielleicht auch niemanden überraschen.

Bedeutsam erscheint mir die Tatsache, daß auch einzelne Konzeptionen, an deren Realisierung ursprünglich nicht gedacht war, umgesetzt wurden. Während ein Entwurf von Monika Günther zunächst großes Interesse weckte, schließlich aber doch nicht verwirklicht werden konnte, bewog ein Modell des Düsseldorfers Oveis Saheb einen Unternehmer, die Finanzierung des Projekts zu übernehmen. Ideen von Ludger Gerdes, Klaus Jung und Wolfgang Luy zur Neugestaltung eines Marktplatzes in einem Arbeiterviertel wurden in verschiedenen Gremien ernsthaft diskutiert. Planungsamt, ansässige Kaufleute und Politiker halten eine Umsetzung der Ideen für möglich, eine Entscheidung steht jedoch noch aus.

Die Finanzierung der noch zu realisierenden Arbeiten ist weitgehend gesichert, auch wenn die Kosten seit den ersten Schätzungen erheblich gestiegen sind. Dies war und ist nur möglich, da der (private) Kunstring Folkwang zusätzliche Kosten in großer Höhe übernommen hat. Er war von Anfang an in die Planungen einbezogen und stellte großzügig bemessene finanzielle Mittel zur Verfügung. Bei allen privat geförderten Einzelprojekten zeichneten sich enorme Vorteile gegenüber den rein städtisch finanzierten ab, da zahlreiche bürokratische Wege umgangen werden konnten. Hier war auch ein gewisses psychologisches Moment nicht zu unterschätzen, schienen doch die privaten Sponsoren bei der

Olaf Metzel, NEWS, Essen, 1987

Verwaltung großes Ansehen zu genießen und fühlten sich viele aufgrund der erwiesenen Großzügigkeit moralisch verpflichtet, entgegenkommend und etwas weniger ängstlich und unsicher zu reagieren.

In der Essener Öffentlichkeit bestand großes Interesse an dem Projekt. Über die zentrale Ausstellung im Museum Folkwang im Mai/Juni 1987 hinaus, in der Führungen und Gespräche stattfanden, wurde auch in den Stadtteilen und vor Ort der Kontakt zur Bevölkerung intensiviert. Jede einzelne künstlerische Idee wurde in den öffentlichen Bezirksvertretungssitzungen vorgestellt und ausführlich diskutiert, und häufig kam es zu zusätzlichen Terminen. Vereine, Verbände, Initiativgruppen, Arbeitskreise und andere Einrichtungen luden uns zu Gesprächsrunden ein. Auch Künstler informierten aus eigenem Antrieb über ihre Projekte. Klaus Simon schlug zum Beispiel eine Woche lang sein Zelt neben seiner Plastik auf und war stets von Neugierigen und Interessierten umlagert. Schulklassen hielten ihren Kunstunterricht dort ab. Der Kunstring Folkwang organisierte Fahrten mit Führungen zu den Standorten, lud zu Vorträgen sowie zu einem Round-table-Gespräch mit Künstlern und Journalisten ein. Außerdem wurde eine Informationszeitung herausgegeben.

Bis heute konnten nicht alle Aufträge erfüllt werden. Die Künstler haben ihr möglichstes getan und wurden zum Teil auf harte Geduldsproben gestellt. Aus dem Projekt ist eine

Art Dauerbrenner geworden, der die Künstler und die gesamte Stadt – die verschiedenen Ämter, die Politiker und die Bürger – weiterhin beschäftigt. Unter anderem hat die personelle Situation am Museum Folkwang zu Verzögerungen und Komplikationen geführt. Ulrich Krempel, der als Ausstellungsleiter das Konzept erarbeitet hatte, verließ Ende 1987 das Museum, und ich – seit Frühjahr 1987 an dem Unternehmen beteiligt – konnte das Projekt nur im Rahmen kurzfristiger und nicht abgesicherter Werkverträge bis zum Sommer 1988 weiterführen. Da keine Möglichkeit der Verlängerung bestand, werden die weiteren Arbeiten seitdem nur noch nebenbei und leider ohne großes Interesse und Engagement seitens der Stadt ausgeführt.

Fest steht, daß weitere Kunstwerke fertiggestellt werden, wenn auch erst 1989 – wie beispielsweise die Bushaltestellen von Dennis Adams –, so daß am Ende mindestens zwanzig Plastiken im Stadtbild verankert sein werden.

Die Frage nach dem Erfolg oder Mißerfolg des Projekts »Im Auftrag« insgesamt ist heute nicht leicht zu beantworten. Geht man von den Fakten aus, daß bisher vierzehn Einzelprojekte – von Klaus Simon, Stephan Huber (zwei Arbeiten), Oveis Saheb, Olaf Metzel, Ulrich Rückriem, James Reineking, Johannes Brus, Raimund Kummer, Wolfgang Liesen, Hermann Pitz, Albert Hien, Bruce Mclean und Timm Ulrichs – wirklich komplett realisiert sind, eine zeitlich begrenzte Foto-Text-Aktion von Jochen Gerz abgelaufen ist und weitere fünf Skulpturen entweder noch in Arbeit (Dennis Adams) oder zwar fertiggestellt, aber noch nicht am Bestimmungsort installiert sind (Ludger Gerdes, Bogomir Ecker, Wasa Marjanov, Thomas Schütte), so fällt es schwer – und dies gilt insbesondere für Nicht-Essener –, insgesamt von einem Erfolg zu sprechen.

Daß innerhalb dieses langen Zeitabschnitts nicht mehr realisiert werden konnte, ist zu einem gewissen Teil auch der Konzeption zuzuschreiben: Da die Ideen, Ausführungen und Änderungen der künstlerischen Arbeiten in den verschiedenen Gremien, Ausschüssen und in der Öffentlichkeit vorgestellt werden sollten und immer erst alle Genehmigungen der Verwaltungen abgewartet werden mußten, hat der Prozeß länger gedauert. Das Ergebnis des Verfahrens ist jedoch zumindest befriedigend. Vielen Essenern wurde dabei Gelegenheit gegeben, sich mit den künstlerischen Entwürfen zu befassen und sich dazu zu äußern – was auch in großem Umfang geschah. Insgesamt gab es nur ein rigoroses Nein zu einem der Vorschläge. Es wurde von Bürgervertretern ausgesprochen, bevor das Konzept des Künstlers überhaupt der Bevölkerung vor- und zur Diskussion gestellt worden war. Begründung für die Ablehnung war die Angst vor möglichem Vandalismus, die jedoch – und das können wir zu unserer großen Freude und zur Stützung unseres Konzepts sagen – völlig gegenstandslos war. Denn bisher wurde keines der Kunstwerke beschädigt, beschmiert oder gar zerstört. Selbst die ziemlich empfindlichen Foto-Text-Tafeln von Jochen Gerz überstanden viele Wochen bis zum Ende der Aktion unbeschädigt. Es ist wohl nicht zu vermessen, dieses Faktum als einen Teilerfolg anzusehen, den wir der Beteiligung der Öffentlichkeit und unserer Informationsarbeit zuschreiben. Vielleicht geht es nicht einmal zu weit, dieses als Ausdruck von Sympathie zu werten und somit den Versuch, Identifikationspunkte für die Bürger im städtischen Umraum zu schaffen, als geglückt zu bezeichnen.

Ein weiteres Ziel – der Konzentration von Kunstwerken in der Innenstadt entgegenzuwirken – wurde erreicht. Mit Ausnahme einiger Standorte im Bereich des neuen Aalto-Theaters und des Stadtgartens am Rande der Innenstadt wurden von den Künstlern die

Vororte favorisiert. Auffallend war die tendenzielle Vorliebe für den Essener Norden, ein Gebiet mit hohem Anteil an Arbeitern und Arbeitslosen, Industriegeländen und -brachen, alten Zechen und Abraumhalden, aber auch stark genutzten Parks. Der privilegierte Süden war überhaupt nur für einen Künstler interessant. Viele haben gerade der Sensationslosigkeit der zum Teil vorgeschlagenen Stellen und somit dem Wunsch der Bewohner nach Gestaltung oft desolater, manchmal gar dramatischer Ecken Beachtung geschenkt. Die Bevölkerung versteht – das kam in den zahlreichen Diskussionen vor Ort immer wieder zum Ausdruck – die neu entstandenen Kunstwerke als eine tatsächliche Aufwertung und nicht nur als optische Aufpolierung des öffentlichen Raumes.

Es ist gelungen, eine breite Essener Öffentlichkeit für die Kunst im öffentlichen Raum zu interessieren; es ist gelungen, Kunstwerke in das Stadtbild zu integrieren, die sich deutlich von den bisher als »Kunst« mißverstandenen Möbeln oder Brunnen mit Lokalkolorit und anderem Dekor abheben und tatsächlich brisante Situationen markieren und die von der Bevölkerung nicht nur akzeptiert, sondern oft diskutiert und wenn nötig auch verteidigt werden.

Da die Kunstwerke im Stadtgebiet verteilt sind, bleibt ihr Publikum größtenteils regional begrenzt. Liegen einige Standorte noch verkehrsgünstig an breiten Hauptverkehrs-

Johannes Brus, Nashorn-Tempel, Essen, 1987

adern und profitieren von einem vorbeifahrenden Massenpublikum, so befinden sich andere in entlegenen Winkeln, die oft nicht einmal Essenern bekannt sind. Dem auswärtigen Besucher wird es daher nicht leicht gemacht, möchte er alle Skulpturen betrachten. Er ist gezwungen, weite Strecken innerhalb der Stadtgrenzen zurückzulegen und sich in ständig wechselnde fremde Situationen einzufinden. Die Kunstwerke entziehen sich einer leichten Konsumierbarkeit im Vorübergehen, und auch bei aller Dramatik der zum Teil ausgewählten Orte – wie beispielsweise einer Abraumhalde – wird niemals der Eindruck der Effekthascherei erweckt. Daraus wird auch ersichtlich, warum »Im Auftrag« nicht besonders medienfreundlich und -wirksam war.

Daß sich die meisten der im Auftrag der Bürger entstandenen Kunstwerke nicht an in traditionellem Sinne repräsentativen Örtlichkeiten befinden, auf den Schauseiten der Stadt, die den Politikern immer besonders am Herzen liegen, hat sicherlich zu dem Desinteresse beigetragen, das im Laufe des Projekts seitens der Stadtväter bekundet wurde. Im Auftrag der Öffentlichkeit sind Kunstwerke dort entstanden, wo sie aus Sicht der Politiker kaum zur Verbesserung des Images der Stadt beitragen können. Die zögernde Bereitschaft, Entscheidungen zu fällen und dafür Verantwortung zu übernehmen, sowie insbesondere das Unvermögen, in dem Projekt einen wichtigen Beitrag zur Humanisierung des urbanen Lebens zu sehen, kennzeichneten die Zusammenarbeit mit der Verwaltung während der gesamten Realisierungsphase. Der Wunsch der Öffentlichkeit und der Künstler, an bestimmten Punkten in der Stadt Kunst aufzustellen und somit manchmal im wahrsten Sinne des Wortes Brennpunkte zu markieren, löste in den Ämtern Grundsatzdiskussionen über Grünflächenpflege, Straßenreinigung, Verkehrssicherheit, Stadtsanierung, Stadtplanung und Denkmalpflege aus sowie Kompetenzstreitigkeiten, die oft über Monate hinweg ausgetragen wurden, bevor endlich Lösungen gefunden werden konnten.

Es ist der Offenheit von Künstlern und Bürgern zu verdanken und ihrer Bereitschaft, im Dialog das Experiment in Angriff zu nehmen und zu Ende zu führen, daß man trotz der zahlreichen widrigen Umstände das Projekt in einigen Teilen als gelungen ansehen kann. »Im Auftrag« hat im Kontext der Auseinandersetzung mit dem Thema »Kunst im öffentlichen Raum« und besonders in der Konsequenz der Durchführung nach dem Konzept Modellcharakter angenommen. Die Mühen der Künstler und der Öffentlichkeit haben sich gelohnt, auch wenn die Aktion wegen des Verzichts auf Spektakularität weitgehend abseits des überregionalen Interesses und der Kunstszene stattgefunden hat. Die zirka zwanzig Kunstwerke, die – hoffentlich – dauerhaft im städtischen Lebensraum präsent sein werden, bleiben trotz einer gewissen Ernüchterung und einer Einbuße an Idealismus seitens der Essener Bevölkerung, der Künstler und der Organisatoren des Projekts Manifestationen des Versuchs der Annäherung von Kunst und urbaner Gesellschaft; sie können beispielhafte Zeichen setzen für eine humanere Gestaltung der von wirtschaftlichen Krisen und wachsender Arbeitslosigkeit geprägten Ruhrgebietsstadt, in der Versuche der Imagepflege durch Prestigeobjekte – wie sie den meisten Politikern am Herzen liegen – am Interesse der Bewohner vorbeigehen.

Friedrich Meschede

»Skulptur 1977« und »Skulptur Projekte in Münster 1987«*

Das Westfälische Landesmuseum für Kunst und Kulturgeschichte in Münster hat in Zusammenarbeit mit der Stadt Münster nach der Konzeption von Klaus Bußmann und Kasper König mit zwei Projekten die künstlerischen Möglichkeiten von Skulptur für den öffentlichen Raum unter den spezifischen Bedingungen des urbanen Lebensraumes exemplarisch untersucht. Beide Ausstellungen, »Skulptur 1977« und »Skulptur Projekte in Münster 1987«, waren mit ihrem Einfluß auf die sogenannte »Kunst im öffentlichen Raum« prägend im Hinblick auf neue Verfahren, mit denen Bedeutung, Entwicklung und zeitgenössische Funktion dieser Spezialaufgabe der Bildhauerei in der Folgezeit diskutiert worden sind.

Die Konzeption der Ausstellungen von 1977 und 1987 ging von der Beobachtung, Erfahrung und Überlegung aus, daß herkömmliche Ausschreibungs- und Wettbewerbsverfahren, wie sie im Bereich der »Kunst-am-Bau«-Gesetzgebung festgelegt sind, sich nicht besonders stimulierend auf die künstlerische Qualität von Außenskulptur ausgewirkt hatten; unter den unzähligen Beiträgen dieser Art sind nur wenige überzeugende Lösungen. (Ein frühes Beispiel einer gelungenen Arbeit ist die von Norbert Kricke am Stadttheater in Münster aus den Jahren 1955/56.)

Sinnvolle Ansätze zur Neubestimmung des »Kunst-am-Bau«-Budgets zeigten sich an einem anderen Beispiel öffentlicher Skulptur in Münster, als 1983 die Fachjury in einem Verfahren zu der Entscheidung kam, die zur Verfügung stehenden Mittel nicht für die Umsetzung eines zeitgenössischen Entwurfs zu veranschlagen, sondern diesen Etatposten für den Ankauf eines Werkes der klassischen Moderne zu nutzen. Man erwarb die Bronzeplastik »Ascension« von Otto Freundlich aus dem Jahre 1929. Wenn auch der heutige Standort im Bereich einer Fußgängerzone dem Werk nicht optimal entspricht, so ist der Erwerb dieser Plastik doch besonders hoch zu bewerten.[1]

Eine ähnliche Entscheidung zehn Jahre zuvor hatte den eigentlichen Impuls zu der ersten Ausstellung »Skulptur 1977« gegeben. Die Proteste, die der Ankauf der kinetischen Plastik »Rotierende Quadrate« von George Rickey 1973 hervorrief, haben die Entscheidung mitbestimmt, eine größere Skulpturenausstellung zu organisieren, die die großen Entwicklungslinien der Skulptur des 20. Jahrhunderts nachvollziehbar machen sollte.

»Skulptur 1977«

Die Ausstellung »Skulptur 1977« hatte drei Schwerpunkte. In den Räumen des Westfälischen Landesmuseums wurden Exponate vorgestellt, die die historische Genese der Plastik von Auguste Rodin bis Constantin Brancusi nachzeichneten. In dieser Sektion waren selbstverständlich auch exemplarische Werke von »Maler-Bildhauern« zu sehen, die die eigentlich revolutionären Innovationen der Plastik hervorgebracht haben, indem sie, befreit von den traditionellen Aufgaben der klassischen Bildhauerei, neue Themen und ungewöhnliche Techniken, unverbrauchte Werkstoffe und kunsttheoretische Konzepte in die Geschichte der Skulptur des 20. Jahrhunderts eingebracht haben.[2]

In der zweiten Sektion der »Skulptur 1977« lag der thematische Schwerpunkt auf dem Aspekt »autonomer Außenplastik«, wie sie seit Beginn der 60er Jahre entwickelt worden war, veranschaulicht an den Hauptvertretern der Eisenplastik der 60er und frühen 70er Jahre. Ausgewählte Exponate nichtfigurativer, autonomer Plastik wurden vornehmlich im Schloßpark gezeigt, und sie gaben damit den Hinweis auf eine längere Tradition von Skulpturausstellungen im Park oder im landschaftlichen Ambiente.[3] Dieser zweite Teil machte die Besucher mit den Entwicklungen der jüngsten Geschichte vertraut. Die Bezeichnung »autonom« bezieht sich in diesem Kontext auf die Gestaltung der Skulpturen, die unabhängig vom Aufstellungsort aus der individuellen Formensprache des jeweiligen Künstlers abzuleiten ist; eine werkimmanente Konzeption dieser Skulpturen suchte die Verhältnisse von Volumen und Form, Fläche und Linie, Ausdehnung und Richtung im Raum neu zu definieren.

Die dritte Sektion, der so bezeichnete »Projektbereich«, von Kasper König betreut, verfolgte die Absicht, einige damals weniger bekannte, jüngere Bildhauer nach Münster einzuladen[4], um sie um einen Projektvorschlag zu bitten, mit dem die Künstler auf die spezifischen Bedingungen eines von ihnen eigens gewählten Ortes eingingen. Das Credo des Projektbereichs lautete: standortbezogene Skulptur nach eigener Ortswahl des eingeladenen Künstlers, der aufgrund eines Vertrauensvorschusses zu einem Projekt aufgefordert wird, das dann seine Gültigkeit nach Maßgabe der vorgefundenen Bedingungen überzeugend beweisen muß. In diesem Zusammenhang erscheint es mir wichtig, darauf zu verweisen, daß dieses Verfahren im Stadium der Auseinandersetzung mit einem Ort und nach ersten Entwürfen die Möglichkeit eines Scheiterns zuläßt, weil nicht immer eine bildnerische Konzeption auf die Bedingungen des Außenraumes übertragbar ist und die Umkehrung dieses Prinzips als Kriterium einer gehaltvollen Arbeit auszuschließen ist: Standortbezug für sich stellt nicht das alleinige Kriterium einer qualitätvollen Skulptur dar.

Der Ausstellung »Skulptur 1977« folgten zahlreiche Ereignisse vergleichbarer Konzeption, und ich möchte nur die wichtigsten von Basel 1980 im Wenkenpark und erneut in Basel 1984 im Merianpark nennen – zwei Ausstellungen, die die geschichtlichen Zusammenhänge der Skulpturentwicklung des 20. Jahrhunderts anders akzentuiert haben; weitere Ausstellungsprojekte folgten in Genf und Sonsbeek[5], so daß für die Planungen der zweiten Skulpturausstellung von Münster die Frage zu diskutieren war, welche Berechtigung und Notwendigkeit ein weiteres Projekt dieser Art haben könnte, wo die Herausforderung und Zielvorstellung anzusetzen sei.

»Skulptur Projekte in Münster 1987«

Vor dem Hintergrund der Ausstellung von 1977 zeichnet sich die Konzeption der »Skulptur Projekte in Münster 1987« deutlicher ab. Es sollte ausschließlich der Projektbereich von 1977 zum Thema gemacht werden; Klaus Bußmann und Kasper König wollten die vermuteten und erhofften Lernerfolge nutzen, um erneut Künstler zu einem Dialog mit dieser Stadt einzuladen. Das Ziel war ein langwieriger Arbeitsprozeß, auf den sich eingeladene Künstler und Organisatoren eingestellt haben, um »den Forschungsgegenstand Stadt« (K. König) mit bildnerischen Mitteln zu untersuchen, um mit »künstlerischen Interventionen« (K. Bußmann) eine Kunst im urbanen Kontext herauszufordern, »Kunst nicht nur im Museum, nicht im Park, und vor allem nicht am Bau, sondern da, wo sie hingehört, notwendig ist und (manchmal auch) verstanden wird« (K. Bußmann).

Die aktuellen Tendenzen der zeitgenössischen Kunst mit ihren vielfältigen Ausdrucksformen haben es ermöglicht, den Blick der Künstler nicht allein auf die Straßen und Plätze, auf die Grünanlagen und Parkbereiche der Stadt zu lenken, sondern auch die Geschichte Münsters oder einzelner Stätten, die soziale Struktur und die Klischeevorstellungen der Bürger wurden Gegenstand einer künstlerischen Interpretation. Der fremde und deshalb freie, unbefangene Blick auf gewählte Aspekte war eine Voraussetzung für überraschende künstlerische Vorschläge, die bisweilen selbst vertraute, vielleicht sogar kalkulierte Erwartungen durch einen ungeahnten Zugriff auf eine Situation verblüfften. Man kann die Rahmenbedingungen dieses Arbeitsprozesses zu einigen Punkten zusammenfassen:
1. Die Auswahl der eingeladenen Künstler lag, nachdem umfangreiche Recherchen durchgeführt worden waren, ausschließlich bei Klaus Bußmann und Kasper König.
2. Ein notwendiger Arbeitsausschuß mit Vertretern des Landschaftsverbandes Westfalen-Lippe, der Regierung Münster, der Stadt Münster, der Westfälischen Wilhelms-Uni-

Joseph Beuys, Unschlitt/Tallow, Münster, 1977

versität und der Vertretung der Kirche war für die verwaltungstechnische Umsetzung der Projekte konstituiert worden, er hatte aber kein Mitspracherecht in Fragen der künstlerischen Bewertung.
3. Verträge sicherten den eingeladenen Künstlern neben einem geringen Teilnahmehonorar die Verpflichtung der Organisatoren zu, entwickelte Projektvorschläge innerhalb eines festgelegten Budgets nach den Prämissen der eigenen Ortswahl des Künstlers innerhalb Münsters und der freien Bestimmung seiner künstlerischen Mittel unter der Berücksichtigung aller rechtlichen, technischen, sicherheitsrelevanten Fragen für die Dauer von drei Monaten zu realisieren.
4. Die Arbeiten blieben im Besitz der Künstler, die Veranstalter erhielten ein Vorkaufsrecht für die Dauer von zwei Jahren.

Die Punkte 3 und 4 enthalten Aspekte, die dem herkömmlichen Verfahren einer Kunst für den öffentlichen Raum eine andere Methodik zusprechen wollen. Die Skulptur im öffentlichen Raum, die allein aufgrund ihrer Geschichte oftmals monumentale und auf Dauer angelegte Ausdrucksformen geschaffen hat, wird nicht mehr als Kunst mit Ewigkeitsanspruch verstanden. Obwohl alle technischen Voraussetzungen eine permanente Präsentation gestatten, wird die künstlerische Arbeit zunächst nur für die Ausstellungsdauer realisiert. Sie ist ein Angebot, das diskutiert werden will, eine Modellsituation »im Maßstab 1:1«, wie Kasper König es bezeichnete, sie soll eine Lösung präsentieren, die das Risiko des Scheiterns mit einkalkulieren kann, ohne mit der Aussicht zu drohen, auf immer als Werk installiert zu werden, das eine urbane Situation nicht eigentlich gestaltet.

Projekte und Positionen

Im Folgenden sollen einige Beispiele der Skulpturausstellungen von 1977 und 1987 vorgestellt werden. Dabei wird der Versuch unternommen, anhand der Projekte eine Typologie verschiedener Kategorien öffentlicher Skulptur zu eruieren, so daß die vorgestellten Beispiele exemplarisch für ein Problemfeld oder eine bestimmte Thematik stehen.

Joseph Beuys – Thomas Schütte
Die Kritik an der »Kunst im öffentlichen Raum«

Es ist vielleicht wenigen bewußt, daß die Plastik »Wärmeskulptur – Unschlitt/Tallow« von Joseph Beuys, ein Werk, das heute als Dauerleihgabe der Sammlung Dr. Marx im Städtischen Museum Abteiberg in Mönchengladbach gezeigt wird, anläßlich der »Skulptur 1977« entstanden ist.

Als Klaus Bußmann und Kasper König 1976 Joseph Beuys für ihre Ausstellung gewinnen wollten, lehnte er die Einladung zunächst ab mit der provozierenden Aussage, die von den Kuratoren überliefert ist: für ihn, Beuys, sei Kunst im öffentlichen Raum »ästhetische Umweltverschmutzung«. Der Begriff »Umweltverschmutzung« scheint hier erstmals von Beuys auf einen Bereich übertragen worden zu sein, der nicht primär industrieller Provenienz zuzuordnen ist; zugleich kritisiert Beuys, gewissermaßen dem Verursacherprinzip folgend, die eigene Zunft, die allein um eines Auftrags willen eine Stadt zu dekorieren versucht.

Thomas Schütte, Kirschensäule, Münster, 1987

Der Beitrag, zu dem sich Joseph Beuys dann doch entschloß, fiel entsprechend radikal aus: Beuys fand eine keilförmige Ecke oberhalb einer Fußgängerunterführung im Bereich innerstädtischer neuer Hörsaalgebäude der Universität; diese Ecke wurde in einer Münsteraner Baufirma exakt in Größe und Gestalt nachgebaut, die Verschalung wurde anschließend mit flüssigem Talg aufgefüllt.[6] Nach Abkühlung des Fett-Talg-Gemisches, nach Verfestigung der Stoffe und Veränderung des Aggregatzustands wurde die Keilform in Einzelteile zerschnitten, und diese Segmente wurden im Lichthof des Westfälischen Landesmuseums ausgestellt.[7] Der »Unort« wurde in seiner plastischen Abbildung im Museum präsentiert.

Der Projektvorschlag von Joseph Beuys für die Ausstellung von 1987 sah die Renaturierung eines geplanten Industriegebiets und der Rieselfelder, zugleich ein Vogelschutzgebiet im Norden Münsters, vor. Beuys sah nur noch im Künstler die Autorität, erschlossene Industrielandschaft in ein Biotop zurückzuformen.[8] Die Beuyssche Haltung kann als kritische Verweigerung einer herkömmlichen Aufgabe von Kunst im öffentlichen Raum verstanden werden.

Ganz anders der Beitrag von Thomas Schütte im Jahre 1987, der 1977 noch Student bei Gerhard Richter war. Seine Skulptur »Kirschensäule« stellt eine beinahe zynisch-polemische Haltung dem Thema gegenüber vor. Auf einer Natursteinsäule in klassischer Dreigliederung mit Basis, Schaft und Kapitell befinden sich zwei in Aluminium gegossene, feuerrot lackierte Kirschen.

Der Kommentar Schüttes zu seiner Arbeit klingt in der bedienenden Haltung ebenso provokativ wie derjenige von Beuys in dessen verweigernder Position. Thomas Schütte fand einen Platz vor, der durch die ursprüngliche Bebauung intakt sein könnte, aber mit Telefonzellen, Glas- und Abfallcontainern, Fahrradständern und selbstverständlich mit Autos zugestellt ist. Schütte: »Ich möchte diesen Platz mit meiner Kirschensäule nur optisch garnieren.« Er provoziert mit Garnierung und treibt damit den Aspekt des Stadtdekors auf eine zynische Spitze – Kunstbetrachtung wird zum Freizeitvergnügen des Kulturgourmets. Letztendlich bestätigt der spontane Ankauf dieser Skulptur durch die Stadt Münster Schüttes Haltung, wenn er behauptet, daß »die Skulptur im öffentlichen Raum das Ikebana der Zukunft«[9] sei.

Ulrich Rückriem – Richard Serra
Formale Konzepte einer standortspezifischen Skulptur im Außenraum

Die Skulptur »Dolomit, zugeschnitten« von Ulrich Rückriem stammt ebenso bereits aus den Jahren 1976/77. Mit dieser Arbeit verwirklichte Rückriem erstmals seine Überlegungen zu standortbezogenen Installationen im Außenraum, wie er sie programmatisch in drei prägnanten Sätzen 1972 artikuliert hatte.[10]

Neun Steinkeile ähnlicher Gestalt, aber unterschiedlicher Größe sind zu einer auf- bzw. absteigenden Mauer zusammengezogen, so daß die Skulptur einen Raum schafft zwischen sich und der nördlichen, gegenüberliegenden St.-Petri-Kirchenwand. Zur Gestaltung der Skulptur greift Rückriem formale Vorgaben der Architektur auf. In den Strebepfeilern und deren Stufung erkennt er Formen, die er in dem von ihm bevorzugten Anröchter Dolomit analog vorfindet. Es ist die geologische Einmaligkeit dieses Gesteins, daß es in nahezu geometrischen Formen abgebaut werden kann; so sind nur wenige technische Eingriffe notwendig, um die Blöcke der Vorstellung Rückriems entsprechend zu nutzen.

Innerhalb der Skulptur ist eine Stufung zu erkennen, die mit der Gliederung der Strebepfeiler korrespondiert; die Stärke der Steinblöcke entspricht annähernd der Stärke der Pfeilerformen, die Proportion der Skulptur enthält sowohl architektonische Größenverhältnisse als auch menschliche Größenmaße an den jeweils äußeren Keilformen. Die Skulptur als Ganzes stellt einerseits eine Zäsur dar und verbindet andererseits die ansteigende Rasenfläche mit der aufsteigenden Architektur, indem die Keilrücken diese Aufwärtsbewegung akzentuieren. Schließlich liegt der Skulptur ein konzeptueller Gestaltungsgedanke zugrunde, der sie an diesen Standort bindet: Die Länge der zu einer Wand zusammengefügten Blöcke entspricht ihrem Abstand zur Kirchenwand, so daß ein gedachter Raum mit quadratischem Grundriß hier eingegrenzt ist. Wir finden damit jene

Ulrich Rückriem, Dolomit, zugeschnitten, Münster, 1976/1986

geometrische Grundform wieder, die in den Werken Rückriems immer die Grundlage seiner systematisch-rationalen Gestaltungsabsicht war und ist.

Langjährige Proteste zwangen Rückriem 1982 zum Abbau der Skulptur; anläßlich der »Skulptur Projekte in Münster 1987« wurde sie 1986 erneut an ihrem Platz aufgebaut und nun endlich von der Stadt Münster erworben. Diese Skulptur hat in den vergangenen Jahren nachhaltig und als Maßstab einer anderen Kunst für den öffentlichen Raum die Diskussionen zu diesem Thema mitgeprägt.[11]

Ein zweiter Beitrag Rückriems für 1987 ging stärker von einer großräumigen Struktur des Parkgeländes am Aasee aus. Dort akzentuiert eine dreiteilige Konzeption den Verlauf von Wegen und Blickachsen.

Die Projekte von Richard Serra von 1977 und 1987 zeigen eine exakt gegenläufige Entwicklung gegenüber derjenigen von Rückriem.

Richard Serra plazierte 1977 eine Installation von Stahlplatten auf dem Grundriß einer paarweisen, verzogenen H-Form an einem Standort am Rande des Großparkplatzes Hindenburgplatz, eines vernachlässigten Ortes nahe der von Beuys stigmatisierten Ecke.

Serras Vorschlag 1987 fiel ganz anders aus: Er wollte den vornehmsten Platz Münsters, den Vorhof des Erbdrostenpalais im Herzen der Stadt an der Salzstraße, besetzen. Dieses Stadtpalais wurde in den Jahren 1753–1757 von dem Architekten des norddeutschen

Richard Serra, Trunk, Münster, 1987

Barocks, Johann Conrad Schlaun, erbaut. Richard Serra, der aus Überzeugung bis dahin nie die Auseinandersetzung mit vorgefundener Architektur gesucht hatte, Serra, der seit der Debatte um »Tilted Arc« vor dem Federal Plaza Building in New York eher dafür bekannt ist, vereinnahmte Plätze zu behaupten, nutzte in Münster die Szenerie der barocken Fassade und übernahm die Rolle des überlegten und überlegenen Bildhauers im Wettstreit mit der vorgegebenen Architektur. So kannte man Richard Serra noch nicht.

Die Überzeugungskraft der Plastik »Trunk« liegt in der Einfachheit ihrer Konzeption, die den Grundgedanken Schlauns zur Gestaltung der Anlage aufgreift und mit skulpturalen Mitteln dem Betrachter anschaulich macht. Serra greift einerseits das Maß des geschwungenen Mittelrisalits auf, um es auf die Biegung der Stahlplatten zu übertragen, deren Kurvaturen das formale Grundmotiv der barocken Fassade zitieren, andererseits plazierte er die doppelschalige Plastik in der Weise in den Vorhof der Anlage, daß sie die Grundachsen der Schlaunschen Gebäudedisposition im Verhältnis zur innerstädtischen Lage des repräsentativen Palais verdeutlicht.[12] Die Plastik bewirkt eine Fokussierung jener Achse, die auch heute noch auf einen intakten »point de vue« zuführt. So, wie bereits Schlaun die ihm gestellte schwierige Bauaufgabe wesentlich mit den Mitteln der Achsen, der Perspektive und Proportionierung gelöst hat, so kalkuliert Serra diese gestalterischen Mittel in der Auseinandersetzung mit der Architektur ein. Im Unterschied zur integrativen Orts- und Skulpturbestimmung bei Rückriem behauptet Serra jedoch die Autonomie seiner Plastik, indem er ihr durch die Zweischaligkeit Geschlossenheit verleiht; sie wird durch den Neigungswinkel der Platten noch gesteigert, weil die Umrißlinien der Plastik einem Punkt zustreben.

Sol LeWitt – Rebecca Horn *Imprägnierte Orte neu inszeniert und die Frage nach der Notwendigkeit von Denkmalen*

Der zweiteilige Beitrag von Sol LeWitt in Gestalt eines schwarzen Quaders und einer weißen Stufenpyramide mit lotrecht angeschnittenen Seitenflächen bezog sich in der Konzeption auf die barocke Axialität der Schloß- und Schloßparkanlage.

»Black Form, Dedicated to the Missing Jews« und »White Pyramide« sind zunächst, werkimmanent betrachtet, aus ihrer Polarität zu verstehen: Eine geometrische Grundform lagerte vor der Schloßarchitektur, eine architektonische Grundform in Gestalt des Pyramidenmotivs erhob sich innerhalb des Landschaftsgartens. An beiden Skulpturen bleibt das Thema Sol LeWitts, die Frage nach der Gestaltwahrnehmung von Primärformen, erkennbar. Darüber hinaus erschließt sich eine weitere Deutungsebene durch die vorgeprägte Geschichte der Orte. Die weiße Pyramide befand sich an einem Standort, der bereits in den nichtrealisierten Plänen von Schlaun als »point de vue« mit einem Garten-

Sol LeWitt, White Pyramide, Münster, 1987

monument akzentuiert werden sollte.[13] Der Ort hat Geschichte, die für die Bedeutung der Skulptur signifikant ist, zumal das pyramidale Architekturmotiv zum Kanon von Gartenmonumenten zählt.

Die Geschichtlichkeit des Ortes war für den Standort der »Black Form« noch tiefgreifender. Sol LeWitt hatte der Skulptur unmittelbar nach ihrer Fertigstellung durch die literarische Form der Widmung einen Untertitel gegeben, der sie als Denkmal definierte: »Dedicated to the Missing Jews«. Sol LeWitt wollte bewußtmachen, daß der Holocaust nicht nur die jüdische Bevölkerung vernichtet hat, sondern daß aufgrund des Fehlens der nachfolgenden Generationen heute die jüdische Kultur nicht mehr zum Leben der Stadt Münster beitragen kann.

Was Sol LeWitt nicht ausdrücklich wußte, was aber der Skulptur als Denkmal entspricht, ist die Tatsache, daß sich exakt an der von LeWitt bestimmten Stelle bis 1939 ein Reiterstandbild zu Ehren Kaiser Wilhelms I. befand.[14] Der Ort ist imprägniert, und es bleibt die Frage, ob die Verblockung durch die geometrische schwarze Skulptur jede Form von Denkmal ablehnt oder ob das durch Widmung geschaffene Mal mahnend die unauslöschliche Geschichte neu interpretiert.

Auch Rebecca Horn hat den Münsteranern nach vierzig Jahren selbstsicherer Vergeßlichkeit und geduldeter Vergessenheit einen Ort schmerzlich bewußtgemacht, indem sie den »Zwinger«, einen Gefängnisbau Schlauns, der in den letzten Kriegsjahren Hinrich-

Sol LeWitt, Black Form, Dedicated to the Missing Jews, Münster, 1987

tungsstätte der Nazis gewesen war, zugänglich machte, um dort eine Gedächtnisstätte besonderer Art zu inszenieren. In die einzelnen, zur Mitte hin ausgerichteten Zellen des wehrturmartigen Rundbaus, der heute als Ruine erscheint, plazierte Rebecca Horn rote Grablichter, die mit ihrer unmittelbaren Bedeutung und Funktion die Tragik des Ortes aus dem Dunkel holten. In der Ruine waren an unterschiedlichen Stellen die für Rebecca Horn charakteristischen Hämmer installiert, die das »gegenläufige Konzert« erzeugten. Es waren Klopftöne, Schläge und akustische Signale, die mit gleichmäßig-enervierender Motorik die Töne aus allen Richtungen des Rundbaus hörbar werden ließen und dadurch denjenigen, der sich in der Stätte befand, in den Zustand bedrückender Orientierungslosigkeit versetzten. Mit dieser Erfahrung labyrinthischer Eingeschlossenheit wurde die ausweglose Situation der eingepferchten Gefangenen über das akustische Medium, aber auch über die inszenierte Gesamtkonzeption nachvollziehbar.

Isolierte Motivbetrachtung und die Stilmittel filmischer Inszenierung können eine kunsthistorische Analyse ermöglichen; die bei den Besuchern ausgelösten Emotionen und die Erinnerungen, die bei älteren Besuchern geweckt wurden, setzen die Frage der kunsthistorischen Beurteilung eigentlich außer Kraft. Vielmehr wurde den politisch Verantwortlichen der Stadt das Verschweigen dieses Ortes zum Schuldvorwurf gemacht. Dieser Beitrag hat, ohne daß ein ausdrücklicher Auftrag vorlag und abseits der öffentlichen Diskussion über mögliche Denkmale, die überwunden geglaubte Notwendigkeit eines überzeugenden Denkmals bewußtgemacht.

Jenny Holzer – Dennis Adams
Neue Medien und Funktionen der Kunst im öffentlichen Raum

Der dreiteilige Beitrag Jenny Holzers, von dem nur zwei Bereiche realisiert werden konnten, macht dennoch in der Konzeption, gewissermaßen im Zeitrafferverfahren, eine Entwicklung der Kunst im öffentlichen Raum deutlich.

Im Schloßgarten entdeckte Jenny Holzer ein Kriegerdenkmal, das an die Gefallenen beider Weltkriege erinnert. Diesem Mal ordnete Jenny Holzer fünf Sandsteinbänke zu, in deren Sitzflächen die für Jenny Holzer charakteristischen Sätze eingemeißelt sind. Diese Sätze kommentieren aus pazifistischer Haltung heraus das Denkmal.

In einer Münsteraner Diskothek befand sich eine Installation mit digitaler Laufschrift, die Sätze der »Survival-Serie« zeigte.

Der dritte Beitrag sah vor, ähnliche Sätze – entweder durch Laufschrift oder von einem Nachrichtensprecher gesprochen – unmittelbar vor den Nachrichten im Deutschen Fernsehen zu senden. Diese Umsetzung war nicht möglich, weil es den öffentlich-rechtlichen Fernsehanstalten der Bundesrepublik untersagt ist, religiöse oder politische Inhalte im Werbeblock auszustrahlen.[15]

Man muß diesen Beitrag in dieser Dreistufigkeit begreifen, weil er gewissermaßen sowohl die Veränderung der künstlerischen Medien als auch die Wandlung dessen, was Öffentlichkeit ist und wo sie stattfindet, veranschaulicht. In früheren Zeiten war ein Park auch ein Ort der Kommunikation und Begegnung, wo man sich traf und austauschte, heute sind es Unterhaltungsstätten, Lokale; und schließlich sind es die Medien, die das Öffentliche in den Privatbereich des einzelnen transportieren, die Teilhabe an der Außenwelt im Wohnzimmer ermöglichen.

Dennis Adams, Bus-Shelter IV for Münster, Münster, 1987

Dennis Adams trat erstmals mit Kioskentwürfen und Bushaltestellen in die Thematik der Kunst im öffentlichen Raum ein. Seine Arbeiten beziehen sich auf die Tradition der konstruktivistischen Avantgarde im Rußland der 20er Jahre. Über die formale Analogie hinaus kombiniert Adams seine funktionalen Skulpturen mit Fotografien, die eine präzise Stimmung auslösen, weil sie als fotografierter Moment ein historisches Ereignis bildnerisch erfaßt haben.[16] Die häufige Verbreitung solcher Bilder in den Druckmedien verleiht dem journalistischen Produkt oft einen hohen Symbolgehalt, mit dem Dennis Adams arbeitet. Diese Bushaltestelle für Münster ist wie jede andere in das Netz der öffentlichen Verkehrsmittel integriert. Mit dieser Funktion von Skulptur behauptet Adams eine Position der aktuellen Entwicklung amerikanischer Richtungen, die, tendenziell vergleichbar mit Scott Burton und Siah Armajani und in krassem Gegensatz zu Bildhauern wie Richard Serra, der Kunst im öffentlichen Raum eine neue Bedeutung zusprechen, indem sie die Gegenstände des organisierten, urbanen Lebensbereichs gestalten, ohne sie zu standardisieren.

Ian Hamilton Finlay – Lothar Baumgarten
Interventionen im Dialog mit der Geschichte

Ein kleines Steinepitaph, in das eine Zeile der westfälischen Dichterin Annette von Droste-Hülshoff gemeißelt war – »Meine Lieder werden leben, wenn ich längst entschwand« –, war der Beitrag von Ian Hamilton Finlay. »A Remembrance of Annette« war an einem Baum auf jenem Friedhof angebracht, der Begräbnisstätte der Familie Droste-Hülshoff war; heute ist er Teil einer Parkanlage.

Lothar Baumgarten erinnerte mit seinem Beitrag dreier »Irrlichter« an die Zeit der Wiedertäufer, deren Wirken von 1532 bis 1536 sie auf immer mit Münster in Verbindung bringt. Nach ihrer Entmachtung und öffentlichen Hinrichtung wurden ihre zerstückelten Leichname zur Abschreckung in drei Käfigen am Lambertikirchturm zur Schau gestellt. Seither erinnern die drei Käfige an diese Vorkommnisse. In diese Käfige installierte Lothar Baumgarten drei Glühbirnen, die sich mit der aufkommenden Dunkelheit einschalten und seither durch ihr Flimmern auch während der Nacht die Käfige lokalisieren helfen. Im Kontext der historischen Ereignisse religiöser Fanatiker sieht Baumgarten die »Irrlichter« als mahnende Zeichen.

Die Beiträge von Finlay und Baumgarten, die weniger formalistisch, aber formal präzise und von einem erzählerischen Ansatz aus die Geschichte eines Ortes interpretieren, ver-

Ian Hamilton Finlay, A Remembrance of Annette, Epitaph für Annette von Droste-Hülshoff, Münster, 1987

Lothar Baumgarten, Irrlichter, Münster, 1987

deutlichen mit den sparsamen Interventionen ihrer künstlerischen Konzeptionen die Behauptung, daß qualitätvolle Deutungen nicht nur mit Monumentalität zu erzielen sind, daß die auf den Kontext bezogenen künstlerischen Gestaltungsweisen auch mit reduzierten Eingriffen eine die Wahrnehmung prägende Veränderung bewirken können, deren ästhetisch-sinnliche Spannung der der traditionellen Bildhauerei entspricht.

Claes Oldenburg
Vom Monument zum Wahrzeichen

Als Claes Oldenburg 1977 am Ufer des Aasees seine Flächenskulptur »Giant Pool Balls« in Gestalt von drei überdimensionalen Billardkugeln realisierte, ausgehend von der Fiktion, den Aasee (pool)[17] als Spielfläche zu projizieren, hat er wohl kaum geahnt, daß dieser

Beitrag einmal zu einem Wahrzeichen Münsters würde, mit dem man die Aktivitäten um die zeitgenössische Skulptur im Stadtraum verbindet. Gerade Oldenburg, der die Fragwürdigkeit von Denkmalen mit den Stilmitteln der Pop-art, also mit Vergrößerung, Materialverfremdung und Alltagsikonographie thematisiert, hat mit den monumentalen Billardkugeln am Aasee von Münster ein Monument anderer Art geschaffen. Das Populäre des Motivs, das es zu verfremden galt, wurde zu neuer Popularität gebracht, so daß diese Skulptur heute gewissermaßen als Signet für das moderne Münster verstanden wird, sie ist unverhofft zum Wahrzeichen geworden.[18]

Mit »Skulptur 1977« und »Skulptur Projekte in Münster 1987« wurden zwei Initiativen beschrieben, die, ausgehend von einer Kritik an überkommenen Verfahren, aus der Position eines engagierten Ausstellungsinstituts und selbstverständlich durch den Impuls zweier Kuratoren eine zeitgemäße Methodik zur Verwirklichung von öffentlicher Kunst im städtischen Außenraum erarbeitet haben. Das Museum ist hier seinem Bildungsauftrag gerecht geworden und hat abseits gesetzlicher Bestimmungen neue Kriterien entwickelt. In diesem Zusammenhang werden zwei allgemeine Aspekte wichtig, die die Vermittlung der künstlerischen Intentionen betreffen. Die Ausstellungsinstitute sind heute mit einer Fülle museumspädagogischer Medien ausgestattet, die der Vermittlung auch komplexer,

Claes Oldenburg, Giant Pool Balls, Münster, 1977

oftmals kunstimmanenter Zusammenhänge dienen. Im öffentlichen Außenraum fehlen diese Hilfsmittel, und aus dem Unverständnis erwächst Aggression, die allein auf Unkenntnis zurückzuführen ist. Hinzu kommt eine Form der Entmündigung, denn jeder Museumsbesuch basiert auf der freiwilligen Entscheidung jedes einzelnen, welche ästhetische Vorstellung er bestätigt wissen möchte. Die Kunst im öffentlichen Außenraum dagegen steht jedem Betrachter ungefragt buchstäblich im Wege. In der Eröffnungsrede zu den »Skulptur Projekten 1987« hat Walter Grasskamp diesen Sachverhalt analysiert und in seinem Text »Kunst als Störfall« anschaulich formuliert: »In diesen Kontext der Wählbarkeiten ragt die monumentale Kunst wie ein anachronistisches Fossil. Ihr bleibt ein Überschuß von Anmaßung, mit der sie sich der Verfügbarkeit entzieht und die beliebten Rituale von Abstimmung und Auswahl ins Leere laufen läßt.«[19] Diese Art der Kunst ist insofern ein anachronistisches Fossil, als mit ihr alle Grundprinzipien bundesrepublikanischen Demokratieverständnisses außer Kraft gesetzt werden.

Unabhängig von diesem Ärgernis, das in der Mehrzahl auch von kunsthistorisch gebildeten Fachleuten als solches gesehen wird, etabliert sich die Bildhauerei mit ihrer Spezialaufgabe der öffentlichen Skulptur zunehmend durch die demokratische Hintertür. Die Thematik ist als werbewirksames Medium entdeckt. Neben zahlreichen zu begrüßenden Prozessen, die das Umdenken als Lernerfolg erkennbar werden lassen und mit Überzeugung bemüht sind, die künstlerische Gestaltung als notwendigen Bestandteil der Kultur einer Stadt zu akzeptieren und zu respektieren, neben vielen Aktivitäten, denen die Publizität fehlt, sind Haltungen zu beobachten, die mit diesem Thema ohne erkennbare Überzeugung kokettieren, um ein profitables Profil zu gewinnen: Die Kunst wird zunehmend »politisch erwünscht« und gerät zu einem Faktor, der »mehrheitsfähig« ist, wie es im Sprachjargon von Politikern heißt. Vielleicht hatte A. R. Penck diese brisante Definition der Kunst im öffentlichen Raum vor Augen, als er seinen Beitrag zu »Skulptur Projekte« einsandte: eine kleine Bronzeplastik, die während der dreimonatigen Ausstellungsdauer auf dem Arbeitstisch des Oberbürgermeisters der Stadt Münster abgestellt war, wohl im Bewußtsein, daß von dort mehr Entscheidungen für die Entwicklung von Kunst ausgehen als von der Kunst selbst.

Anmerkungen

* Der Text geht auf Vorträge zum Thema der »Skulptur Projekte in Münster 1987« zurück, die anläßlich verschiedener Veranstaltungen in Hamburg, Bremen, Dublin und St. Gallen gehalten wurden; er ist die Zusammenfassung mündlicher Referate.

1 Im Rahmen der »Skulptur Projekte in Münster 1987« ist angeregt worden, diese Skulptur an jenen Standort auf dem Servatiikirchplatz zu versetzen, den Eduardo Chillida für seine Arbeiten entdeckt hatte. Das Thema einer verbesserten Standortbestimmung für bereits vorhandene, aber schlecht plazierte Skulpturen im Stadtbild sollte einerseits auf die allgemeine Problematik des Themas »Skulptur im öffentlichen Raum« hinweisen. Andererseits sollte es bewußtmachen, daß man nicht nur die aktuellen Bildwerke ihrem Anspruch entsprechend gestalten muß, sondern daß es auch um eine Verantwortung gegenüber jenem öffentlichen Kunstbesitz geht, der abseits von Ausstellungsereignissen vorhanden ist.

2 Man muß sich bei der Thematik der Skulptur im öffentlichen Raum immer auch bewußt halten, daß zahlreiche qualitätvolle Ausdrucksformen der Gattung Plastik aus künstlerisch-konzeptionellen und materiell-technischen Überlegungen heraus für eine Realisierung im öffentlichen Raum ungeeignet sind; insofern möchte ich die Thematik der Skulptur für den Außenraum als ein Spezialgebiet der Gattung Plastik verstanden wissen. Die Einflüsse der Werke von Malern auf die Geschichte der Plastik hat Andreas Franzke dargelegt: *Skulpturen und Objekte von Malern des 20. Jahrhunderts,* Köln: DuMont 1982.

3 Carl Georg Heise hatte 1953 in Hamburg erstmals in Deutschland mit der Ausstellung »Plastik im Freien« Skulpturen in einer landschaftlichen Umgebung präsentiert. Die Verbindung von Skulptur und Landschaft, die ein zentrales Thema für Henry Moore war, ist stärker einer angelsächsischen Kunsttradition verpflichtet. Sie fand ihren institutionellen Niederschlag in der Konzeption des Skulpturenparks des Kröller-Müller Museums in Otterlo, Niederlande.

4 Damals waren eingeladen: Carl Andre, Michael Asher, Joseph Beuys, Donald Judd, Richard Long, Bruce Nauman, Claes Oldenburg, Ulrich Rückriem, Richard Serra, Walter de Maria und Dan Flavin.

5 Vgl. Kat. *Skulptur im 20. Jahrhundert, Wenkenpark/Riehen,* Basel 1980; *Skulptur im 20. Jahrhundert, Merianpark,* Basel 1984; *Promenades, Parc Lullin,* Genf 1985; *Sonsbeek, International Sculpture Exhibition,* Arnheim 1986.

6 Die erste Konzeption von Beuys, diese Ecke unterhalb der Rampe vor Ort mit Wachs auszufüllen, konnte nicht realisiert werden.

7 Während der Ausstellung 1977 war Joseph Beuys mit einem anderen Beitrag vertreten, den er kurzfristig entwickelt hatte und parallel zu seiner Arbeit während der documenta 6, nach Schließung des Fridericianums in Kassel, noch in Münster installierte, weil nämlich, da man keine Erfahrung mit der Abkühldauer solcher Talgvolumen hatte, der Keil nicht härtete. Somit wurde der Keil erst 1978 im Lichthof präsentiert, von dort transportierte man die Plastik 1979 zur Beuys-Retrospektive ins Guggenheim-Museum nach New York.

8 Die Konzeption für Münster 1987 ging auf das in Hamburg gescheiterte Spülfeldprojekt zurück. Ich möchte daran erinnern, daß der documenta-7-Beitrag »7000 Eichen« eine konsequente Zwischenstufe im Werk von Beuys darstellt.

9 Mündlich überlieferte Zitate während des Aufbaus der Skulptur.

10 Vgl. Kat. *Ulrich Rückriem, Skulpturen 1968–1973,* Köln: DuMont 1973, S. 5.

11 Eine genauere Beschreibung der Skulptur »Dolomit, zugeschnitten« und ihrer besonderen Stellung im Gesamtwerk Rückriems findet sich in: Friedrich Meschede: *»Der Stein drängt nach draußen«. Untersuchungen zur Skulptur von Ulrich Rückriem und ihre Entwicklung als Kunst im öffentlichen Raum,* Diss. Münster 1987.

12 Das Besondere der Lösung Schlauns liegt in der Ausnutzung des eigentlich beengten Grundstücks, das bereits bei der Auftragserteilung umbaut war. Zugleich hatte er die Aufgabe, eine repräsentative Architektur zu entwerfen. Abweichend von den überlieferten Möglichkeiten der Zeit, ein Stadtpalais in dem Prinzip einer französischen Anlage mit Cour d'honneur und Zweiflügelanlage zu entwickeln, wie er es am Schloß von Münster durchgeführt hat, kam Schlaun zu der Lösung der diagonalen Grundrißdisposition innerhalb des Baugrundstücks. Damit erzielte er sowohl die optimale Entfaltung der Fassade als auch einen ihr gemäßen Betrachterabstand von der Salzstraße aus, um die Gestaltung überhaupt zu erkennen. Vgl. Pläne und Grundrisse zum Erbdrostenhof in: *Johann Conrad Schlaun 1695–1773,* Schlaunstudien I, Bd. 1 und 2, hg. v. Klaus Bußmann, Münster 1973 (Abb. Bd. 2, S. 275).

13 Pläne vgl. a. a. O. [Anm. 12], S. 336.

14 Alte Fotodokumente finden sich im Kat. *Münster auf alten Postkarten,* Stadtmuseum Münster, 1984, Abb. 47 und 48.

15 Für Parteisendungen vor Wahlen gelten andere Bestimmungen.

16 Das Foto der Bushaltestelle in Münster zeigt eine Aufnahme, die während des Prozesses gegen Klaus Barbie in Lyon entstand. Dennis Adams hat eine Fotografie gewählt, die den Verteidiger Barbies, den französischen Rechtsanwalt Verges, als Hauptfigur des Prozeßgeschehens zeigt. Barbie selbst ist zusätzlich durch die Dachkonstruktion, die das Bild in Höhe des Gesichts teilt, unkenntlich gemacht.

17 Das englische Wort »pool« ist mehrdeutig: Es meint »Teich, Becken«, aber auch »Spiel, Einsatz«.

18 Die Karikatur ist bekanntlich der geeignetste Seismograph für Bekanntheit, und so tauchen die Billardkugeln von Oldenburg in einer Karikatur von Burkhard Fritsche als Titelseite des Stadtblatts von Münster auf. Glaubt man dieser Art von Bestätigung, dann sind bereits zahlreiche Werke zu neuen Wahrzeichen Münsters geworden: Die »Karnevalsgesellschaft Paohlbürger« gestaltete 1987 einen Wagen mit Attrappen der Skulpturen von Rückriem, Serra und Schütte.

19 Eröffnungsrede vom 14. Juli 1987, abgedruckt in der FAZ-Beilage vom 15. August 1987, Nr. 187: Walter Grasskamp: »Kunst als Störfall. Demokratie im öffentlichen Raum«.

Hamburger Projekte

Dietrich Schubert

»Hamburger Feuersturm« und »Fluchtgruppe Cap Arcona«
Zu Alfred Hrdlickas »Gegendenkmal«

»Darum verurteilen wir die Kunstgeschichte als Historie der Selbstbewegung der Formen und Stile und lehnen solches ästhetisierende Verabsolutieren ab ... Es gilt nicht, dieser Zeit zu verhaften und Krisen abzuschwächen, sondern im Absturz der Epoche ihr Katastrophenhaftes mitzuteilen.« (Carl Einstein 1934)
»Avantgarde ist das, was der mehrheitlichen Kunstauffassung in den Museen, Kunstvereinen und Kulturredaktionen zuwiderläuft.« (Alfred Hrdlicka 1982)

Das Projekt der Schaffung einer Antithese zum Hamburger Kriegerdenkmal am Dammtor durch den Wiener Bildhauer Alfred Hrdlicka dürfte in Ausgangssituation, Dialektik und Form das einzige seiner Art in der BRD sein. Aus dem Horizont unserer Zeit und mit dem antifaschistischen Selbstverständnis des Künstlers soll gegen das Nazimonument von 1936 ein »Passionspfad« entstehen, der der abstrakten Feier des Soldatensterbens vier Formen des gewaltsamen Todes unter der Diktatur 1933–1945 entgegenstellen wird.[1]

Am Nachmittag des 29. September 1986 wurde in Hamburg durch den Künstler und den Ersten Bürgermeister Klaus von Dohnanyi die zweite Stufe von Alfred Hrdlickas antifaschistischem Mahnmal als Gegenensemble zum faschistischen Kriegerdenkmal enthüllt. Dabei handelte es sich nicht um ein bloßes Arrangement von Blöcken oder Stahlplatten, die rein imaginativ bleiben (bzw. erst durch eine Inschrift verständlich würden), sondern vielmehr um einen auf einen Granitblock gestellten 13-t-Stein, aus dem der Bildhauer sterbende und fliehende Menschenfiguren gemeißelt hatte. Der Marmor ist nicht von stereometrischer Form, er ist quasi natürlich belassen. Die Schräge des unregelmäßigen Steins gab wesentliche Schübe der Komposition, der Figurenverhältnisse und der visuellen Kräfte und Züge vor. Diese neue Skulptur wurde vom Gießer A. Zöttl an der dünnen bronzenen Wand der ersten Stufe des »Gegendenkmals«, die am 9. Mai 1985 enthüllt worden war, also an dem Werk, das den »Hamburger Feuersturm« zeigt, festgemacht, so daß die zwei disparaten Teile als zusammengehörige vorgestellt sind und so verstanden werden können – zwei Stufen, zwei Leidensstationen, aber inhaltlich ein Ganzes, das weitere Stufen impliziert.

Es kann hier nicht ausführlich auf das seit Jahren öffentlich diskutierte und umstrittene Kriegerdenkmal und Kriegsmal für das Hanseatische Infanterieregiment Nr. 76 in Hamburg eingegangen werden. Es wäre zu prüfen, ob dieses Nazimonument die Gefallenen von 1914/18 memorieren will oder ob es den »heldischen Gedanken« transportieren und letztlich die Opferbereitschaft der »Feldgrauen« memorieren und feiern sollte. Solche Fragen sind bei derartigen Denkmälern nur aus der Einheit von Form und schriftlicher Konnotation zu beantworten. Die Hauptinschrift weist klar auf letzteres. Zweifellos gehört das Monument durch geschichtlichen Zeitpunkt, Habitus, heroisierendes Soldatenbild und durch Ausblendung des realen Kriegstodes zum Typischen, was die staatlich manipulierte NS-Kunst auf den Sektoren von heldischem Denken, Totenkult, Kriegspropaganda und Verschleierung der Realität des Ersten Weltkrieges[2] – wie sie andererseits Henri Barbusse (»Le Feu«, Paris 1916, dt. »Das Feuer«, Zürich 1918) und Otto Dix (Radiermappe »Der Krieg«, 1924) erlebt und veristisch dargestellt hatten – hervorgebracht hat.

Und während man in unserer Zeit die NS-Gemälde ängstlich verdrängte, an den Hochschulen kaum behandelte, in den Museen nicht (in einem Extraraum – als Dokumente) aufhängte, blieben faschistische Werke oder Skulpturen wie der »Klotz« in Hamburg, das Silcher-Denkmal in Tübingen, das Kriegerdenkmal in Würzburg oder die NS-Bauten in Nürnberg, München, Berlin und Heidelberg wie selbstverständlich stehen und wurden benutzt.

Den Auftrag zur Ausführung des Denkmals in Hamburg erhielt der Bildhauer Richard Kuöhl. Vollendet und eingeweiht wurde der martialische Block mit den feldgrauen Kolonnen, die wie eine Girlande denselben umfangen und dergestalt auf einen wieder zu führenden Krieg einstimmen sollten, am 15. März 1936 durch den General Paschen, Einheiten des 76er Regiments in Blockform und Senator Ahrens in SS-Uniform.[3]

Alfred Hrdlicka und Klaus von Dohnanyi bei der Enthüllung von Alfred Hrdlickas »Fluchtgruppe Cap Arcona«, Hamburg, 29. September 1986

Alfred Hrdlicka, Gegendenkmal, Hamburg, 1986 (Teilansicht), vor: Richard Kuöhl, Denkmal für das Infanterieregiment Nr. 76, Hamburg, 1936

Kuöhl hatte in den 20er Jahren Figurenschmuck dekorativer Art an öffentlichen Gebäuden Hamburgs ausgeführt. Er gehörte zu den Provinzkünstlern, deren konventioneller Stil den öffentlichen Erfordernissen und der Struktur des Denkmals entgegenkam: Denkmal als konventionelle Form des Historismus und der Verfestigung von Parolen, Ideen und Werten, die der Ideologie der Herrschenden entsprechen und diese anschaulich machen sollen.[4] Bereits in den späten 20er Jahren hatte Kuöhl mit heroischen Kriegerdenkmälern in Lübeck (Landser im Habitus »Helm ab zum Gebet«), in Coburg (Denkmal für den Coburger Convent, 1926, nackte Schwerthalter in Keilform) und in Hamburg-Langenhorn – im Gegensatz zur schmalen Tradition der demokratisch gesinnten, nicht »Helden« feiernden, sondern die Opfer betrauernden Mäler von Bruno Taut, Rudolf Belling, Käthe Kollwitz und Ernst Barlach[5] – seine Bereitschaft unter Beweis gestellt, sowohl in Krisenzeiten der Weimarer Republik präfaschistische Schwerthalter zu meißeln, als auch nach 1933 am heroisierenden Soldatenbild und der revanchistischen Mentalität der Nazis mitzuarbeiten. In Hamburg visualisierte er bis 1936 am 76er Monument nicht die Toten oder das Sterben im Kriege; vielmehr zeigte er in serieller Form mechanisierte Bereitschaft und neuen Kampfeswillen, indem er stereotypisierte Landser der Zeit um 1916/18 in Kolonnen ziehen ließ.[6]

Kuöhl gab diese Landser in Kolonnen dergestalt, daß sie die unmenschliche Parole – unmenschlich, weil zum Sterben für eine Abstraktion aufgerufen wird! – aus dem »Solda-

Denkmal für das Infanterieregiment Nr. 76

tenabschied« (1914) von Heinrich Lersch geradezu untermauern und mit Menschenmaschinen paraphrasieren durften: »Deutschland muß leben, und wenn wir sterben müssen«. Dieser Refrain wurde außer in anderen Denkmälern wie in Speyer und am Denkmal der Gefallenen der Universität Heidelberg (1932/33) auch in der Vorhalle zum sogenannten »Heldenhain« des deutschen Kriegerfriedhofs bei Langemarck (1932) demonstrativ eingesetzt.[7]

Nach Ideologie und konstruktiver Form – stereometrische Grundform im Kern plus Stereotypen von Menschen wie Räder – signalisierte das Hamburger Monument etwas vom »kommenden Stil«, wie ihn der NS-Ideologe Alfred Rosenberg 1934 forderte, indem er gerade auf die Formen der Kriegerdenkmäler als ein Paradigma wies: »Nach 1871 theaterhaft fahnenschwingende Soldaten [. . .], alles ohne Tiefe, ohne symbolischen Charakter, ohne wirkliche Tragik [. . .]. Um 1930 herum aber entstehen ernste Soldatengestalten, aus Stein, schlicht in den Formen, ernst unterm Stahlhelm hervorschauend. Menschen, nicht im Sturm, sondern auf Wache oder im gemeinsamen Schritt.«[8] Indem die kampfbereiten Landser ohne Zäsur in Viererkolonnen um den Block marschieren, visualisieren sie klar den konstruktiv-faschistischen »Futurismus« (der kommende Krieg!), über den Hrdlicka 1983 schrieb: »Die Nazis waren massentypisierte Avantgarde. Aus dieser Typisierung, dieser Menschenschlange [. . .] entsteht ein Massenerlebnis, ein In-den-Krieg-Hineinmarschieren, ohne jede Individualität, ein Lied, zwei, drei . . .«[9]

Die Kontroversen um das Kriegsdenkmal des 76er Regiments waren deshalb so kompliziert, weil man – während Plastiken und Gemälde der Nazizeit nicht in die Kunstmuseen aufgenommen wurden – mit diesem Klotz zum Teil positiv umging: 1952 war eine Bronzetafel für die Toten des Zweiten Weltkriegs hinzugefügt worden, und die Bundeswehr hielt an dieser Stelle »Ehrenwachen« ab. Aber immer wieder wurde der »Klotz« kritisch kommentiert, oder man setzte sich für seinen Abriß ein; Demonstranten sprühten aktuelle Forderungen darauf. Endlich beschloß Hamburg 1981, das Soldatendenkmal nicht zu schleifen, sondern es als historisches Zeugnis der Nazidiktatur und als Dokument auch für spätere Zeiten zu erhalten. Das Umfeld des Monuments sei jedoch so zu verändern, »daß dessen kriegsverherrlichende Funktion deutlich wird« (Kulturbehörde Hamburg). Dem ist zuzustimmen, nämlich derartige Werke als geschichtliche Dokumente sichtbar zu lassen, ebenso wie man heute endlich in die Kunstmuseen in einem kritisch präsentierenden Raum einige signifikante Arbeiten der Naziplastik und -malerei kommentiert oder aber von Fotografien der Naziverbrechen flankiert aufnehmen müßte.[10] Ähnlich solcher Form der Auseinandersetzung mit der Realität der Geschichte sollte der Hamburger »Klotz« quasi kommentiert bzw. die Umgebung durch ein Gegendenkmal gestaltet werden. Wie die Kulturbehörde beabsichtigte, ging es darum, aus dem Horizont unserer Gegenwart eine Gegenthese zu schaffen, um den gesamten Platz zu einem Mahnmal zu machen – aus der Trauer um die Opfer des deutschen Faschismus, um die Toten des Krieges und aus dem heutigen Friedenswillen heraus; der freilich bloß ein verbaler ist, denn aufgerüstet wird ununterbrochen, nach dem »Tornado« jetzt mit dem »Jäger 90«. Somit steht der Friedenswille in einer Art Vorkriegssituation.

Die Stadt Hamburg schrieb einen Wettbewerb aus. Von den 107 Einsendungen verfolgte die Jury im Herbst 1982 vorerst die Idee der Architekten Ulrich Böhme und W. Schneider. Kultursenator Wolfgang Tarnowski trug das Vorhaben, in welchem »der massiven Gewalt des Denkmals [. . .] ein Denkmal der Massenvernichtung gegenübergestellt« werden sollte. Zur Jury gehörten neben den Hamburger Verantwortlichen auch Wolf Graf Baudissin, Alfred Hrdlicka und Uta Ranke-Heinemann. Wie der Entwurf der Stuttgarter Architekten zeigt, sollten wiederum stereotype Landser vom Klotz her sukzessive in der umgebenden Erde versinken, so weit, bis nur noch Grabplatten wie auf Friedhöfen zu sehen wären, damit die Passanten des Weges zum Dammtor-Bahnhof über diese Platten »zu gehen gezwungen sind«[11]. Der Hamburger Senat vergab den Auftrag jedoch nicht an die beiden Architekten, für deren Konzept ein gestanzter Soldat gereicht hätte (seriell ausgeführt), sondern vielmehr an Hrdlicka. Dieser nahm den Auftrag 1983 an, pochte aber auf seine künstlerische Freiheit und Phantasie, eine andere Form zu realisieren, nämlich eine eindringlichere Gesamtkonzeption mit Bildern des Sterbens im Kriege in realistisch-expressiven Formen zu entfalten.

Noch im Jahr 1983 schuf Hrdlicka eine Reihe von Entwurfszeichnungen, die er in Hamburg vorlegte, um seine Idee eines Gegenensembles mit verschiedenen Todesarten in realistischer Bildnerei zu visualisieren. Zum gleichen Zeitpunkt erläuterte der Bildhauer in einem Interview seine Theorie des Faschismus und seine Sicht der Situation, insbesondere die Bezüge zwischen gestern und heute, zwischen dem Futurismus der Nazis und dem drohenden Technototalitarismus unserer Zeit: »Als ich dieses Denkmal sah, war für mich sofort klar, daß seine Zerstörung eine sinnlose Tat wäre. [. . .] Aber dieses Denkmal ist schon ein passender Ausdruck für den Geist seiner Zeit. Es ist die Verherrlichung des

Ulrich Böhme und Wulf Schneider, Entwurfszeichnung für ein Gegendenkmal, Hamburg, 1982

Krieges. Und es gibt die Chance, etwas dagegenzusetzen. Bevor ich ein Buch verbrenne, schreibe ich doch lieber ein Gegenbuch [. . .]. Es wäre doch schön, an allen Stellen, an denen der Geist des Faschismus wirklich signifikant ist, etwas dagegenzusetzen. Vom faschistischen Standpunkt her gesehen, ist das Hamburger Kriegerdenkmal in seiner vervielfältigenden Art ja ganz richtig gemacht; da rennen Soldaten um den Block – eine einzige Person, tausendmal oder sechsundsiebzigmal gestanzt. Es verkörpert das Technologische, auf das die Nazis immer gepocht haben. Sie hatten ja den Anspruch, Tradition mit absoluter Moderne zu verbinden, haben gesagt, sie seien die neue Zeit, was in vieler Hinsicht ja stimmte: im Organisatorischen, im Technologischen. [. . .]

Ich will dagegen den Schrecken der Person darstellen, das, was die Leute wirklich erfahren haben. Man geht in Reih und Glied in den Krieg, kommt aber unter Umständen ohne Gliedmaßen zurück [. . .]. Ich will also diesem herrlichen Massenerlebnis die persönliche Getroffenheit entgegensetzen, das, was wirklich geschehen ist. Es geht ja nicht gegen irgendeinen Krieg. Es handelt sich um einen ganz bestimmten, und es geht darum, was dieser Krieg mit sich brachte. KZs gab es zwar auch schon unter der Koalitionsregierung Hitler – Papen, aber die Hypertrophie der Massenvernichtung entstand erst im Krieg. Das alles wird gezeigt« (Interview vom Dezember 1983).[12]

Die Ästhetisierung der Politik, die der Faschismus betrieb, wie Walter Benjamin betonte, hat Hrdlicka auch in seinem aufsehenerregenden »Literatur-Konkret«-Artikel von Herbst 1983 bezeichnet: »Das umstrittene Hamburger Kriegerdenkmal ist ein Musterbeispiel dafür. Der in die Schlacht bzw. zur Schlachtbank geführte Soldat ist bar jeder individuellen Gestaltung, Bestandteil eines Bewegungsablaufes, [. . .] die Persönlichkeit wird bewußt ausgelöscht.« Dann verwies Hrdlicka auf die Parallelen zur Gegenwart: »Im Zuge einer immer stärkeren Technisierung, Zerstörung der Umwelt und Überrüstung sind die Apologeten des Technofaschismus dazu übergegangen, den Menschen als Fortschrittsfeind anzuprangern, der sich der zweiten technischen Revolution in den Weg stelle, die Entwicklung der Mikroprozessoren verzögere, den Computer denunziere, dem Roboter ein Bein stellen wolle [. . .]. In der bildenden Kunst wurde die Neutronenbombe längst hypothetisch gezündet. Das anpassungsfähige, experimentierbeflissene Meerschwein Künstler hat in großer Zahl zufriedenstellend darauf reagiert und den Menschen aus seiner bildnerischen Vorstellungswelt eliminiert. Ein Weltbild ohne Menschenbild, dominiert von Quadraten, Ornamenten, Strukturen, Nirostaplatten und -röhren, Stangen, Kugeln, Würfeln und ähnlich aufregenden und gestaltungswürdigen Bildinhalten.«[13]

Die Gruppe der Entwurfszeichnungen, die im April/Mai 1984 in der Kunsthalle in Hamburg ausgestellt wurde, dokumentiert Hrdlickas Vision: Das Hakenkreuz als Symbol und als konstruktive Form des deutschen Faschismus sollte gesprengt bzw. zerborsten dargestellt werden mit vier Todesarten unter der braunen Diktatur an den vier Haken. Der Bildhauer dachte 1983/84 vor allem an den sogenannten »Hamburger Feuersturm«, also das Sterben der Bevölkerung Hamburgs in den Bombenangriffen von 1943; des weiteren an das Leiden der Frauen und Männer (und Kinder) in den Lagern, an das verlogene Frauenbild des Faschismus (im Kontrast zu den Menschenexperimenten), an die Hinrichtungen in Lagern und die Hinrichtung der oppositionellen Offiziere des 20. Juli 1944

Alfred Hrdlicka, Skizze für das Gegendenkmal, 1983 (Hamburger Kunsthalle)

(wobei ein Stück des Hakenkreuzes den Galgen bilden sollte) und ferner an das Sterben der Soldaten im Kriege, an den »Soldatentod« als vierten Teil. Dabei suchte Hrdlicka im Prozeß seines Denkens und bildnerischen Realisierens für die charakteristischen Todesformen unter dem Faschismus offensichtlich einen engeren Bezug zur Stadt Hamburg. Die Wahl des Themas »Hamburger Feuersturm« weist bereits darauf hin; denn in der Zeichnung des zerborstenen Hakenkreuzes war dieses Sujet noch nicht sichtbar.

Während die Arbeiten in Gang kamen, umriß der Bildhauer auch in einem Interview mit A. Klauser für das gemeinsam mit Erich Fried und Erwin Ringel nach einer Diskussion veröffentlichte Buch den gedanklichen und bildnerischen Kontext seines Hamburger Werkkomplexes: »Der ›Hamburger Feuersturm‹ ist ein eindeutigeres Denkmal gegen Faschismus und Krieg als jenes, das ich für Wien mache. Die entscheidende Frage ist: Wie macht man betroffen? Wenn ich dort ein Denkmal über Auschwitz hingestellt hätte, dann könnte es eine gewisse Distanz geben. Beim ›Feuersturm‹ hingegen wissen die Hamburger genau, was das war. Wenn ich ihnen das mitten in die Stadt stelle, kann niemand sagen, das war irgendwo. Da geht es um den Krieg mit der totalen Zerstörung [...]. Nicht die, die den Krieg führen, werden die Opfer sein, sondern die, die ihn nicht führen. Der neue Krieg ist der totale Krieg, den Goebbels gepredigt hat. Der Krieg von morgen ist der Krieg für alle. Mir kann niemand sagen, daß jemand, der heute für SDI ist, kein Faschist ist. Die Nazis waren die Avantgarde dieser Weltraumrüstung.

Der ›Hamburger Feuersturm‹ ist der erste Teil eines Denkmalensembles rund um den ›Klotz‹. [...] Ich habe den ›Klotz‹ immer verteidigt und habe gesagt, er darf nicht abgerissen werden. [...] Man muß doch wissen, was die Nazis wirklich wollten. Der ›Klotz‹ ist nicht schlecht gemacht – er hat so etwas Futuristisches. Er zeigt das heroische In-den-Krieg-Ziehen, doch wie der Krieg ausgeht, sieht man nicht. Und so will ich diesem Denkmal die Realität des Krieges und des Faschismus gegenüberstellen. Das Ensemble besteht aus vier Stationen. Die erste ist der ›echte Soldatentod‹. Sie zeigt den Soldaten [...], wie er ›ins Gras beißt‹. [...] Die zweite und größte Station ist der ›Feuersturm‹, eine verbrannte Frau, von der nur der Haarzopf übrigblieb, Knochenreste, ein Mann, von dem nur noch die Schuhe da sind, eine zerschmetterte Karyatide sowie ein herabstürzender Atlant – Bauelement und Mensch zugleich.

Die dritte Station verbindet das Frauenbild des Faschismus mit den grausamen Menschenexperimenten [...]. Im letzten Teil geht es dann um die Nazi-Justiz. Hier wird das Hakenkreuz zum Galgen von Plötzensee.«[14]

In seinen Kohlewandbildern »Plötzenseer Totentanz« von 1970/72 im Evangelischen Gemeindezentrum Berlin-Plötzensee, mit seinem bedeutenden Radierzyklus zum 20. Juli 1944 »Wie ein Totentanz« (1974, mit Texten des Künstlers) und in anderen Arbeiten hatte sich Hrdlicka seit vielen Jahren in realistisch-expressiven Gestaltungsformen mit der antifaschistischen Thematik befaßt.[15] Neben der Zeichnung auf Grün mit der Vision des gesprengten Hakenkreuzes, also dem dichten Entwurf des Ganzen, entstanden 1983 auch mehrere Skizzen, die die Komposition einzelner Teile des Ensembles zeigen. Das künstlerische Problem der Realisierung einer solch dichten Konfiguration mehrfiguriger Szenen, die eine Einheit bilden müssen, in der Meißeltechnik aus Blöcken von Stein – Hrdlickas eigentlich bedeutender Stil – oder aber in formbarem, das heißt plastischem Material hinsichtlich Bronzeguß darf nicht aus dem Auge verloren werden. Letztere Technik arbeitet in weichem Material, sie ist hinzufügend, korrigierbar, sie nähert sich somit dem

Alfred Hrdlicka, Skizze des Hakenkreuzes als Galgen von Plötzensee, 1983 (Hamburger Kunsthalle)

Malerischen (und dem Relief). Erstere, die Meißeltechnik in »taille directe«, erfordert vom Künstler ungleich höhere Imagination, gepaart mit handwerklichem Können, ist wesentlich konzentrierter (Block) und unkorrigierbar, somit letztlich im Ergebnis dichter. Nur wenige Plastiker beherrschen heute das Herausmeißeln einer bewegten Figur aus dem Block in direkter Arbeit, zumal es leichter ist, in grauen oder rosa Dreiecken oder in gebogenen Stahlplatten (wie Prager) Dekorationen zu geben oder aber (wie Rückriem) Steinblöcke aneinanderzufügen, deren Gehalt beliebig bleibt und am Denkmal austauschbar wird bzw. nur mittels der Inschrift eindeutig (Heinrich-Heine-Denkmal in Bonn, 1982). Hrdlickas leitender Stil ist identisch mit dem Arbeiten in »taille directe«. Sowohl die massenhafte Gruppe Geketteter als Symbol für Friedrich Engels (Wuppertal 1979–1981)[16] als auch die beiden Darstellungen von Pier Paolo Pasolini, die zerquetschte Leiche, 1974–1976 (Sammlung Ludwig) und die symbolisch überhöhte Bildnisgestalt von 1983 (im Besitz des Künstlers), sind aus Steinblöcken gemeißelt. Eine noch unveröffentlichte Bleizeichnung von 1977 zum Friedrich-Engels-Monument kann den Übergang von der Imagination zur bildhauerischen Realisation anschaulich machen.

Der Gesamtentwurf für Hamburg im Sinne einer geschlossenen Komposition und einer optisch und haptisch dichten Ballung der Darstellung der vier Todesarten verweist wohl eher auf plastisches Arbeiten, auf Modellieren mit Bronzeguß, wie die Menschenstationen von 1979 für die Wiener Uno-City »Homo erectus«, »Kain und Abel«, »Ödipus«, »Robespierre«, und wäre in ausgemeißelten Steinblöcken als ein Ganzes kaum oder nur schwer ausführbar. Tatsächlich plante Hrdlicka überwiegend Bronzeguß; im »Konkret«-Beitrag von 1983 hieß es: »Das Denkmal wird ja in Bronze gegossen«, lediglich »das deutsche Frauenbild in Marmor« gemeißelt. Doch bleibt es die Freiheit des Künstlers, seine Arbeit als Prozeß zu begreifen: Realisation als »vitalistischer« Vorgang, als ein beständiges Werden, als der Weg, von dem lediglich die Richtung bekannt ist. »Vielleicht zeige ich dabei auch, wie so manches wieder hochkommt – Nationalismus und Revanchismus wirken ja weiter –, aber das steht noch nicht fest. Bildhauerei ist ja nicht wie ein Hausbau [. . .]. Als Bildhauer habe ich ein Konzept, aber die Durchführung muß sich erst aus der Arbeit entwickeln« (siehe Anm. 9). So entschied sich der Künstler in der ersten Arbeitsphase für eine modifizierte Form: Der »Hamburger Feuersturm« wurde als Reliefwand geformt, abweichend von der Entwurfszeichnung. Eine dünne, fragile Bronzewand, nach oben hin poröser werdend, zeigt das, was nach einem derartigen Kriegsbrand von Menschen und Häusern übrig bleibt. Es ist ein realistisch verdichtetes Bild gewaltsamen Todes, ein Todesbild politischen Wahnsinns, ein ausgebranntes Stück Stadt mit den Leichen der getöteten Menschen. Mit der Bronzewand kombiniert sind zwei aus Steinblöcken gemeißelte Figurentorsi: auf der Schauseite eine tief kauernde Menschengestalt und auf der Rückseite eine gestreckt stürzende Gestalt, mit den Füßen zuoberst, ähnlich seinem »Marsyas« von 1962/64 (Staatsgalerie Stuttgart). Hrdlicka versteht sie – Frau und Mann als die Vertreter der Menschheit mythisch überhöht – als herabstürzenden Atlanten und als schwerverwundete Karyatide.

Alfred Hrdlicka, Entwurf für das Friedrich-Engels-Monument in Wuppertal, 1977 (Privatsammlung)

Im Mai 1985 wurde diese erste Stufe in der »als Aufmarschplatz für nationale Feierlichkeiten geplanten Anlage« um das Monument von 1936 aufgerichtet. Sie wurde auch von den Befürwortern des »Gegendenkmals« als unbefriedigend empfunden. Die differenzierte Kritik[17] wies zu Recht auf den Eindruck einer »flächigen Kulisse« und die mangelnde räumliche Opposition zu dem mehransichtigen, kubisch wirkungsvollen Naziklotz hin. Dem ist aber entgegenzuhalten, daß Hrdlicka ja vier Todesdarstellungen geplant hatte, daß diese nicht um den Kubus herum auf vier Seiten aufzurichten sein werden, sondern in einer räumlichen Staffelung auf das Heermonument zu. Mit der Realisierung aller vier Teile wird also erst das andersartige räumliche Konzept des Gegenmonuments zu würdigen sein.

Schon mit der Realisierung der zweiten Stufe 1986 hat Hrdlicka diese Kritik ad absurdum geführt. Auch der Bezug zu Hamburg wurde mit der Wahl eines Ereignisses, das mit dem KZ Neuengamme zusammenhängt, enger geknüpft. Zugleich wurde ein neuer Akzent durch die Wahl des anderen Materials gesetzt: Hrdlicka fügte den eher malerischen Ergebnissen des Bronzemodelleurs das Werk des Steinbildhauers hinzu, das seinen Rang innerhalb der Künste von heute begründet. Wie im Friedrich-Engels-Denkmal in Wuppertal meißelte Hrdlicka eine bewegte Figurengruppe aus einem 13 t schweren Marmorblock, der schon in Carrara die Grundform einer großen Woge gehabt hatte. Diese nach links wuchtende, figürlich-realistische Menschenmenge erhielt von Hrdlicka den Titel »Fluchtgruppe Cap Arcona«. Sie wurde im rechten Winkel mittels Dübeln mit der bronzenen Feuerwand verbunden. Um ihre optische Wirkung gegenüber dem 76er Denkmal zu steigern, wurde sie auf einen 1,50 m hohen Granitblock gesockelt, das heißt auf eine Form, wie sie die gegenstandslosen Plastiker wie Elmar Daucher, Ulrich Rückriem oder Richard Serra zum Teil verwenden. Im Gegensatz zu Hrdlicka bleiben deren Blockkompositionen in ihrer radikalen Formautonomisierung (»Form ohne Stoff«, wie Jean Paul 1804 schrieb) beliebig im Gehalt, variierbar, ja austauschbar: auf Rückriems Heine-Denkmal-Blöcken in Bonn könnte ebensogut »Heinrich von Kleist« stehen.[18] Hinsichtlich des Granitsockels von Hrdlickas Cap-Arcona-Skulptur ist besonders an Elmar Dauchers vier Granitblöcke als NS-Mahnmal, 1970 in Stuttgart, zu denken. Hrdlickas Entscheidung wirkt wie eine Kontradiktion zu den Gegenstandslosen.[19] Was bei diesen »Gegenstand« der Komposition ist, bleibt bei Hrdlicka lediglich Sockel für eine Menschengruppe.

Blickt man von der Stadt her kommend auf Hrdlickas Arbeiten und über »Cap Arcona« hinaus zum tiefer gelegenen Nazimonument, so ergibt sich in räumlicher Überbrückung und visueller Spannung ein Kontrast zwischen dem Naziideal des Marsches der Soldatenserien und Hrdlickas realistischem Werk des wirklichen Sterbens des einzelnen. Dieser Kontrast gründet in Hrdlickas Entscheidung, ein schräges, quasi natürlich unregelmäßiges Marmorstück – im Gegensatz zum Kubus, ja zur Blockgemeinschaft des Nazidenkmals – zu wählen.

Diesen Eindruck muß man sich in Hamburg erlaufen, um die Spannung zwischen beiden Denkmälern als »Frage« und »Antwort« – wie Klaus von Dohnanyi bei der Enthüllung sagte – zu verstehen.

Die »Cap Arcona« war ein in der Lübecker Bucht liegender Passagierdampfer, auf den die SS wenige Tage vor Kriegsende die in Gewaltmärschen vor den heranrückenden Alliierten aus dem KZ Neuengamme evakuierten Häftlinge getrieben hatte. Das Schiff

Alfred Hrdlicka, Fluchtgruppe Cap Arcona (Teilansichten), Hamburg, 1986

trug mehr als 7500 Menschen, als es von britischen Fliegern am 3. Mai 1945 bombardiert wurde. Nur wenige der Entkräfteten erreichten das Ufer. Das Schicksal der Menschen auf der »Cap Arcona«, ihr Entsetzen, ihre Fluchtversuche, ihr tragischer Tod – dies hat Hrdlicka in den Steinblock gemeißelt. Dabei stehen wenige Figuren für das Schicksal aller. Manche sind tiefer, andere weniger genau herausgearbeitet. In der Technik der »taille directe« und im Prinzip der gleitenden Proportionen, der »fließenden Proportionen«, sind exemplarische Figurengebärden veranschaulicht. Zuoberst, wie sich auflehnend gegen die Qual, wie erdrückt im Stein, als Ausdruck des gewaltsamen Todes, sehen wir eine eminent expressive Gestalt, ausgemergelt, dem Tode nahe, aber eingespannt in die Wucht des Ereignisses: der KZ-Häftling schlechthin, eine »Galionsfigur des Leidens«[20].

Um die »Fluchtgruppe Cap Arcona« richtig zu verstehen, muß man die unregelmäßige Steinform mit den Gebärden der Hauptfiguren zusammensehen. Deren Bewegungen suggerieren ein Getriebenwerden, ja ein Geschleudertwerden, so daß der Ausdruck von Lebenden, Flüchtenden und Getöteten wie in einer Woge von Feuer und Wasser entsteht. Besonders die Rückenfigur der Blockvorderseite und der nach unten hängende Kopf des Toten rechts neben dem sich nach oben streckenden KZ-Häftling scheinen die Menschen in einer Flutwelle zu zeigen, die durch die Zerstörung des Schiffes entstand. So verstanden, könnte man in Teilen des stehengelassenen Steines Hinweise auf eine gewaltvolle Sturzwelle erkennen[21], die der Bewegung der torsierten Leiber und ihrer Fragmente im Stein entspricht.

Das Ereignis des gewaltsamen Sterbens auf der »Cap Arcona« als Teil von Faschismus und Krieg im Mai 1945 ist auch der Stoff bzw. das Thema einer Radierung von Hrdlicka, die er als »Hommage für Erich Fried« 1986 schuf. Gemäß dem Verhältnis von Skulptur als Sammelpunkt und Brennpunkt eines Themas zu den Möglichkeiten der Graphik/Zeichnung als breiterer Schilderung und Ausschöpfung eines vielschichtigen Stoffes[22] hat der Künstler in dieser Radierung zahlreiche Figuren vor dem Dunkel der Nacht in Flucht- und Todesgebärden im Schiff, am Schiff und simultan im Wasser dargestellt.

Der Figurenblock für das Hamburger Ensemble konzentriert sich auffallend auf wenige Fragmente und Torsi im Nebeneinander »fließender Proportionen«, die sich aus der Materialmasse des Steines herausheben. Dazu hat Hrdlicka schon früher formuliert: »Ich will keine Revue, und darum werde ich nicht durchgehend lebensgroß arbeiten. Bei allem Naturalismus und Realismus gibt es unterschiedliche Größenordnungen, falsche Vollständigkeit, fließende Proportionen. Es ist ja der Vorteil von bildender Kunst, daß man Körpersprache auf das Wesentliche reduzieren kann.«[23] Bereits innerhalb der ersten Stufe harmonierten Bronze und Stein disharmonisch: Der schnelle Eindruck des Disparaten

Alfred Hrdlicka, Radierung zu »Cap Arcona«, Hommage für Erich Fried, 1986 (Privatsammlung)

verändert sich bei längerem Einsehen und Einfühlen in die aus Bronze geformte Brandwand mit den verkohlten Menschenleibern und den (hellen) Torsi aus Marmor: Naturalismus und realistisches Symbol waren kombiniert. Auch für Hrdlickas sonstige Denkmalarbeiten war dies ungewöhnlich. Man sprach in Hamburg 1985 sogar von »Geisterbahnrealismus«. Nun stehen bronzener »Feuersturm« und marmorne »Fluchtgruppe« räumlich nebeneinander, erzeugen gegenseitig künstlerische Spannung und bedeuten inhaltliche Ergänzung. Sie zeigen dem Betrachter, der mit oder ohne Einfühlung kommt, den realen Tod in der Nazidiktatur, den der geometrische Block von 1936 ausblendete.

In diesem Sinne betonte Alfred Hrdlicka in seiner improvisierten Rede am 29. September 1986 in Hamburg, daß die Nazis ein »abstraktes«, serielles Bild des Soldaten für ihren neuen, geplanten Krieg vorführten, während seine große Skulptur »Fluchtgruppe Cap Arcona« den wirklichen Tod des einzelnen zeigt und somit das Bewußtsein der Betrachter nicht lähmt, sondern vielmehr weckt. Gegen den Automatismus in der faschistischen Ästhetik steht in seiner Gruppe die Bildmacht des Wirklichen, des Konkreten, dargestellt in realistischer Methode. Diese »Macht der Bilder« könne man – so Hrdlicka – nicht einfach abschalten wie einen Fernsehapparat. Verbindliche und bedeutende Kunst, im Gegensatz zu den Dekorationen der Abstrakten und Seriellen von heute[24], sucht ein Weltbild zu formen, und sie stellt sich jedenfalls dem Realen der eigenen Zeit. Sie ist provokativ, und in diesem Sinne müßten – sagte Hrdlicka – seine Darstellungen ausgehalten werden wie These und Gegenthese; ausgehalten von jedem einzelnen freilich, der sich darauf einläßt und bereit ist, das das Reale bezeichnende Werk zu verstehen. Gegenüber der knappen Rede des Bürgermeisters v. Dohnanyi zeichnete sich Hrdlickas Rede durch Authentizität, inhaltliche Kompetenz und vitalen Ernst aus.

Die nächste Stufe seines Gegenensembles werde, erklärte der Bildhauer, das Sterben der Soldaten im Kriege zeigen, näher herangerückt an den Naziblock. Es wäre unverantwortlich, wenn dem Künstler die Ausführung der vier Stationen des Sterbens unter der NS-Diktatur nicht – auch finanziell – ermöglicht würde. Eines der interessantesten Mahnmalkonzepte bliebe Torso. Wie Hrdlicka auf einer Pressekonferenz von Oktober 1987 in Hamburg betonte, will er »keine schöne Leich«[25]. Die als dritte Stufe geplante Todesform soll dem Sterben der Männer im Kriege, also dem Soldatentod gewidmet sein. In mehreren Zeichnungen in Tusche und Sepia, die die Galerie Hilger (Frankfurt) im Oktober/November 1988 in der Ausstellung »A. H. – Entwürfe für Monumente« zeigte, nähert sich der Bildhauer der Visualisierung einer bestimmten Art des Soldatentodes, dem in einer explodierenden Tretmine. Diese mehr zentrifugale Komposition dürfte eher in Bronze geplant sein.

Obwohl Hrdlicka das ursprünglich vereinbarte Honorar für das ganze Denkmal bereits erhalten hat, fordert er neue Mittel für die Fortsetzung der dritten und vierten Stufe des Projekts. Zur Aufstockung der Gelder für das Mahnmal sagte Hrdlicka in einem Interview mit Susanne Weingarten 1987: »Ein antifaschistisches Denkmal darf nichts kosten, nur der Kunstbetrieb darf Geld kosten. Die documenta kann Millionen kosten, weil man das Ganze nach 100 Tagen wieder weghaut. Aber eigentlich sollte man glauben, es ist das Anliegen der Stadt, ein Monument gegen Krieg und Faschismus zu errichten.« »Würden Sie denn gern weitermachen?« »Sicher würde ich gern weitermachen. Der nächste Teil [...] wird der ›Soldatentod‹. Ich werde etwas machen mit sehr vielen Einzelfiguren, verbunden mit einem großen Stahlkern oder Stahlgerüst. Damit es wieder etwas anderes ist. Ich versuche ja immer, andere Dinge ins Spiel zu bringen.« Auf die Frage, was Hrdlicka mit seiner Kunst gegen Faschismus oder Neonazis ausrichten könne: »Ach, dagegen ausrichten! Goya hat sich auch nicht gefragt, was er mit der Kunst ausrichten kann. Das ist nicht die Sache der Kunst. Aber wenn so ein Monument mitten in der Stadt steht, dann bedeutet das etwas. Es kann nichts Großes bewirken, aber doch gewisse Dinge: Nachdenklichkeit, Solidarität, [. . .] von der documenta-Aktualität wissen Sie bald gar nichts mehr. Ob das lustig oder fad war, das ist ein Disneyland. Aber ich mache keine Disneyland-Kunst.«[26]

Eine abschließende Beurteilung des Ganzen wird also noch Jahre warten müssen. Wie das neu errichtete Wiener Mahnmal bildet der Hamburger Auftrag fraglos für Hrdlicka eine enorme Chance, Last, Herausforderung und Probe seiner realistischen Kunst. Nicht wegen des Themas Antifaschismus, in dem sich der Künstler, wie angedeutet, seit Jahren durch wichtige Leistungen auszeichnet, nicht wegen des Kontrastes zwischen dem Naziblock und eigener antifaschistischer Position, die vielmehr eine fruchtbare Inspiration bildet – nein: Eine Gefahr sieht der Unterzeichnete in Strukturen der öffentlich legitimierten Absicht der Regierung Hamburgs und zum Teil in der Grenze der vorgegebenen historistischen Konstellation, das heißt Nazikriegsdenkmal von 1936 im Klima von heute, innerhalb deren sich Hrdlickas Können entfalten darf und soll. Das geplante Mahnmal ist quasi determiniert. Natürlich, angesichts des Wahnsinns der Aufrüstung bildet die Hamburger Konstellation 1936–1986 ein bedeutendes Fragemal, das vor neuen katastrophalen Konflikten zu warnen vermag: Der kommende Krieg würde der totale Krieg.

Eine Einschränkung der schöpferischen Freiheit impliziert die Form des öffentlich determinierten Denkmals dann, wenn es Ideen der Auftraggeber reproduzieren soll. Der geforderte Appell begrenzt die künstlerische Freiheit. Und der Bezug zu Hamburg erbrachte womöglich beizeiten ein Abrücken von der Vision des zerborstenen Hakenkreuzes. Umgekehrt, in positiver Sicht, geht jedoch gerade daraus eine Art Inspiration hervor. Alfred Hrdlicka scheut offenbar jene Grenze der öffentlichen Denkmäler nicht. Sowohl der Auftrag der Wuppertaler SPD für ein Engels-Monument (1978–1981) als auch die Aufträge für antifaschistische Mahnmäler in Hamburg und besonders jüngst in Wien werden von ihm ergriffen und als (positive) »Staatskunst« begrüßt.

Wenn man es auch als historisch verspätet ansehen kann, Mahnmäler gegen die Nazidiktatur noch heute zu errichten, scheinen jene Aufträge Hrdlicka geradezu anzuspornen. Solche Werke liegen – anders als bei anderen Plastikern – politisch, weltanschaulich und stofflich in einem Zentrum seines Kunstwollens, im antifaschistischen Selbstverständnis des Bildhauers. Das andere Zentrum seiner Kunst, die Interdependenz von sozialer Lage, Sexualität und Gewalt individueller und kollektiver Natur (Martha Beck, Haarmann, Pier Paolo Pasolini), wird von der öffentlichen Aufgabe jener Mahnmale weniger berührt. Das eine ist jedoch ohne das andere Zentrum seiner Kunst nicht hinlänglich zu erhellen und zu verstehen.

Wegen ihrer Aktualität – als Warnung – einerseits und wegen ihrer Kraft und Authentizität gegenüber der großteils nur formalistischen Kunstbetriebskunst andererseits ist Hrdlickas Kunst von der Graphik über Zeichnung bis zum Monument im öffentlichen Raum von besonderer Provokation; die Gruppe Geketteter als Symbol für Friedrich Engels und die Gruppe Sterbender der »Cap Arcona« affizieren die Betrachter wesentlich mehr als rohe Steinblöcke, die eine Inschrift tragen und nur durch diese Konnotation

Der Künstler zwischen dem 76er Denkmal und seiner Skulptur »Fluchtgruppe Cap Arcona«, Hamburg, 1987

eindeutig werden. Es ist die Provokation der realistisch-expressiven Arbeitsmethode mit der Figur in einer Zeit der Menschenleere in den Künsten. Dies gilt natürlich auch für andere Plastiker der figürlich-realistischen Seite wie Waldemar Grzimek, Waldemar Otto, Christian Höpfner, Robert Günzel, die mit ihren Menschenfiguren den Menschen ansprechen. Sind die abstrakten Zeichen heute für viele Betrachter unverständlich, so sind die plastischen Menschengestalten in den Städten provozierender, da sie den Betrachtern einen Spiegel des Realen vorhalten; der Mensch identifiziert sich mit dem Menschen, nicht mit geschichteten Blöcken. Im Streit um das Mahnmal in Wien – dies nur nebenbei bemerkt – war Hrdlickas Gestalt des straßenwaschenden Juden in Lebensgröße das umstrittenste Motiv. Auf das Engels-Denkmal in Wuppertal wurde ein Farbanschlag verübt, so daß man bereits erwog, das Original geschützt im Museum unterzubringen. In Hamburg war die »Fluchtgruppe Cap Arcona« am Tage nach der Enthüllung mit einem Hakenkreuz beschmiert. Dann wurde ein Anschlag mit Braunschwarz ausgeführt; im Oktober 1987 Besprühungen mit Farbbändern und dem Wort »Chile«. So bedauerlich solche blindwütigen Bilderstürmereien auf öffentliche Kunstwerke sind, so deutlich zeigen sie im Falle von Hrdlickas Kunst den Stellenwert und die Bedeutung seines Schaffens als gewichtige Gegenposition zur Gegenstandslosigkeit, zur Menschenleere eines technizistischen Arbeitens in Formen, die nachträglich mit tiefsinnigem Sinn besprochen werden müssen. So bleibt der Gedanke von Eugène Delacroix von 1860 aus seinem Journal womöglich gültig: »Le réalisme c'est la grande ressource des novateurs«; freilich setzte Delacroix hinzu, dies gelte besonders für Zeiten, in denen die manieriert gewordenen Schulen sich im Kreise drehen. Dann erkläre eine inspirierte Persönlichkeit die Rückkehr der Natur. Dies scheint mir auf heute übertragbar.

Anmerkungen

1 Der hier vorgelegte Beitrag zum Hamburger »Gegendenkmal« ist die überarbeitete Fassung der Publikation in: *kritische berichte,* 15. Jg., 1987, H. 1. – Siehe auch: *Frankfurter Allgemeine Zeitung,* 23. Januar 1987, und meinen Beitrag: »›Feuersturm‹ und ›Cap Arcona‹«, in: *Communale,* 29. Januar 1987, S. 20. Auf die Kritik von G. Werner wird unten in Anm. 12 und 21 eingegangen.

2 Zur Ästhetisierung der politischen Gewalt während der NS-Diktatur im Sinne von Walter Benjamin vgl. besonders B. Hinz/H. E. Mittig: *Die Dekoration der Gewalt – Kunst und Medien im Faschismus,* Gießen 1979. Zum Hamburger »Klotz« äußerte sich kritisch bereits unter anderen Karl-Heinz Janßen: »Ein Denkmal – eine Verirrung«, in: *Die Zeit,* 28. August 1981.

3 Vgl. die grundlegende Studie von B. Hedinger/R. Jaeger/B. Meißner/J. Schütt/L. Tittel/H. Walden: *Ein Kriegsdenkmal in Hamburg,* Hamburg 1979. Zu den sozialpsychologischen Implikationen siehe Reinhart Koselleck: »Kriegerdenkmale als Identitätsstiftungen der Überlebenden«, in: *Identität,* hg. v. Odo Marquard/ K. Stierle, München 1979, S. 255–276 (Poetik und Hermeneutik, Bd. 8); ferner Dietrich Schubert: »›Ehrenhalle‹ für 500 Tote, 1932–1933«, in: *Heidelberger Denkmäler 1788–1981,* Heidelberg 1982, S. 78–83; Jörgen Bracker: »Das 76er Denkmal am Stephansplatz – oder ›Die Unfähigkeit zu trauern‹«, in: *Friedensbewegungen in Vergangenheit und Gegenwart* (Colloquium im Museum für Hamburgische Geschichte), Hamburg 1985, S. 102–113; Volker Plagemann: *»Vaterstadt, Vaterland – schütz dich Gott mit starker Hand«. Denkmäler in Hamburg,* Hamburg: Christians 1986, S. 142f. und 170f.

4 Vgl. H. E. Mittig: »Über Denkmal-Kritik«, in: H. E. Mittig/V. Plagemann: *Denkmäler im 19. Jahrhundert,* München: Prestel 1972. – Meine These diesbezüglich ist, daß sozialpolitischer Ort, Mentalität der Auftraggeber, Struktur und Formen des Denkmals als determinierter Kunstform im öffentlichen Raum, die etwas historistisch memorieren und Ideen und Ideologie der Setzer affirmieren und in den Köpfen der Betrachter verfestigen soll (Identifikationsappell), die schöpferische Phantasie und Energie bedeutender Künstler einengt bzw. andererseits besonders mittelmäßige Talente benötigt. Bedeutende Plastiker gerieten deshalb mit den Prämissen der Denkmalsetzung in Konflikte. Nur in wenigen Fällen kam es zur Symbiose von Denkmalauftrag und herausragendem Können eines Bildhauers (Jules Dalous Denkmal für E. Delacroix, Paris, Luxembourg). Auch Auguste Rodin hatte immer wieder Konflikte mit seinen Denkmalaufträgen; sein Traum einer »Tour du Travail« wurde nicht ausgeführt – vgl. dazu J. A. Schmoll gen. Eisenwerth: *Rodin-Studien,* München 1983; Renate Liebenwein-Krämer: »Le Monument au travail – Rodins architektonische Utopie«, in: *Jahrbuch der Hamburger Kunstsammlungen,* Bd. 25, 1980, S. 117ff. M. Stather: *Die Kunstpolitik Wilhelms II.,* phil. Diss. Heidelberg 1988.

5 Zu den genannten Künstlern und zur Alternative »Helden« – »Opfer« vgl. Winfried Nerdinger: *Rudolf Belling und die Kunstströmungen in Berlin 1918–1923,* Berlin 1981; Dietrich Schubert: »Die Wandlung eines expressionistischen Kriegerdenkmals – Hoetgers ›Niedersachsenstein‹ 1915–1922«, in: *Wallraf-Richartz-Jahrbuch,* Bd. XLIV, Köln: DuMont, 1984, S. 298f.; ferner den grundlegenden Text von Adolf Behne zur Unterscheidung der pazifistischen Seite (»Opfer«) und der deutschnationalen Ideologie (»Helden«): »Kriegsgräber«, in: *Sozialistische Monatshefte,* Bd. 52, 1919, S. 307f. Zum Coburger Denkmal von R. Kuöhl vgl. Dietrich Schubert: »Bruno Tauts ›Monument des Neuen Gesetzes‹ von 1919«, in: *Jahrbuch der Berliner Museen,* Bd. 29/30, 1987/88, Abb. 5, S. 248.

6 Stereotype, in den Kampf marschierende Landser zeigt auch das 1939 von Richard Kuöhl in Düsseldorf zusammen mit Klophaus/Tachill gebaute Kriegerdenkmal für das Niederrheinische Füsilierregiment Nr. 39 (siehe Meinhold Lurz: *Kriegsdenkmäler in Deutschland,* Bd. 4, Heidelberg: Esprint 1985, S. 216f.). Dabei handelt es sich um das NS-Gegendenkmal zu dem ehemals republikanischen, von Jupp Rübsam bis 1928 gestalteten Denkmal für die Gefallenen des Regiments (Weihe am 2. September 1928); Rübsams hockende Soldaten waren von den Deutschnationalen stark angefeindet worden, das Werk erlitt Attentate und wurde dann im März 1933 von den Nazis zerstört. Zuvor war es durch Aufmalen des Davidsterns 1929 und die Beschriftung »Ich weiß nicht, was soll es bedeuten« als ein »jüdisches Heine-Denkmal« diffamiert worden. (Siehe auch Hubert Delvos: *Geschichte der Düsseldorfer Denkmäler,* Düsseldorf 1938, S. 201f., wo Rübsams Denkmal als »gemeines Judenwerk« und als »Höhepunkt der Entartung der Denkmalkunst« bezeichnet wird, S. 205). Die in Kolonnen ziehenden Landser bei Kuöhl ähneln nur partiell den 1929/1932 von Otto Dix gemalten Landsern mit geschulterten Gewehren mit seinem großen Kriegstriptychon (Dresden, Neue Meister); bei Dix steht der eingeschiente Landser lediglich als Beginn einer komplexen Darstellung der Realitäten des Krieges, seiner Folgen, denn die Mitte zeigt das Ende des Marsches und das grauenhafte Sterben im Artilleriebeschuß (siehe Dietrich Schubert: *Otto Dix,* Reinbek 1980, S. 96–102; *Pazifismus zwischen den Weltkriegen*, hg. v. Dietrich Harth/Dietrich Schubert/Ronald Schmidt, Heidelberg 1985, S. 185–202).

7 Vgl. dazu S. Scharfe: *»Deutschland über alles« – Ehrenmale des Weltkrieges,* Königstein/Leipzig 1940; G. Kaufmann: *Langemarck – das Opfer der Jugend,* Stuttgart 1938. Zur Feier und Weihe im Juli 1932 siehe S. E. Eulen: »Gedenkrede in der Langemarckfeier«, in: *Kriegsgräberfürsorge,* 12. Dezember 1932, S. 178f. (Hinweis von Meinhold Lurz, Heidelberg); D. Schubert: »Ehrenhalle für 500 Tote«, a. a. O. [Anm. 3]; M. Lurz: Kriegsdenkmäler in Deutschland, Bd. 4–5, Heidelberg 1985/86; – Ursula Merkel: »Kriegerdenkmäler in Karlsruhe«, in: *Denkmäler und Freiplastiken in Karlsruhe 1715–1945,* hg. v. H. Schmitt, Karlsruhe 1987, S. 67f.

8 Alfred Rosenberg: *Revolution in der bildenden Kunst?* München: Eher-Verlag 1934, S. 12.

9 Alfred Hrdlicka/H. G. Behr: »Der Klotz bleibt, aber ... er wird zum antifaschistischen Mahnmal«, in: *Konkret*, H. 12, 1983, S. 86–92 (das Zitat S. 87). Vgl. besonders von Hrdlicka: »Die Ästhetik des automatischen Faschismus«, in: *Literatur Konkret*, H. 8, 1983/84, S. 6–9 (siehe auch Anm. 13).

10 Der Erhaltung von NS-Kunst oder Nazidenkmälern als geschichtlichen Zeugnissen (»Anschauung« – wenn die Historie längst vergangen ist) ist ebenso zuzustimmen wie der Meinung von Werner Hofmann in der 1986 geführten Debatte um die NS-Künste, sie gehöre doch in Teilen in unsere Kunstmuseen. Hofmann stand damit allein konträr zu H. Peters, A. Zweite, Werner Schmalenbach und anderen, die ihre Häuser zu Pretiosenkabinetten dessen machen, was sie subjektiv unter »Moderne« verstehen und – unter Mißachtung des Realismus nach 1949 – allein als »Avantgarde« auswählen. Welches große Museum hat einem realistischen Bildhauer/Graphiker wie Hrdlicka eine umfassende Retrospektive eingeräumt?

Nazikünste in die Kunstmuseen – natürlich; die Ausblendung entspräche der sonstigen Verdrängung und wäre eine Verstümmelung der Geschichte der Kunst. Freilich kritisch behandelt bzw. präsentiert als Zeugnisse jener Zeit und Ideologie, im Kontrast zu Klee, Beckmann, Picasso, Schlemmer oder Nolde (der NSDAP-Mitglied war), zu Kirchner und Lehmbruck, zu Dix und Oelze usw. In der Neuen Pinakothek hängen auch kitschige Salon- und schlechte Staatsmalerei des 19. Jahrhunderts.

Signifikant auch, daß in der ehrgeizigen Schau »Deutsche Kunst im 20. Jahrhundert« (London/Stuttgart 1985/86) ein Raum mit exemplarischen Nazistücken gefehlt hat; es fehlte dabei andererseits eben auch der kritische Realismus der Kunst John Heartfields. Derart werden von Ausstellungsbetrieb und Museen die Geschichte der Künste und die Kunstgeschichtswissenschaft manipuliert. Vgl. zu jener Debatte besonders die Artikel von Hans Platschek und Werner Hofmann in: *Die Zeit*, Nr. 40/43, 26. September und 17. Oktober 1986. Wenig überzeugend gegenüber Hofmanns überzeugender Position der Artikel von Schmalenbach mit einer platten Polemik gegen Hrdlicka. Die von der *Zeit* gewünschte Erwiderung Hrdlickas hat diese Zeitung dann einer Art Zensur unterworfen, das heißt nicht gedruckt (siehe jetzt im Heft von A. Hrdlicka: *Hexer und Hexenjäger*, Wien: Galerie Hilger, 1986). Hrdlicka hatte die bunte Liste, die Klaus Staeck als Protest gegen Peter Ludwigs Äußerungen über Breker und NS-Kunst zusammenstellte, wegen der Abstraktionisten wie G. K. Pfahler, Hajek, Sonderborg und anderen nicht mit unterschrieben und seine eigene kritische Meinung zum heutigen Kunstbetrieb vertreten (»Avantgardismus ist heute nicht mehr als ein Lippenbekenntnis«), was ihm die Schelte von Schmalenbach einbrachte (siehe *Die Zeit,* 26. September 1986). Völlig treffend sagte Hrdlicka später in einem Gespräch: »Wie man die Nazis nicht aus der Geschichte, so kann man die Nazikunst nicht aus der Kunstgeschichte eliminieren« (»Die ganze Ahnengalerie«, Gespräch mit H. Rizy, in: *Tendenzen,* Nr. 157, März 1987, S. 24–27). – Dieser Text wurde nicht von Klaus Staeck aufgenommen in *Nazi-Kunst ins Museum?*, Heidelberg 1988.

11 Vgl. Klaus Wagner, in: *Frankfurter Allgemeine Zeitung,* 14. Dezember 1982 mit Abbildung des Entwurfs von Böhme/Schneider: »Vom Kriegerdenkmal zum ›Mahnmal gegen Krieg und Faschismus‹«. H. G. Behr: »Der Klotz bleibt, aber ...«, a. a. O. [Anm. 9].

12 Beitrag von H. G. Behr und Interview mit Alfred Hrdlicka, a. a. O. [Anm. 9], S. 86f. Fritz J. Raddatz: »Mut oder Mütchen?«, in: *Die Zeit,* 10. Juni 1983. Zur Konzeption des »Gegendenkmals« für Hamburg aus der Sicht eines Kunsthistorikers und Bearbeiters der Studie über den NS-Klotz vgl. Roland Jaeger, in: *Szene Hamburg,* 12. Jg., Nr. 6, Juni 1985, S. 24–26.

Die verschiedenen Erläuterungen und Interviews von Hrdlicka, aus denen hier zitiert wird, um das Werkensemble zu verstehen, scheint Gabriele Werner nicht zu kennen (»Welche Realität meint das Reale?«, in: *kritische berichte,* Jg. 16, 1988, H. 3, S. 57), sonst könnte sie nie schreiben, Hrdlickas Konzeption unterliege eine »Theorie vom Faschismus, in der dieser zu einer schicksalhaften Apokalypse wird, in der die planmäßige Politik des NS-Staates nicht vorkommt« (siehe unten Anm. 21).

13 Alfred Hrdlicka: »Die Ästhetik des automatischen Faschismus«, in: *Literatur Konkret*, H. 8, 1983/84, S. 6–9; wieder in: *Hrdlicka – Schaustellungen, Bekenntnisse in Wort und Bild,* hg. v. W. Schurian, München 1984, S. 106f., und in: Alfred Hrdlicka: *Das Gesamtwerk*, hg. v. Michael Lewin, Bd. IV, *Schriften*, Wien/Zürich: Europa-Verlag 1987, S. 180–182.

Es fällt aber auf, daß in der heutigen Literatur und Dichtung der Mensch wieder im Zentrum steht. Nur in Malerei und Plastik hat sich eine Wüste des Nichtmenschlichen breitgemacht, des Technischen, der Röhren und Platten, der gebogenen Drähte, der Blöcke und des Pappmachés, der Monochromie – um nicht zu sagen Monotonie. Hrdlicka unterscheidet deshalb zu Recht zwischen »Kunstbetriebskunst« und »bildender Kunst«, die den Menschen ihrer Zeit bildet, darstellt, deutet und interpretiert.

14 Erich Fried/Alfred Hrdlicka/Erwin Ringel: *Die da reden gegen Vernichtung,* hg. v. A. Klauser, J. Klauser, M. Lewin, Wien/Zürich: Europa-Verlag 1986, S. 130f. Zu dem lange umkämpften »Mahnmal gegen Krieg und Faschismus« in Wien (siehe *Frankfurter Allgemeine Zeitung,* 28. Juli 1988), das am 24. November 1988 am Albertina-Platz mit einem ersten größeren Teil (Tor der Gewalt, Straßenwaschender Jude, Orpheus und Stein der Republik) enthüllt wurde, siehe Ulrike Jenni: »Mahnmal gegen Krieg und Faschismus von Alfred Hrdlicka«, in: *kritische berichte,* Jg. 16, 1988, H. 3, S. 68f. mit Abbildung der Lageskizze des Künstlers, die auch in seiner großen Ausstellung 1988 hing; ferner M. Frank, in: *Süddeutsche Zeitung,* Nr. 273, 26./27. November 1988; A. Razumovsky: »Wo die Toten nicht ruhen«, in: *Frankfurter Allgemeine Zeitung,* 7. Januar 1989 (Beilage). Hrdlicka gab dazu ein Interview in *Profil* vom 25. Juli 1988, und ein ausführliches Gespräch erschien in: *Arbeiterkampf,* Nr. 305, 3. April 1989, S. 35–37.

15 Alfred Hrdlicka: *Radierungen – Folge II »Wie ein Totentanz«,* Berlin: Propyläen 1975, mit Texten v. W. Schmied, Karl Diemer und Hrdlicka; Ingrid Mößinger: *Der Plötzenseer Totentanz im Evangelischen Gemeindezentrum Plötzensee,* München/Zürich 1982 (Schnell-Kunstführer 1316); Wauter Kotte: »De oorlog als dodendans«, in: *Otto Dix – Alfred Hrdlicka,* Kat. Hedendaagse Kunst, Utrecht 1982 (anschließend im März 1983 gezeigt im Kunstverein zu Heidelberg); Dietrich Schubert: *Otto Dix und Alfred Hrdlicka im Dialog* (Rede zur Eröffnung der Ausstellung Heidelberg, März 1983), als Broschüre Heidelberg 1985; E. Fried/A. Hrdlicka/E. Ringel, a.a.O. [Anm. 14], S. 115 Hrdlicka zu seinem Entwurf für Wien, S. 130 zu seinem Berliner Konkurrenzmodell »Schreibtischmörder« für ein Mahnmal am Gestapoquartier Berlin-Tiergarten; siehe auch Hrdlicka: *Das Gesamtwerk,* hg. v. Michael Lewin, Bd. I, *Bildhauerei,* Wien/Zürich: Europa-Verlag 1987, Nr. 189.

16 Zum Friedrich-Engels-Monument vgl. Dietrich Schubert: »Marxistischer Tausendfüßler«, in: *Frankfurter Allgemeine Zeitung,* 22. Mai 1982, und ders.: »Alfred Hrdlickas Denkmal für Friedrich Engels«, in: *Pantheon,* Jg. 41, 1983, H. III, S. 245–253; Alfred Hrdlicka: *Das Gesamtwerk,* Bd. I [Anm. 15], Nr. 141.

17 Roland Jaeger, in: *Szene Hamburg,* 12. Jg., Hamburg 1985, S. 26.

18 Vgl. meinen Beitrag: »Hrdlickas ›Gummitod‹«, in: *Wallraf-Richartz-Jahrbuch,* Bd. XLVIII/XLIX, Köln: DuMont 1988, S. 427. Mit Jean Pauls Unterscheidung in der »Vorschule der Ästhetik« (1804) nach den zwei Polen »Form ohne Stoff« (Nihilisten) und »Stoff ohne Form« (Materialisten) ist nach wie vor gut zu operieren. Leere und Austauschbarkeit werden nicht nur in den themenlosen Blöcken von Rückriem deutlich, sondern mehr noch in den puren Formen der Brancusi- und Gonzales-Epigonen. Überhaupt ist der breite Eklektizismus in der zweiten Phase der »Moderne« nach 1948 noch nicht untersucht; dieser erweist m. E. die Kunst nach 1945 bereits als »Postmoderne«. Plastiker wie Carl Andre, Prager, Ansgar Nierhoff, Matschinsky-Denninghoff liefern überwiegend Dekorationen der kapitalistischen Konsumgesellschaft. Phantasielosigkeit findet sich freilich auch auf der anderen Seite, der der »Naturalisten« (Stoff ohne Form) und Realisten bzw. der figürlichen Plastiker – in den auswechselbaren Formen von F. Bodini oder Schmettau. So, wie für die Gegenstandslosen eine Verkehrung der »Avantgarde« eingetreten ist (ihre Materialkünste sind angepaßt, nicht rebellisch), so bewegen sich manche figürlichen Plastiker im Stereotyp, im Klischee. – Den umfassenden Gegenstandsverlust hat bereits 1974 Dieter Hoffmann-Axthelm konstatiert und die Künste wieder auf »Bildlichkeit sozialen bzw. gesellschaftlichen Bewußtseins« verwiesen (*Theorie der künstlerischen Arbeit,* Frankfurt a. M. 1974, S. 175f. und S. 34–51); vgl. auch Jürgen Weber: *Entmündigung der Künstler,* Köln ^{3}1984.

Von der älteren Literatur besonders die Kritik an purer Formautonomisierung, Autismus und extremer Subjektivität bei Carl Einstein: *Die Fabrikation der Fiktionen (eine Verteidigung des Wirklichen),* hg. v. S. Penkert, Reinbek: Rowohlt 1973, und Carl Einstein: *Georges Braque,* Paris/New York 1934, Kap. I.

Zur Situation der realistischen Plastik heute: Hrdlicka und Georg Eisler organisierten 1981 in Wien die Ausstellung mit europäischem Querschnitt: »Anthropos – die menschliche Figur in der europäischen Plastik«. Ferner die Ausstellung »Natur – Figur – Skulptur«, organisiert v. Andreas Pfeiffer, Heilbronn 1985, und »Rätsel Wirklichkeit«, Kunsthalle Darmstadt (Text v. E. Krimmel), Darmstadt 1987.

19 Zu E. Dauchers Mahnmal in Stuttgart 1970 vgl. meinen Gropius-Aufsatz in: *Jahrbuch der Hamburger Kunstsammlungen,* Bd. 21, 1976, Abb. 20–21, S. 224f. Hrdlicka hat wiederholt mit guten Gründen gegen die Leere in der gegenstandslosen Plastik polemisiert: »Was der Politiker vor allem von der Kunst erwartet, ist, daß sie nicht zu politisch wird – was nicht heißt, daß es bei uns keinen politischen Mißbrauch der Kunst gibt« (»Bildende Kunst und Öffentlichkeit«, in: *Neolithikum – Zeitung der Bildhauerklasse Hrdlicka,* Stuttgart

Akademie 1979; wieder in: Alfred Hrdlicka: *Das Gesamtwerk,* hg. v. Michael Lewin, Bd. IV [Anm. 13], S. 130f.). Vgl. auch Hrdlickas Text »Denn sie wissen nicht was sie tun« zur Ausstellung von Skulpturen von Dieter Klumpp, Museum Heilbronn, 1982 (in: *Schriften* [Anm. 13], S. 168f.), dort auch das Zitat zur »Avantgarde« in unserem Motto.

20 Vgl. J. Kronsbein: »Hrdlickas Denkmal«, in: *Hamburger Abendblatt,* Nr. 227, 30. September 1986; ferner die adäquate Fotografie von Christa Kujaht, in: *Die Welt,* Nr. 227, 30. September 1986, S. 23; Dietrich Schubert: »A. Hrdlickas Denkmal in Hamburg«, in: *Frankfurter Allgemeine Zeitung,* 23. Januar 1987.

21 Extra betone ich hier »gewaltvoll«, damit nicht Übereifrige wieder unterstellen (siehe Anm. 12), Hrdlickas Realismuskonzept und meine Texte über seine Bildnerei gingen von einer naturhaften Auffassung des Faschismus aus, hätten eine falsche Faschismustheorie zur Grundlage, die die Ereignisse (wie ein »Naturereignis«) aus dem politischen Kontext und dem Zweiten Weltkrieg löse! (So Gabriele Werner, in: *kritische berichte,* Jg. 16, 1988, H. 3, S. 60). Wie ungenau und flüchtig die Autorin mit Werk und Texten umgeht, ersieht man daraus, daß sie gleich dreimal behauptet, ich hätte von der »Kunst der Zukunft« gesprochen und ich glaubte zu wissen, wie diese aussehe. Aber diese Formel kommt in meinem Text (*kritische berichte,* Jg. 15, 1987, H. 1, S. 8–18) nicht vor. Ich schrieb nur, daß meines Erachtens »die Zukunft der Kunst in der Menschendarstellung« liegen wird – womit ich selbstredend die bildende Kunst (im Sinne Hrdlickas, siehe Anm. 13) meine, nicht aber die eklektischen Materialbastler und -arrangeure.

22 Zum Begriff »Sammelpunkt« (Brennpunkt) vgl. Hrdlicka selbst: »Solange ich ein Thema in seiner Generallinie, seiner ganzen Handlungsbreite verfolge, läßt sich das natürlich viel besser mit den Mitteln der Graphik ausdrücken. Die Quintessenz davon ist dann die Plastik. Ich meine also: Während ich in der Graphik das ganze Thema ausschöpfe, suche ich mir für die Plastik ganz spezifische Sammelpunkte« (A. Hrdlicka zu H. G. Behr, in: *Hrdlicka,* München: Moos-Verlag 1969, S. 95); vgl. auch seinen Text über das »Prinzip wechselnder Proportionen« und des »torsohaften Brennpunkts« in: Kat. *Alfred Hrdlicka – Das plastische Werk,* Orangerie Wien 1981, S. 6 (geschrieben zum Friedrich-Engels-Monument). Dazu Dietrich Schubert: »Alfred Hrdlickas Denkmal für Friedrich Engels« [Anm. 16] und meinen Beitrag zum »Gummitod« [Anm. 18]. Ulrike Jenni: »›Geschundenes Fleisch ist Ideologie‹ (Hrdlicka) – Bemerkungen zum Bildhauer Alfred Hrdlicka«, in: Kat. der Ausstellung Berlin-DDR 1985, S. 15f., S. 22 zum Hamburger Projekt.

23 Kat. *Alfred Hrdlicka – Das plastische Werk«* [Anm. 22], S. 6; H. G. Behr im Gespräch mit Hrdlicka: »Der Klotz bleibt, aber . . .«, a. a. O. [Anm. 9], S. 92.

24 Auch im Gespräch mit Boris Penth für den Film »Am Anfang war die Bildnerei« (ZDF 1987) verwies Hrdlicka darauf, inwieweit dem Nicht-Mensch-Sein in heutiger Kunst (Herrschaft und Totalität der Technik heute) die Abstraktionen in der NS-Ästhetik, ihre Symbole, Runen und Zeichen ähnlich seien. So, wie die Nazis die konkrete Wirklichkeit des individuellen Menschseins schablonisierten, so vergleichbar sei in gewisser Weise die heutige menschenleere Welt der gegenstandslosen Künste, einer Kunst, die sich nur in Materialien ergeht, in Farben, Formen, Strukturen. Dies ist tatsächlich ein neues L'art pour l'art, und es sei hier auf die Argumente von Günter Kunert und Klaus Fußmann in der Debatte um Sinndefizite in der jetzigen Kunst (*Die Zeit,* 6. Januar 1989) hingewiesen, die mit den Ausgangspunkten Hrdlickas hinsichtlich des heutigen Kunstbetriebs, des Ästhetizismus und der Leere (der Eisenplatten, Steine, Kisten, verkohlten Balken, Schachteln, Segeltuch und Sand) verwandt sind.

25 Am 23. Oktober 1987 hatte der Hamburger Kultursenator Ingo von Münch eine längere Unterredung mit Hrdlicka hinsichtlich der Gelder und der fraglichen Weiterführung des Projektes (siehe *Hamburger Abendblatt,* Nr. 248, 24./25. Oktober 1987).

26 Alfred Hrdlicka: »›Ich mache keine Disneyland-Kunst‹ – Der Etat ist aufgebraucht und das Mahnmal gegen Krieg und Faschismus steht erst halb«, ein Gespräch mit A. Hrdlicka (von Susanne Weingarten), in: *die tageszeitung* (Hamburg), 29. Juli 1987, S. 18. Vgl. auch Hrdlickas Interview für das *Börsenblatt,* Nr. 88, 4. November 1988, S. 3324–3329.

Jürgen Hohmeyer

Das Hakenkreuz als statische Krücke
Zu Alfred Hrdlickas »Gegendenkmal«

Die beiden Denkmäler gehören zusammen. Sie stehen nahe beieinander, und aus der richtigen Perspektive, wenn man von der Hamburger Innenstadt herkommt, hat man sie gemeinsam im Blick. Gemeinsam ist ihnen auch, bei allen augenfälligen Kontrasten, ein Zustand der Mangelhaftigkeit. Ziemlich ramponiert steht das eine da, noch unvollendet das andere, aber auch dieses schon durch die Farbspuren nächtlicher Attacken gezeichnet. Entscheidend verknüpft sind beide Monumente schließlich in der Entstehungsgeschichte des jüngeren: Die plastischen Arbeiten von Alfred Hrdlicka sind ausdrücklich als Reaktion auf das fast fünfzig Jahre zuvor für das Hamburgische 76. Infanterieregiment errichtete Kriegerdenkmal Richard Kuöhls in Auftrag gegeben, konzipiert und verwirklicht worden.

Der Stein dieses Anstoßes, das »76er Denkmal«, ist ein prägnantes Zeugnis seiner Zeit. Keineswegs stellt es ein chemisch reines Naziprodukt dar. Es geht in seinem Gehalt und als Planung deutlich vor 1933 zurück (wie ja auch die Hitler-Herrschaft selbst), aber bis zu seiner feierlichen Enthüllung 1936 war das Projekt vollkommen der neuen Ära angepaßt worden. Es ist so, unter anderem, ein Dokument des fugenlosen Übergangs.

Aus Werksteinblöcken aufgemauert, bildet es einen Quader von 8,90 m Breite, 4,30 m Tiefe und 7 m Höhe. Auf einem umlaufenden Reliefband ist eine in Viererreihen gestaffelte Marschkolonne uniformer Soldaten dargestellt, mit einer Zäsur an der nordwestlichen Ecke; dadurch wird der Eindruck, die Krieger liefen in einem geschlossenen Kreis wie die Zirkuspferde, zumindest relativiert. Oberhalb der Marschordnung ist an der einen Längsseite in erhabenen Frakturbuchstaben eine Widmung an das Regiment, an der anderen das Zitat (von Heinrich Lersch) gemeißelt: »Deutschland muß leben, und wenn wir sterben müssen.« Eine Schrifttafel in der den Platz umgrenzenden Mauer verkündet: »Die Großtaten der Vergangenheit sind Brückenpfeiler der Zukunft«, darunter sind Schlachtorte des Deutsch-Französischen Krieges 1870/71 und des Ersten Weltkriegs aufgeführt. Eine nachträglich hinzugefügte Tafel gilt den im Zweiten Weltkrieg »gefallenen und vermißten Kameraden«.

Weil Kuöhls Denkmal sich nicht durch ein Hakenkreuz verriet und vielleicht auch begünstigt durch den Umstand, daß es einen Entlüftungsschacht der U-Bahn kaschierte, hat es nach Kriegsende der Schleifung durch die Besatzungsmacht entgehen können. Die Diskussion um das fatale Relikt wogte hin und her. Aber seit sie zu Beginn der 80er Jahre besonders hohe Wellen schlug, mochte auch der Hamburger SPD-Senat sich nicht mehr dazu durchringen, den provokanten und als Kunstwerk wenig erheblichen Klotz abzutragen. Das, so hieß es in einer Drucksache von 1982, wäre »geschichtsfeindlicher Rigorismus«. Der Kultursenator fühlte sich verpflichtet, auch »die Gefühle derer [zu] achten, die trotz allem hier an ihre Toten denken wollen«. Es bildete sich ein ziemlich allgemeiner

Konsens mit dem Tenor heraus, da das Ding nun einmal stehe, müsse man es auch stehen lassen – wohl oder übel, je nach politischer Position des Betrachters. An der Allgemeingültigkeit einer solchen Maxime ist zu zweifeln. Um sie in Frage zu stellen, braucht man sich nur auszumalen, es hätte Hitlerdenkmäler gegeben und solche wären auf uns gekommen. Andererseits belehrt ein Seitenblick, daß historische *Bauwerke,* mögen sie auch an Signifikanz und ästhetischem Rang das zur Diskussion stehende Denkmal weit übertreffen, keineswegs immer mit so bedingungsloser Pietät umsorgt werden.

In dem beschriebenen Dilemma kam, durchaus folgerichtig, die salomonische Idee zu einer »künstlerischen Umgestaltung der Anlage des 76er Denkmals« auf. Ein entsprechender Wettbewerb 1982 zeitigte keine unmittelbar verwertbaren Resultate und mündete schließlich in eine Empfehlung der für den »öffentlichen Raum« zuständigen Kunstkommission, Alfred Hrdlicka mit einem skulpturalen Ensemble für diesen Ort und Zweck zu betrauen. Der Bildhauer hatte sich insbesondere durch sein 1981 in Wuppertal aufgestelltes Monument zum Gedenken an Friedrich Engels profiliert. Mit Hrdlicka schloß die Stadt dann 1983 einen Vertrag, der die Realisierung eines »der Kulturbehörde vorgelegten Entwurfs« in »bis zu drei Stufen« vorsah. Dieser Entwurf bestand jedoch nicht aus einem verbindlichen Modell, sondern aus Skizzen, deren vorläufigen Charakter als »Diskussionsgrundlage« der Künstler hervorhob. Als am 8. Mai 1985 der erste, nach aller Voraussicht größte Teilkomplex mit dem Gegenstand »Hamburger Feuersturm« aufgestellt wurde, benannte Hrdlicka drei weitere Programmpunkte: »Glaube und Schönheit«, »Soldatentod«, »Verfolgung und Widerstand«. Tatsächlich ausgeführt wurde dann bis 1986 ein Sonderaspekt aus dem letzten Motivkreis: der »Untergang der Cap Arcona«, eines unmittelbar vor Kriegsende auf der Ostsee gesunkenen Schiffes, auf das Häftlinge unter anderem aus dem Konzentrationslager Hamburg-Neuengamme getrieben worden waren.

Die seither schwelenden Auseinandersetzungen um Termin- und Etatüberschreitungen sind nicht mein Thema. Festzuhalten ist aber, daß Hrdlickas Skulpturenensemble sich in einer Phase seiner Entstehung, jedenfalls in einem nicht vollendeten Zustand darstellt.

Die gewissermaßen apotropäische Funktion dieses offiziell so genannten »Gegendenkmals« ist auch so deutlich genug: Es soll das benachbarte Stück Kriegs- und Kriegerverherrlichung durch einen kontrastierenden Kommentar erträglich machen. In religions- und kunstgeschichtlicher Perspektive ist dieser Versuch wohl den Ritualen des christlichen Mittelalters vergleichbar, sich heidnische Spolien auf dem Wege der Einverleibung entschärfend anzuverwandeln. Sucht man nach einer schlichteren und eher gegenwärtigen Parallele, so kann man sie im Pressewesen finden. Dort gibt es das Rechtsinstitut der »Gegendarstellung«. Im ungünstigen Fall führt es zu der mit Grund berüchtigten »Ausgewogenheit«.

Jedem Widerspruch gegen Tiraden wie »Deutschland muß leben, und wenn wir sterben müssen« ist beizupflichten. Aber auf diese einfache Standpunktfrage kann die Betrachtung von Skulptur wohl nicht reduziert werden. Auch und gerade ein »Gegendenkmal« hat sich als Kunst zu bewähren, es muß als Form gewordene Absicht überzeugen. Als Medium der Information und Diskussion über Geschichte ist es sogar den bescheidenen Schrifttafeln, an denen es hier auch nicht fehlt, rettungslos unterlegen.

Den hohen Anspruch kann ich durch Hrdlicka nicht eingelöst finden. Mir erscheint seine Arbeit, soweit sie dasteht, formal unbewältigt, außerdem aber ihrem Thema peinlich unangemessen, weil sie mit sehr vordergründigen theatralischen Effekten spekuliert.

Alfred Hrdlicka, Gegendenkmal, Hamburg, 1985/86;
im Hintergrund: Richard Kuöhl, Denkmal für das Infanterieregiment Nr. 76, Hamburg, 1936

Der stereotypischen Heroisierung, wie das Monument von 1936 sie betreibt, will Hrdlicka die Ernüchterung durch realistisch geschilderte Schrecken von Krieg und Naziterror gegenüberstellen. Sein beherrschendes Motiv ist eine fünf Meter hohe Bronzewand, Beschwörung des »Feuersturms«, jener damals beispiellosen Bombenkatastrophe vom 23. Juli 1943. Nach oben und zu einer Seite hin sind dem massiven Material fragile, bis zur Löchrigkeit dünn ausgegossene Elemente angestückt, die den Flug von Zunder, Funken und Flammen suggerieren. Schräg auf die Fläche appliziert, in preziöser Kombination der Materialien, ist ein hoher schmaler Marmorblock: Körperfragmente neben rauhem Stein. Unten ist der Platte auf Vorder- und Rückseite jeweils die Gestalt eines entstellten Brandopfers verschmolzen. Mit zähnebleckendem Totenkopf die eine, mit einem aus Draht geflochtenen Zopf die andere, spielen sie eine penetrante Gruselwirkung des Makabren aus.

Man kann allerdings in diesen Figuren und in der knollig-unregelmäßig erstarrten Oberfläche der Bronzeplatte einen Zug von adäquater Umsetzung der einschmelzenden Feuersbrunst erkennen, aber konsequent ist der Künstler in solcher Material- und Prozeßgerechtigkeit keineswegs. Nicht nur das schon erwähnte Marmorelement ist hier zu diskutieren. Es ragt auch aus der anderen Seite der Wand ein massiver Metallwinkel hervor und setzt auf einem schlaff-üppigen nackten Frauentorso auf, der wiederum aus Marmor gemeißelt und in kurzer Distanz auf einem Sockel davor postiert ist. Wie unter verletzendem Aufprall scheint der Gestalt ein schleimig-amorphes Inneres zu entquellen.

Alles an diesem Motiv ist mir schrecklich, vorweg seine haarsträubend banale Allegorik. Denn mit dem kantigen Bronzeteil meint Hrdlicka das Bruchstück eines Hakenkreuzes, das also, wer hätte es gedacht, im eigenen Untergang Menschen zerstört. Nimmt man aber die Struktur des ganzen Aufbaus ernst, so muß man feststellen, daß gerade das Hakenkreuz offensichtlich als unentbehrliche statische Krücke dient – und auch die zähnebleckende Brandleiche stützt mit ausgestreckten Beinen die Bronzewand ab. Mehr als fragwürdig finde ich die Darstellung von Zerstörung an der kopflosen Figur: Sie kann jedem Stück kitschigem Gewaltporno Konkurrenz machen. Und eng mit dieser Panoptikumstheatralik hängen die kunstgewerbliche Mischung der Materialien und deren beliebige Behandlung zusammen. Bronze kann schmelzen und fließen, aber Marmor scheint es auch zu können, wenn das nur dem krassen illusionistischen Effekt dient.

Kein Marmorblock, den Hrdlicka für das Hamburger »Gegendenkmal« einsetzt, ist rundum behauen; immer sind größere oder kleinere Partien roh stehengeblieben. Bei dem

Alfred Hrdlicka, Gegendenkmal, Hamburg, 1985/86;
links: »Fluchtgruppe Cap Arcona«, 1986, Rechts: »Hamburger Feuersturm«, 1985

mächtigsten, 13 t schweren Block hat das eine besondere motivische Bedeutung. Ich spreche vom »Untergang der Cap Arcona«. Die Skulptur ist auf einen Granitsockel gestellt, schräg neben das »Feuersturm«-Ensemble, doch ohne direkte Verbindung damit. Den Umriß des Steins hat der Bildhauer als den einer Flutwelle gedeutet, die über die ertrinkenden Häftlinge hinwegrollt. Die Skulptur nimmt eine Art barocken Sintflutpathos auf. Rauhe Oberfläche neben glatten Körperpartien bezeichnet das tödliche Element.

Das demonstrative Infinito, das hier eine bestimmte darstellende Funktion übernimmt, erscheint mir allerdings zugleich als sprechendes Symptom für eine Resignation des Künstlers vor der Bewältigung von Form und Material. Wir alle kennen – am intensivsten von Michelangelo – die Ausdrucksmacht, die solche Unvollendung wie zufällig annehmen kann: Die Figur scheint sich mühsam dem formlosen Stein zu entwinden, was ihre wenn auch noch rohe Gestalt um so schärfer hervortreten läßt. Hrdlicka aber wendet diesen Kontrast bewußt an – für mein Gefühl allzu oft und allzu routiniert. Und er erspart sich damit nicht nur so manchen mühseligen Hammerschlag, sondern er dispensiert sich auch von der Notwendigkeit, seine Motive konsequent dreidimensional zu entwerfen. Er läßt Leiber oder deren Fragmente aus einer amorphen Materie hervor- und in sie eintauchen, ohne Rechenschaft darüber, wie sich das von der Rückseite her ausnähme. Die scheinbar so voluminöse Plastik schrumpft beinahe zum Relief.

Das künstlerische Fiasko ist identisch mit einem Scheitern der politisch-didaktischen Absicht. Hrdlickas Gegendenkmal kann das 76er Monument nicht – was es doch müßte – deklassieren. Dessen leerer Rhetorik antwortet es in anderem Stil, aber auf gleicher Ebene – Ausgewogenheit stellt sich ein. Die Skulptur bleibt hinter den Möglichkeiten zeitgenössischer Kunst zurück, weil sie diese Möglichkeiten in einer Richtung überfordert und den Schrecken des Krieges unvermittelt, mit aufgerissenen Mündern und massakrierten Leibern, anschaulich machen will. Aber es ist ein hybrides Unterfangen, darin mit den Bilddokumenten der historischen Realität zu wetteifern. Mir fällt nur *ein* überzeugendes Beispiel für den Dialog eines Künstlers mit solchen Bildern ein, und das ist ein Gegenbeispiel: Arnulf Rainer hat in seinen Überzeichnungen von Fotos aus dem zerstörten Hiroshima das Grauen eben nicht forciert und hervorgehoben, sondern er hat es – partienweise – überdeckt.

Die Idee der Hamburger Denkmalstrategen, einen offenbar versäumten Geschichtsunterricht unter freiem Himmel in Bronze und Marmor nachholen zu lassen, war ebenso gut gemeint und fein gesponnen wie vermutlich von vornherein abwegig. Mir kommt es bezeichnend vor, daß diese Idee nicht mit Blick auf die Ausdrucksmittel der gegenwärtigen Kunst entstanden ist, sondern als Reaktion auf ein historisches Ärgernis. Die halbherzige Nachahmung eines zerstörten Heine-Denkmals für den Rathausmarkt ist insoweit ein Parallelfall.

Welche Konsequenz ist zu ziehen? Wer meiner Einschätzung folgt, darf nicht länger aus Prinzip, mit zusammengebissenen Zähnen und um das (wessen?) Gesicht zu wahren, eine »Vollendung« von Hrdlickas »Gegendenkmal« betreiben, auch wenn das Epitheton »antifaschistisch«, mit dem sein Urheber und dessen Parteigänger es schmücken, jede Kritik desavouieren soll. Man müßte vielmehr daran denken, es zu entfernen. Dem – ich betone: berechtigten – Anspruch des Künstlers, die Katze im Sack zu verkaufen, weil sein Projekt erst durch Realisierung Gestalt annehmen kann, entspräche logischerweise eine Befugnis des Auftraggebers, mit dem Werk auch anders zu verfahren als ursprünglich gedacht.

Für solche Überlegungen kann es im Fall, der uns beschäftigt, nicht zu früh sein. Was realisiert ist, reicht aus, einen prägnanten Eindruck vom geplanten Ganzen zu vermitteln, und ist ja auch so gemeint; sonst hätte Hrdlicka sich auf die öffentliche Aufstellung in Etappen nicht einlassen können. Nun kann der kritische Betrachter nicht vor dem Teildenkmal die Augen schließen und so tun, als sei der Ausgang des Projekts noch offen. Das Urteil hinauszuschieben hieße nur, eine faktische Entscheidung weiter zu präjudizieren. Es wäre auch dem Künstler gegenüber nur scheinbar konziliant, in Wahrheit aber herablassend.

Jeder Museumsdirektor hat das Recht, eine Fehlanschaffung, die er selbst oder ein Vorgänger getätigt hat, ohne viel Aufhebens aus der Schausammlung ins Depot zu verbringen. Das und nicht die vielzitierte Bücherverbrennung stellt in meinen Augen den angemessenen Vergleich dar. Bücher zu verbrennen mag weniger gravierend erscheinen, weil gewöhnlich nicht gleich die ganze Auflage den Flammen zum Opfer fällt. Als bösartig gezielte symbolische Zerstörung ist es aber auch um so schlimmer.

Ich kann nicht einsehen, warum ein Irrtum nur deswegen, weil er aus Stein oder Bronze gemacht und unter freiem Himmel plaziert ist, einen Anspruch haben sollte, seinen Platz in alle Ewigkeit zu behaupten. Keineswegs erscheint mir – in welche Gesellschaft immer ich mich damit begebe – der Gedanke als unzumutbar, ein Monument einmal abzutragen und an einem anderen, weniger exponierten Ort wieder aufzubauen. Gerade das könnte eine aussagekräftige Veränderung seines im Wortsinn verstandenen Stellenwertes sein. Und auf den allerdings kommt es wesentlich an. Eben der freie Standort an einer verkehrsreichen Straße nahe dem Stadtzentrum, auf den schon das 76er Denkmal nicht zufällig gestellt worden ist, begründet einen hohen Anspruch auf öffentliche Repräsentanz; ihm erweist sich auch Hrdlickas Arbeit als nicht gewachsen. Es ist, meine ich, die Relation zwischen einem solchen Anspruch auf der einen und dem Rang des Kunstwerks auf der anderen Seite, die hier das entscheidende Kriterium abgibt. Denn so wenig grundsätzlich darauf zu verzichten ist, Fehlentscheidungen zu korrigieren und Schäden im Stadtbild zu heilen, so unvernünftig wäre es natürlich, etwa alle Kunst, die nicht höchsten Maßstäben genügt, in einer Art von Säuberungsprozeß aus der Öffentlichkeit fortschaffen zu wollen.

Nun kann ich mir gut vorstellen, nein ich weiß, daß es Leute gibt, die gern entweder das Werk von Kuöhl oder das von Hrdlicka abräumen würden. Aber mittlerweile gehören beide schicksalhaft zusammen. Wenn das eine Denkmal weicht, muß das andere mit. Und kein geringes Verdienst des »Gegendenkmals« wäre es, den 76er Klotz mit sich zu ziehen.

Ich plädiere gegen einen pauschalen, unbefragten und unbefristeten Kündigungsschutz für öffentlich angekaufte und aufgestellte Kunstwerke. Mir war es sehr sympathisch, wie Ulrich Rückriem reagierte, als im Frühjahr 1987 seine Skulpturen von der Moorweide in Hamburg verschwinden mußten. Natürlich war ihm das schmerzlich, weil er wußte, daß damit eine ideale Konstellation unwiederholbar verlorenging, und auch, weil er wußte, was am selben Platz direkt folgen sollte. Aber er konnte sich mit der Aussicht befreunden, die Fläche werde schließlich leer sein und man könne dort »wieder was anderes machen«.

Wenn ich Hrdlickas plastisches Œuvre überblicke, so fällt mein Auge mit speziellem Wohlgefallen auf das mit einem SA-Käppi geschmückte »Waldheim-Pferd«, das der Bildhauer zusammen mit Peter Turrini entworfen und das er bei verschiedenen Gelegenheiten an verschiedenen Orten aufgestellt hat. Es ist von treffsicherem aktuellem Witz und, obwohl für öffentliche Standorte angefertigt, außerordentlich mobil.

Ulrich Krempel

Sieben Anmerkungen zum »Harburger Mahnmal gegen Faschismus, Krieg, Gewalt« von Esther und Jochen Gerz

I.

Die Aufgabe: 1983 faßte die Bezirksversammlung Harburg den Beschluß: »Als vordringliches Projekt von Kunst im öffentlichen Raum, dem Kunstförderungsprogramm des Hamburger Senats, soll ein Mahnmal gegen Faschismus, Krieg, Gewalt, für Frieden und Menschenrechte in Harburg errichtet werden.« Dabei war bemerkenswert, daß dieses Mahnmal keinen direkten historischen, auf den Ort bezogenen Anlaß thematisieren, also nicht auf dem Gelände eines ehemaligen Konzentrationslagers, Zwangsarbeiterwohnlagers oder ähnlichem errichtet werden sollte. Es erfolgte eine eingeschränkte Ausschreibung; von den sechs Eingeladenen haben fünf Künstler Vorschläge eingereicht. Aus diesen ist die Arbeit von Esther und Jochen Gerz ausgewählt worden, ein Pfeiler von 12 m Höhe, Grundmaß 1 × 1 m, mit einem Gewicht von zirka 7 t. Der Körper besteht aus verzinktem Stahl mit einer Verkleidung von Feinblei. Mit Hilfe von vier Stahlstiften, die bei diesem Pfeiler angebracht sind, können sich die Einwohner der Stadt, die Passanten, mit Unterschriften, mit Notaten auf den vier Bleiflächen des Pfeilers verewigen, um solcherart ihre Unterstützung dieses Mahnmals zu signalisieren. Die beschriftbare Oberfläche von 48 m^2 ermöglicht etwa 60000 Unterschriften. Es war geplant, den Pfeiler in acht Schritten in fünf bis sieben Jahren abzusenken. Die Frequenz dieser Zeit und die Schnelligkeit des Absenkens wollte man abhängig machen von der Resonanz, die das Projekt in der Öffentlichkeit erfahren würde.

II.

Der Ort: Wie üblich wurde zunächst ein Park für die Arbeit vorgeschlagen. Von den Künstlern wurde die Idee des Parks jedoch abgelehnt. Sie wollten keinen solchermaßen reservierten Ort; sie wollten weder das Museum noch die kontemplativ-rekreativen Grünanlagen, in denen für gewöhnlich der Ort solchen Gedenkens angesiedelt ist. Sie rekurrierten vielmehr auf den sozialen Ort, den häßlichen, den bereits determinierten: »Vom Mittelpunkt, Dorfplatz, Agrargesellschaft zum Verkehrsknoten dezentralisierte Urbangesellschaft, Mediengesellschaft. Mittelpunkte, Rathausplatz, Marktplatz. Verkehrsknoten Harburger Ring, Harburger Rathausstraße. Horizontale Achse zwischen Mittelpunkten Rathausplatz und Marktplatz (Autoverkehr, Bushaltestellen, Taxiplatz, Uhr, S-Bahn-Station, Tunnel, Fußgängerzone, Geschäfte, Rathaus, Post, Markt). Vertikale Achse zwischen Autofahrbahn, Fußgängerzone, öffentlicher Aufzug, S-Bahn-Schalterhalle, S-Bahnsteige, Luftschutzkeller« (Esther und Jochen Gerz, Konzept der Arbeit).

Der solchermaßen determinierte Ort, aus vielen Elementen zusammengesetzt, ist also ein Ort der Bewegung, ein Ort des Vorbeigehens, ist Kulminationspunkt des täglichen sozialen Lebens, das eindringt in die Aura und Wirkungssphäre des Kunstwerks. Gegen die zeitlichen Abläufe gegen und um die Arbeit steht der Pfeiler in seiner begrenzten Zeitlosigkeit. Wichtig an der Arbeit ist, daß sie keine ästhetischen Anmutungen der Umgebung aufgreift, außer, daß sie einen relativ exponierten, durch eine balkonartige Vorbuchtung betonten Platz bezieht; daß sie in ihrer formalen Ausführung nicht auf den umbauten Platz rekurriert, auf und über dem sie sich erhebt. Neben ihr sind zu sehen: Normalzeituhren, Flaggenmasten, Straßen, Treppen, Häuser, Mauern, Geländer, Durchgänge, Werbeflächen. Einzig und allein dem Pfeiler zugeordnet ist eine Tafel mit einem kurzen Text. Dieser Text weist hin auf das, was die Künstler da im Auftrag der Bürger der Stadt tun: »Wir laden die Bürger von Harburg und die Besucher der Stadt ein, ihren Namen hier unseren eigenen anzufügen. Es soll uns verpflichten, wachsam zu sein und zu bleiben. Je mehr Unterschriften der 12 Meter hohe Stab aus Blei trägt, um so mehr von ihm wird in den Boden eingelassen. So lange, bis er nach unbestimmter Zeit restlos versenkt und die Stelle des Harburger Mahnmals gegen Faschismus leer sein wird. Denn nichts kann auf Dauer an unserer Stelle sich gegen das Unrecht erheben. Harburg, 1986.«

III.

Das Werk: Jochen Gerz ist kein Bildhauer. Esther Gerz ist eine Bildhauerin. Das Werk, das sie geschaffen haben, ist von seiner Materialität ein kubisch versachlichter Pfeiler, der Erhebung, Ragen, Aufstreben thematisiert; ist Monument in der Tradition der Obelisken und Säulen, wie wir sie etwa aus der ägyptischen Architektur oder deren römischen Adaptionen kennen. Der Pfeiler, wie er da steht in Harburg, setzt solche Konnotationen voraus. Er besteht auf einem Platz, der sozial funktioniert wie die Umgebung der Trajanssäule etwa, die nur im kommunikativen Zusammenhang erlebt und gelesen werden kann. Dieser Pfeiler in Harburg ist einzeln, insofern will er mehr bedeuten als etwa die Säulenreihe eines Portikus. Die Vereinzelung als Element der Nobilitierung ist ein Aspekt der Präsenz, die Einbindung des Werks in eine das Werk egalisierende Umgebung der zweite. Solche Dialektik als Strategie geht aus von der Verweigerung der Eindeutigkeit; und gerade das scheint ein wichtiger Aspekt dieser Arbeit, daß sie nicht illustrativ oder einfach kommemorativ funktioniert, sondern daß sie die Situation einbezieht in die Aufgabe, so daß sich beides gegenseitig durchdringt. Dieser Pfeiler ist auf verschiedenen Ebenen des Verständnisses lesbar; je nach Kenntnis des Betrachters ordnet er sich in kunsthistorische Zusammenhänge ein oder in die Fragen des Erlebens der aktuellen, gebauten, gestalteten Umwelt.

Eine weitere Spezifik der Arbeit scheint mir die Determination der Eigenzeit des Werks zu sein. Die zeitliche Dauer dieser Arbeit ist begrenzt; wie schon gesagt, ist die Versenkung in Stufen vorgesehen. An acht Schritte ist gedacht, bestimmt in ihrer chronologischen Abfolge durch die Interaktion der Benutzer und Autoren, die diese gleichzeitig sind. Das bedeutet, daß im Verlauf der Eigenzeit das Werk verschiedene Erscheinungsformen haben wird, ausgehend von der überragenden Höhe des gesamten Pfeilers, der teilweise auch die umgebende Architektur imperial überragt und Unterordnung und Unerreichbar-

Esther und Jochen Gerz, Mahnmal gegen den Faschismus, Hamburg, 1986

keit suggeriert, über Varianten, die sich dem Ensemble des Platzes allmählich ein- und unterordnen in der Höhe des gebauten Horizonts, über Höhen, die wie Stelen Bezug auf das menschliche Größenmaß nehmen, über Höhen wie die des Tisches, die zur Nutzung und Kommunikation einzuladen scheinen, bis hin zum Verschwinden und zur Überdekkung des Pfeilers mit dem eine Inschrift tragenden Deckel der Betonplombe. Der erinnernde Zugang zu einem Teil der solchermaßen entschwindenden Arbeit wird in Zukunft nur über ein Fenster von der unterirdischen Fußgängerebene aus möglich sein.

In der Eigenzeit des Werks wird die Brechung der Hierarchien der Erscheinungsform deutlich; eine Haltung, die mir besonders bedeutsam erscheint, weil in der Diskussion um die neue Qualität der Kunst im öffentlichen Raum häufig durch die Hintertür auch ein neues Vertrauen in die alte Aura des gesetzten Kunstwerks wiederaufzutauchen scheint.

IV.

Ort und Zeit des Kunstwerks und die Definition des Auftrags: Die Opferung der Permanenz des Werkes geschieht, um die Teilhabe der Öffentlichkeit am Werden der Arbeit zu ermöglichen und um die Existenz der Arbeit im sozialen Prozeß möglich zu machen. Dem traditionellen Ewigkeitsanspruch des Denkmals steht der Jetztzeitcharakter der Aufgabe, wie sie den Gerzens zuteil geworden ist, gegenüber. So verstehen sie Erinnerung als gemeinsamen Prozeß, von dem auf dem Rohling der Skulptur Zeugnis abgelegt werden muß. So das Zeugnis festhaltend und konservierend, wird der Pfeiler Erinnerungsstück, bezeugt er die Umsetzung des Auftrags. Wir können in dieser Arbeit, wie sie unter der Erde vorhanden sein wird, auch die Verewigung der Jetztzeit des Kunstwerks erleben; der Prozeß der Entstehung wird vorhanden sein, weil er im Werk selbst durch die Abfolge der Unterschriften, der Übermalungen, der Graffiti festgehalten ist.

V.

Aufgabenstellung und Öffentlichkeit: Für Mahnmale gibt es inzwischen in dieser Republik gewohnte Dimensionen. Entweder wird die Repetition des Leidens thematisiert, wie man dies etwa in den Mahnmalen gegen den Faschismus auf dem Gelände von Konzentrationslagern in der Bundesrepublik, der DDR oder Polen finden kann – Buchenwald ist ein Beispiel dafür. Eine weitere mögliche Dimension ist die Vergegenwärtigung des bereits Historischen durch das Abbild; sei es gegenständlich, Symbol oder Allegorie. Ich denke etwa an Mahnmale, bescheidene Mahnmale, wie sie in Dachau zu finden sind; ich denke an die große Figur Ossip Zadkines, die in Rotterdam den deutschen Angriff versinnbildlicht, oder an Picassos »Mann mit Lamm«, der dialektisch gebrochen den Frieden thematisiert, obwohl er vom Krieg handelt. Die dritte Möglichkeit ist die Besetzung historischer Orte mit Umdekorationen, wie ich sie schrecklicher als in Plötzensee nie erlebt habe: Dort ist der Raum inzwischen frisch geweißt, alle Haken sind von Rost befreit, die Wände mit Aufschriften versehen, und die Distanz zum Besucher wird durch Blumenrabatten und Absperrungen hergestellt. Schließlich als einfachstes Memento an zurückliegende grauenhafte Dimensionen der Geschichte die Erinnerungstafel mit Text.

Unterschreibender Bürger vor dem Mahnmal gegen den Faschismus von Esther und Jochen Gerz

All diese Möglichkeiten setzen einen tatsächlichen oder scheinbaren Konsens über den angesprochenen Themenkreis voraus. Sie setzen auch die Möglichkeit voraus, diesen Konsens in Ablesbares zu übertragen. Hinter dem Denkmal verbirgt sich also die Beendigung des Diskurses um das Thema, nicht der Beginn des Diskurses oder die Möglichkeit, diesen Diskurs zu beflügeln, wenn er denn schleppend geführt wird. Alle diese Wirkungsweisen zielen auf eine Öffentlichkeit, die von dem Denkmal selbst nicht mehr berührt wird, weil es als statisches, unveränderbares den Bezug zur jeweiligen Gegenwart, die sich ja immer verändert, verliert. Sie meinen eine Öffentlichkeit, die außen vor gelassen wird und keine Möglichkeit hat, die Botschaft dieses Mahnmals zu unterstützen, zu bezweifeln, zu befördern oder anzugreifen, es sei denn durch die beiden traditionellen Möglichkeiten der Stellungnahme von Individuen oder Gruppen zur Botschaft eines solchen Mahnmales, die sich in Kränzen oder Graffiti widerspiegeln.

Das Gerzsche Mahnmal ist im Gegenlauf dazu entstanden. Dieses Mahnmal verweigert den Konsens, ist eine neutrale, geschaffene Form für die Erinnerung *gegen* den Faschismus, also ein Sprung der historischen Handlung in eine aktiv betriebene Arbeit in der Gegenwart. Dieses Mahnmal fordert die Unterschrift als Interaktion des Passanten, des Vorbeigehenden ein; als ein soziales Reagens, aber auch als konstituierenden Bestandteil der Arbeit. Denn erst durch diese Unterschriften, erst durch die Interaktion, durch das Bekenntnis der Vorbeigehenden wird die Arbeit als Arbeit konstituiert.

Dieses Mahnmal bezieht jede Reaktion als mögliche ein. So haben die Gerzens in Interviews gesagt, auch das Hakenkreuz sei eine Unterschrift. Sie beziehen jede Reaktion als mögliche ein, im Extremfall auch den Vandalismus, das heißt in diesem Fall die Zerstörung der Signatur oder gar den Versuch der Zerstörung des Kunstwerks. Ich denke, daß in dieser Arbeit ein Schritt liegt, der die Hilflosigkeit der Reaktion auf eine geformte Botschaft, wie sie für mich im Vandalismus im wesentlichen enthalten ist, auffängt und in das Kunstwerk selbst überführt. Das Kunstwerk selbst impliziert diese Möglichkeit und schließt sie nicht aus. Es ist nicht hermetisch, sondern geöffnet. Das Mahnmal der Gerzens greift weiter den Bedeutungswandel der Unterschrift unter eine politische Deklaration auf, wie er heute nach langen Jahren von Berufsverboten, Gesinnungsschnüffelei, politischen Regelüberprüfungen deutlich ist. Das Zeugnisgeben durch die Unterschrift hat eine eigenartige Bedeutung gewonnen, die weit entfernt ist von der Leichtigkeit der späten 60er Jahre. Das Gerzsche Mahnmal führt aus der Wirkungslosigkeit der Unterschrift, wie wir sie alle erlebt haben im Sammeln von Hunderttausenden von Unterschriften zur Bekundung unseres individuellen Willens in der Hoffnung, dadurch in gesellschaftliche Prozesse eingreifen zu können. Es überführt diese erlebte Wirkungslosigkeit der Unterschrift in die fortwirkende Dimension des Kunstwerks: »die Signatur als Veröffentlichung«.

Das Gerzsche Mahnmal schafft Öffentlichkeit durch Partizipation, die Erinnerung möglich macht. Es ist Monument der Erinnerung und zugleich Mittel der Erinnerung. Die Aufforderung zur Unterschrift setzt die geleistete Erinnerung an das Thema dieses Mahnmals voraus.

VI.

Zur Ästhetik des Werks: Dieser Monolith, dessen Form uns entgleitet, ist nur Träger des beschreibbaren Materials, das den eigentlichen Inhalt des Werks ausmacht. Dieser Monolith gibt Sprache für Sprachlose, wie etwa römische Brunnenfiguren zu Mittlern der Unterklassen wurden, die ihnen Mitteilungen schriftlicher Art, Spottgedichte und ähnliches in die Hand gaben. Das Werk wird zu einer sichtbaren Vereinbarungsebene für nicht beendete Prozesse. In ihm wird ein Duell mit der Verdrängung geführt, wobei der Betrachter gleichzeitig auch der Handelnde ist. Das Werk transportiert dieses in Widersprüchen auf der Ebene der einfachsten menschlichen, vorkünstlerischen Äußerungen, auf der des Schreibens, der Graffiti, der Klozeichnungen, ohne Anspruch als den, ebendies zu tun. In Verbindung und im Widerspruch dazu steht die Anonymität der gewählten künstlerischen Form.

VII.

Moral: Die Demontage des traditionellen Denkmalbegriffs ist, finde ich, nicht durch die ironische Zitation des traditionellen Denkmals zu beheben. Vielleicht ebensowenig durch die einfache Benennung des Unrechts im Sujet; kann man nach Auschwitz Denkmäler über Auschwitz machen? Den Mahnmalen steht die Didaktik der Moral entgegen, die in ihnen transportiert wird.

Die Arbeit der Gerzens verzichtet auf solche Didaktik. Sie gibt die Frage nach der Moral zurück an die Auftraggeber, läßt keine Trennung zwischen beauftragender Behörde und empfangender Öffentlichkeit zu. Das Werk fordert die Verständigung über die Moral des Themas von der Öffentlichkeit, in der, mit der und für die es entsteht. So bleibt das Werk fragil, gefährdet, mißverständlich und angewiesen auf das Entwickeln eines möglichen Konsenses. Solche Voraussetzungen scheinen mir realistisch zu sein. Die Aufträge zurückzugeben an die Vergebenden heißt, uns alle von der Illusion freizumachen, es könne mit einer künstlerischen Setzung für immer und ewig Zeugnis gegeben, erinnert, gemahnt werden. Solche Funktionen kann vielleicht ein einfacher Grabstein wahrnehmen – das Kunstwerk im gesellschaftlichen Auftrag muß in seiner Existenz heute den Anschein naiver Dauerhaftigkeit vermeiden. Da liegt seine eigentliche Funktion, wo es uns nicht symbolisch befriedigt, sondern als Faktor der Erinnerung und des Diskurses, der Veränderung in unser Leben dringt, störend, langfristig wirkend und nie dasselbe.

Dierk Stemmler

Felix Droeses »Boot« in Finkenwerder

Hamburg-Finkenwerder, Neuer Friedhof Finkenwerder, Landscheideweg, Feld anonymer Urnengräber, 11. November 1985: Ein ausgedientes Rettungsboot mit Namen »Viola/Panama« wird kieloben auf zwei Eisenbahnschwellen gelegt[1], einziges Zeichen auf einer mit Bäumen und Sträuchern umfriedeten Rasenfläche, die selbst nichts zu erkennen gibt; sie wurde danach nur generell beschildert, am Eingang auch das »Boot«.

Anonyme Bestattungen gab und gibt es auf See; sei es, daß die Asche ins Meer gestreut oder der Leichnam im Meer versenkt wurde, sei es, daß man ihn westwärts, zur untergehenden Sonne, in einem Boot aussetzte – in früheren Zeiten auch in der Nordsee. Anonyme Urnenbestattungen kommen heutzutage an sechs oder sieben Orten Norddeutschlands vor[2], zum Beispiel auf dem Zentralfriedhof Hamburg-Ohlsdorf. Dortige Aufnahmeprobleme veranlaßten die Suche nach einem anderen Platz. Man fand ihn in Finkenwerder, einem alten Fischerdorf, das übrigens erst 1937 eingemeindet wurde und noch Eigenständigkeitsgefühle hat. 1983 beschloß der Ortsausschuß Finkenwerder die Einrichtung eines Urnenhains für anonyme Beisetzungen auf dem Neuen Friedhof Finkenwerder. Im Sommer 1984 aber, durch Hinterbliebene motiviert, trug der Ortsausschuß über die Kulturbehörde der Kunstkommission das Anliegen vor, für alle in dieser Zone Beigesetzten ein gemeinsames Grabmal zu schaffen, wo Gedenken geübt und Blumen niedergelegt werden könnten – ein Zeichen notabene, das keinen Namen, keinerlei persönliche Identität preisgibt. Wer verfügt, nach seinem Tode verbrannt und für jedermann unkenntlich, und das heißt auch für die Hinterbliebenen ohne genau erkennbaren Ort, bestattet zu werden, darf auf Diskretion vertrauen. Solche persönlichen Entscheidungen mögen die unterschiedlichsten Beweggründe haben, philosophische, mythische, religiöse, unabhängig von kirchlichen Usancen und wider bürgerliches Brauchtum, um das Erinnern den lebendigen Seelen und nicht den – auf protestantischen Friedhöfen allerdings meist kargeren – Erinnerungszeichen zu überantworten, um posthum niemandem zur Last zu fallen, nach Enttäuschungen, Alleinsein oder eingedenk eines Seefahrers, der nicht zurückkehrte...

Die nachträgliche Inventarisierung von Felix Droeses »Boot« vermerkt: »Es sollte ein nichtkonfessionelles Symbol geschaffen werden.« Als Felix Droese[3] gewählt worden war, schickte er sein Konzept an die Kunstkommission, die es einstimmig annahm; danach vertrat er es im Ortsausschuß Finkenwerder, der ebenfalls zustimmte – nachdem Droeses Vorschlag ganz zu Anfang wohl ein wenig irritiert hatte. In der Tat können die beiden Einsendungen durch ihre Einfachheit und durch die Direktheit frappieren, mit der ein Fund unverändert transloziert wurde: Die »24. 8. 1984, 9.30« datierte DIN-A4-Bleistiftzeichnung wirkt hinsichtlich der Setzung lapidar, und die handschriftliche »Kurze Beschreibung« vom 10. Januar 1985 sieht keinen weitergehenden Eingriff vor, nur »Boot und Holzbalken sind schwarz geteert«; davon sah Droese jedoch ab, nachdem er statt eines Kahns aus »Eisen oder Holz«[4] mit den vorgesehenen Maßen von zirka 300 × 150 cm das Aluminiumrettungsboot gefunden hatte. Das 630 cm lange, 205 cm breite und 110 cm hohe Boot lag in einem Abwrackgebiet, wo Schiffe zerschnitten werden, »hinter dem Loch in der Flutmauer«[5] bugabwärts auf der Seite an einem wild bewachsenen Hang. Die von einem Motor getriebene Schraube war bereits abgeschnitten und der Motor herausgenommen worden; im übrigen war das Boot jedoch intakt.

Während die Urnengräber anonym sind, trägt das »Boot« seinen Namen: »Viola« beiderseits des Bugs und »Panama« beiderseits des Hecks. Der ursprünglich deutsche Hochseefrachter, zu dem es gehörte, ist laut Schiffsregister 1954 gebaut und 1979 gelöscht worden.[6] Daß die »Viola« von einem Frachter stammt, der zuletzt für ein Billigflaggenland gefahren war, wurde »von Finkenwerder Seeleuten nicht gerne gesehen, denn sie haben eigene Verdienste in der christlichen Seefahrt, die erinnerungswürdig sind«, schreibt Droese.[7] Damit macht sein »Boot« auf eine problematische Situation aufmerksam, in der traditionelle Berufsehre und Profitinteressen aufeinandertreffen. Solche Ungerechtigkeiten erscheinen auch an diesem »dritten« Ort des Bootes, im Kunstwerk, ungeleugnet und zugleich im doppelten Sinne aufgehoben, nämlich in eine neue, den Wechselbeziehungen zwischen Gegenstand und Umfeld entwachsende, erweiterte Thematik eingebracht.

Der Zustand des Rettungsbootes mit seinen abblätternden Farbschichten, den leichten Beulen in der Wandung und den Deformierungen des Kiels sowie der Griffstangen erweckt Fragen nach seiner Biographie, Fragen und Ahnungen. Wer hat es gebaut? Wo überall ist es mitgefahren? Wurde es eingesetzt oder schließlich nur aus dem abgeflaggten Frachter abgeworfen? Hat es Leben retten müssen und retten können? Welche Menschen

Transport des Rettungsbootes »Viola« von der Abwrackwerft, Hamburg, 1985

Aufbau des Rettungsbootes »Viola« auf dem Friedhof Finkenwerder, Hamburg, 1985

haben je mit ihm zu tun gehabt? Was hat mehr Spuren hinterlassen: das zweckbestimmte aktive oder das passive Dasein? Zwar sind die Farbenhäute gewelkt, verdorrt und vielfach schon verschwunden – so sieht der Korpus älter aus als 35; aber er hat kein Leck, die Nieten, weitgehend auch die Rettungs- und Tragegriffe, sogar das warzenförmige Ansaugsieb für die Wasserkühlung des Motors sitzen fest. Das Boot ist »einsatzbereit«, nicht stillgelegt, nur ausruhend. Ironie und Imagination paaren sich in Droeses Hinweis auf den Geist der Stätte, auf das Bereitsein für die Abfahrt der Auferstandenen, und in diese mystische Sehnsucht fällt der leise Schock angesichts der überkopfhohen Markierungen an den Friedhofsgebäuden: katastrophale Überflutung des Landes im Jahre 1962. SOS – save our souls – bezieht der Künstler nunmehr auf das »Boot«. Immerhin liegt es leicht erhöht – nicht nur auf den Balken: Das die Urnen bergende Areal selbst liegt höher als der vordere Teil des Friedhofs, es wurde aufgeschüttet, und die viel älteren großen Pappeln haben einen zweiten, entsprechend höheren Wurzelkranz gebildet, um in der Flut aus Erde nicht einzugehen. Nachdenken über Wasser und Land. »Nebenan versinkt nun Altenwerder im giftigen Schlamm . . .«[8] Und indem Droese aus dieser Sicht die politische Unfähigkeit zur Rettung geißelt, erweist sich »Kunst im öffentlichen Raum« für ihn als Alibi, spricht das ruhende »Boot« an seinem »falschen« Platz für eine stille Revolte.

Dieses Zeichen erscheint jedoch nicht aggressiv, der Anspruch nicht forciert, die Situation – wenngleich dauerhaft – eher provisorisch. In die Einheit von Provisorium und Dauer des Werkes münden alle Agenzien seiner Geschichte, seiner neuen Sinnverhältnisse und seiner Utopie. Die Stadien der Translozierung gehören zu den sichtbaren und unsichtbaren Konstituenten des Vehikels und des Ortes und seiner Kräfte – sie alle bilden das Werk. Das »Boot« ist gleichsam eines der vielen Droeseschen »Schiffe (aus dem Meer gekippt)«[9], das Abwerfen an Land jedoch schon der Weg zu seiner vorletzten Station, einer vielleicht tödlichen. Das Wiederaufnehmen am Abwrackplatz leitete die Rettung, die Überfahrt zu Lande eine Reanimation auf anderer Ebene ein, und die »Absurdität« dieses Vorgangs, der Errettung des Rettungsbootes, macht zugleich auf das aufmerksam, wofür er stellvertretend steht: auf die Überfahrt der Seelen vom Leben zum Tode, die Überfahrt über den – trockenen – Styx.[10] Und was kommt danach? Wiederum ein Paradoxon: die Umkehrung des Inneren zur Erde. Doch zwischen Boot und Erde liegen Mittler, zwei ehemalige Eisenbahnschwellen, anonyme Holzskulpturen, die einem anderen Vehikel dienten, selbst transloziert, kaum individuell bearbeitet durch ihre schräg geschnittenen Enden und nun Träger dieses Gefährts, das mit seiner Öffnung vom Himmel abgewandt aufgebahrt wurde. Und auch der Rasen wirkt »scheinlebendig« dämpfend auf die Erde gelegt, um die in ihr geborgenen, durchs Feuer verwandelten Wesen und die Behälter ihrer stofflichen Relikte vollends unkenntlich zu machen. Daß man diese nicht sehen kann, sondern sich aufgrund der Schilder vorstellen muß, aktiviert die Imagination als Bedingung des Werkes. Die Kräfte der Vorstellung vermögen Paradoxien aufzulösen, synonym zur Auferste-

Urnenhain für die anonym Bestatteten auf dem Finkenwerder Friedhof mit dem »Boot« von Felix Droese

hung – vielleicht; aber sie bedürfen der Störung durch das andere, Befremdliche, scheinbar Unvereinbare, um den Geist zu weiten. Die Aufforderung zur Toleranz eröffnet Teilhabe. Anonymität, sofern sie substantiell gegründet ist, als Gemeinschaftssymbol.

Trotz der Unvereinbarkeiten im Sinne der Zweckdienlichkeit kann von einer surrealistischen Kombinatorik nicht die Rede sein; vielmehr rücken die Dinge unauffällig, wie zusammengehörig aneinander. Die Begegnungsarten von Wasser und Land, von Holz, Metall und Farbe, von künstlichen Dingen, künstlich gelenkter und unwillkürlicher Natur sind, teils aus der Ferne, aus anderen Weltgegenden, verschiedenen elementaren und auch technischen Bereichen herangeholt, teils traditionell benachbart, in ein situatives Kürzel umgewandelt. Das Boot liegt – überbrückt die Phantasie die größere Distanz zum Hafen – wie selbstverständlich da; der Friedhof rechtfertigt es sogar als auch christliches Symbol. Doch spricht es mehrere Sprachen. Wie ein Tier liegt es da; aber weniger Körper denn Gefäß (das für den Körper einsteht), echot es die Sendung der unterirdischen Gefäße (falls man an sie denkt), die es unter sich begreift oder besser ein wenig abgehoben als Primus inter pares anredet und deren Gegenrede es in sich aufnimmt. Hohlkörper haben einen Klang. Viola, die Bratsche (auch im Spanischen), hat an ihrem Ort einen veränderten Klang, verändert durch die mürbe Spannung ihrer Epidermis – der Aluminiumkern scheint auf die Witterung allergisch zu reagieren und die Farben, unter denen das helle Rot vernehmlicher bleibt, abzustoßen –, verändert durch die dumpfe Resonanz des Bodens, elastischer durch die Schwellen, deren dienendes, unmerklich schwingendes Holz mit der

Felix Droese, Boot, Hamburg, 1985

ganz anderen Lebendigkeit des großen Baumes zaghaft korrespondiert; abweichend von der Zeichnung ist das Boot ihm wesentlich nähergerückt, und auch der schräge »Anlauf« der Schwellen von der anderen Seite her wirkt in diese Richtung. Unter Droeses zahlreichen Arbeiten zum Thema »Schiff« hat das plastische Werk »Knochenschiffe« von 1984[11] einen hintergründig vermittelnden Sinn nicht nur wegen des Zusammenhanges von Tod und Bestattung, sondern auch wegen der ambivalenten Einheit von Lebensplastik und Todesskulptur, die in Baum und Balkenrippe prototypisch wiederkehrt. Zwei Gesprächskreise, die Korrespondenz der Hölzer und der Dialog der Gefäße – des sichtbaren mit den unsichtbaren –, durchdringen einander.

Die Zeichnung vom 24. August 1984 nimmt eine Variation des Themas vorweg. Das Boot liegt kleiner, wie ein großer Käfer, als Kern der Zeichnung auf dem Geviert, das ihn teils offener umfährt und das im Hintergrund von Strichen umtanzt wird, die sich rechts dem einzelnen großen Baum anverwandeln. Er hat anthropomorphe Züge, eine offene Physiognomie durch die Sonne, die ihre Strahlen wie Arme nach dem Boot ausstreckt. Man mag sich der Mythen erinnern, in denen das Totenboot zur untergehenden Sonne fuhr. Wichtiger erscheint hier die Art und Fülle der sensitiven Beziehungen bildlicher und evozierter Kräfte untereinander im konkreten Werk, vergleichsweise der empfindsamen Schärfe der kleinen »Schiffe (aus dem Meer gekippt)« (vgl. Anm. 9) im Verhältnis zu ihrem fleckig-farbig animierten, »betroffenen« Umfeld, das mehr in die Situation einbezieht, als die Bildränder umgrenzen.

Auf dem Urnenfeld in Finkenwerder liegt ein Instrument, das verschiedenste, auch widerstreitende Kräfte an verschiedenen Orten geschaffen, verworfen und neu gestimmt haben, das auf dem Platz das leicht angehobene Dach eines versenkten Forums markiert. Bald wird es noch heller schimmern, wenn die Anstriche weiter schwinden, Sonne und silbriges Metall sich unvermittelt treffen; es wird sogar seinen Namen abstreifen – und hoffentlich das arg verfälschende, nachträglich eingesetzte Ziegelgeviert verschwinden lassen, weil das »Boot« neben sich keinen Sockel braucht, weil es denen zuhört, die keinen wollten, und weil weniger mehr ist.

Zu hoffen ist auch, daß Felix Droeses Geschwisterwerk, »HAMBURG-ZUERICH VORWAERTS/6. 12. 1985«[12] in Hamburg bleibt und hier einen Ort erhält, wo der Dialog von Finkenwerder sich auf den Container und seine geschundenen Eingeweide, das mit Abfällen traktierte hölzerne Rettungsboot, vernehmlich überträgt.

Anmerkungen

1 Kat. *Felix Droese, Vier Hamburger Stücke, 4 × der Beweis, daß Nichts mehr geht und 4 × Alles weiter geht. VIOLA/Unser Herd/HAMBURG-ZUERICH VORWAERTS/Der Sicherheitsschrank,* Raum für Kunst, Hamburg 1986, 1. Stück und die folg. Abbildungen. – *Kunstforum International,* Bd. 81, 1985, S. 120 und 127: Zeichnung und »Kurze Beschreibung«.

2 Diese und die folgenden Angaben verdanke ich Karl Weber, Referent für bildende Kunst bei der Kulturbehörde Hamburg, in einem am 25. Februar 1989 in Finkenwerder geführten Gespräch sowie dem Künstler selbst.

3 Man hat laut Weber bald an Felix Droese und eines seiner Hauptwerke gedacht: »Ich habe Anne Frank umgebracht«, 1981 (u. a. documenta 7, 1982); ferner wurden auch biographische Momente, zum Beispiel daß Droeses Vater altkatholischer Pfarrer auf einer Hallig war und daß der Künstler von 1977 bis 1981 bei einem Landschafts- und Friedhofsgärtner ausgeholfen hatte, mitbedacht.

4 Einen Holzkahn fand Droese auch – siehe unten (»Container«).

5 Beischrift Droeses in seiner Überzeichnung einer Seite in einem Kinderbuch von Karl Webers Sohn: »in Erinnerung an die Abwracker hinter dem Loch in der Flutmauer/3. 11. 1985 . . .«. Fundstelle siehe Kat. *Vier Hamburger Stücke* [Anm. 1], 1. Stück, Doppelseite 1. Abb. l. o.

6 Genaue Recherchen im zentralen Schiffsregister in London wären wegen des Besitzerwechsels sehr umständlich (Weber) und sind hier wohl auch nicht in erster Linie relevant. – Übrigens treten unter der abblätternden Farbe steuerbord neben »Viola« allmählich Reste einer schwarzen Aufschrift zutage, die ich am 25. Februar 1989 noch nicht entziffern konnte – ein früherer Name?

7 Kat. *Vier Hamburger Stücke* [Anm. 1], 1. Stück. – (Im Gespräch spielt Droese auf B. Traven an.)

8 Kat. *Vier Hamburger Stücke* [Anm. 1], 1. Stück.

9 Titel der Ausstellung mit Katalog Galerie Klein, Bonn, 11. April – 7. Mai 1983.

10 Vgl. die Thematik in Droeses Trilogie »Der Mensch verläßt die Erde I–III: Notnachbarn (Abfahrt) /Mittag/ Tulipan (Ankunft)«, 1983/84, siehe Kat. *Felix Droese, Über die menschliche Fleischfarbe,* Städtisches Kunstmuseum Bonn 1985, S. 79ff. Aus dieser Sicht könnte das »Boot« auch als Kürzel der drei Stadien und als Neubeginn nach dem Ende verstanden werden.

11 Siehe Kat. *Schiffe II (die alte Leier),* Galerie Klein, Bonn, 1985, Abb. S. 4.

12 Kat. *Vier Hamburger Stücke* [Anm. 1], 3. Stück. – Kat. *Felix Droese. Farbige Blätter (die von mir abgefallen),* Kunsthaus Zürich, 1986, Vorwort v. Ursula Perucchi-Petri; dies., »Felix Droese – vom Umgang mit dem Stofflichen«, a. a. O. – Über Boot und Container siehe Johannes Stüttgen: »Felix Droese – Deutsche Geschichte«, in: Kat. *Arbeit in Geschichte – Geschichte in Arbeit,* Hamburg: Nishen 1988, S. 126ff.

Siegfried Neuenhausen

Zwischen Kunst und Psychiatrie
Das Projekt in Ochsenzoll*

Die Werkstatt

Unsere Werkstatt im Haus 13 war ein großer, zentral im Klinikgelände gelegener, ungefähr 250 m^2 großer Raum. Er hatte zwei Wasserbecken und zwei Toiletten. Eine kleine Küche mit einer vorgelagerten Laderampe war ebenfalls vorhanden. In der Küche wurde später der große Naber-Brennofen installiert. Ein geräumiger Flur diente als Lager für Zement, Ziegelsteine und Gerüstbretter, und schließlich konnten wir in einem kleinen Lagerraum die Schmetterlinge aus Kunststoff und die Polyesterfarben aufbewahren.

In einem Bereich konnten die großen Tonarbeiten aufgebaut werden, an den langen Wänden entstanden großformatige Malereien, in einem anderen Bereich wurden die Schmetterlinge zusammengeklebt und bemalt. In der Ecke hinten links trockneten die kleineren Tonarbeiten, in einer anderen lagerten die schon gebrannten Skulpturen. An der Stirnseite unter den Fenstern lag das Werkzeug übersichtlich auf einem Tisch, rechts neben der Tür stapelten wir die Tonbatzen, weiter hinten lagen Marmorabschnitte, Mosaiksteine und das Drahtgeflecht, das wir für die Schmetterlinge brauchten.

Haus 13 war schon nach kurzer Zeit in der Klinik als Künstlerwerkstatt bekannt. Oft kamen Besucher, wanderten zwischen den fertigen und angefangenen Arbeiten umher, staunten, lobten, fragten, ließen sich von den Patienten – Mitarbeitern – die Arbeit erklären. Die Werkstatt lud jeden durch die Fülle und witzige Qualität der künstlerischen Dinge, die zu sehen waren, zur Mitarbeit oder mindestens zum Besuch ein.

Künstler arbeiten mit Patienten zusammen

Die Werkstatt war, bezogen auf den Krankenhausbetrieb, sozusagen exterritorial. Meine Mitarbeiter und ich waren ebensowenig Teil der Institution wie das Arbeitsprogramm. Wir waren als Künstler und als Kunsterzieher kompetent. Die Beziehungen der dort arbeitenden Menschen untereinander waren keine auf Krankheit bezogenen und von Krankheit abgeleiteten Beziehungen von Ärzten, Therapeuten und Pflegern zu Patienten, sondern sie ergaben sich aus dem gemeinsamen Interesse an der künstlerischen Arbeit. Keiner mußte, aber jeder konnte mitmachen.

Daß Patienten frei über die Mitwirkung überhaupt und darüber hinaus über den Umfang der Mitarbeit entscheiden konnten, war für alle ein wichtiger Punkt. Im Haus 13 wurden keine Krankheiten behandelt, sondern Fähigkeiten beansprucht und durch Arbeitsergebnisse bestätigt, und weil Menschen in ihren Fähigkeiten bestätigt und anerkannt wurden, kamen sie mit Lust. Die hedonistische Dimension unserer Arbeit haben wir bewußt voll entwickelt.

Arbeitsbesprechung in der Werkstatt mit Siegfried Neuenhauser (2. v. re.) und Patienten, Hamburg, 1982

Künstlerisches Interesse war zu Anfang durchaus nicht bei allen Patienten da. Manche kamen zunächst, um ein bißchen Abwechslung im Klinikalltag zu finden, der eine oder andere mag auch zu uns gestoßen sein, um sein Taschengeld ein wenig aufzubessern, denn wir zahlten 1,50 DM pro Stunde. Entscheidend war aber, daß die meisten, die sich, aus welchen Motiven auch immer, auf die Arbeit einließen, in kurzer Zeit in die Gruppe und in die künstlerischen Prozesse integriert waren. Marko M., einer der Patienten, schrieb kurz und bündig: »Weil es mir finanziell zum Vorteil war, kam ich zur Kunstgruppe. Ich entdeckte verborgenes Talent in mir.«

Die Verhältnisse waren so, daß jeder begabt wurde, auf seine Weise Kunst zu machen. In unserer Werkstatt fand insofern Emanzipation statt, als manche Menschen aus der total verinnerlichten passiven Patientenrolle heraustreten und eine andere Seite ihrer Existenz, die des aktiven Mitgestaltens, erleben konnten.

Jeder lernte von jedem. Es gab niemanden, der alles überblickte, und niemanden, der nichts beizutragen hatte. Die Künstler gaben ihr Wissen und Können an die Patienten weiter und lernten selbst aus der ursprünglichen, naiven und direkten Art deren künstlerischer Formulierungen.

Das Projekt war für uns Künstler Neuland. Zwar lagen die groben Umrisse fest, aber wir hatten uns selbst während der Arbeit ständig durchzufragen. Art und Charakter der Skulpturen, die Kombination der verschiedenen Teile und Materialien, der technische Aufbau, die inhaltliche Anlage verlangten von uns Flexibilität und eine Haltung forschenden Lernens. Wir arbeiteten uns, zusammen mit den Patienten, von Teilergebnis zu Teilergebnis weiter. Wir hatten kein vorprogrammiertes Ergebnis im Kopf, auf das wir hätten direkt hinarbeiten können. Deshalb entstanden auch manche Arbeiten sozusagen als beiläufige Ergebnisse auf der Suche nach überzeugenden Lösungen für unseren Auftrag, öffentliche Skulpturen herzustellen.

Die Skulpturen in Ochsenzoll waren als Gemeinschaftsarbeiten angelegt. Sie ermöglichten jedem Patienten einen individuellen Arbeitsrhythmus, einige arbeiteten kontinuierlich: morgens von 8.30 bis 11 Uhr, nachmittags zwei Stunden von 13 bis 15 Uhr. Andere konnten aufgrund ihrer Krankheit oder weil sie unter der Wirkung von Haldol standen, nur wenige Stunden oder gelegentlich mitarbeiten. Aber diese Patienten waren häufig auch dann anwesend, wenn sie nicht mitarbeiteten, sahen den anderen zu und identifizierten sich im übrigen so mit den entstehenden Werken, als ob sie pausenlos mitgewirkt

Patientenarbeit, Hamburg, 1982

hätten. Unsere Werkstatt war offensichtlich nicht nur Arbeitsstätte, sondern auch Kommunikationsraum, ein sozialer Ort, an dem Patienten sich wohl fühlten.

Eine Arbeit über längere Zeit durchzuhalten bereitete manchen Patienten Schwierigkeiten. Im Verlauf des Projektes wuchs jedoch bei einigen die Konzentrationsfähigkeit, wohl auch dadurch, daß wir einen bestimmten Arbeitsrhythmus trainierten, etwa: eine Viertelstunde modellieren, dann eine Viertelstunde Pause, oder: eine bestimmte Figur aufbauen, dann eine Pause von zehn Minuten. Diesen Rhythmus hielten wir auf die Minute genau ein. Gestaltungsprozesse, die nach Dauer und Verlauf schwer einschätzbar waren, wurden so in überschaubare Arbeitsschritte gegliedert.

Den künstlerischen Mitarbeitern fiel die Aufgabe zu, technisch und formal Hilfestellung zu geben, während der Arbeit für Fragen und Gespräche dazusein, Starthilfe zu geben, in den Teilgruppen zu moderieren und mitzumachen. Die fachliche Arbeit war eingebettet in umfassendes Interesse und in Anteilnahme am Geschick des einzelnen. Es war wichtig für die Qualität unserer Arbeit, die Klinik vor der Werkstatt zu lassen und dennoch im Hinterkopf zu wissen, daß unsere Mitarbeiter Kranke waren. Weniger die Forderung nach Leistung als das Angebot von Aufgaben prägte das Arbeitsklima. Wir setzten auf die Faszination des Machens, auf den mit der Entdeckung unvermuteter Fähigkeiten verbundenen Antrieb, auf die Dynamik künstlerischer Prozesse, auf die durch erste Erfolgserlebnisse ausgelöste Motivation.

Die plastische Arbeit

Zumal die große ovale Figurenstele für den Eingangsbereich des neuen Sozialtherapiezentrums, an der die meisten Patienten mitwirkten und an der wir am längsten arbeiteten, war so etwas wie ein Katalysator diffuser und häufig kontroverser Vorstellungen und unterschiedlicher, durch Krankheiten geprägter Stimmungen. Sie war *die* exemplarische Gemeinschaftsarbeit, die auch Außenseiter integrierte. An drei oder vier der ovalen Teilstücke, etwa 50 cm hohen Reliefringen, wurde stets gleichzeitig modelliert. Der Bearbeitungszustand war unterschiedlich. Fast fertige, halbfertige und gerade begonnene Arbeiten standen jeweils auf einem stabilen Tisch. Stabil mußten sie schon sein, die Tische, denn nach und nach summierten sich die angetragenen Tonstückchen pro Ring auf ein Gewicht von vier bis fünf Zentnern. Vier oder fünf Patienten saßen um einen Tisch und modellierten. Der Anfang war stets gleich: An einen ovalen Styroporkern wurde rundum zunächst eine etwa 3 cm starke Wand aus Ton angetragen, danach die etwa 12 cm breite Standfläche des Reliefs.

Beim Antragen der nußgroßen Tonstücke an die Wand des Styroporkerns und die Grundfläche fanden die ersten Überlegungen zum Thema statt. Vorschläge und Gegenvorschläge machten die Runde. Erzählte jemand ein Geschichtchen, so hatte ein anderer ein zweites parat. Dies war die Phase, in der fabuliert, nachgedacht, diskutiert und manchmal meditiert wurde. Ein buntes Gemisch von Äußerungen: Krankengeschichten, Späßchen, Pläneschmieden für die Zukunft, Arbeitsvorschläge und bisweilen auch gegenseitige Anmache. Eine lockere Unterhaltung, aus der sich nach und nach erste Ansätze für die plastische Arbeit herauskristallisierten.

Aus der Fülle der Vorstellungen, die sich mittlerweile über das neu zu beginnende Relief gebildet hatten, entstanden schon die ersten plastischen Ansätze, noch bevor die Rückwand angetragen war. Einer fing in seinem Sektor an, etwa mit einer voluminösen Figur. Auf der gegenüberliegenden Seite begann der nächste mit einem Baum. Sein Nebenmann an der Stirnseite des Tisches hatte die Idee, einen grotesken Kopf zu formen. Wenn schon mal etwas da war, schwand die Angst vor den unbesetzten Räumen. Schnell kam dann die Arbeit in die wichtigste Phase, in der aus dem spielerischen, improvisierten Machen die phantastischen Geschichten entstanden, in der die noch unverbundenen Details zum Kombinieren und Hinzuerfinden ermunterten. Zufällige Einzelheiten wuchsen zu witzigen, oft auch hintersinnigen inhaltlichen und formalen Szenen zusammen, verdichteten sich zu einer assoziationsreichen Montage. Jedes neu hinzugefügte Detail machte das Relief inhaltlich praller und technisch stabiler.

Während dieser Arbeit wechselten die Patienten. Fehlte mal einer, so baute ein anderer an dessen Reliefsektor weiter, es sei denn – und dies kam öfter vor –, daß jemand sich ausbedungen hatte, allein einen bestimmten Abschnitt zu Ende zu führen. Die am Ring Arbeitenden tauschten ihre Meinungen aus, übten Kritik, einigten sich über die Gestaltung in den Zonen, in denen sich die Reliefbereiche berührten. Die Patienten lernten, den Wechsel von groß- und kleinvolumigen Teilen und die Kombination weicher, fließender und kantig-harter Formen als Spannungselemente einzusetzen.

Im allgemeinen begannen Patienten, die neu in unsere Gruppe kamen, mit Modellieren. Sie konnten sich entweder einer der Gruppen, die an den Ringen arbeiteten, zugesellen oder auch eine kleinere Tonplastik nach ihren Vorstellungen formen. Häufig wurden Einzelfiguren, die unabhängig von der großen Gemeinschaftsarbeit entstanden, nach Fertigstellung in den Zusammenhang eines Reliefringes eingebaut. Über diesen methodischen Weg wurden bisweilen kontaktarme Patienten in eine Arbeitsgruppe integriert.

Der Aufbau der Reliefringe verlangte Überlegung, Konzentration, Geduld und Phantasie. Stück für Stück mußten Hohlformen aufgebaut und gut verknetet werden. Mit dem Fortgang der Arbeit steigerte sich das Durchhaltevermögen. Je weiter ein Reliefring plastisch durchgeformt war, desto deutlicher kam die dem Prozeß immanente Dynamik zum Tragen. Die Identifikation mit dem Werk steigerte sich, der Wille, das so überzeugend Begonnene zu noch überzeugenderem Abschluß zu bringen und die Fülle der Details zu einem schönen Ganzen zu fügen, mobilisierte Kräfte, die bei anderen Arbeiten, etwa in der Arbeitstherapie, nicht zu mobilisieren sind. Dabei spielten das Lob und die Anerkennung von Mitpatienten, Ärzten und von uns Künstlern eine wichtige Rolle. Hatte man doch hier als Kranker etwas zuwege gebracht, was man beim zaghaften Beginn der Arbeit nicht für möglich gehalten hatte, was zudem noch als anerkennenswerte Leistung dastand: »Ich kann doch eigentlich mehr, als ich selbst und andere von mir geglaubt haben«, das charakterisiert in etwa die Stimmungslage, wenn mal wieder ein Arbeitsabschnitt erfolgreich abgeschlossen war.

Die Erfahrung bislang unbekannter Kräfte, der Prozeß vom ersten skeptischen und verlegenen Hinundherkneten eines Stückchens Ton bis zum stolzen Vorweisen der fertigen, mit den eigenen Händen, dem eigenen Intellekt und der eigenen Phantasie zustande gebrachten Plastik, die durchlebte Erfahrung, zu einer opulenten, für die Öffentlichkeit bestimmten und das eigene Leben überdauernden Gemeinschaftsarbeit beigetragen zu haben, dies waren vermutlich die therapeutisch wirksamsten Momente unserer Tätigkeit.

So manifestieren sich in den plastischen Gemeinschaftsarbeiten von Ochsenzoll wachsendes Selbstvertrauen in die eigenen Kräfte und deren Auslotung, Selbsterfahrung und Fähigkeit der Formulierung gerade da, wo verbale Kommunikation fast unmöglich ist.

Dies ist im therapeutischen Bereich ein noch weithin unerschlossenes Potential der Kunst. Die Chance für psychisch Kranke, Selbsterfahrungen zu machen und zugleich unterbrochene Kommunikation wieder in Fluß zu bringen, zur Aneignung von Welt zu motivieren, zum Lernen einzuladen, diese Chance ist in keinem Bereich größer als in fundierter und gut organisierter künstlerischer Arbeit.

Die Malereien

Der Konzentration fordernden plastischen Arbeit mit dem gesamten Instrumentatrium taktil-haptischer Möglichkeiten, dem Umgang mit der feucht-fetten Erde, die so wunderbar direkt auf Fingerdruck reagiert, standen die großformatigen Malereien, ebenfalls Gemeinschaftsarbeiten, gegenüber. Sie wurden vor allem von Sabine Reiff mit intuitiver Intelligenz inszeniert. Hier konnte sich in großen Bewegungsabläufen die Motorik des Körpers ausleben. Wut und Traurigkeit, aber auch Lebenslust wurden Farbe. Spinnen, ansonsten im Leben nicht gern gesehen, war erlaubt – und durch die farbenprächtigen Ergebnisse gerechtfertigt. Gemalt wurden Schmetterlinge, phantastische Landschaften und die Mitglieder der Arbeitsgruppe in ekstatischen Farben.

Was hatten die Malereien mit unserem Auftrag zu tun? Nichts, sofern es um *Ergebnisse* ging, denn wir sollten Plastiken machen, viel, sofern es um *Prozesse* und *Erfahrungen* ging.

Die Schmetterlinge

Der dritte größere Bereich der Arbeit in Ochsenzoll waren die Entwürfe und Papiermodelle der Schmetterlinge für die entsprechenden Arbeiten aus Polyester. Die Arbeit ging in Richtung einer etwa 3 m hohen Stele aus alten Sandsteinen, auf deren oberem Teil etwa fünfzehn Schmetterlinge unterschiedlicher Form und Farbigkeit angeordnet werden sollten, ein »Schmetterlingstreff«.

Die bis zu 80 cm großen Formen konnten mit Papier über Eisengerüsten und Maschendraht aufgebaut und bemalt werden. Diese Arbeiten liefen vom Anfang des Projektes bis zu seinem Abschluß mit kürzeren oder längeren Pausen. Wir bauten zwei »Sätze« von Schmetterlingen. Eine Serie diente dem Ausprobieren, die zweite Serie, mit verstärktem Skelett aus Nirostastahl, mußte besonders gewissenhaft zusammengeklebt werden, weil die Teile dieser Serie später in der Kunststoffwerkstatt der Hochschule für Bildende Künste in Braunschweig mit Glasfasergewebe und Polyester laminiert wurden. Die ausgeprägte Handwerklichkeit der Herstellung interessierte besonders einige Patienten, die vor ihrem Krankenhausaufenthalt als Installateure und Schlosser gearbeitet hatten. Zwei dieser Patienten fertigten sogar mehrere Tage lang selbständig die Stahlgerüste in einem Stahlbaubetrieb außerhalb der Klinik.

Insgesamt bot diese Werkreihe eine Synthese aus plastischer Form und Malerei an. Sie war, unter dem Gesichtspunkt der Mitarbeit von Patienten betrachtet, nicht unproblema-

Patientenarbeit, Hamburg, 1982

Patientenarbeit, Hamburg, 1982

tisch. Größe, Form und Farbigkeit der Schmetterlinge mußten im Blick auf den späteren Gesamtzusammenhang der Steinstele mit den farbigen Schmetterlingsformen genau aufeinander abgestimmt sein. Die individuellen Vorstellungen etwa über die Farbigkeit und Musterung waren bisweilen nicht unter einen Hut zu bringen. Und hier gab es auch ein paarmal Frustrationen, weil einzelne Schmetterlinge, die für sich genommen sehr schön waren, übermalt werden mußten, weil sie nicht in den formalen und farbigen Gesamtrahmen paßten.

Dieses Problem wurde zwar in der Gruppe besprochen, da aber bisweilen einzelne Patienten abwesend waren, ließen sich Informationslücken nicht vermeiden.

Aufstellung der Skulpturen

Im Frühjahr 1983, nach der Ausstellung im Kunstverein Hannover, wurden die Skulpturen auf den schon vorbereiteten Betonfundamenten aufgebaut. Auch in dieser letzten Phase des Projektes haben Patienten mitgearbeitet.

* Der Text ist die leicht gekürzte Fassung eines Aufsatzes von Siegfried Neuenhausen in: Kat. *Zwischen Kunst und Psychiatrie,* Hannover 1983, S. 75–86.

Uwe M. Schneede

Joseph Beuys' »Gesamtkunstwerk Freie und Hansestadt Hamburg«

Noch ehe sie wußten, worum es eigentlich gehen und was da ins Werk gesetzt werden sollte, waren sich die Parteiungen in Hamburg einig. Die für das Projekt vorgesehenen Mittel wollte die »taz« auf Sozialarbeiter, die ÖTV auf Bibliotheksassistenten umlenken; »Bild« rechnete vor, wie vielen Sozialhilfeempfängern der »Klamotten-Künstler« das Geld aus der Tasche zöge. In der SPD erahnte jemand Lustbarkeiten auf Kosten der Bürger, die Jungen Liberalen mutmaßten Verschwendung von Steuergeldern, der kulturpolitische Sprecher der CDU nannte das Projekt ein »Stück aus dem Tollhaus«, die GAL gab zu Papier, Umweltprobleme könnten nicht durch Kunst gelöst werden, ein CDU-Mann nannte das Projekt »schwachsinnig«, und er nannte es »pervers«, ein Galerist aus Pöseldorf fand es zu links, der damalige Direktor des Museums für Kunst und Gewerbe meinte, Grünzeug sei Angelegenheit des Gartenbauamtes, auch der Direktor der benachbarten Kunsthalle befand, in Umweltfragen sei die Kultur nicht zuständig, die Springer-Presse potenzierte und schürte das alles nach Kräften (die beliebte Straßenumfrage!), und so verbat sich der Senat das Projekt, unter anderem finanzielle Gründe vorschiebend, die es gar nicht gab, weil die Mittel bereitstanden.

Schließlich landete die große Koalition der Parteien, der Presse, der Obrigkeit bei der Realsatire. Kaum hatte der Erste Bürgermeister für »Bild« den Gedanken der beiden Museumsdirektoren modifizierend aufgegriffen (»Das Aufforsten können auch Förster besorgen, und die haben wir selbst«), machte »Bild« auch schon drei aus Tornesch, Kreis Pinneberg, ausfindig, die zu kostenloser Begrünung sich bereit erklärten. Die staatliche Pressestelle ließ wenig später verlauten, die Wirtschafts- und die Hafenbehörde hätten sich mit dem Trio auf Feldblumen geeinigt – dadurch werde das in Frage stehende Terrain »grüner als vorgesehen«, will sagen: schöner und besser als vom Künstler geplant. Damit waren alle anstehenden Konflikte um die Kunst, damit waren alle anstehenden Konflikte um die Ökologie rasch, machtvoll und kleinkariert unter dem Teppich, und eine Weile später konnte der Erste Bürgermeister so landesherrlich wie apodiktisch übers zweite Fernsehprogramm verkünden, was man da geplant habe, sei keine Kunst. Derart endete ein großes Projekt.

Die Rede ist von Joseph Beuys' Spülfeldprojekt, 1983 von der Hamburger Kunstkommission zusammen mit der Kulturbehörde im Rahmen des Großvorhabens »Stadt–Natur–Skulptur« initiiert, beschlossen 1984 mit der Perspektive, 400000 DM aus dem »Kunst-im-öffentlichen-Raum«-Etat als Startmittel für die geplante Stiftung zur Verfügung zu stellen, untersagt im selben Jahr gegen den Willen der verantwortlichen Kultursenatorin.

Zum Konzept von »Stadt–Natur–Skulptur« gehörte, daß die Orte künstlerischer Aktivität nicht definitiv vorgegeben, sondern wesentlich der Entscheidung der Künstler überlassen wurden. Bei einer eintägigen Ortsbesichtigung entschied sich Beuys, der als erster zur Teilnahme an »Stadt–Natur–Skulptur« aufgefordert worden war, stehenden Fußes für das Spülfeld Altenwerder, eine mehrere Meter hohe Aufschüttung von schwermetallhaltigem, also giftigem Elbsand, der regelmäßig herausgebaggert werden muß, damit der Fluß schiffbar bleibt. Im Süden Hamburgs gibt es mehrere ständig wachsende Spülfelder; das in Altenwerder befindet sich an der Stelle eines Dorfes, welches einige Jahre zuvor wegen mutmaßlicher künftiger Hafenerweiterung dem Erdboden gleichgemacht worden war. Nähert man sich Hamburg von Süden auf der Autobahn in Richtung Elbtunnel, sieht man zur Rechten die einzig stehengebliebene Altenwerder Kirche; zwischen Autobahn und Kirche erstreckt sich das riesige, etwa 15 ha große Spülfeld, damals einer Sandwüste gleichend und ebenso tot.

Natürlich plante Beuys kein Monument und keine Skulptur im üblichen Sinn. Er dachte vielmehr an eine weit ausgreifende Arbeit. Zu Beginn sollte das Spülfeld mit einem Ring schnellwachsender Bäume bepflanzt und mit einem Basaltstein besetzt werden: die mit Signifikanz versehene, ins Bewußtsein gehobene Konfliktzone. Von hier aus sollte die Gesamtheit der Umweltprobleme in Hamburg angegangen werden, und zwar mit Hilfe einer überparteilichen und unabhängigen Stiftung, in der nach Beuys' Vorstellung Behörden und Forschungsinstitute, Organisationen und Initiativen, Politik und Industrie unter seiner Autorität, unter der Autorität des Spiritus rector zusammengefaßt werden sollten, um für die Zukunft grundlegende Lösungen zu überdenken und zu entwickeln, zu denen Politik und Verwaltung, zu denen vor allem Institute, Gruppen, Behörden als einzelne bis zu diesem Zeitpunkt nicht imstande gewesen waren.

Man hat darin illusorische Züge gesehen. Sicher übersteigt die Idee unseren Horizont von Pragmatik und Machbarkeit. Aber muß sie deshalb illusorisch sein? Könnte auch der

Joseph Beuys, Bettina Semmer, Johannes Stüttgen und Uwe M. Schneede auf dem Spülfeld vor der Altenwerder Kirche, Hamburg, 7. Juli 1983

Joseph Beuys bei der Ortsbesichtigung auf dem Spülfeld in Altenwerder, Hamburg, 7. Juli 1983

Horizont zu eng sein? Beuys selber war sich der gewaltigen Dimensionierung des Hamburger Vorhabens natürlich bewußt. »Wir sind jetzt auf dem Gleis des Wahnsinns«, soll er – und man sieht ihn dabei herzlich lachen – bei einem der Düsseldorfer Vorbereitungsgespräche geäußert haben.

Was Beuys vorhatte, war von äußerster Brisanz. Es muß nicht verwundern, daß in der öffentlichen Debatte die eigentlichen Gegenargumente gar nicht (oder nur hinter vorgehaltener Hand) fielen, ging es doch um Probleme, die man nicht weiterhin auf dem Forum ausgetragen wissen wollte: die Elbregulierung, die Hafenpolitik, die Elbverschmutzung, die Giftablagerungen, die unnötige Zerstörung des Dorfes Altenwerder. Mit mehreren Umweltskandalen hatte Hamburg Schlagzeilen gemacht und Imageverluste erlitten – nun galt es, die Probleme zu kaschieren. Beuys hätte sie wieder und wieder zur Sprache gebracht – dem sollte von seiten des Senats ein Riegel vorgeschoben werden. So galt das Verbot weniger der Beuysschen Ästhetik als ihren politischen Folgen; Beuys hatte den Finger – schmerzend für das ganze Gemeinwesen – in die Wunde gelegt, und das sollte verhindert werden, obwohl er auf eine Heilung hinauswollte.

Beuys hatte ausdrücklich zwei Aspekte als richtunggebend im Sinn. Zum einen wollte er angesichts der von ihm konstatierten Unzulänglichkeit der bestehenden Praktiken von Kunst im Außenraum auf ein integrales Projekt hinaus, in dem der schöpferische Impuls auf einen veränderten Werkbegriff zielte (Kunstaspekt). Zum anderen wollte er durch kooperatives Vorgehen Denk- und Planungsprozesse in Hinsicht auf ökologische Fragen in Gang setzen, den Ursachen für die akuten Probleme beikommen, wissenschaftlichen Erkenntnissen zur Realisierung verhelfen (gesellschaftspolitischer Aspekt). Beide Aspekte sollten voneinander untrennbar sein, in beide Richtungen sollten wirksame neue Impulse gesetzt werden. Seinen umfassenden Anspruch bekräftigte er, indem er von dem Hamburger Projekt als dem Modell für ein »neues Bauhaus« sprach und indem er diesem Projekt den (Arbeits-)Titel »Gesamtkunstwerk Freie und Hansestadt Hamburg« gab.

Die Bäume sollten vorübergehend die Bodengifte im Spülfeld binden und so deren weiteres Eindringen ins Grundwasser verhindern. Eine Lösung der Probleme mit den Schwermetallen, darüber war sich Beuys im klaren, wäre das nicht gewesen. Darum ging es an dieser Stelle auch gar nicht, es ging vielmehr um die Wiederbelebung eines toten Areals in einem symbolischen Akt, nämlich als Appell zu grundlegendem Umdenken und als Signal für die theoretische und die praktische Arbeit an den Ursachen, die dann hätte einsetzen sollen: das Spülfeld als Mahnmal und Aufruf.

In diesem Zusammenhang hatte auch der Basaltstein, der auf das Spülfeld geworfen werden sollte, seine Bedeutung. Gestein war schon in den frühen Zeichnungen von Beuys durchgehend eine Metapher für die Erstarrung aufgrund einer als einseitig empfundenen rationalistischen Entwicklung gewesen. Zugleich enthielt es für ihn Momente des Umschlagens; Beuys sah ja die Erkaltung, den Tod als Vorbedingung für eine neue Evolution. Im Kasseler »7000-Eichen«-Projekt signalisierten die behauenen Basaltsteine im

Joseph Beuys und Johannes Stüttgen auf dem Spülfeld in Altenwerder, Hamburg, 7. Juli 1983

Verein mit den jungen Bäumen dieses Umschlagen in produktive Aktivität, und in der Arbeit »Das Ende des 20. Jahrhunderts« von 1983 hat der in Filz und Ton gelagerte Kegel (innerhalb der erstarrten Überbleibsel von Leben) den Anschein eines Organs, das die Möglichkeit zu einem Wiederbeginn anzeigt.

Etwas anders beim Hamburger Basaltstein, der von Beuys noch fertiggestellt worden ist und der in Größe und Charakter den Steinen im »Ende des 20. Jahrhunderts« entspricht. Er enthält jedoch statt des Steinkegels einen Bleikegel; fest, ohne Filz und Ton, ist dieser in die gebohrte Vertiefung eingelassen. Nimmt man all das zusammen, so erschließen sich mehrere Bedeutungsebenen: der Stein als Zeichen für Erstarrung und Enge in der Folge von Fehlentwicklungen, das verpuppte Blei als Hinweis auf die zu lösenden Umweltprobleme und als symbolische Bindung des Giftes, das Werfen des Steins als Anzeige des Veränderungsimpulses, der von dieser konkreten Stelle ausgehen sollte.

Der ästhetische Akt wäre ein symbolischer gewesen. Mit seiner Hilfe sollte – das sind Begriffe aus dem Konzeptpapier – die »Todeszone« in eine »Kunstzone« umgewandelt werden, die Kunstzone sollte als sichtbare metaphorische Manifestation den Anhaltspunkt für die »unsichtbare«, die »soziale« Skulptur bilden, nämlich die prozessuale Veränderung des Denkens und der Praxis durch die Tätigkeit der Stiftung mit ihrem Büro in der Hamburger Innenstadt. Ein solcher Prozeß, so Beuys, könne angesichts des Versagens aller traditionellen, interessengelenkten Maßnahmen nur aus der Perspektive humanitärer Kreativität, könne nur durch den »Innovationsimpuls der Kunst« in Gang gebracht werden. Das tote Spülfeld mit seiner symbolischen Wiederbelebung – das sollte also das ortsspezifische Bild, ein Bild für den gegenwärtig erreichten Endpunkt und zugleich für das zu erreichende Ziel der Erneuerung sein, ein Bild der Anklage, aber auch der aktiven Veränderung, da doch an eine konstruktive Tätigkeit gedacht war.

In den 60er Jahren hatte Beuys zu praktizieren begonnen, was er den »Parallelprozeß« nannte, also die ineinandergreifende Gleichzeitigkeit von unbedingter künstlerischer Tätigkeit (als Modell der schöpferischen Erneuerung) und öffentlich-verbaler Kommunikation, das heißt subjektiver Akt und kollektiver Akt als einander bedingende Faktoren im Prozeß einer tiefgreifenden Veränderung. War das »7000-Eichen«-Projekt bereits eine exemplarische Demonstration für einen tatkräftigen Eingriff in die Lebenswirklichkeit mit deren Mitteln und mit den Mitteln der Ästhetik, so erscheint das Hamburger Vorhaben vollends als die Aufhebung des Parallelprozesses in einem integralen Verfahren.

Gerät, wie zumeist noch üblich, einzig der subjektive Akt, also das autonome Werk, an die Öffentlichkeit (in den öffentlichen Raum), so ist der Konflikt mit ihr programmiert. Beuys ging einen anderen Weg, den der Verzahnung von subjektivem und kollektivem Akt. Im Hamburger Projekt sollten Ästhetik und Politik, Fiktion und Realität auf der Basis schöpferischer Erfahrung und gesellschaftlicher Einsicht eine nicht trennbare Einheit bilden. Damit zeigte sich innerhalb der Beuysschen Werkentwicklung eine neue Phase, eine, in der, anders als in Kassel, nun tatsächlich so aufs Ganze gegangen werden sollte, wie Beuys es schon lange zuvor und immer wieder theoretisch gefordert hatte. Dabei sah er Hamburg als Modell für ein im übrigen regional nicht begrenztes Veränderungsvorhaben an.

Ebenso bedeutsam wie für die Beuyssche Werkentwicklung sind die Perspektiven für die Kunst im öffentlichen Raum, die sich mit dem Konzept für das »Gesamtkunstwerk Freie und Hansestadt Hamburg« auftun. Beuys lag, wie zu sehen, die ästhetische Lösung einer eingegrenzten Einzelaufgabe fern. Den öffentlichen Raum verstand er nicht als Stellmöglichkeit für Skulpturen oder als Chance zur Vergrößerung von Atelierarbeiten und wohl überhaupt nicht als physischen Ort; er verstand den öffentlichen Raum als das maßgebliche Forum der Fortentwicklung in menschlichen und sozialen Belangen. Indem er aus der bewußten Verantwortung fürs Ganze handelte und dementsprechend einer Vision folgte – keiner Utopie, der ja immer die Unausführbarkeit anhaftet –, einer Vision auf pragmatischer Basis, setzte er für Kunst im öffentlichen Raum einen neuen Maßstab.

Vor Augen tritt in diesem Zusammenhang ein anderes Vorhaben von ähnlichem Gewicht, nämlich Walter de Marias Schuttbergprojekt zur Olympiade in München 1972, auch ein – was das Wesentliche angeht – unsichtbares Werk; zwar keines, das die konkrete Veränderung in der Gesellschaft meinte, aber eines, das weit übers bloß Ästhetische hinausgriff und im öffentlichen Raum als geistiger Impulsgeber fungieren sollte. De Maria konzipierte eine Erdskulptur, einen tiefen, senkrechten, überdeckelten Schacht in einem Schuttberg: ein genial gewählter Ort, unter den Füßen die aufgehäuften Trümmer des Zweiten Weltkriegs, vor Augen das zeitgenössische Olympiagelände, die geschichtlichen Bauten der Stadt und die fernen Alpen. Es sollte durch den pointierten Standpunkt Bewußtsein für die Konfrontation von Vergangenheit und Gegenwart, Zivilisation und Natur, Zerstörung und internationaler Begegnung geweckt werden: die Erdskulptur als Auslöser für die Imagination in die Richtung einer friedfertigen Zukunft.

Beide Projekte scheiterten an Kleinmut und Schwäche der Verantwortlichen und am Druck des ignoranten Teils der Öffentlichkeit; in beiden Fällen fand die Fürsprache der Sachverständigen kein Gehör. Blieben die Pläne dergestalt unrealisiert, so existieren sie doch, beide beispiellos in ihrer Art: die Verantwortung des Künstlers denkbar hoch ansetzend, kompromißlos aufs Ganze gehend und für die Zukunft Maßstäbe vorgebend.

De Maria und Beuys haben auf unterschiedliche Weise vorausgedacht, daß künstlerische Tätigkeit im öffentlichen sozialen Gefüge zwangsläufig das herkömmliche Werk (möglicherweise bis zu dessen Verschwinden) in einen geistigen und sozialen Prozeß überführen muß, allenfalls Kernelemente des Werks als Vehikel einsetzend für den geistigen und sozialen Prozeß, der sich in dem Maße schrittweise vom Künstler ablöst, wie er von der Öffentlichkeit übernommen und angeeignet wird. Beide haben vorgeführt, daß künstlerische Arbeit unmittelbar im sozialen Gefüge, also vor Ort, nicht eine Variante von Museums- und Atelierkunst ist, daß sie vielmehr einer völlig anderen Kategorie ästhetisch-sozialen Eingriffs zugehört (der allerdings der Atelierkunst als Fundament nicht entraten kann). Wie die ohne Auftrag entstandene Museumskunst im Museum den Kontext ihrer Erläuterung und ihrer historischen Legitimation findet, so kann die öffentliche Auftragskunst aus der spezifischen Topographie, aus den spezifischen sozialen und geschichtlichen Gefügen, auf die sie sich genauestens einläßt und von denen sie dann auch zehrt, ihren Legitimations- und ihren Erläuterungskontext beziehen (der dann auch nicht mehr durch kunstpädagogische Krücken hergestellt werden muß).

Anders ausgedrückt: Solche Kunst im öffentlichen Raum weiß zwar um den in der Moderne sakrosankten Autonomiegedanken, der von der Eigengesetzlichkeit der Kunst ausgeht, aber sie schert um der Aufgabe willen vorübergehend aus dem Dogma von der Autonomie aus, um ihre Logik und ihre Zwangsläufigkeit der komplexen topographischen, geistigen und sozialen Situation vor Ort zu entlehnen, da sie sich doch ohne Kunstkontext hier und jetzt behaupten muß. In diesem Punkt könnte sie sich – unabhängig von

Joseph Beuys und Johannes Stüttgen vor der Altenwerder Kirche, Hamburg, 1983

stilistischen Fragen – auf die Praktiken der sowjetischen Revolutionskünstler berufen: die Autonomie der Kunst nicht verwerfend, sondern vorübergehend in die Funktionalität überführend.

Mittlerweile hat in Hamburg wie in Münster eine ganze Reihe von ästhetisch-sozialen Eingriffen gezeigt, daß die Funktionalität nicht notwendig mit Abstrichen in der künstlerischen Radikalität einhergehen muß; De Maria und Beuys waren darin vorangegangen. Insofern sind das De-Maria- und das Beuys-Projekt bereits historische Modelle, die konzeptuell eine grundlegend neue Phase innerhalb der Geschichte von Kunst im öffentlichen Raum eingeleitet haben, in der jene Künstler, die sich auf sie einlassen, gleichermaßen auf beiden Feldern zu Hause sind, der Autonomie und der Funktion. Wobei die Funktion – ob destruktiv oder konstruktiv – nicht von den Auftraggebern vorgeschrieben sein muß, sondern auch von den Künstlern selber gesucht und entwickelt werden kann.

Bei solcher Kunst im Außenraum anonymisiert sich das Werk und anonymisiert sich der Künstler. Entscheidendes Kriterium ist die Funktion in Hinsicht auf solche geistigen und sozialen Prozesse, die in der Ausgangssituation bereits angelegt sind, dort vorgefunden werden und nun durch das Zutun des Künstlers stimuliert, gefördert, herausgearbeitet, pointiert, intensiviert, weitergeführt werden.

Betont werden will der prozessuale Charakter. Wenn Ludger Gerdes meint, Kunst habe stets etwas Irritierendes, aber Irritation könne nicht dauerhaft wirksam sein, folglich seien Zweifel an der Dauerhaftigkeit von Kunst im Außenraum zu erheben, hat er recht. Man kann – wie er es tut – daraus den Schluß ziehen, nur vorübergehende Installationen fungierten als irritierende, Kunst im öffentlichen Raum müsse ephemeren Charakter annehmen. Man kann daneben aber auch den anderen Schluß ziehen: daß nur der Prozesse einleitende künstlerische Anstoß Sinn mache, wobei auf die Eigengesetzlichkeit der sich erneuernden geistigen und sozialen Prozesse zu setzen wäre.

De Maria und Beuys – und ex negativo der Berliner »Skulpturenboulevard« – lehren, daß ein Ende sein sollte mit der Atelierkunst, die vergrößert und kontextlos auf Straßen und Plätzen abgestellt wird. Sie entbehrt der inneren Notwendigkeit, ohne die Kunst nur Schmuckwerk ist. Kunst im Außenraum bedarf, soll sie denn zwingend sein und Sinn stiften, einerseits der Begründung aus dem öffentlichen Zusammenhang, auf den sie sich einläßt, und andererseits einer Richtung, die unmittelbar auf jenes soziale Gefüge zielt, in dem sie stattfindet. Andernfalls bleibt sie beliebiges Dekor und begibt sich ihrer Verantwortung fürs Ganze.

Dietrich Helms

Ulrich Rückriems Skulptur vor der Nikolaikirche in Hamburg*

»Skulpturen für Hamburg« hatte Ulrich Rückriem eine Aus- und Aufstellung seiner Arbeiten in der Hansestadt 1984 benannt. Ihren Brückenkopf in der Kunsthalle bildete ein Skulpturenpaar, eine wechselseitige Ergänzung in Positiv- und Negativform, während in einem Ausstellungsraum auf dem Kampnagelgelände ein Ensemble von sieben Skulpturen Grundmöglichkeiten seiner formalen Disposition und Steinzubereitung zeigte. Im Außenbereich gab es eine großangelegte Steinsetzung auf der Moorweide, dem Gelände vorm Dammtorbahnhof. Sie umfaßte eine »Tempel«-Form, eine hohe »Säule« und zwei – einen Weg markierende – doppelte Dreiecksblöcke. Diese Anlage entfaltete ihre Kraft in der Funktion für die Passanten, die, den Platz überquerend, sich im Spannungsfeld der Blöcke bewegten. Sie setzte sich ab gegen die Unrast der Verkehrsströme im Umfeld, auch gegen die optische Gigantomanie des Stadtbildes, nahm hingegen Wechselbezug zu den »natürlichen« Gegebenheiten von Platzweite und Baumbestand auf. So, wie sich diese Steinsetzung dem schauend Umhergehenden erschloß, fordert in der Nachbarschaft eine andere Skulptur Rückriems zum zeitweiligen Verharren auf: eine Kontemplationswand, errichtet 1983 als Gedenk-Mal für die während der Nazizeit vom Platz vorm Logengebäude aus Deportierten.

Eine weitere der Skulpturen Rückriems hat ihren Platz vor der Ruine der Nikolaikirche zwischen Ost-West-Straße und Hopfenmarkt gefunden. Sie wird dort stehen bleiben, ist von der Stadt angekauft worden. Das dürfte schon deshalb ein Glücksfall sein, weil es eine besondere Beziehung der Skulptur zu ihrem Standort gibt, weil sie sich in der Konfrontation mit ihrer Umgebung dort möglicherweise deutlicher als sonst erschließt.

Zu dieser Skulptur liefert uns der Künstler selbst eine knappe Beschreibung des Werkprozesses: »Ein Granitblock horizontal in drei Teile gespalten. Der mittlere Block vertikal umlaufend in fünf Teile geschnitten. Das innere Kernstück geschliffen und poliert, herausgenommen. Alle anderen Teile zu ihrer ursprünglichen Form zusammengefügt, das untere Teilstück in die Erde eingelassen.« Vorstellen kann man sich das wohl noch bequemer anhand einer der Skizzen, die Rückriem von der Teilung und Zusammensetzung des Blockes gemacht hat. Es ist auch wichtig zu wissen, daß der ganze Block etwas über 3 m hoch ist, wovon ein Stück versenkt ist, fast 2 m breit und 1,5 m tief. Ein Block also von massiver Gestalt, schwer, dicht, übermannshoch, wuchtig.

Eingesetzt ist diese Skulptur in ein kleines Rasenviereck, das mit einem vorgelagerten, ebenfalls rechteckigen Sandfeld ein Heckengeviert ausfüllt, einen kleinen Parkraum, angelegt auf der Achse der Ruine der Nikolaikirche. Die Skulptur steht auf dieser Achse, ist aber um weniges seitlich verrückt, wie auch ihre Form im Grundriß nicht exakt rechtwinklig ist, so daß man diese Ausrichtung zur Kirche hin – weil nicht einfach in der Regel aufgehend – um so stärker empfindet. Wie man auch durch die leichten Abweichungen

Ulrich Rückriem, Zweiteiliges Ensemble in der Hamburger Kunsthalle, Hamburg, 1984

vom Regelfall veranlaßt wird, den Skulpturkörper zu umschreiten, sich ihm von den verschiedenen Seiten aufmerksam und vergleichend zu nähern.

Man stellt dabei fest, wie unterschiedlich die Seiten nach Materialbeschaffenheit und Bearbeitung sind. Die Rückfront hat eine verschlossene braune Kruste, lag wohl ehedem an der Außenseite eines Felsens im Steinbruch. Sie ist in der Waagerechten nur durch kaum sichtbare Haarrisse gespalten, den Ausläufern der von anderen Seiten angesetzten Bohrung und Spaltung. Die Seitenflächen links und rechts wirken grauer, geschuppt, sind in der Waagerechten deutlich zweimal gespalten, in der Senkrechten aber gar nicht oder nur einmal angeschnitten. Die Vorderfront des Blockes ist am lebhaftesten gemustert, der Stein ist hier fleckig in bräunlichen Tönungen, hat eine im Kleinen unregelmäßig abgesplitterte Oberfläche. Die Zeichnung, die die Teilung des Blockes anzeigt, ist hier am kräftigsten. Oben und unten setzen waagerechte Bohrlochreihen Teile des Blockes ab, links und rechts verlaufen senkrechte präzise, schmale Einschnitte.

Es ergibt sich auf der Vorderseite des Blockes ein Mittelfeld, ein türgroßes Rechteck, um eine Stufe vom Boden erhöht. Das erweist sich dem, der sich eine Weile mit der Betrachtung des Blockes von allen Seiten befaßt hat, als bedeutsam: Er fühlt sich an dieser Stelle, vor der Mitte, am Ende richtig plaziert. Quasi an dem Ort, an dem er das Fazit seiner Sinneseindrücke ziehen kann, sie alle in sich noch einmal sammeln kann.

Die auf der Vorderfront so kräftig erkennbare Einteilung des Blockes verweist auf andere, ähnlich angelegte Skulpturen von Rückriem. In einigen von ihnen ist das Mittel-

Ulrich Rückriem, Ensemble aus sieben Teilen (Detail) in der Halle 0 der Kampnagelfabrik, Hamburg, 1984

feld, das in Größenrelation zu uns steht, herausgenommen worden. Dann verstärkt sich der Eindruck, der zur Assoziation »Tempel« führt. Unser Block ist ein verschlossener Tempel. In ihm wirkt die Kraft des Materials. Die Eingriffe des Künstlers haben die Substanz des Steins freigesetzt, zur Wirkung gebracht, sie für unsere Empfänglichkeit zubereitet. Die archaische Form, die dabei entstanden ist, die Bezug zu uns nimmt, spricht unsere Vorstellung an, erweckt Erwartung. Wir fühlen uns herausgefordert, beeindruckt von dem mächtigen verschlossenen Gegenüber; empfangen, erhöht.

Der Granittempel zwischen den Bürohochhäusern im Umfeld läßt die Schachtelexistenz jener Bauten deutlich werden, deren Belanglosigkeit. Der Stein bringt Festigkeit, Wirklichkeit, Lebendigkeit in diese Schablonenwelt. Er löst Zeit als Eile, Geschäftigkeit, für einen Moment – hier – in Gelassenheit auf.

Wichtiger aber als die Beziehung zur übrigen Umgebung ist die Beziehung der Skulptur zur Kirchenruine. Die ist ihr eigentlicher Widerpart. Ihr ist die Skulptur zugewendet. Sie hat man, wenn man sich auf die Skulptur einläßt, im Rücken. Aus ihrem leeren Inneren blickt man durch das jetzt immer offene Turmportal auf den Stein, nimmt ihn als Endpunkt wahr.

Die Nikolaikirche hat von Katastrophe zu Katastrophe gedauert. Sie war nach dem Großen Brand von Hamburg 1842 anstelle einer früheren, bescheideneren Anlage errich-

Ulrich Rückriem, »Tempel« und Säule auf der Moorweide (Detail), Hamburg, 1984

Ulrich Rückriem, Zwei Dreiecke auf der Moorweide (Detail), Hamburg, 1984

tet worden, als Zeugnis von Bürgertrotz und Bürgerstolz. »Im rein gotischen Stil aus gelben Backsteinen mit reichen Verzierungen von Sandstein erbaut, der zum oberen Teil des Turmes ausschließlich verwendet war, übertrifft diese Kirche alle Bauten der früheren Jahrhunderte im nördlichen Deutschland. [. . .] Der 1874 vollendete Turm hat eine Höhe von 145 m, ist also der höchste in Hamburg, aber auch im ganzen nördlichen und östlichen Deutschland« (Meyers Konversationslexikon von 1897). Im Feuersturm des Zweiten Weltkrieges brannte die Kirche aus, stürzte das Schiff ein, blieben nur Reste ihrer Umfassung und das Turmskelett stehen, ausgehöhlt, leer. Man unterfing sich nicht, dies Bauwerk zu restaurieren, wie andere – allerdings ältere – Kirchen Hamburgs. Es sollte Ruine bleiben, als Denkmal der Zerstörung, der Bombennächte, des Krieges, der Hybris gelten.

Es wäre zu untersuchen, ob dabei nicht auch ein geheimer Trost im Spiel war. In der Kirchenruine verwirklichte sich ja auch das, was man als romantischen Wunsch im Herzen trug. In halb abgebrochenem Zustand, als Silhouette fröstelnder jüngferlicher Religiosität, der schweifenden Empfindung freigegeben, besaß man jetzt ein Monumentalgebilde, wie es als Muster für Gemälde Caspar David Friedrichs und seiner Zeitgenossen hätte dienen können, wie sie es entworfen hatten. Mag sein, daß dieser fromme Schauer heute die Touristen und Stadtbummler mehr erfüllt als die Schreckensbotschaft der Kirchenruine. Denkbar wäre, daß Rückriems Skulptur einen Impuls abgäbe, auch das Denkmal

Ulrich Rückriem, Monument für die Deportierten an der Moorweidenstaße, Hamburg, 1983

Kirchenruine wieder intensiv aufzufassen, strenger zu verstehen. Verdeutlichung durch Gegenüberstellung.

Rückriems Skulptur ruft ganz andere Traditionen als das Ruinendenkmal auf, Muster anderer Religiosität, anderen Sinnverhaltens. Symptomatisch sind Wahl und Gebrauch des Materials, Größen- und Formverhältnisse des Werks in bezug auf uns. Während für den Bau der Kirche Ziegel und Sandstein benutzt wurden, willfähriges Material, wählte Rückriem Granit, härtestes, ältestes, eigenwilligstes Gestein. Er zeigt im Werk dessen Natur, während der Kirchenbaumeister den Sandstein dem Stilzwang der Gußeisengotik unterwarf, Teil für Teil egalisierte. Rückriem behandelte den Block als ganzen, verwertete seine Unterschiedlichkeit in allen Teilen. Der Block tritt uns in Größe, Gestalt und Material mächtig entgegen, überlebensgroß, ist aber durch seine Einteilung auf unser Erfassen zubereitet. Er bewegt uns dazu, uns auf ihn nahe einzulassen, uns ihm zu stellen. Die Kirchenruine hingegen übersteigt in ihrem Emporstreben alles uns Zugängliche, Faßbare. Wir werden von ihr gedemütigt, niedergedrückt – andererseits kaltgelassen, veranlaßt, aus der Distanz der Einsamkeit an ihren Formanstrengungen teilzunehmen.

Man kann begreifen, daß die Kirchenruine als Denkmal der Kriegszerstörung eingesetzt wurde, weil sie nicht nur tatsächlich ein Relikt des Krieges war, sondern auch, weil sie die kalte Entfernung von uns selbst verkörpert. Rückriems Skulptur ist als Gegenstück zu begreifen.

* *Der in Kunst und Unterricht,* H. 98, Dezember 1985, S. 52f., und in *Texte über Ulrich Rückriem,* Düsseldorf 1987, S. 389–395, veröffentlichte Text wurde für die vorliegende Publikation geringfügig verändert.

Ulrich Rückriem, »Tempel« vor der Ruine der Nikolaikirche, Hamburg, 1984

Michael Lingner

Innere Plätze – »Sieben Orte für Hamburg« von Franz Erhard Walther

Die Instrumentierung der Imagination als Zwecksetzung der Kunst

I.

Ohne zu behaupten, daß es eine strenge Linearität oder gar einen Fortschritt in der Kunst gibt, ist ihre Entwicklungsgeschichte seit der deutschen Frühromantik um 1800 als ein immer weitergehender Autonomisierungsprozeß beschreibbar. Dieser führt schließlich zu einem Punkt, wo es keinen weiteren Schritt einer substantiellen ästhetischen Autonomisierung mehr geben kann, wie es mein im vorliegenden Band enthaltener Text »Zur Konzeption künftiger öffentlicher Kunst« (siehe S. 246–258) ausführlich zu begründen sucht. Die Kunst tritt dann, ohne daß dies ihre finanzielle, institutionelle, ideologische Unabhängigkeit berühren dürfte, in eine postautonome Phase, wo sie für ihre Weiterentwicklung außerhalb ihrer selbst liegender heteronomer Zwecke bedarf. Dieser als »Finalisierung«[1] der Kunst begrifflich zu fassende Zwang zur Zwecksetzung bedeutet für die künstlerische Praxis konkret, daß sie nun künstlerisch interessante und zu erfüllende Zwecke er-findet oder bereits vorhandene auf-findet und sich zu eigen macht. Wie immer der als Paradigmenwechsel zu begreifende Übergang von der Autonomisierung zur Finalisierung der Kunst gelingt, wird das, was der Künstler dann hervorbringt, den Status eines Instruments annehmen müssen.

Seit dem zwischen 1963 und 1969 entstandenen »1. Werksatz« spricht Walther ausdrücklich vom instrumentalen Charakter seiner Arbeiten, die deshalb als ein frühes Beispiel für die Finalisierung von Kunst begriffen werden können. Daß heute im Zeichen postautonomer Kunstvorstellungen die Notwendigkeit der Finalisierung und Walthers wichtige Rolle in der Vorgeschichte finalisierter Kunst bewußt werden, dafür ist als Indiz das Mehr an Aufmerksamkeit, Verständnis und Erfolg zu werten, das seinem inzwischen weiterentwikkelten, aber insgesamt der Idee der Instrumentalisierung verpflichteten Werkentwurf jetzt zuteil wird. Walthers bislang beispiellose Konzeption der Instrumentalisierung verdankt sich zwar auch begrifflichen Überlegungen, aber keiner theoretischen Argumentation, wie sie im erwähnten Text (siehe S. 246–258) entwickelt worden ist; vielmehr folgt sie einer ganz und gar künstlerisch-praktischen Logik, welche die dort skizzierte Theorie dadurch gleichsam verifiziert, daß sie zu denselben Konsequenzen führt.

Den Ausgangspunkt dieser Entwicklung bildet Walthers ganz eigene Haltung dem Informel gegenüber. Als vorherrschende Stilrichtung damaliger Malerei interessiert es ihn zwar bereits während seiner Studienzeit nicht mehr; aber die diesem Stil zugrundeliegende Haltung und die damit verbundene Auffassung, daß informelle Malerei die Kunst notwendig von ihrer Entstehung her denken müsse, beschäftigen ihn weiter. Er sucht nach einer

Franz Erhard Walther, Sieben Orte für Hamburg (Teilansicht: an der Kunsthalle), Hamburg, 1989

künstlerischen Möglichkeit, das Informelle so zu radikalisieren, daß es tatsächlich »das Ungeformte« bedeutet, »das Zurückgehen an den Anfangspunkt, wo noch nichts geformt ist, wo es sich erst zu formen beginnt«[2]. Darum ist Walther in seinen Arbeiten am Anfang der 60er Jahre bestrebt, all das zu vermeiden, was – wie etwa der illusionistische Gebrauch der Mittel – nach künstlerischen Formentscheidungen aussieht. Statt Papier nur als Grundfläche zur Erfindung subjektiver Formen zu verwenden, nutzt er dessen spezifische Qualitäten als quasi objektives Formpotential aus, indem er es auf elementare Weise etwa durch Klebungen, Abrisse und Durchtränkungen bearbeitet. Zwangsläufig bekommen die dabei entstehenden Ergebnisse eine reale Dreidimensionalität, wodurch der Eigenwert des Materials als Gestaltungsmittel immer stärker wird. Von der Notwendigkeit, überhaupt noch künstlerische Formentscheidungen im traditionellen Sinn zu treffen, wird Walther durch den Zufall befreit, daß ein zur Beschwerung von Papierklebungen mit Wasser gefüllter Eimer undicht ist und das durchfeuchtete Papier sich bei der Trocknung in verschiedenartigster Weise verändert. Durch dieses Mißgeschick entdeckt Walther das

Franz Erhard Walther, Sieben Orte für Hamburg (Teilansicht: am Deichtorplatz), Hamburg, 1989

Prinzip, nach dem sich bei Materialien selbsttätige Formungsprozesse herbeiführen lassen. Fortan wählt er die Beschaffenheit des Papiers und die darauf einwirkenden Bearbeitungsweisen gezielt so aus, daß beide zusammen, aufeinander reagierend, selbst formbildend werden.

Diese bereits 1962 ins Werk gesetzten, von der späteren Prozeßkunst verabsolutierten Materialprozesse sprengen zunehmend die Form des Bildes und expandieren derart, daß dieses mehr und mehr zum Objekt wird. Daß Walther mit diesen Objekten während und nach ihrer Entstehung hantiert, etwa um sie zu lagern oder zu präsentieren, bleibt nicht aus. Doch zunehmend erkennt er in dem Prozeß ihres zunächst absichtslosen Stellens, Stapelns oder Legens eine ihnen angemessene Rezeptionsweise von allgemeiner Gültigkeit. Indem er seine Arbeiten immer bewußter unter dem Aspekt ihrer möglichen Hantierung konzipiert, wird ihr instrumentaler Charakter immer stärker. Damit entdeckt Walther nach den Materialprozessen nun als ein weiteres künstlerunabhängiges Formungsprinzip die Handlungsprozesse des Rezipienten, dessen Aktivitäten sich nicht länger auf die

Franz Erhard Walther, Sieben Orte für Hamburg (Teilansicht: an der Altstätter Straße), Hamburg, 1989

Aneignung vorgegebener Werke beschränken müssen. In den benutzbaren Objekten des daraufhin entstandenen »1. Werksatzes« ersetzt Walther die naturgemäß begrenzte und bald erschöpfte Selbsttätigkeit der Materialprozesse durch die prinzipiell unendliche Selbsttätigkeit des Rezipienten. Daß er mögliche Veränderungen, die seine Arbeiten im Prozeß ihrer Rezeption erfahren, sogar beabsichtigt, bedeutet freilich nicht, daß er die künstlerische Formung der Beliebigkeit opfert. Ganz im Gegenteil erklärt er Form zu einem der Begriffe, »um deren Verwirklichung sich [die] ganze Arbeit dreht«[3]. Gerade wegen der zentralen Bedeutung, die er der Form beimißt, will er als Künstler nicht mehr geschlossene, autonome Formgebilde, sondern offene, funktionale Instrumente schaffen, die es dem Laien ermöglichen, selbst Formungsprozesse zu vollziehen.

Indem Walther den Laien zum eigentlichen Subjekt der Formung macht, verändert er den traditionellen künstlerischen Material- und Werkbegriff in grundlegender Weise. Alles, was für den Handelnden beim Gebrauch der »Objekte« wichtig ist – seine Zeit, sein Denken, seine Wahrnehmungen, Phantasien, Emotionen –, kann als Gegenstand seiner

Franz Erhard Walther, Sieben Orte für Hamburg (Teilansicht: am Meßberghof), Hamburg, 1989

Formung zum Material des letztlich allein mental existierenden WERKES[4] werden. Da die »Materialien« eines derartigen WERKES zwar überaus real für den Handelnden, nicht aber von stofflicher Beschaffenheit sind, kann es nicht mehr im klassischen Sinn als unauflösliche Einheit von »dinglichem Unterbau und ästhetischem Oberbau«[5] begriffen werden. Die einstige Werkeinheit ist zerfallen in einen vom Künstler hervorgebrachten dinglich-materialen Teil, der für das WERK »nur« instrumentale Funktionen hat, und einen vom Rezipienten gedanklich auszuformenden mental-immateriellen Teil, dem das eigentlich Ästhetische – die Werkhaftigkeit – zukommt. Das Werk, das der Avantgardekunst vor allem Mittel zur Autonomisierung war, ist nunmehr als eine an den Rezipienten delegierte Aufgabe zu einem heautonomen Zweck der finalisierten Kunst geworden.

Keinesfalls haben also die »Objekte« selbst Werkcharakter, sondern sie sind gleichsam Werk-Zeuge, deren gesamte Materialität funktional auf Benutzbarkeit hin organisiert ist

Franz Erhard Walther, Sieben Orte für Hamburg (Teilansicht: an der Ost-West-Straße / Domstraße), Hamburg, 1989

und selber keine beabsichtigten ästhetischen oder werkhaften Qualitäten aufweist. Sie sind nicht zum bloßen Anschauen gemacht, sondern zum haptischen Handeln, bei dem das Sehen allenfalls sekundär ist, so daß der visuellen Wahrnehmung bei diesen »Objekten« generell nur eine geringe Bedeutung zukommt: »Blindobjekt« beispielsweise ist der programmatische Titel einer wichtigen Arbeit aus dem »1. Werksatz«, der insgesamt mit der überkommenen Fixierung und Reduzierung auf den Gesichtssinn als alleiniges Organ bildkünstlerischer Formerfahrung bricht.

Nach dieser an Radikalität mit Duchamp vergleichbaren Überwindung des Retinalen in der Kunst gibt es bei Walther in seinen Arbeitskomplexen der 70er Jahre, dem »2. Werksatz«, den »Stand- und Schreitstücken«, den »Sockeln« und vor allem bei der bislang unabgeschlossenen Werkgruppe der »Wandformationen«, eine relativ abrupte Umorientierung.

Franz Erhard Walther, Sieben Orte für Hamburg (Teilansicht: am Jungfernstieg/Reesendammbrükke), Hamburg, 1989

II.

Schon mit der unmittelbar nach Abschluß des »1. Werksatzes« 1970 konzipierten, aber erst jetzt realisierten Arbeit »Sieben Orte für Hamburg« beginnt für Walther die künstlerische »Wiederentdeckung des Optischen«[6], die ihm seitdem immer wichtiger geworden ist. Die Bedeutung des Handlungsmomentes wird dabei jedoch keineswegs geringer, und der daran geknüpfte andere Material- und Werkbegriff gilt gleichermaßen für die »Sieben Orte«. Was die künstlerische Konzeption anbelangt, so gibt es keinen prinzipiellen Unterschied zwischen den »Objekten« und dieser Arbeit. Sie funktioniert gleichermaßen ausgesprochen instrumental, womit ein entscheidender Schritt zur künstlerischen Überwindung der verabsolutierten Hermetik und Zweckfreiheit autonomer Kunst getan ist, der die Arbeiten Walthers für den öffentlichen Raum geradezu prädestiniert. Auch schon im »1. Werksatz« sind nur die wenigsten der Objekte zur Benutzung in den geschlossenen Räumen etwa von Museen und Galerien geeignet, sondern funktionieren am besten im

Franz Erhard Walther, Sieben Orte für Hamburg (Teilansicht: bei der Lombardsbrücke), Hamburg, 1989

Außenraum. Doch die »Sieben Orte« sind die erste Arbeit Walthers, die eigens als »Kunst im öffentlichen Raum« gedacht ist und bei der es darum wohl auch zuerst eine entscheidende Veränderung des Materials und der Art und Weise der beabsichtigten Handlungsprozesse gegeben hat. Im Gegensatz zu den aus Baumwollstoff gefertigten transportier- und auseinanderfaltbaren »Objekten« bestehen die »Sieben Orte« aus Stahl und sind – was einen Vorgriff auf alle nach dem »2. Werksatz« entstandenen Arbeiten bedeutet – stationär konzipiert. Die Erfüllung dieser behördlichen Mindestanforderung hat es überhaupt erst ermöglicht, daß Walther im Hamburger Innenstadtbereich mit einer Arbeit wie den »Sieben Orten« und mit einem anderen Werkkomplex auf dem Oldenburger Universitätsgelände[7] seine Kunstkonzeption im öffentlichen Raum verwirklichen konnte.

Die »Sieben Orte« sind nicht nur innerhalb des Waltherschen Gesamtwerkes wegweisend, sondern auch beispielhaft für die Möglichkeiten von Kunst im öffentlichen Raum. Die Arbeit erfüllt bereits weitgehend den von Jean-Christophe Ammann fast zwei Jahrzehnte später formulierten Anspruch, daß »radikal gesehen [...], ein im öffentlichen Raum arbeitender Künstler den Punkt anstreben [müßte], in welchem sein Werk als solches gar nicht mehr in Erscheinung tritt«[8]. Sowohl wegen des anderen Begriffs vom Werk, wonach dieses als Gegenstand gar nicht mehr existent ist, als auch ganz konkret durch die materiale Beschaffenheit wird Walther mit den »Sieben Orten« diesem Postulat gerecht.

Die Arbeit besteht aus sieben 1 cm dicken, quadratischen Stahlplatten, die eine auf die Körpergröße bezogene Seitenlänge von 180 cm haben. Die Platten sind an sieben verschiedenen Orten im Hamburger Innenstadtbereich so ausgelegt worden, daß sie sich auf einem Höhenniveau mit der jeweiligen Umgebung befinden. In einem langwierigen Entscheidungsprozeß, der ein wesentliches Moment dieser Arbeit ausmacht, wurden die sieben für Hamburg charakteristischen Orte ausgewählt. Sie erschließen sich in einem etwa einstündigen, fast kreisförmigen Rundgang, der neben der Kunsthalle beginnt und in nordwestlicher Richtung wenige hundert Meter entfernt an der Lombardsbrücke endet. Beim ersten Rundgang sollten alle sieben Orte in der von Walther vorgesehenen Reihenfolge aufgesucht werden, damit man die aus einem bestimmten Rhythmus zwischen Gehen, Stehen und Schauen sowie einer Abfolge verschiedener Umgebungen bestehende Gesamtgestalt der Arbeit erfahren kann. Erst wenn sie in der Vorstellung vollständig präsent ist, kann es sinnvoll sein, sich jeweils an einzelne Orte zu begeben. Dem beiläufig eine Platte bemerkenden Passanten wird deren Bedeutung entweder ganz entgehen oder aber weitgehend verschlossen bleiben, solange er sich nicht eingehender um ihre Bewandtnis kümmert.

In jede Stahlplatte ist dicht am Rand auf Mitte ein zentraler Begriff aus dem Waltherschen Werkzusammenhang in einer 7 cm hohen Antiquaschrift eingraviert. Dieser Schriftzug gibt dem Betrachter, der die Stahlplatten als Standflächen benutzen soll, eine bestimmte Ausrichtung. Um den Begriff im Blick zu haben, wird sich der Betrachter an der gegenüberliegenden Seite in der Mitte aufstellen. Keiner der sieben Begriffe – ORT, RICHTUNG, KOERPER, INNEN · AUSSEN, BEWEGUNG, RAUM, ZEIT – ist in irgendeiner Weise beschreibend gemeint, weder hinsichtlich der Umgebung noch des Handelnden oder gar des Stückes. Vielmehr benennt jeder Begriff einen bestimmten Aspekt, den der Handelnde dort, wo er gerade Stellung bezogen hat, für sich thematisieren kann. Indem er seine Aufmerksamkeit vor allem auf einen dieser Aspekte konzentriert, bekommen seine Wahrnehmungen eine je ganz eigene Erlebnisdimension.

Es liegt in der Logik des instrumentalen Charakters der »Sieben Orte«, daß diese Arbeit nicht selbst als Gegenstand der ästhetischen Betrachtung gemeint ist. Der Blick des Handelnden soll nicht ihr als Objekt gelten, sondern sich nach außen auf die umgebende Architektur und nach innen auf ihn selbst richten. Daß sie derart als Medium funktioniert, erzwingt die Arbeit geradezu, indem sie an sich keine beabsichtigten und werkhaften ästhetischen Reize darbietet. Durch diese Unscheinbarkeit stellt sich bei den »Sieben Orten« zumindest eines der bisherigen unlösbaren Probleme von Kunst im öffentlichen Raum nicht mehr. Sie können überhaupt nicht in Konflikt mit der umgebenden Architektur geraten, weil sie kein autonomes Werk sein wollen. Das Dilemma, daß Werk und Architektur entweder integriert sind und sich gegenseitig relativieren oder aber im Fall der Nichtintegration künstlerisch gegeneinander konkurrieren müssen, gibt es bei den »Sieben Orten« nicht.

Zur Architektur wird der prinzipiell unendliche Raum erst durch die gebaute »Ausgrenzung bestimmter Räume«[9], wobei insbesondere die »Gestaltung ihrer Grenzen«[10] wichtig ist, um Räume gestalthaft zu erfahren. Diese Begrenzungen können baulich so beschaffen sein, daß die Architektur selbst mitsamt ihrer Raumumgebung »eine als Bild faßbare und einprägsame Eigentümlichkeit«[11] bekommt, wie es sich an gelungenen italienischen Plätzen eindrucksvoll zeigt. Die dem architektonischen Raum Gestalt gebende Begrenzung kann aber auch durch den bloßen Blick erfolgen, so wie etwa in der Fotografie durch die Wahl eines bestimmten Ausschnittes irgend etwas zum Bild wird. In einer vom Künstler vor-gesehenen Weise begrenzen die »Sieben Orte« den Blick, indem sie ihm eine besondere Richtung geben. Darüber hinaus bringen sie den Handelnden inmitten des ununterbrochenen Flusses von Autos und Passanten zum Innehalten und bilden so Inseln der Ruhe und Konzentration. Es wird ihm der Aufbau einer subjektiven Beziehung zum architektonischen Raum möglich, der dadurch, daß mit dieser Subjektivierung eine weitere Fokussierung der Wahrnehmung einhergeht, als gestalthafte Einheit vorstellbar und erlebbar wird. Zur umgebenden Alltagswirklichkeit wird auf ästhetische Weise »Stellung bezogen«.

Statt sich in die Architektur integrieren zu müssen oder von ihr vereinnahmt zu werden, können die »Sieben Orte« der Imagination als Instrument zur gestalthaften Integration des architektonischen Umraums dienen. Solch eine raumbezogene, also skulpturale Vorstellung kann jedoch nur entstehen, wenn der Handelnde sie tatsächlich intendiert. Ohne einen bewußten Bezug auf den Kunstzusammenhang sowie die speziellen Begriffsbildungen und Problemstellungen im Bereich der Skulptur wird ihm das unmöglich sein. Wenn er es wirklich vermag, eine Vorstellungsfigur von höchster Plastizität zu entwickeln, erlebt er den architektonischen Raum an jedem der »Sieben Orte« gleichsam als einen imaginären, inneren Platz. Der Autor dieses Werks des Bewußtseins, das der Architektur als stofflicher und des vom Künstler geschaffenen Instruments als formaler Voraussetzung bedarf, ist der Handelnde. Gelingt es ihm im Idealfall, über die architektonische Räumlichkeit hinaus auch seine eigene Körperlichkeit gestalthaft zu integrieren, wird er sogar mit dem WERK identisch, und er selbst ist die Skulptur.

Anmerkungen

1 Siehe S. 258, Anm. 58, des vorliegenden Bandes.
2 Michael Lingner/Franz Erhard Walther: *Zwischen Kern und Mantel,* Klagenfurt 1985, S. 24.
3 M. Lingner/F. E. Walther, a. a. O., S. 164.
4 Die Schreibweise WERK steht für das mentale, immaterielle WERK, dessen Begriff theoretisch eingeführt hat: Michael Lingner: »F. E. Walther – Funktionen der Diagramme für das WERK«, in: *Kunstforum International,* Bd. 15, 1976, S. 67–85.
5 Hans Georg Gadamer: »Zur Einführung«, in: Martin Heidegger: *Der Ursprung des Kunstwerkes,* Stuttgart 1960, S. 114.
6 Michael Lingner: »Die Wiederentdeckung des Optischen. Gespräch mit Franz Erhard Walther über seine ›Sockel‹-Arbeiten«, in: Kat. *Franz Erhard Walther: 40 Sockel,* Kunstraum München, 1982, S. 7.
7 Zu dem Oldenburger Projekt siehe: *Poiesis* 4, 1988, S. 45–87. Hier berichtet Rudolf zur Lippe ausführlich über die Schwierigkeiten, die Ausschreibungsbedingungen so umzuformulieren, daß das Walthersche Projekt auch rechtlich möglich wurde.
8 Jean-Christophe Ammann, in: *Parkett,* Nr. 2, 1984, S. 9.
9 Ludger Gerdes: »Zur Trialektik von Platz, Kunst und Öffentlichkeit«, in: *Kunstforum International,* Bd. 81, 1985, S. 134.
10 L. Gerdes, a. a. O., S. 134.
11 L. Gerdes, a. a. O., S. 134.

Theoretische Ansätze

Martin Warnke

Kunst unter Verweigerungspflicht*

Von »Kunst im öffentlichen Raum« zu sprechen heißt, unwillkürlich in die Defensive zu gehen, denn man behandelt ein Thema, das eigentlich keines mehr sein sollte.

Das Unerlaubte, das dem Thema anhaftet, ergibt sich aus der Auffassung, daß Kunst sowohl ihrer Entstehung wie auch ihrer Wirkung nach wesentlich eine subjektive, eine private Angelegenheit zu sein habe. Seit dem 19. Jahrhundert ist der Wahrheitsanspruch der Kunst von dem Maße ihrer Individuiertheit abhängig; sie gilt um so mehr, je offener sie ein Künstlersubjekt entäußert zeigt. In einem solchen Verständnis ist das Kunstwerk ein Medium der Selbstbestimmung und Selbstfindung freier Individuen, die sich in diesem Akt um so authentischer äußern, je exklusiver er vonstatten geht und je weniger er geltende Verständigungsformen berücksichtigt. In der fortgeschrittensten Entfaltung dieses Verständnisses hat das Kunstwerk alle semantischen Brücken zur Welt abgebrochen und sich als ein autonomes Zeichensystem eingerichtet.

Wenn in dieser Beziehungsfreiheit eine historische Errungenschaft gesehen wird, auf die alle vergangene Kunst ausdrücklich oder unausdrücklich hingearbeitet habe, dann wird jede Verstrickung des Kunstwerks in öffentliche Belange suspekt; dann ist jeder öffentliche Anspruch an das Kunstwerk eine Zumutung, welche den Künstler in einen überwundenen Zustand der Abhängigkeit zurückwirft. Deshalb weckt ein Projekt, das die Möglichkeiten der Kunst im öffentlichen Raum überprüfen möchte, leicht den Verdacht, daß es nur ein Vorwand sei, namens eines angeblichen öffentlichen Bedürfnisses Werte, Normen und Ansprüche an die Kunst zu adressieren. Vom Standpunkt einer subjektgeleiteten Kunst machen öffentliche Erwartungen der Kunst die Unabhängigkeit streitig; deren Preisgabe aber wäre gleichbedeutend mit einem Verrat an der irreversiblen geschichtlichen Bestimmung, nach der die Kunst Anwältin einer freien und ungebundenen Phantasie zu sein hat. Da zudem der Begriff der »Avantgarde« der Kunst eine fortgeschrittene Position, die die bestehenden Wahrnehmungs- und Empfindungsmaßstäbe hinter sich gelassen hat, zuweist, wäre jede öffentliche Rücksicht mit einem künstlerischen Rückschritt erkauft.

Indem wir feststellen, daß aus der Sicht eines avantgardistischen Bewußtseins das Thema einer öffentlichen Kunst obsolet geworden ist, da ein öffentliches Abrufungsrecht gegenüber der Kunst nicht besteht – indem wir also feststellen, daß Kunst und Öffentlichkeit sich nichts zu sagen haben, solange sie nicht wesentliche Bestimmungen ihrer selbst preisgeben, müssen wir doch sogleich auch festhalten, daß aus einer historischen Perspektive der gegenwärtige Bewußtseinszustand, welcher der Avantgarde eine exemte Stellung einräumt, fast unerklärlich plötzlich und überraschend eingetreten ist. Aus historischer Sicht ist nicht das Phänomen einer öffentlichen Kunst, sondern die Existenz einer autonomen Kunst rätselhaft und erklärungsbedürftig. Denn öffentliche Kunst ist im Sinne der Jahrtausende das Selbstverständliche; das Exzeptionelle, das unaufgelöste Rätsel ist das Aufkommen und die Lebensfähigkeit einer ganz sich selbst überlassenen Kunstproduktion.

Die Neuheit bezieht sich nicht auf die funktionale Zweckbestimmung, so daß man sagen müßte, die Kunst im Zeitalter der Avantgarden sei eben in die Sphäre einer privaten Nutzung zurückgenommen worden. Die private Inanspruchnahme von Kunst hat es immer schon gegeben, man denke nur an antike Vasen, an Wandmalereien in den Häusern Pompejis oder auch an die Bildnisbüsten Roms. Allerdings ist auch noch im Mittelalter diese Privatsphäre nicht alternativ gegen die Öffentlichkeit ausgegrenzt, sondern sie ist ein Moment ihrer Bestimmung, so daß die Kunstwerke in der Privatsphäre zwar der Allgemeinheit entzogen waren, aber doch von ihr noch aufgenommen und verstanden wurden; mittelbar waren sie für den Ahnenkult, für eine repräsentative und gesellschaftliche Aufgabe bestellt; sie waren für den privaten Gebrauch genauso notwendig wie eine Sandale oder eine Toga. Die Werke hatten jedenfalls ihr Ziel außerhalb ihrer selbst.

Von einer so verstandenen Privatheit her, die nur eine verlagerte Form öffentlicher Darstellung war, ließ sich keine künstlerische Tätigkeit begründen, die etwas anderes im Auge hatte als die Befriedigung der geltenden Wünsche und Bedürfnisse. Der Künstler verstand sich als Lieferant, so wie der Käufer als Besteller.

Es war vielleicht ein Glück für die Kunst, daß die christliche Kirche sich entgegen ihrer ursprünglichen Lehre für die Aufnahme der Bilder in die Reihe der Hilfsmittel entschied, die der Festigung und Stärkung des Glaubens und der Lehre dienen konnten. Zunächst nur didaktisch als das »Buch für Analphabeten« gerechtfertigt, rückt das Bild doch mehr und mehr ins Zentrum des christlichen Kultes, indem es in Form immer größerer und vielteiliger Retabel den Altar erobert.

Im Raum der christlichen Kirche ist die Kunst erst eigentlich zu einer öffentlichen Instanz geworden. Von Anfang an waren in dieser Vereinnahmung auch politische Anliegen wirksam. Herrscher versuchten durch Bilder im Kirchenraum gegenwärtig zu sein und aus der Nähe Gottes und der Heiligen Nutzen zu ziehen. Aber auch die späteren Kommunen haben das Bild für ihre Zwecke eingesetzt. Bevor sie 1260 gegen die Florentiner in die Schlacht zu Montaperti zogen, machten die Sienesen eine Bittprozession zu dem alten Gnadenbild der Madonna im Dom; nach ihrem Sieg haben sie das Bild zum Dank durch ein neues ersetzt. Die Bürger von Bern haben sich vor ihren Kriegszügen ebenso vor der Madonna in ihrem Münster versammelt wie die venezianischen Senatoren vor ihren Raubzügen auf hoher See. Das Bild symbolisiert die Werte und Interessen, die ein gemeinschaftliches Handeln tragen.

Die Voraussetzung für einen solchen öffentlichen Einsatz war die weitgehende Konventionalisierung der ästhetischen Mittel. Die Sprache der Bilder und Denkmäler mußte allgemein verständlich sein, wenn sie für allgemeine Belange wirken sollte. Für ein subjektives Ausdrucksvermögen des Künstlers jedenfalls gab es noch lange keinen Raum. In der öffentlichen Sphäre hatte nur eine Berechtigung, was auch allgemein aufgenommen und angenommen werden konnte. So hat der spanische König 1586 nicht gezögert, die Bronzestatue des Herzogs von Alba, die dieser sich in der Zitadelle zu Antwerpen hatte errichten lassen, zu beseitigen, da die Bevölkerung, von der holländischen Propaganda aufgescheucht, sich erheblich beunruhigt gezeigt hatte. Es ist dies ein Beleg dafür, daß die öffentlichen Denkmäler auch in den Monarchien der Vergangenheit nicht immer nur vom souveränen Willen eines Fürsten geprägt waren, sondern auch von der Rücksicht auf ein Publikum. In Cellinis Autobiographie gibt es dafür einen sprechenden Beleg. Er berichtet, daß Herzog Cosimo ihn in Florenz während der Arbeit an der Perseusstatue in der Werkstatt aufsuchte und ihm sagte: »Ob mir gleich dieses Werk sehr schön vorkommt, so muß es doch auch dem Volke gefallen; deswegen, mein Benvenuto, ehe du die letzte Hand anlegst, wünschte ich, daß du mir zuliebe diese vordere Tür nach meinem Platz hin öffnetest, um zu sehen, was das Volk dazu sagt.« Dem Fürsten also genügt es nicht, daß das Werk ihm persönlich gefällt; es soll vor allem dem Adressaten, dem Volk, gefallen.

Die Skulpturen waren als Denkmäler immer an der prekären Grenze zwischen staatlicher Macht und öffentlicher Meinung exponiert. Michelangelo soll einem Bildhauerkollegen, der in seiner Werkstatt die Vorhänge beiseite zog, um sein neues Werk im Lichte zu zeigen, gesagt haben: »Erst das Licht der Piazza wird die Figur zeigen«, womit Michelangelo nach Vasari meinte, daß »über ein Kunstwerk erst das Volk bei der öffentlichen Aufstellung entscheidet, ob es gut oder schlecht ist«. Es wurde also auch unter absolutistischen Bedingungen für ratsam gehalten, sich bei der Stiftung öffentlicher Denkmäler der allgemeinen Zustimmung zu vergewissern. Ein Denkmal ist selten eine gouvernementale Setzung, sondern an ihm gestaltet die öffentliche Meinung immer auch mit. Die Kunst hat nicht selten darin bestanden, das Werk als Synthese, als ein Ausgleichserzeugnis über alle Spannungen und Antagonismen zu setzen.

All diese Formen der Verstrickung in öffentliche Belange gibt die relevante Kunst in unserem Jahrhundert radikal auf oder überläßt sie anderen Medien. Alle vergangene Kunst erscheint von diesem Endergebnis aus wie ein langer, mit vielen Mühsalen verbundener Umweg zu der eigentlichen Zielbestimmung künstlerischen Handelns, das im Grunde immer um seiner selbst willen tätig sein wollte und dessen Ergebnisse nur als Kunst beurteilt werden sollten. Aus historischer Sicht jedoch bedeutet diese Zielbestimmung eine Verneinung aller bisherigen Existenzgrundlagen der Kunst. Denn aus historischer Sicht ist eine öffentlich determinierte Kunst das Normale und Selbstverständliche; es war undenkbar, daß der öffentliche Raum je mit einer subjektiven, allein vom Künstler verantworteten Kunst bestückt sein könnte. Ebendies aber ist in unserem Jahrhundert nicht nur denkbar, sondern fast schon einklagbar geworden.

Es ist nicht immer angemessen, diesen säkularen Wandel zu heroisieren und einen aufopferungsvollen Freiheitskampf der Künste gegen kunstfremde, barbarische Mächte, die sie immer nur knechten wollten, anzunehmen. Denn die Künste sind nicht so sehr deshalb autonom geworden, weil sie es immer gewollt und unter Opfern schließlich auch durchgesetzt hätten, sondern wahrscheinlich deshalb, weil sie in den herkömmlichen Rollen nicht mehr gebraucht wurden, da andere, in der modernen Massengesellschaft wirkungsvollere Medien an ihre Stelle treten konnten. Die Kunst ist nicht mehr dazu tauglich, im Dienste staatlicher oder kirchlicher Instanzen Botschaften, Sinnvorgaben und Wertvorstellungen an das Publikum zu adressieren. Die bildenden Künste sind aus dem Kreis der herrschaftlichen Einflußmittel und dadurch aus dem Kreis der »nützlichen Künste« ausgeschieden. Wie andere Handwerke auch hätte die Kunst daraufhin aussterben können, wenn nicht die Künstler die richtige Folgerung gezogen hätten: Sie haben alle Beziehungen zu öffentlichen und privaten Normen aufgekündigt, um einem genuinen künstlerischen Vermögen zu folgen, das seine Ergebnisse nur noch einem selbstbestimmten, kunstimmanenten Wertmaßstab ausgesetzt weiß. In dieser neuen Rolle finden sich die Künste grundsätzlich in Opposition, in einer Verweigerungsstellung gegenüber allen Verständigungsangeboten und affirmativen Leistungsanreizen seitens der Gesellschaft. Unbrauchbar geworden, stehen sie eher für Verdrängtes als für öffentlich Relevantes. In der rigiden

Distanz zu allen Verwertungsofferten leistet die Kunst heute vielleicht ihren wichtigsten gesellschaftlichen Beitrag.

Unser historischer Rückblick erlaubt für die Gegenwart eine scharfe These: Weder von seiten der Kunst, sofern sie imstande war, eine ehrliche Konsequenz aus der geschichtlichen Entwicklung zu ziehen, noch von seiten der Besteller oder gar des Publikums, die über wirksamere und universale Bildherstellungsverfahren verfügen, gibt es einen substantiellen Bedarf nach einer Kunst im öffentlichen Raum. Das Zeitalter der Avantgarden, das durchaus noch nicht ausgedient hat, siedelt die Künstler eher außerhalb als innerhalb des öffentlichen Raumes an. Wo Beziehungen arrangiert werden, dort gehen die Künstler sie meist mit Mißtrauen und einem schlechten Gewissen ein, die Kulturverwalter aber mit einem Gestus karitativen Wohlwollens.

Es gibt eigentlich nur eine konsensfähige Arbeitsebene für die bildenden Künste, an deren Ausbau alle Seiten gleichermaßen interessiert sein müßten: die Gestaltung unserer Umwelt. Insofern die gesellschaftlichen Kräfte sich entschlossen hätten, unsere Welt nicht mehr zu verändern oder zu verbessern, sondern sie zu verschönern, wäre dies die Stunde einer neuen öffentlichen Kunst. Doch nach allem, was sich im Verständnis der Kunst in den letzten Jahrhunderten ergeben hat, hätten wir ein solches Verschönerungsprogramm nicht mehr als Kunst, sondern als Kunstgewerbe oder als Design zu verhandeln.

* Der Beitrag erschien zuerst im Kat. *Skulpturenboulevard Kurfürstendamm Tauentzien, Kunst im öffentlichen Raum*, Berlin 1987, S. 20–24. Er wurde für die vorliegende Publikation überarbeitet.

Walter Grasskamp

Wem gehört der öffentliche Raum?
Der Aachener Wandmaler*

Die Position des Künstlers in der bürgerlichen Gesellschaft ist die eines Selbständigen. Er wird nur noch ausnahmsweise im Auftrag tätig, entscheidet vielmehr eigenmächtig über Formate, Techniken und Themen seiner Werke. Selbständig handelt er auch, wenn es um den Verkauf und die Verbreitung seiner Werke geht. Als Freiheit der Kunst ist diese Eigenmächtigkeit des Künstlers eine zentrale Maxime der bürgerlichen Gesellschaft.

Von dieser im Grundgesetz geschützten Selbständigkeit des modernen Künstlers gibt es nur eine generelle Ausnahme: die Kunst im öffentlichen Raum. Hier können Künstler nur mit einer Genehmigung tätig werden, die in der Regel nur dann erteilt wird, wenn der Künstler im Auftrag handelt. Wer immer auch sein Auftraggeber sein mag, er ist nie so mächtig, als daß sich dieses Genehmigungsverfahren aussetzen oder in seinem Ausgang verläßlich beeinflussen ließe. Denn diese Genehmigungspflicht ermächtigt eine Reihe von Instanzen, den Entwurf des Künstlers unter den Aspekten zu prüfen, für die sie zuständig sind: Stadtplanungsamt, Liegenschaftsamt, Bauordnungsamt, Garten- und Friedhofsamt, Hochbau- und Tiefbauamt, gegebenenfalls auch das Amt für Wasserwirtschaft, die Polizei und der Technische Überwachungsverein, in jedem Falle aber das Kulturamt, der Kulturausschuß, Kunstkommission und Stadtrat – sie alle müssen befragt werden oder können sich einmischen, um allgemeine oder spezielle Bedenken und Prüfungsvorbehalte geltend zu machen.

Daraus entwickelt sich leicht eine zermürbende Prozedur, vor allem dann, wenn es um zeitgenössische Kunst geht. Diese Prozedur verschlägt Künstlern und Auftraggebern nicht selten die Lust an weiteren Vorhaben dieser Art. Selbst wenn der Auftraggeber ein kompetenter Vertreter der Öffentlichkeit ist, etwa ein Museumsdirektor, ist diese Prozedur nicht zu umgehen und nur wenig zu beeinflussen. In einem Rechenschaftsbericht über zwei der erfolgreichsten Ausstellungen zeitgenössischer Kunst im öffentlichen Raum, »Skulptur 1977« in Münster und »Skulptur Projekte in Münster 1987«, hat einer der beiden Ausstellungskommissare, Klaus Bußmann, immerhin Direktor des örtlichen Landesmuseums, die Machtlosigkeit gegenüber diesen Instanzen beklagt.[1]

Ohne Zweifel sind solche Prüfungsverfahren auch sinnvoll. Wenn man zum Beispiel erfährt, daß vor wenigen Jahren ein Kind an einem Spielplatz von der umstürzenden Außenskulptur eines zeitgenössischen Künstlers erschlagen worden ist, weil eine Stadtverwaltung bestimmte Auflagen des Technischen Überwachungsvereins nicht beachtet hatte, dann kann man solche Genehmigungsverfahren nicht ernst genug nehmen. Aber gerade im Zusammenhang mit zeitgenössischer Kunst stellt sich oft der Verdacht ein, daß für Detailfragen zuständige Beamte mit größtem Vergnügen ihre geschmacklichen Präferenzen in die Sachprüfung einfließen lassen und ihren privaten Kunstgeschmack unter dem

Deckmantel dienstlicher Vorbehalte durchzusetzen versuchen. Dann zeigt es sich, daß in der modernen Kunst auf dem Markt, in den Galerien und Museen mittlerweile nahezu alles möglich geworden ist, während im öffentlichen Raum der künstlerischen Phantasie enge Grenzen gezogen bleiben.

Nun gibt es bekanntlich Künstler, die aus zwei Gründen nicht in dieses Bild passen: Sie werden im öffentlichen Raum ohne öffentlichen Auftrag tätig, handeln also eigenmächtig auch dort, wo sie es nicht sollen, ersparen sich dadurch aber die Prozedur der Genehmigungsverfahren. Dazu haben sie – und das wissen sie selbst am besten – kein Recht. Im Gegenteil, das kodifizierte Recht spricht gegen sie und behandelt ihre Werke als Sachbeschädigung, die auf Anzeige hin strafbar und schadenersatzpflichtig ist. Trotzdem ist diese unerlaubte Kunst im öffentlichen Raum verbreitet und beliebt. Im Schutze der Nacht werden Unmengen von Graffiti und Sprühbildern angebracht, die nur noch selten künstlerischen Rang und Einfallsreichtum verraten, aber durchaus auch ihre herausragenden Begabungen kennen, etwa den Sprayer von Zürich, Harald Naegeli, oder den nach wie vor anonymen Sprayer von Moabit.

Der Aachener Wandmaler sorgte für ein anderes Aufsehen. Seine großflächigen, durchdachten und ausformulierten Mauerbilder, die während der Nacht angebracht wurden, nur als Sachbeschädigung anzusehen wäre ausgesprochen engstirnig. Denn bei dem Aachener Wandmaler handelt es sich um einen der interessantesten und wichtigsten politischen Maler unserer Republik, und diese Auffassung möchte ich im Folgenden begründen.

Zunächst ist es kein Zufall, daß sich diese politische Malerei außerhalb des Kunstmarktes entwickelt hat. Zwar eröffnet der Kunstmarkt einen größeren Freiheitsspielraum für die künstlerische Entscheidung als der öffentliche Raum, aber von den politischen Freiheiten wird auf dem Markt nur wenig Gebrauch gemacht. Die Kunst, die alles darf, nutzt offenbar nicht jede sich bietende Freiheit. Kürzlich hat Eduard Beaucamp, der Kunstkritiker der Frankfurter Allgemeinen Zeitung, diesen Zustand folgendermaßen charakterisiert: »Gerade die bildende Kunst hat sich heute fast ganz aus dem öffentlichen Dialog und von allem, was die Welt politisch, sozial oder ökologisch bewegt, verabschiedet. Verfechter einer autonomen Ästhetik sind ans Ziel ihrer Träume gelangt. Kunst und Künstler kreisen selig um sich selbst.«[2] Und Jürgen Harten, Direktor der Düsseldorfer Kunsthalle, kam nahezu gleichzeitig zu einem ähnlichen Befund: »Von engagierter Kunst zu reden gleicht heute fast einer umgekehrten Blasphemie. Wer Werken bildender Kunst noch einen anderen gesellschaftlichen Ort zuweist als die Unternehmensetage oder das Shopping-Center, macht sich beinahe lächerlich.«[3] Beide Stellungnahmen mögen überspitzt formuliert sein, falsch sind sie nicht. Wenn Kunstmarkt und Publikum eine Kunst begünstigen, die sich von den wichtigsten öffentlichen Themen der Zeit unberührt zeigt, dann überrascht es nicht, daß eine politische Malerei an ungewohnten Orten auftaucht, auf der Straße, an Abrißhäusern und in Fußgängertunnels, eben im öffentlichen Raum.

Die politische Bedeutung dieser Außenkunst erschöpft sich nicht allein in den Themen, denen sie sich widmet. Politisch ist sie auch darin, daß sie einen Anspruch auf den öffentlichen Raum anmeldet, der ungewöhnlich ist, aber nicht unanständig. In der offenkundigen Mißachtung der politischen und bürokratischen Vorschriften erhebt die eigenmächtige Wandmalerei einen Anspruch auf die Öffnung des öffentlichen Raumes, sie stellt die Frage: »Wem gehört der öffentliche Raum?« Ist er ein Ort, wo sich Subjektives und

Soziales vermitteln, Privates und Öffentliches verschränken lassen, oder ist er eine Grauzone der bürokratischen Standardisierung?

Betrachtet man diese Frage zunächst daraufhin, wer und was sich im öffentlichen Raum vorwiegend artikuliert, dann ist unübersehbar, wie die Ästhetik des öffentlichen Raums von kommerziellen Botschaften bestimmt wird. Die vorherrschenden Bildformen stellen im öffentlichen Raum schließlich nicht die Künste, sondern die Wegmarken der Orientierung in Verkehr und Konsum, vor allem aber die Werbeplakate. Sie liefern das visuelle Hintergrundrauschen unserer Städte und zeigen Menschen, die überglücklich sind, sich eine neue Strumpfhose überstreifen zu können oder an einer bestimmten Zigarettenmarke saugen zu dürfen. Als moderne Altartafeln artikulieren sie im öffentlichen Raum die Erlösungsvorstellungen, mit denen sich die Zumutungen der Arbeitswelt überhöhen lassen; sie sind dürftig genug.

Die Demütigung des Passanten, der sich in der Bilderwelt des öffentlichen Raums fast nur noch in seiner Funktion als Konsument angesprochen sieht, wird nicht als Skandal empfunden. Wir haben uns an diese bunten Zumutungen gewöhnt, und das heißt vor allem: daran gewöhnt, sie nicht mehr wahrzunehmen. Allenfalls das Unterbewußtsein registriert noch diese frohen Botschaften, die sich beim Kauf nie so recht einlösen lassen wollen, erst recht nicht beim Verbrauch. So wird der öffentliche Raum ein Ort der unglaubwürdigen Mitteilungen, ein Ort des Wegschauens, des zerstreuten Blicks, der an glatten Fassaden ebenso abrutscht wie an der Aufforderung, sich gefälligst bis zum 31. Dezember zu sputen, um einer bedrängten Bausparkasse aus ihrer Liquiditätskrise zu helfen. Nur für den touristischen Blick, der mittlerweile auch schon der Blick des Stadtrandbewohners auf die Innenstadt ist, werden Wegmarken der Nostalgie als Signale lokaler Identität herausgehoben, allerdings weniger für den Passanten als vielmehr für dessen Spiegelreflexkamera.

Der öffentliche Raum ist eine Grauzone der Wahrnehmung, wie bunt er sich auch präsentieren mag. In einem solchen Kontext müssen authentische Wandgemälde skandalös wirken. Als Spurenelemente der Subjektivität ärgern sie nicht nur jene, deren Genehmigung nicht eingeholt worden ist und die sie daher um so eifriger entfernen, sie stören und irritieren jeden Passanten. Genau darin sehe ich ihre Qualität. Denn der öffentliche Raum ist nicht nur ein Ort des Wegschauens, des zerstreuten Blicks, sondern auch ein Ort der Verdrängung. Diese durch die Bildbotschaften der Werbung und Orientierungsmarken des Konsumangebots parfümierte Hygiene der Verdrängung wird durch Wandgemälde durchbrochen, die das scheinbar Private zur öffentlichen Angelegenheit machen.

Dieses Private ist die Angst, und man kann sie nicht als Privatangelegenheit betrachten, wenn man ihre Ursachen in Rechnung stellt. Wohlverstanden: Der Aachener Wandmaler ist kein furchtsamer Mensch, sonst hätte er nicht die Risiken auf sich genommen, die seine Arbeit mit sich brachte. Auch muß ihm seine heimliche Tätigkeit ein heimliches Vergnügen gemacht haben. Aber er hat auch Angst, die er zum Thema seiner Arbeit macht, weil er sich damit nicht allein fühlen will und kann. Nehmen wir nur die Angst vor den Risiken der Nutzung von Atomkraft – sei sie friedlich (wobei es ja gar nicht so friedlich zugeht) oder erst recht kriegerisch –, dann ist er mit seiner Angst nicht allein, sondern weiß sich mit vielen im Bunde. Aber diese vielen finden ihre Erfahrungen und Befürchtungen dort nicht wieder, wo sie öffentlichen Ausdruck finden müßten – im öffentlichen Raum. Hier herrscht die gnadenlose Zuversicht der Werbung, der kommerziellen wie der politischen.

Vor einem solchen Hintergrund renommiert niemand gern mit seinen Ängsten und Befürchtungen, und so geht man durch die Stadt wie durch eine Fassade, an die man nicht glaubt, der man aber auch nichts entgegenzusetzen hat.

Mit seinen Bildern hat der Wandmaler seine Angst dagegengesetzt, sie genau dort artikuliert, wo sie künstlich verdrängt wird. Seine Bilder stellen die Frage, ob der öffentliche Raum dafür offen ist, ob er dafür geöffnet werden kann, um eine politische Sphäre zu werden, die mehr vermittelt, als es die sporadischen Wahlplakate tun. In dieser Hinsicht ist die Tätigkeit des Aachener Wandmalers politisch auch über die Thematik seiner einzelnen Werke hinaus. Es ist nicht seine geringste Leistung, daß er mit seiner Arbeit der schleichenden Entpolitisierung des öffentlichen Raumes entgegenwirkt.

Anmerkungen

* Rede zur Verleihung des »Neuen Preises« des Neuen Aachener Kunstvereins an den Aachener Wandmaler am 24. April 1989.

1 Klaus Bußmann: »Zwei Skulpturen-Ausstellungen in Münster. Eine Bilanz«, in: Walter Grasskamp (Hg.): *Unerwünschte Monumente. Moderne Kunst im Stadtraum,* München: Silke Schreiber 1989, S. 129–139.

2 Eduard Beaucamp: »Versöhnt«, in: *Frankfurter Allgemeine Zeitung,* 4. April 1989, S. 27.

3 Jürgen Harten im Kat. *Edward and Nancy Kienholz – 1980's,* Kunsthalle Düsseldorf 1989, S. 7.

Lothar Romain

Die Herausforderung der Moderne im öffentlichen Raum

Die Kunst im öffentlichen Raum hat große Konjunktur. Vereinfacht gesagt, hat sich zwar viel in den Jahren seit 1973 getan, als dieser Begriff zum erstenmal – und auch inhaltlich so verstanden – anstelle des eingeübten und heftig umstrittenen Titels »Kunst am Bau« in einem Haushaltsplan der öffentlichen Hand, nämlich in Bremen, seinen offiziellen Auftritt hatte, aber wir leben noch immer mit den schon damals bekannten Grundkonflikten, in denen – je länger, desto stärker – Unvereinbares aufeinandertrifft.

Gesellschaft und Kunst

Einerseits soll der Auftritt von Kunst im öffentlichen Raum in einem demokratischen Staat etwas anderes bedeuten, als wir von unserer Geschichte her kennen, nämlich nicht Machtdemonstration einer Obrigkeit, sondern gemeinschaftlichen Willen, besser noch gemeinschaftliches Bekenntnis zu unserer Kultur. Andererseits erfahren wir, daß es unsere vielbeschworene Kultur als eine gesellschaftlich allgemein akzeptierte nicht gibt. Wohl haben wir in unserer Verfassung Freiheit für Kunst so garantiert, daß sie nicht mehr verhandelbar ist, doch streiten wir heftig darüber, was denn Kunst sei, was also in diesem Sinne schützens- und auch fördernswert ist.

Die Diskussion darüber hat erheblich zugenommen, seitdem die Kunst demonstrativ in die Öffentlichkeit gegangen ist und sich dort den Urteilen und fraglos auch Vorurteilen der Allgemeinheit aussetzen muß. Und obwohl in den letzten anderthalb Jahrzehnten viel bemerkenswerte Kunst im öffentlichen Raum – und das meint hier zunächst und vor allem den urbanen – erfolgreich plaziert worden ist, sollten wir nicht in einer Art von Vogel-Strauß-Haltung glauben, die verbreiteten Aggressionen gegen solche Kunst abgebaut oder gar konsensfähige gesellschaftliche Repräsentanz geschaffen zu haben. Und das gilt nicht nur für die Provinz, wo im Spätherbst 1988 zum Beispiel in Salzgitter nach jahrelanger systematischer Durchdringung des öffentlichen Raumes mit Kunst nicht etwa die allgemeine Akzeptanz schließlich gewachsen, sondern im Gegenteil das Faß der Unduldsamkeit offenbar zum Überlaufen voll war. Politiker, nicht die sich selbst so verstehenden konservativen der CDU, sondern Vertreter der Sozialdemokraten, die verbal doch so bereitwillig und entschlossen für die Meinungs- und Kunstfreiheit eintreten, protestierten heftig gegen eine Plastik von Paul Isenrath und verlangten deren sofortige Beseitigung. Dabei kam es wieder einmal zu Gewaltmaßnahmen gegen Kunst, was einer der SPD-Ortspolitiker laut Zeitung so kommentierte: »Wenn wir der Meinung sind, das ist keine Kunst, dann muß es erlaubt sein, mit allen Mitteln dagegen vorzugehen.« Dies ist die immer häufiger gewordene »demokratische« Erscheinungsform modernen Pharisäertums, daß man, um formal auf dem Boden des Grundgesetzes zu bleiben, den attackierten Gegenständen erst öffentlich den Kunstcharakter abspricht, ehe man sie dann »rechtens«

attackieren, gar zerstören zu dürfen glaubt. Sie sind in diesem »gesunden Volksempfinden« nicht einmal mehr Sachen, wenn man bedenkt, wie allergisch dasselbe Empfinden auf »Gewalt gegen Sachen« reagiert. Doch das kommt nicht nur in Salzgitter vor: »Salzgitter kann überall sein«, schrieb die Hannoversche Allgemeine zu Recht.

Die wie auch immer moderne Gesellschaft will sich zwar auch mit Kunst im öffentlichen Raum ihre Kulturfähigkeit beweisen, steht aber vor dem Problem, daß es keinen gesellschaftlich allgemein anerkannten Maßstab gibt, der an die Kulturleistungen anzulegen wäre. Diesen Maßstab hat es in der Geschichte bisher nie gegeben; Kultur ist stets nur von der bestimmenden Klasse definiert worden. Herrschende haben durchgesetzt, was wir heute allgemein als unser kulturelles Erbe akzeptieren und entsprechend pflegen.

Die Moderne, auch in den künstlerischen Konzepten, hat in ihren Programmen immer visionär die Aufhebung von Klassen und Gesellschaftsschichten zugunsten des mit anderen chancengleichen – nein: gleichen – Individuums stehen gehabt, selbst wenn die Wege dahin sehr umstritten waren und sind. Eine gültige Lösung jedenfalls, wie daraus ein gesellschaftlicher Konsens werden könnte, ist ihr bisher – auch in der Kunst – nicht gelungen.

Wir reden oft über die großen humanen Utopien der klassischen Moderne samt ihren längst als »Werte« gehandelten künstlerischen Zeugnissen, bewundernd, weil da noch soviel Optimismus war, das zunächst elitäre Individuum als egalitäres gesellschaftlich konstituieren zu können. Heute ziehen wir uns darauf zurück, dieses sei Utopie geblieben und schon frühzeitig gescheitert an den herrschenden Ideologien und deren verheerenden Kriegen in unserem Jahrhundert, als seien diese schicksalhaft über die Menschheit gekommen und also nicht verhinderbar gewesen. In diesem Sinne haben wir uns angeblich bescheiden gemacht und sprechen jetzt von den Vorteilen des Pluralismus und von der Suche nach Selbstverwirklichung darin, als sei diese eine gesellschaftsunabhängige Frage der individuellen Einrichtung und vor allem des gegenüber anderen genügsamen Auskommens.

Das heißt in der Konsequenz: Wir sind bereit, innerhalb eines möglichst großzügig gesetzten Rahmens verschiedene Bedeutungen und konträre Ansichten zuzulassen (was auch für die Kunst gilt), solange wir uns in jener »Selbstverwirklichung« nicht bedrängt fühlen: Pluralismus nicht als Herausforderung, als Diskurs, sondern als systematische Garantie, nicht belästigt zu werden, koste es gesellschaftlich, was es wolle. In diesem Sinne kann die Kunst, selbst wenn sie danach strebte, weder formal noch inhaltlich gesellschaftliche Repräsentanz gewinnen. Was ihr konzediert wird, ist lediglich eine formale Freiheit, aber auch diese nur im Sinne des eben unterschiedlichen Geschmacks, worüber sich – ebenfalls als Formelkompromiß – ja bekanntlich nicht streiten läßt. So verdrängt man jeden möglichen Diskurs und hält sich im Dulden zugute, demokratisch zu sein.

Kunst und Gesellschaft – ein historischer Exkurs

Die Künstler der Moderne haben sich gegen so oberflächliche Vereinnahmung im Sinne freundlicher Beliebigkeit entschieden gewehrt. Ihr Auftreten war – auch wenn Gleichheit als Utopie vorschwebte – von Beginn an ein elitäres, das dem zunehmend »dekadenten« Konsens ihr anderes als Ausdruck geistiger wie ästhetischer Individualität entgegensetzte.

Dieses andere meinte die von den sogenannten Gegebenheiten der Alltagswirklichkeit sich unabhängig machenden künstlerisch-formenden Gesetze: das »Reich der Kunst«, von dem Kandinsky bezeichnenderweise sprach, das »der Natur, der Wissenschaft, der politischen Lebensform gleich, ein Reich für sich ist, durch eigene und nur ihm eigene Gesetze regiert wird und das mit den anderen Reichen zusammen im letzten Grunde das große Reich bildet, das wir nur dumpf ahnen können«. So hat sich der Autonomieanspruch der Moderne begründet. Aber diese hat dabei nie verleugnet, daß sie Teil eines anderen, umfassenden »Reiches« sei, das man auch die Welt als Ganzes nennen kann. In diese Welt sind die Künstler der Moderne mit vielen unterschiedlichen Ansprüchen, Vorstellungen, Strategien und Hoffnungen hineingegangen. Sie wollten einerseits unmittelbar in die gesellschaftliche Wirklichkeit eingreifen und andererseits Leben in seiner transzendentalen Allgemeinheit sinnfällig machen. Das waren nicht Wege der Parallelaktionen, sondern solche, die einander kreuzten und häufig in völlig andere Richtungen führten, obwohl sie mit der gleichen Grundintention angelegt worden waren, nämlich den freien kreativen Menschen zu befördern.

Schon nach gut anderthalb Jahrzehnten schlug Dada der Moderne deren eigene zum hohlen Pathos verkommene Expressivität ebenso um die Ohren wie den Anspruch der Autonomie als Heilsgedanken. Aber Dada hat mit seiner frechen Revolte des instrumentalisierten Nichts gegen das Geistige in der Kunst nicht Kunst aufgehoben, sondern der Moderne neue Perspektiven gewiesen, indem es mithalf, das Know-how zu entwickeln »für die künstlerischen Manipulationen der Form-Zerstörung, zur Negation der kompositorischen Regeln und zur Entwertung und Umwertung des ästhetischen Gehalts« (Eberhard Roters). Dada blieb Kunst; denn als man »politisch« agitierend ins Leben enteilen wollte, schlug der Alltag mit der Maßlosigkeit des Gleichgültigseins zurück.

Dada war – und bleibt als Prinzip – die notwendige Selbstreinigung der Moderne von ihrer immerwährenden Tendenz, sich absolut zu setzen. Doch Dada zeigte zugleich auf radikale Weise einen anderen Hang dieser Moderne, nämlich sich dem Leben anzuverwandeln, indem man sich ihm unter Aufgabe der künstlerischen Autonomie instrumental andient. Die Funktionalismusdebatten im Bauhaus der späten 20er Jahre haben auf ganz andere Weise, aber mit ähnlich auflösenden Konsequenzen, diesen Hang bestätigt. Das Schielen nach dem Leben, mit dem schließlich identisch zu werden sich die Moderne in immer neuen Visionen erhofft hat, mag zwar als Impuls notwendig sein, birgt aber die Gefahr in sich, daß Kunst vom Anderssein absieht und sich dem Weltlauf, dem sie sich eigentlich widersetzen wollte, fröhlich ausliefert. Davon wird auch in bezug auf die heutigen Auseinandersetzungen über Kunst und ihre Funktion im öffentlichen Raum noch zu sprechen sein, seitdem wieder einmal das Ende der Autonomie als neue Freiheit der Kunst propagiert wird.

Kunst im öffentlichen Raum – Konzept Monschau

Die Diskussionen über Kunst im öffentlichen Raum haben ihre Vorläufer in den 60er Jahren, und das nicht nur infolge des vielerorts einsetzenden Unbehagens gegenüber Kunst am Bau, sondern auch als Konsequenz der Kunstentwicklung selber, des Ausstiegs aus dem Rahmen und des Abstiegs vom Sockel, die im Rahmen der Zero-Bewegung zum

Beispiel schon bald zur Entwicklung von Lichtballetten im öffentlichen Raum des Nachthimmels führten, oder befördert durch die Auftritte des Happenings. Im Sinne unseres heutigen Verständnisses hat es Kunst im öffentlichen Raum als eine Großveranstaltung zum erstenmal für unsere Republik – ausgerichtet von Klaus Honnef – in Monschau gegeben: ein – wie man heute feststellen kann – nachwirkendes Ereignis, von der Organisationsform bis hin zu den schon damals heftigen Protesten mit kunstzerstörerischen Impulsen. Das erfolgreiche Konzept sah vor, eine kleine Stadt wie Monschau nicht, wie ein großer Teil der Stadtbewohner dachte, mit Kunst zu verschandeln, sondern per Kunst neue Akzente zu setzen, bewußt zeitgenössisch gegenüber einem von der Vergangenheit bestimmten Stadtbild, aber auch zeitlich begrenzt, weil anderes nachfolgen sollte: also schon im ersten Ansatz ein noch heute aktuelles Konzept, das Kunst im öffentlichen Raum als etwas Veränderbares, nicht Denkmalhaft-Ewiges vorstellen wollte. Und wichtig auch deshalb, weil dieses Konzept einer Stadt als öffentliche Galerie, aus dem sich im Laufe der Jahre die Kunst im öffentlichen Raum in ihren heutigen Formen entwickelt hat, als Intervention gemeint war und so auch verwirklicht wurde. Die kleinbürgerliche Gewißheit von dem sogenannten Schönen und Guten der Kunst, die ja mit einer besonders ausgeprägten Hartnäckigkeit in historischen Stadtkernen und in den Köpfen von deren Bewohnern nistet, sollte verunsichert werden – mit dem damals noch von vielen propagierten Ziel, aufklärerisch zu wirken.

Die Tat von Monschau hat nachgewirkt und vom Verständnis der Stellvertretung her den Boden für zahlreiche Formen von Kunst im öffentlichen Raum bereitet. Auch wenn sich das Selbstverständnis von Kunst im öffentlichen Raum gewandelt hat – über den Autonomieanspruch der Moderne und die postmodernen Überlegungen zu Ortsbezogenheit und Funktion wird noch zu sprechen sein –, so hat Monschau doch den grundsätzlichen Weg über den Fachmann bzw. die Fachjury gewiesen, die Kunstwerke für den öffentlichen Raum auswählen bzw. Künstler mit speziellen Arbeiten für diesen Raum beauftragen. Die Öffentlichkeit ist erst im Ergebnis am Diskurs beteiligt.

Das löst zwar, wie wir immer wieder erfahren können, größte Spannungen aus, ist aber nicht grundsätzlich undemokratisch, wie von Gegnern eines solchen Verfahrens immer wieder behauptet wird; denn es ist nicht einzusehen, daß ein auf Repräsentanz und Stellvertretung aufbauendes demokratisches System wie das der Bundesrepublik gerade in Fragen der Kultur und Kunst populistische Wege über Volksabstimmungen gehen sollte. Und es bleibt fraglich, ob ein solcher Weg beim gegenwärtigen Stand öffentlicher Diskussion über Fragen von Kultur und Kunst überhaupt gangbar wäre, ohne jede Kunst im öffentlichen Raum schließlich zu verhindern. Vor Spannungen sollte man sich zudem nicht allzusehr fürchten. Auch in den Fragen von Kunst (und nicht etwa nur in den von öffentlich aufgehängten Wahlplakaten politischer Parteien) lebt die Demokratie von der Auseinandersetzung anstatt vom Konsens des kleinsten gemeinsamen Nenners.

Öffentliche Kunst im öffentlichen Raum – das Bremer Modell

Gibt es einen direkten Weg zur Beteiligung aller? Diese Frage stellt sich vor allem vor dem Hintergrund des zu Monschau alternativen Ansatzes im Bremer Modell, das – als es 1973 startete – eindeutig geprägt war von den Aufklärungs- und Demokratisierungsdebatten der vorangegangenen Jahre und das von daher seine Praxis definierte. Diese war bestimmt von dem Gedanken der möglichst frühen Beteiligung zumindest der von Kunst im öffentlichen Raum betroffenen Nachbarschaften. Über Stadtteil- und Ortsamtsbeiräte, über Vertreter der Bürgerschaft, aber auch unmittelbar in der Diskussion mit beauftragten Künstlern sollte die Bevölkerung willensbildend in den Prozeß der Entscheidung über einzelne Maßnahmen für Kunst im öffentlichen Raum einbezogen werden. Die Selbstverpflichtung des für die Vergabe von Aufträgen zuständigen Senators, nicht gegen Mehrheiten eine Kunstmaßnahme durchzusetzen, wollte dieses Demokratieverständnis untermauern. Die Stellvertretungskompetenz der Fachjury wurde dadurch erheblich beschnitten.

Der Geist des Bremer Modells läßt sich, auch vom Inhaltlichen her, gut mit dem Satz charakterisieren, den Klaus Staeck damals auf einem Plakat für die neue Entwicklung bereithielt: »Die Kunst der 70er Jahre findet nicht im Saale statt.« Eine doppelbödige Feststellung. Sie bezog sich zunächst auf die Perversionen dessen, was als Gegenteil von Kunst dennoch mit dieser in Zusammenhang gebracht wird, nämlich die Kunst der Macht, des Folterns oder Tötens, wie sie damals und bis heute auf unserer Erde perfekt ausgeübt wird – diese Kunst, die tatsächlich vom faschistischen Verständnis des »Könnens« sich ableitet; aber Staeck meinte auch, daß in einer solchen Situation die wirkliche Kunst sich nicht einfach hinter die Mauern von Wohnzimmern, Galerien oder Museen zurückziehen dürfe, sondern Mut zu öffentlichen Auftritten und Bekenntnissen haben müsse. Kunst, die nicht im Saale stattfindet, war und soll noch immer auch verstanden sein als künstlerische Auseinandersetzung mit der gesellschaftlichen Wirklichkeit unserer Demokratie und ihren geschichtlichen Bedingungen. Innerhalb des Bremer Modells ist das in vielfältiger Weise »wörtlich« genommen worden, vor allem in großen Wandmalereien, die für zahlreiche Bunkerwände in Auftrag gegeben wurden. Deren Bildsprache ist durchweg eine wie auch immer gegenständlich-realistische. Aber selbst dieses manchmal fatale Zugeständnis an ihre Vorstellungen von Kunst haben die betroffenen Bürger nicht honoriert. Wenn es denn – wie gewünscht – um erkennbare Szenerien gehen soll, dann bitte nicht um historische Erinnerungen an das Unaussprechliche der »tausend Jahre«: Tulpen sind begehrt, nicht die unbewältigbare Geschichte.

Das Bremer Modell hat viel Beachtung, viel Zuspruch und auch viel Kritik gefunden. Es wird heute auch innerhalb des Stadtstaates gründlich diskutiert mit dem Ziel einer Neuformulierung. Dabei sind mehrere Erfahrungen ausschlaggebend:

– Der Begriff »Aufklärung« ist in Bremen auf Dauer sprachlich wie auch inhaltlich in bezug auf seine Gegenstände zu eng gefaßt worden und hat einer realistischen Kunstsprache Vorteile verschafft, die ihr innerhalb der allgemeinen Entwicklung der Kunstsprachen nicht zukommen. Viele der beteiligten Künstler gerieten nach eigenen Bekundungen dadurch in einen Zwiespalt zwischen ihrem Kunstschaffen im Atelier und dem tatsächlichen oder immer nur vermuteten, weil öffentlich nicht angefochtenen Verlangen nach realistischer Kunst im Bremer öffentlichen Raum.

– Die vorwiegende Beschäftigung von Künstlern der Region hat den notwendigen Austausch verhindert und Bremen auf Dauer in der Kunstszene eher isoliert, was diese schnell mit Mißachtung bzw. Ignorieren bestraft.

– Verschreckt von der Studentenbewegung Ende der 60er Jahre, die, antiästhetisch eingestellt, nach einer reinen Instrumentalisierung der Kunst im Dienste der Politik verlangte, hatten sich in den 70er Jahren die meisten Künstler aus allen öffentlichen Diskursen zurückgezogen. Der vorher jedenfalls in bezug auf die Kunst mißbrauchte Begriff der Aufklärung war im kulturellen Bereich so in Mißkredit geraten, daß Mitte der 70er Jahre als antikünstlerisch erschien, wer Kunst noch in einen Zusammenhang mit Aufklärung brachte. Der »Zeitgeist«, der nicht einmal als Wort mehr an seinen idealistischen Ursprung erinnert werden wollte, begann sich mächtig zu regen. Kein Wunder, daß Modelle wie das Bremer von seiner Warte aus als didaktischer Mißbrauch künstlerischer Fähigkeiten diskreditiert wurden.

– Auch die politische Landschaft begann diesem Zeitgeist Tribut zu zollen. Die regierenden Sozialdemokraten, einst glühende Befürworter ihres Modells einer Verbindung von Kunst und Aufklärung, begannen durch Stimmen- und Sympathieschwund selbst an ihrem einstigen Programmwort zu zweifeln und davon vorsichtig Abstand zu nehmen. Daß der Bremer Senat schließlich die Gelder für sein Modell »Kunst im öffentlichen Raum« quasi auf Null zurückfuhr, läßt sich deshalb nicht nur mit der Finanzmisere des Stadtstaates erklären, sondern auch mit einem zunehmenden Desinteresse der Politik an öffentlichen Auseinandersetzungen, zu denen diese Art von Kunst immer wieder führte. Wohlgefallen und Befindlichkeitspflege, auch mehr Ausrichtung auf Attraktionen im Sinne des Zeitgeistes sind offensichtlich der politischen Imagepflege dienlicher als die öffentliche Kontroverse.

Das Bremer Modell für eine Kunst im öffentlichen Raum ist vielleicht im Sinne dieser »Von-Wahl-zu-Wahl«-Politik, nicht aber vom Denkansatz her gescheitert, wenn man auch einige Bedingungen neu formulieren muß. Fraglich allerdings ist die Möglichkeit und Effektivität der Mitwirkung der Bevölkerung schon bei der Aufgabenformulierung und auch bei der Entscheidung für einzelne Werke. Prinzipiell scheint es immer deutlicher zu werden, daß mit diesem Modell der Versuch unternommen worden ist, zwei Schritte auf einmal zu machen, nämlich einerseits an Kunst und mit Hilfe von Kunst das öffentliche Bewußtsein zu schärfen und andererseits dieses noch zu schärfende Bewußtsein als schon gleichberechtigten Partner über Fragen der Kunst zu akzeptieren. Um das erstere zu erreichen, hat man offenbar häufig schwierige, unmittelbar nicht zugängliche Sprachen ausgeschlossen – mit der Konsequenz, daß – wenn überhaupt – Diskussionen um die inhaltlichen Kerne, nicht um deren künstlerische Versionen/Visionen geführt wurden. Das leistete bloß didaktischen Überlegungen Vorschub und verdrängte das Innovationspotential von Kunst.

Deshalb muß man in Bremen nicht aufgeben, die Aufmerksamkeit der Künstler immer wieder auch auf Ort und Zeit ihres Auftritts zu lenken. Dieses sollte aber weder auf den Begriff der Illustration eingeengt noch so weit mit Vorgaben belastet werden, daß der Kunst ihre Freiheit, auf ihre ureigene Weise darauf zu antworten, nicht bleibt. Im Diskurs – das wäre ein aufklärerisch-demokratischer – muß es zwei Partner geben, dazu gehört auch der »intakte« und öffentlich nicht geregelte, auf Richtungen verpflichtete Künstler.

Es ist dann Sache von pädagogischen Programmen und der gemeinsamen Anstrengung aller daran zu beteiligenden Wissenschaften und Institutionen, den öffentlichen Diskurs so zu befördern, daß Partizipation zu gesellschaftlicher Wirklichkeit wird. Damit aber sind wir auch wieder inmitten der Moderne und ihrem Hang, sich selbst zu befehden, weil sie sich so tüchtig fühlt und doch nicht nur lebenstüchtig im Sinne des sogenannten Alltags sein möchte.

LOTHAR ROMAIN

Autonomie oder Finalität – als sei die Rückseite des Mondes nicht auch noch Mond

Dem unter den Bedingungen unserer Gesellschaft immer auch provozierenden, entschieden individuellen Eingriff des Künstlers kommt eine besondere Bedeutung zu. Solche – auch im Sinne der Reflexion – Denk-Male ästhetischen Handelns können durchaus aufklärerischen Charakters sein, ohne ihre autonome Sprache aufzugeben, wenn man sie nämlich als Manifeste individueller Mitbestimmung begreiflich macht und auf diese Weise im ästhetischen Raum modellhaft vorführt, was als gesellschaftliche Vision vorschwebt: ein öffentlicher Diskurs gleichberechtigter Individuen sowohl über das bewußt Unterschiedliche zur gesellschaftlichen Praxis und das auch nicht öffentlich verfügbare Eigene als auch über dessen Bezüglichkeit auf das Gemeinsame. Hier wäre, angefangen beim Monument des persönlichen Aufschreis einer Gesellschaft wie bei Zadkine – über Fluxus und Happening die Brücke geschlagen bis zu Installationen und Performances, die jede für sich auch Kunst im öffentlichen Raum sind bzw. sein können. Ihnen allen, diesen ständigen Erneuerungen und Widersprüchen der Moderne, ist gemeinsam: Kunst kann Leben nicht ersetzen, aber Modelle dafür schaffen, ohne dadurch ihre ästhetische Autonomie in Frage zu stellen.

Die Frage nach der Autonomie der Kunst beginnt die theoretischen Diskussionen immer mehr zu beflügeln – und das sowohl die postmodernen Jasager wie diejenigen Modernen, die im Verbrauchssinn des Wortes nicht mehr modern sein wollen. In Monschau stellten Künstler ihre Werke noch in dem Bewußtsein auf, eine öffentliche, städtische Galerie zu initiieren: hinsetzen statt einsetzen, im positiven Sinne stören statt Maß nehmen. Das hat inzwischen eine gute Tradition, gerade weil es herausfordert. Münster 1977 ist dafür ein herausragendes Beispiel. Inzwischen aber soll Maß genommen werden unter dem Vorwand einer neuen Einverständlichkeit – vom Wohnzimmersessel über die Stadtpassagen-Caféhocker bis zum designten Nichtsnutz: alles heimelt und bleibt in der neuen Vorstellung von Domestizität.

Geist und Geschichte eines Ortes fordern ebenso heraus wie seine gesellschaftlich begründete Erscheinungsweise. Diese Bezüglichkeit, so heißt es denn in der begleitenden Kunstkritik, habe den Charakter von Kunst im öffentlichen Raum geändert, jedenfalls den Autonomieanspruch relativiert, überstimmt, gar aufgehoben. Was gestern war, wird mit polemischer Geste zu den Akten gelegt.

Dagegen wäre ganz im Sinne des modernen Avantgardismus nichts einzuwenden, wenn die möglichen Konsequenzen nicht über pure Mißverständnisse bis hin zur ersatzlosen Aufhebung von Kunst führen würden. Die Moderne, das sollte der historische Exkurs zeigen, handelte trotz ihres Autonomieanspruchs nicht im geschichts- und gesellschaftsfreien Raum, aber ihr Autonomieverständnis entließ selbst ihren eigenen radikalen Widerspruch, nämlich Dada, schließlich nicht aus dem Bereich der Kunst. Das Anderssein blieb so als Hoffnung auf Nichtkonsumierbarkeit erhalten.

Die Gegner der Moderne machen es sich zu leicht, wenn sie dieses Anderssein lediglich als eine dem Publikum unzugängliche Sprache charakterisieren. Ja, nach Stephan Schmidt-Wulffen (En passant, in: Jenisch-Park Skulptur, Kat. Hamburg 1986) gehört zum Fundus avantgardistisch-moderner Sprachregelung geradezu die Behauptung, »das rabiate Unverständnis einer breiten Öffentlichkeit [sei] direkt proportional zum künstlerischen Wert eines Werkes«. Mit dieser Attacke soll das Zeitalter einer neuen Kunst eingeleitet werden, die sich endlich orts- und gesellschaftsbezüglich zeigt und in ihrer Modellsprache auf bekannte Vokabeln des Alltags zurückgreift. Die Kunst will nicht länger widerständig, sondern verständig sein. Sie umwirbt die Orte ihres Auftritts und bestätigt das allseitige Gefühl, hier wolle man wohl sein und jene Hütten bauen, die schon biblisch einmal alle Widersprüche auflösen wollten.

Zur begrifflichen Absicherung hat Michael Lingner den neuen Begriff der »Finalisierung« eingeführt, also zielgerichtete anstelle einer sich selbst genügenden und sich selbst bestätigenden Kunst. Solche begriffliche Differenzierung ist durchaus hilfreich bei der Feinunterscheidung der Kunst in den 70er und 80er Jahren. Aber sie wird fatal, wenn mit ihrer Hilfe die Autonomie der Moderne nachträglich in die Nähe von L'art pour l'art gedrängt wird, als schließe sie grundsätzlich jede Kontaktaufnahme und also Beziehung zur Umwelt aus und erweise sich als unzugängliches »eigenes Reich«. Adorno hat dem schon früh entgegengehalten, daß so der Begriff der Autonomie nicht eingeengt bzw. umformuliert werden könne. Denn: »Indem die Kunstwerke der Empirie sich entgegensetzen, gehorchen sie deren Kräften, die gleichsam das geistige Gebilde abstoßen, es auf sich selbst zurückwerfen [...]. Noch die avantgardistische Abstraktheit, über die der Spießbürger sich entrüstet und die nichts gemein hat mit der von Begriffen und Gedanken, ist der Reflex auf die Abstraktheit des Gesetzes, das objektiv in der Gesellschaft waltet.« Und: »Über den Schatten von Irrationalität: daß Kunst, die noch in ihrem Gegensatz zur Gesellschaft ein Moment von ihr bildet, dagegen Augen und Ohren verschließen muß, kann sie nicht springen [...]. Noch im sublimiertesten Kunstwerk birgt sich ein Es soll anders sein; wo es nur sich selbst gliche, wie bei seiner reinen verwissenschaftlichten Durchkonstruktion, wäre es schon wieder im Schlechten, buchstäblich im Vorkünstlerischen. Vermittelt aber ist das Moment des Wollens durch nichts anderes als durch die Gestalt des Werkes, dessen Kristallisation sich zum Gleichnis eines anderen macht, das sein soll [...]. Der Akzent auf dem autonomen Werk jedoch ist selber gesellschaftlich-politischen Wesens« (Theodor W. Adorno, Noten zur Literatur). Kurz gesagt: Gegen das Duzen von Kunstfunktionären und Kunstmachern hilft vielleicht noch eines: das unbestimmbare Kunstwerk.

Michael Lingners Argument, der Begriff der Autonomie habe sich so aufgeblasen, daß der Ballon inzwischen geplatzt sei, gilt nur bezüglich einer puristischen, nach Adorno ins Vorkünstlerische zurückfallenden Definition dieses Begriffes. Im Gegenteil: Die zur Unterscheidung gedachte Version der Finalisierung birgt die Gefahr in sich, die künstlerische Praxis, die den Begriff ja gerade negieren bzw. zu anderer Deutlichkeit auflösen will, wieder begrifflich zu vereinnahmen und in eine vorgedachte Richtung zu zwingen. Serra und Rückriem schließen sich so jedenfalls begrifflich als Kunst im öffentlichen Raum aus. Zumindest Rückriem wäre im Sinne dieser gegenwärtigen Urteilsfindung nicht mehr satisfaktionsfähig, weil er einen unbedingten Standpunkt der Autonomie vertritt, während Serra, zumindest verbal, für eine Kunst vor Ort eintritt: Verortung der Kunst, sagen die funktionsbewußten, kunst- wie sprachfeindlichen Didaktiker.

Aber konkret von den beiderseitig »besetzten« Orten gesprochen. Ist nicht eine Rückriem-Plastik, trotz oder gerade wegen der – im autonomen Verständnis vollzogenen – teilenden und zugleich wiederum zuordnenden Schnitte in einen Steinblock, auf einem öffentlichen Platz ein wichtiger, gegen alle sonstigen Vereinnahmungen resistenter Bezugspunkt, ein Maßstab, der die ohne ihn maßlose Umgebung für uns erst wieder bezüglich und definierbar macht?

»Standortspezifische Werke« hat Serra seine Kunst im öffentlichen Raum genannt und damit sagen wollen, sie seien stets in bezug auf einen konkreten Ort und nicht als autonome Werke konzipiert worden. Und doch verdanken sie sich einer in ihrem Grund kunstautonomen Grammatik. Entwickelt ist sie aus handwerklichen Tätigkeiten, die, absolut gesetzt, zu künstlerischen werden, nämlich Knicken, Falten, Stapeln, Zusammenstellen, Gegeneinanderlehnen. Mit ihrer Hilfe gelingt es Serra, jene von allem Instrumentalen befreite, in sich sinnvolle, weil in Form gebrachte Gewalt und Expressivität seines Materials Eisen zum Ausdruck zu bringen, was ein wesentliches Moment seines Werkes ausmacht. Gewiß schafft seine Plastik Raum und kann sich sogar erlauben, auf ihren Umraum Rücksicht zu nehmen, ohne sich selbst dabei als eigene Setzung zu beschädigen. Da sagen sich dann die Erklärungen leicht, die dem Zeitgeist huldigen und von der Bedeutung der Bezüglichkeit sprechen, wenn die ureigene Gewalt diese immer erzwingen kann. Serras große Plastiken im öffentlichen Raum schaffen immer neu die Bedingungen, auf die sein Konzept vorher Rücksicht genommen hat. Deshalb auch hindert den Künstler nichts daran, Plastiken hin und wieder von einem spezifischen Ort an einen anderen spezifischen Ort zu versetzen. Sein »Terminal« etwa, der ursprünglich für einen Standort im städtischen Raum von Kassel im Schnittpunkt ungeordneter Straßenzüge konzipiert war, dann aber auf der großen Wiese vor dem documenta-Gebäude stand, um seinen endgültigen Platz auf einer Verkehrsinsel in Bochum zu finden, ist nur ein Beispiel von mehreren dafür, daß sich Künstler wie Serra nicht immer in Sachzwänge einbinden lassen, die manche Theoretiker ihnen als nun neue Leitlinie des Handelns vorgeben wollen.

Plädoyer für die Autonomie auch im öffentlichen Raum

Michael Lingners auf dem Hamburger Symposion vorgetragener Versuch, eine Entwicklung zu beschreiben, die auch den geänderten Interessen von vielen, zumeist jungen Künstlern begrifflich Rechnung trägt, ist gewiß beachtenswert und der Begriffsschärfung förderlich. Mag sogar sein, daß in meiner Version der Begriff der Autonomie reichlich strapaziert wird, aber dann nur in der Absicht, das Territorium von Kunst als entwicklungsfähig vorzustellen, nicht aber als grenzenlos. Ich will dem gleichermaßen theoretisch wie künstlerisch arbeitenden Lingner keinesfalls mangelnde Sensibilität vorwerfen für die notwendige Widerständigkeit von Kunst gegenüber den gefälligen Angeboten, sich doch einzufügen und den sogenannten allgemeinen Erfahrungen und Erfordernissen anzupassen. Doch es gibt, wie auch manche verlockende bzw. frohlockende Rufe in Hamburg gezeigt haben, durchaus Tendenzen, seinen Ansatz weiterzuführen, Apologeten der neuen Beglückung, die die Finalisierung in Lingners Sinne nur als einen Übergang zur neuen Funktionalisierung und Brauchbarkeit der Kunst betrachten – und das seit einigen Jahren mit der Begründung, dies sei der Weg der Künstler. Und Kunst sei schließlich, was Künstler machen. Ich zweifle, auch mit dem Blick auf die documenta 8 bzw. auf Münster, ob sich hier nicht Theorie, die Richtung sein will, hinter Kunst versteckt und diese mißbrauchend vorschiebt.

Die entschiedenste Gegenposition zu der hier eingenommenen hat Stephan Schmidt-Wulffen in seinem Beitrag über Armajani entwickelt. Er erteilt dem Gedanken der Autonomie eine radikale Absage. Mit Armajani ist Schmidt-Wulffen der Meinung, die neue Kunst müsse eine öffentliche und nützliche sein. Hans Ulrich Reck hatte so schon im Katalog der documenta 8 Armajanis Position beschrieben: Kunst müsse nützlich und öffentlich sein, ein Kunstwerk sei »ein strukturelles Szenario, das normale, öffentliche und alltägliche Handlungsabläufe einbezieht«. Der Weg, der so eingeschlagen werden soll, hat nicht nur den ästhetischen Charme, sondern auch die theoretische Faszination einer neuen Nähe von Kunst und Leben. Ich selbst habe in den Modellen der neuen Kunst Ansätze zu einer solchen Nähe gesehen und sie in meinem documenta-Aufsatz beschrieben. Je mehr ich allerdings den Gedanken von Nähe in Richtung von Armajanis Nützlichkeit ausgedeutet sehe, um so skeptischer werde ich ihm gegenüber. Die wie auch immer postmoderne Bereitwilligkeit, autonome Positionen zu zerschlagen, um dem Leben in seiner Erscheinungsform als Zeitgeist näher zu sein, hat eine fatale Tendenz zur Anpassung bis zur Aufhebung von Kunst. Die Menschheit würde gewiß verkommen, wenn ihr letztes Refugium in der Autonomie von Kunst läge. Gegenwärtig aber sehe ich gerade in dieser Autonomie eine Bastion, jenseits von Nützlichkeitserwägungen den Zeitläuften zu widerstehen und neue Hoffnungen aufzubauen. Diese können sich als Kunst-»Denk«-Male im öffentlichen Raum manifestieren: öffentliche Zeichen auch eines individuellen Selbstbehauptungswillens in der unangepaßten Sprache der Kunst.

Für die überschaubare Zukunft plädiere ich deshalb – bei aller Dehnbarkeit des Begriffs – für autonome Konzepte von Kunst im öffentlichen Raum mit allen organisatorischen wie auch gesellschaftlichen Konsequenzen, zum Beispiel:
– Stellvertretungen zu fordern auch in bezug auf Kunst, sprich die Kompetenz der Auswahl Fachjuroren zu überlassen, die gewährleisten, daß die auf allen anderen Gebieten unseres Lebens zumindest geforderte Genauigkeit auch ästhetisch erfüllt wird;
– Kunst im öffentlichen Raum als Zeichen anzuerkennen, die beweisen, daß in einer immer mehr in selbstgeschaffenen Sach- und Überlebenszwängen gefangenen Gesellschaft das kreativ-individuelle Anderssein, das Widersprüchlich-Unvereinnehmbare als Hoffnung notwendig und deshalb durchaus »denk«malwürdig ist;
– alle Vermittlungs- und Diskussionsanstrengungen zu fördern, die Verständnis für dieses Anderssein von Kunst schaffen und Kunst als einen gewichtigen Teil unseres gesellschaftlichen Diskurses begreiflich machen – auch in dem Sinne, daß bei zunehmender Vernützlichung unserer Lebensführung und gleichzeitig sich beschleunigendem Sinnverlust es nicht der ästhetischen Anpassung, sondern des ästhetischen Widerstandes bedarf, um das Denkbare auch noch als Formulierbares zu erkennen.

Stephan Schmidt-Wulffen

Verstehen durch Gebrauchen

Siah Armajanis Kunstprogramm als »dritter Weg« einer Kunst im öffentlichen Raum

Mit ihrem öffentlichen Auftreten unterzieht sich die zeitgenössische Kunst einem extremen Test. Nie sonst gibt sie sich so verbindlich, so kommunikativ. Daß sie dennoch meist auf Ablehnung stößt, läßt wesentliche Voraussetzungen modernen Kunstverständnisses fragwürdig erscheinen. Diskussionen über Kunst im öffentlichen Raum sind deshalb auch Diskussionen über das Selbstverständnis der Moderne.

Vandalismus ist das deutlichste Phänomen solcher Ablehnung durch ein breites Publikum. Walter Grasskamp hat ihn wiederholt unter die Lupe genommen. Ich erinnere an Gründe, die er für dieses aggressive Verhalten ausfindig gemacht hat:

– den fehlenden gesellschaftlich codierten Symbolgehalt;
– die Arroganz von Künstlern und Kulturvermittlern, die sich auf eine kunstimmanente Legitimation verlassen, ohne an eine soziale Legitimation zu denken;
– die Sündenbockfunktion, bei der es die Kunst trifft, obwohl doch eigentlich die funktions- und nutzenorientierte Architektur gemeint ist.

Diese durchaus treffenden Motive lassen sich auf einen gemeinsamen Nenner bringen: Was für die einen Meisterwerke sind, können die anderen gar nicht als Kunst begreifen. Unterschiedliche Erwartungen stoßen aufeinander. Unterschiedliche Bedürfnisse, ein unterschiedlicher Wissensstand sind die Ursache für derartige Differenzen im Kunstverständnis. Wer das Esperanto moderner Kunst nicht gelernt hat, mißt jedes Werk an der einen Funktion des Darstellens. Komplexere Betrachtungsweisen, bei denen es vielleicht um die Wirkung der Schwerkraft, um die Visualisierung von Raumverhältnissen oder nur um das Problem des Sockels geht, haben in diesem weniger entwickelten Kunstcode keinen Platz.

Wenn im Kunstdialog das Wissen fehlt, dann könnte das spontane Erleben einen alternativen Zugang zum Werk eröffnen. Aber mehr und mehr verstellen Stereotypen die Übersetzung eines eigenen, vorurteilsfreien Empfindens ins Verstehen. Die Massenmedien leisten zum Entstehen von Klischees leider einen erheblichen Beitrag. Die Kunstkommunikation im öffentlichen Raum versagt also auf zwei Ebenen: der kognitiven und der sinnlichen.

Die Kunstvermittlung und die Kulturpolitik haben über lange Zeit diesen Unterschied in den Erwartungen und Bedürfnissen lediglich als Hinweis auf ein Defizit begriffen, sich dadurch in ihrem Sendungsbewußtsein gerade herausgefordert gefühlt. Die Ablehnung schien der Beleg für die ästhetische Unmündigkeit vieler Bürger und gleichzeitig für die Notwendigkeit erzieherischer Maßnahmen, die dem Kunstwerk aufgebürdet wurden. Das Unverständnis legitimierte paradoxerweise die Aufstellung der Kunst gerade da, wo man sie nicht haben wollte. Wie so häufig beginnt auch hier der aufklärerische Weg zum autonomen Subjekt mit einer Bevormundung. Mittlerweile sind wir vorsichtiger geworden. Je theoretischer die Zusammenhänge zeitgenössischer Kunst geworden sind, um so weniger einleuchtend fallen die Plädoyers für sie aus. Je mehr sie nach Spezialisten verlangt, um so undurchsichtiger wird ihre gesellschaftliche Funktion. Der direkte Draht zwischen Sinnlichkeit und Sittlichkeit, von dem die Aufklärung träumte, ist längst gekappt, und Thesen wie die von der Kunst als demokratischem Bildungsfaktor, als »moralischer Anstalt«, gar als »Ursprache der Menschheit« greifen nicht mehr. Die Politik, die gern hier ein Museum baut, dort ein Monument spendiert, beweist es mit der Stadtplanung, mit der städtischen Architektur ununterbrochen: Man kann auch ohne Kunst über die Runden kommen. Wie soll man einem Passanten begründen, daß es sinnvoll ist, sich die notwendigen Wissensvoraussetzungen zum Verständnis eines Serra, eines Rückriem oder Walther anzueignen? Und solange die Medien eher auf eine Abstumpfung sinnlicher Erfahrungen hinwirken als auf eine Sensibilisierung, können wir das intuitive Verstehen auf den Sankt-Nimmerleins-Tag verschieben. Kurz: Wir haben einen Mangel an einleuchtenden Legitimationen für eine Kunst im öffentlichen Raum.

Was die Diskussion um Kunst im öffentlichen Raum in den letzten Jahren belebt hat, ist eine neue, subversive Form der Legitimation, an die aus symptomatischen Gründen bis dahin keiner gedacht hat. Allerdings ist es wohl heikel, angesichts dieser Alternative überhaupt von »Legitimation« zu sprechen. Denn auf das Pro und Kontra der Meinungen wird dabei gerade verzichtet. Dieser neben kognitivem und sinnlichem Verstehen »dritte« Weg vermeidet die konfliktträchtigen Prozesse des Verstehens von ästhetischer Form und Bedeutung; er führt durch die Hintertür und orientiert sich – statt am Begreifen – am Verwenden. Er weicht die seit Jahren starren Fronten pragmatisch auf. Dafür entwickelt er neue Formen von Kunst im öffentlichen Raum und wird dadurch zum Modell, an dem sich prüfen läßt, wie das Ideal aussähe, wenn es Wirklichkeit geworden wäre.

Die Gewährsleute dieser anderen Legitimationsform sind Künstler wie Scott Burton oder Dennis Adams; aber auch Thomas Schüttes »Eispavillon« auf der letzten documenta, Ludger Gerdes' Münsteraner »Schiff« schleichen sich auf ähnliche Weise in den öffentlichen Raum. Ich möchte das Prinzip an einer besonders radikalen Position untersuchen, der von Siah Armajani. Jean-Christophe Ammann ist zum Anwalt dieser Art von Kunst geworden, nachdem er in den Kasseler Karlsauen eine Familie beobachtet hatte, die es sich zum gemütlichen Gespräch in einer quadratischen, mit Granit ausgestalteten Bodenversenkung von Maria Nordman bequem machte: »Schlagartig wurde mir bewußt«, berichtet Ammann, »daß diese Menschen vielleicht gar nicht wußten, daß es sich hier um ein Kunstwerk handelte. Sie hatten ganz einfach einen idealen Ort des Zusammenseins gefunden.« Und, so ist man versucht zu ergänzen, sie brauchten sich des Kunstwerks auch gar nicht bewußt zu sein, entsprach doch das harmonische Beisammensein grosso modo dem erwünschten Endergebnis einer verwickelten Reflexionsleistung. Bei Künstlerkollegen von Armajani kursiert dieses Alternativmodell etwas weniger theorielastig unter der Formel: »mit dem Hintern begreifen«. Angesichts des geschilderten Grundproblems einer Kunst im öffentlichen Raum halte ich den Hintern dennoch für eine bedenkenswerte Alternative, zumal wir alle allzu lange auf den Ohren gesessen haben.

Bei dieser Art klandestinen Überzeugens verzichtet der Produzent auf die nachdrückliche Auszeichnung seines Produktes als Kunst und nimmt seinem öffentlichen Erscheinen dadurch erst einmal die provokante Spitze.

Armajani setzt mit seinen Arbeiten nicht persönliche Vorstellungen um. Ihre Form ergibt sich aus der Erforschung der geschichtlichen Situation und der aktuellen Bedürfnisse der Menschen. Während die für das Museum gedachten Werke auf die Gedankenwelt des einzelnen Künstlers bezogen sind und ihren Wert durch die Differenz zum Bekannten erfahren, müssen Werke im Außenraum kooperativ, kontextuell angelegt werden. Armajanis dekonstruktiv-rekonstruktive Methode erlaubt eine auf den besonderen Ort bezogene Formulierung, die gleichzeitig eine spezifische Bedürfnisstruktur veranschaulicht. Dabei wird zunächst einmal die herkömmliche Funktion des geplanten Objekts analysiert, es wird auf seine Grundcharakteristika hin zerlegt. Die Analyseergebnisse gehen dann in den neuen Gegenstand ein. Patricia Phillips hat die Werke Armajanis als »Programme möglicher menschlicher Tätigkeiten« beschrieben. Ihre Botschaft ist verschlüsselt in den Verwendungsmöglichkeiten des Gebildes.

Diese Art der Codierung entspricht in etwa dem, was Holzkamp die »Gegenstandsbedeutung« nannte, mit der er die in einem Objekt verdinglichten Gebrauchswertbestimmungen meinte. Jedes Werkzeug indiziert durch seine Form ja bereits eine nützliche Tätigkeit, der Hammer das Nägeleinschlagen, die Tasse das Trinken usw. So lassen sich natürlich auch Kunstwerke vorstellen, die ihren Sinn nicht einfach behaupten, sondern durch ihre Verwendung körperlich vermitteln. Der Betrachter muß nicht mehr überzeugt werden, er verwandelt sich als Benutzer durch den Umgang mit dem Kunstobjekt.

Die Produktionsweise von Armajani macht offenbar Ernst mit dem Grundproblem einer Kunst im öffentlichen Raum. Sie therapiert nicht mehr mit flankierenden, kunstfernen Maßnahmen, wie Volkshochschulkursen, Bildungsreisen oder Symposien. Sie schiebt auch nicht den Bürgern den Schwarzen Peter zu, sondern sucht die Wurzel des Übels im Charakter der Kunst selbst. Einiges an künstlerischem Besitzstand wird aufgegeben, um Kunst im öffentlichen Raum möglich zu machen. Dieses Vorgehen scheint das praktikabelste, wenn man den Glauben an die Tragfähigkeit der alten Legitimationen verloren hat. Um so interessanter wird die Frage, wie sich Kunst unter dem Aspekt ihrer öffentlichen Wirksamkeit verändert.

Armajani hat in seinen verschiedenen Statements immer von der Demystifizierung des Künstlers und der Kunst gesprochen. Er sagt ganz ausdrücklich: »Unsere Absicht ist es, Bürger zu sein.« Damit zählen nicht mehr individueller Stil und persönlicher Ausdruck, sondern eben die Bedürfnisse der Menschen, die das Werk in seine Gestalt aufnimmt. Nicht der Künstler, sondern die Menschen, die ein Werk benutzen, legitimieren Kunst im öffentlichen Raum. Nicht ein eigengesetzlich entwickeltes skulpturales Prinzip kommt zum Tragen, sondern die Bereitschaft, die eigenen schöpferischen Kräfte in den Dienst einer Sache zu stellen. »Das traditionelle Konzept eigengesetzlicher Kunstproduktion ist nicht geeignet für die generativen Kräfte der Kunst im öffentlichen Raum«, erklärt einer der »Merksätze« Armajanis, die er aus Anlaß eines Vortrags 1987 in Bern notiert hat. Der Anspruch von Avantgarde wird aufgegeben und durch den des »Zeitgenössischen« ersetzt. Zeitgenössisch dann im Sinne von Zeitgenosse, das heißt von jemandem, der an der gemeinsamen Tradition teilhat, und das sind kaum die Traditionen der Kunst.

Der Künstler, der sich nicht mehr zum Problem macht, erscheint in der Rolle des Architekten, Landschaftsgestalters, Designers. Folgerichtig verzichtet Armajani auf die Trennung zwischen schönen und angewandten Künsten: »Das unmittelbare Anliegen öffentlicher Kunst ist nicht primär eine künstlerische Frage, sondern die Aufgabe, die das

Werk zu erfüllen hat.« Es resultiert das Modell einer künstlerischen Praxis, das zu dem autonomer Kunst, wie sie für die Neuzeit verbindlich ist, in vielem komplementär erscheint.

Zur neuzeitlichen Kunst gehört ein spezifisches Selbstwertgefühl des Künstlers. Er hat sich aus handwerklichen Bedingungen gelöst, stellt sich in visionärer Weise seine Themen selbst, auf der Grundlage allerdings theoretischer Kenntnisse. Armajani revidiert diese Entwicklung. Die Grenzen zur angewandten Kunst werden wieder fließend. Der Künstler begreift sich als Bürger wie jeder andere. Damit erhalten dann auch Stil, Entwicklung und Geschichtlichkeit, die mit dem Begriff autonomer Kunst zwangsläufig verbunden sind, eine andere Wertigkeit.

Auch was die Ausdrucksmittel angeht, weicht Armajani von deren Autonomie ab. Autonomie meint ja in dieser Hinsicht die Lösung vom Naturvorbild; Tatsachen sind nicht die des gesellschaftlichen Raumes, sondern die der Kunst selber. Die – wie Armajani sagt – »messianische Kunst« des öffentlichen Raumes verzichtet auf jeden Selbstbezug. Das Werk fügt sich in die Zweckstruktur ein, die Architektur, Verkehr usw. vorgeben. Solche Kunstwerke thematisieren bestenfalls eine Bedürfnisstruktur, veranschaulichen sie. Selbstbezug im Sinne der Moderne führt dagegen jene Reflexionsebenen ein, die Funktion von Kunst im öffentlichen Raum blockiert.

Wie unter der Lupe kann man die Zusammenhänge noch einmal beobachten, wenn man über die Semantik der Werke nachdenkt. Im Rahmen einer autonomen Kunst wird das Werk nicht als Gebrauchsinstrument rezipiert, sondern ähnlich wie ein Satz, ein Text, als Aussage. Wir sind gewohnt, gerade weil der Gegenstand zweckfrei ist, ihn in Beziehung zum Denken eines Künstlers zu setzen. Wir begreifen ihn als Zeichen. Wenn das Werk Zwecken gehorcht, dann geht sein Zeichencharakter verloren. Gerade darin liegt ja die Möglichkeit von Armajanis Alternative. Erst in einer späteren Reflexionsstufe, die gar nicht notwendig erreicht werden muß – darin setzt dieser »dritte Weg« durchaus einen polemischen Akzent –, kann eine Sinnsuche beginnen.

Allerdings zeigt hier Armajanis Modell auch seine Begrenztheit. Betrachtet man eine seiner Architekturen, dann ist ganz offenbar, daß sie keineswegs nur unter ihrem funktionalen Aspekt gesehen wird. (Ausschließlich unter der Prämisse von guter Architektur betrachtet, wären diese Brücken und Pavillons wohl kaum einer Erwähnung wert.) Armajanis Arbeiten regen zum Nachdenken an, provozieren, weil sie auch eine Behauptung über Kunst aufstellen. Ihre rein funktionale Dimension ist durchaus um eine propositionale erweitert. Diese Inhaltlichkeit kommt durch den Bezug auf diejenige Kunst zustande, die Armajani kritisiert, durch den Bezug auf autonome Kunst. Besäßen diese Werke nicht die Folie der autonomen Kunst, verlören sie vieles von ihrer Aussagekraft.

Hier wird erkennbar, daß das wachsende Interesse am öffentlichen Raum, wie wir es in den letzten Jahren erleben, denn auch nur in zweiter Linie aus einem Interesse an der Öffentlichkeit zu erklären ist. Die meisten Künstler stoßen auf dieses Arbeitsfeld, eben weil sie am überkommenen Begriff der autonomen Kunst feilen. Genauer: Kunst im öffentlichen Raum ist Katalysator einer komplexen Entwicklung, bei der wichtige Orientierungsmarken moderner Kunst auf dem Prüfstand stehen und die durch den Trend von der Konfrontation zur Kooperation geprägt ist. In dieser Gegenüberstellung klingt übrigens auch eine Revision der Moral an. Das Fragwürdigwerden aufklärerischer Zielsetzungen, wie ich sie anfangs angedeutet habe, spiegelt nur diese Tendenz zu einer »Strategie der Affirmation«. Konzepte wie das der Entwicklung, des Stils, der Abweichung werden auch auf andere Weise, in der Malerei, in der traditionellen Skulptur, in Frage gestellt. Zitat, Schönheit, die Renaissance des Narrativen, das Spiel mit dem Warencharakter gehören genauso wie das Gedankenmodell »öffentlicher Raum« zu einer neuen Form künstlerischer Selbstbefragung. Eben deshalb öffnet sich erst jetzt dieser »dritte«, pragmatische Weg. Das breite Publikum unmotivierter Passanten wurde erst interessant, als den Künstlern die Institution Kunst fragwürdig wurde. Denn der öffentliche Raum verlangt besondere Strategien, die die Autonomie der Kunst in besonderer Weise beleuchten. Dabei geht es mehr um die probeweise Veränderung bekannter Orientierungen als um direkte Zielsetzungen. Theorien und Werke wie die von Armajani sind Gedankenmodelle, die neue Praxiszusammenhänge zutage fördern sollen. Denn: Eine nichtautonome Kunst können wir uns letztlich nicht vorstellen, genausowenig wie den Tod der Kunst. Kunst mag sich auf die Funktionalität zubewegen, aber es läßt sich kaum annehmen, daß sie sie je erreichen wird.

Allerdings läßt sich in diesem Zusammenhang fragen, ob der Begriff der »Funktionalisierung« so eng ausgelegt werden muß wie bei Armajani. Ist nicht auch die Rückkehr des Erzählerischen, wie sie in den letzten Jahren zu beobachten ist, eine »Funktionalisierung«, beschränkt allerdings auf den Bereich der Semantik? Bei einigen Projekten von Joseph Beuys existieren durchaus noch autonome Werke, ihr Sinn erschließt sich aber unmittelbar durch den politischen Zusammenhang, in dem sie funktionieren. Das Mahnmal erscheint als Modell bei dem Balanceakt zwischen autonomem Werk und dieser Art semantischer »Funktionalität«.

Immerhin lassen alle diese Überlegungen erkennen, daß die Anforderungen, die mit einer Kunst im öffentlichen Raum formuliert werden, von der uns geläufigen »modernen« Kunst nicht zu erfüllen sind. Jene Probleme, die unter dem Stichwort einer Kunst im öffentlichen Raum verhandelt werden, sind nicht einzelnen Werken anzulasten, sondern folgen in ihrem Wesen aus dem meist stillschweigend vorausgesetzten Kunstbegriff. Die Frage, wie ein Werk aussehen muß, um in der Öffentlichkeit funktionieren zu können, ist also falsch gestellt. Diskussionen um Kunst im öffentlichen Raum sind letztlich Diskussionen um einen neuen Kunstbegriff.

Michael Lingner

Zur Konzeption künftiger öffentlicher Kunst
Argumente für eine Transformierung ästhetischer Autonomie

Zum Zeichen des kulturellen Neuanfangs sind bereits 1950 vom Bundestag die sogenannten »Kunst-am-Bau«-Richtlinien verabschiedet worden, um die im Dritten Reich geächtete und verfolgte moderne Kunst öffentlich zu rehabilitieren. Wo immer in der Bundesrepublik seither Werke des 20. Jahrhunderts nicht an ihren herkömmlichen Schauplätzen – den Museen, Kunstvereinen oder Galerien – zu sehen sind, handelt es sich zumeist um Ergebnisse solch staatlich geförderter »Maßnahmen zur künstlerischen Ausgestaltung öffentlicher Gebäude«[1]. Obwohl diese Auftragswerke, gerade weil sie in und vor der Öffentlichkeit sich als Kunst zu beweisen haben, allzuoft von prätentiöser Penetranz sind, führen die meisten doch nur ein Schattendasein – jedenfalls was ihre gesellschaftliche Akzeptanz betrifft. Immer wieder wird solchen Projekten Verschandelung und Geldverschwendung vorgeworfen, was indes nur äußerst selten dazu geführt hat, daß die Entscheidungen der bestellten Experten revidiert und künstlerische Arbeiten wieder aus der Öffentlichkeit entfernt wurden.

Daß ihre Gegner sich meistens nicht durchsetzen konnten, ist vor allem wohl dem Nimbus von Progressivität zu verdanken, der die moderne Kunst besonders in Deutschland nach dem Zweiten Weltkrieg umgeben hat. Zwar wurde sie deswegen noch längst nicht allgemein akzeptiert, zumindest aber doch – wie widerwillig auch immer – respektiert. Spätestens seit im Zeichen der Postmoderne die Fortschrittsideologie mit massiver Kritik bedacht wird, ist dieser Nimbus jedoch stark verblaßt. Der ohnehin schon durch die dauernden avantgardistischen Erweiterungen und Infragestellungen des Kunstbegriffs gefährdete Respekt vor der modernen Kunst – sei es ein richtig oder ein falsch verstandener – scheint nunmehr gänzlich zu schwinden. Vandalistisches Verhalten gegenüber den der Öffentlichkeit ausgesetzten Werken wird um so häufiger, je weniger diese auch nur rein äußerlich noch konkurrieren können mit dem Prunk und Protz der attraktiven Architekturen und faszinierenden Inszenierungen, mit denen viele Innenstädte im letzten Jahrzehnt mehr und mehr zu umsatzoptimierenden Verkaufslandschaften durchgestylt worden sind.

Ohne daraus etwaige Maßstäbe künstlerischer Qualität ableiten zu wollen, läßt sich angesichts der Realität dieses perfekt funktionierenden Warenästhetizismus nicht leugnen, daß es im Unterschied dazu den allermeisten Kunstwerken der Moderne bisher im Außenraum nicht gelungen ist, Öffentlichkeit zu schaffen oder irgendwelche anderen öffentlichen Funktionen zu entfalten.

I.

In der deutschen Frühromantik am Anfang des 19. Jahrhunderts suchte die Kunst sich endgültig aus ihren traditionellen höfischen, kirchlichen und ständischen Funktionszusammenhängen zu befreien. Ausgehend von diesen Anfängen ökonomischer und institutioneller Unabhängigkeit, hat sich die Entwicklung der modernen Avantgardekunst als Prozeß immer weitergehender Autonomisierung vollzogen. Aufgrund dieses unumkehrbaren historischen Verlaufs kann Kunst nicht mehr zugleich auch als Altarbild oder Herrscherporträt, sondern nur noch ganz und gar als Kunst existieren oder aber macht überhaupt keinen Sinn mehr. Um weiterbestehen zu können, muß sie sich deshalb ganz auf die Selbstdefinition und höchste Steigerung ihrer künstlerischen Qualitäten konzentrieren.

Dazu ist es erforderlich, daß sich die Kunst von allen äußeren, kunstfremden Zwecken freihält und nur mehr – so Kants klassische Formulierung – einer »Zweckmäßigkeit ohne Zweck«[2] gehorcht. Ihre Zweckmäßigkeit kann dann nur noch darin bestehen, die Möglichkeiten ihrer eigengesetzlichen Entwicklung zu wahren und zu erweitern. Strebt die Kunst danach, möglichst von nichts Außerkünstlerischem mehr bestimmt zu werden, so kann sie sich freilich nicht länger vorgegebener Inhalte und Formen bedienen, sondern muß diese erst selber hervorbringen. Weil es hierzu der höchst individuellen und zunächst rein persönlichen Erfindung des Künstlers bedarf, wird die um der »unendlichen Potenzierung«[3] ihrer künstlerischen Kräfte willen sich als Selbstzweck setzende autonome Kunst zu einem »Medium der Selbstbestimmung und Selbstfindung freier Subjekte«[4].

Autonome Kunst, die aus der notwendig hermetischen Wechselbeziehung zwischen ihrer Eigengesetzlichkeit und der Subjektivität des Künstlers lebt, ist in Produktion und Rezeption auf den Freiraum der Privatheit angewiesen. Obwohl sie selber immer wieder versucht, ihre autonom entwickelten künstlerischen Qualitäten möglichst auch gesellschaftlich wirksam werden zu lassen, ist gleichwohl jeder von außen kommende »öffentliche Anspruch an das (autonome) Kunstwerk eine Zumutung«[5], weil er letztlich zur Selbstaufgabe auffordert. Umgekehrt ist die moderne Kunst bis auf wenige Ausnahmen – zu denken ist beispielsweise an die Gruppe »De Stijl«, an Matisse, Le Corbusier, Mataré – freilich auch eine Zumutung für die Öffentlichkeit geworden, wenn sie sich dennoch auf außerkünstlerische Ansprüche eingelassen hat. Insofern gibt es eigentlich – wie Martin Warnke konstatiert – »weder von seiten der Kunst [. . .] noch von seiten [. . .] des Publikums [. . .] einen substantiellen Bedarf nach einer Kunst im öffentlichen Raum«[6]. Ohnehin sei es aus »historischer Sicht [. . .] undenkbar, daß der öffentliche Raum [. . .] von einer subjektiven, allein vom Künstler verantworteten Kunst bestückt sein könnte«[7].

Darüber hinaus befindet sich die autonome Kunst im Außenraum sogar unter günstigsten Voraussetzungen in einem unauflöslichen künstlerischen Dilemma. Gerade wenn sowohl das öffentlich plazierte Kunstwerk wie die es umgebende Architektur zu den besten Beispielen ihres Praxisbereiches gehören, werden sich ihre ästhetischen Qualitäten jeweils nur in äußerster Autonomie entfalten können und erfahren lassen. Eben deshalb sind nicht nur »beide nicht aufeinander angewiesen«[8], sondern relativieren einander künstlerisch um so mehr, je »besser« es gelingt, sie zu integrieren. Unterbleibt aber eine solche den bisherigen »Kunst-am-Bau«-Bestrebungen als Ideal erscheinende Integration zwischen Kunst und Architektur, so muß es aufgrund ihres je eigenen Anspruchs auf ästhetische Absolutheit zu einer künstlerisch destruktiven Konkurrenz zwischen ihnen kommen. Daß es trotz ständiger Beschwörungen »einer stärkeren Integration von Kunst- und Bauwerk schon im Planungsstadium«[9] kaum eine tatsächliche Zusammenarbeit zwischen Künstlern und Architekten gibt, ist ein Indiz für die strukturelle Unmöglichkeit, autonome Kunst und Architektur auf irgendeine künstlerisch überzeugende Weise in Beziehung zu setzen.

Da Kunst im öffentlichen Raum jedoch ohne architektonischen Bezug schlechthin unvorstellbar ist, kann dort das Problem der Unvereinbarkeit von Kunst und Architektur nicht wirklich gelöst, sondern höchstens auf eine unschöne Weise entschärft und verschleiert werden: Nur durch die Verringerung der künstlerischen Qualität der Kunst- und/oder Bauwerke, die einhergeht mit der Schwächung ihres Autonomieanspruchs, ist es erreichbar, daß die künstlerische Unvereinbarkeit weniger eklatant erscheint. Hierin liegt ein Grund dafür, daß sich ein ganz eigener Typus von »Kunst-am-Bau«-Künstlern herausbilden konnte, der nichts anderes als die epigonale Adaption und Verwertung fremder Formerfindungen betreibt. Die Folge ist, daß »die Geschichte derjenigen Kunst, die für den öffentlichen Raum gemacht worden ist, [...] besonders geringen, oder gar keinen oder ganz verzwickt widersprüchlichen Einfluß auf das ästhetische Selbstverständnis der modernen Kunst gehabt«[10] hat.

Da die bisherige »Kunst-am-Bau«-Konzeption weder für die Öffentlichkeit noch für die Kunst in irgendeiner Weise produktiv ist, muß sie insgesamt als völlig verfehlt gelten. Ihr Scheitern ist ein typisches Beispiel für die fatalen Folgen, die sich aus jeder Einmischung politischer Interessen in die Kunst ergeben. Es können dabei nichts anderes als »furchtbare Bastarde«[11] herauskommen, weil gesellschaftliche Probleme sich keinesfalls künstlerisch lösen lassen. Das trifft auch und erst recht auf politisch unbewältigte Probleme zu, wie es sie nach dem Krieg etwa aufgrund der Schuldgefühle gegenüber der modernen Kunst oder wegen der katastrophalen Wiederaufbauarchitektur gab: Denn statt Rehabilitierung erfuhr die Moderne als »Kunst am Bau« erneut eine Diskreditierung, und die Scheußlichkeiten der Nachkriegsarchitektur wurden nicht revidiert, sondern allenfalls ästhetisch kaschiert. Ihrem Wesen nach Formung, ist Kunst gerade nicht »Phantasie im Rohzustand«[12] und daher kein bloßes Mittel, dessen sich Politik oder Wirtschaft für außerkünstlerische, vermeintlich höhere soziale oder ökonomische Zwecke nach Bedarf bedienen dürfen. Vielmehr kann Kunst, solange sie in ihrer großen Tradition als »freie« Kunst steht, direkt »nur« künstlerischen Zwecken dienen und intentional allein das Bewußtsein über Kunst verändern. Jedenfalls ist sie zur Veränderung des wirklichen Daseins nur indirekt und manchmal, aber immer auf eine vom Künstler letztlich unbestimmbare Weise imstande.

Natürlich hat es von Anbeginn erhebliche künstlerische Vorbehalte gegen das bestehende »Kunst-am-Bau«-Programm gegeben. Aber die Bedenken richteten sich mehr gegen die künstlerische Qualität einzelner Projekte und haben sich nicht – wie es hier versucht wird – zur Formulierung einer prinzipiellen Position gegen »Kunst am Bau« verdichtet. Wenn schon die grundlegenden Konflikte zwischen Öffentlichkeit und autonomer Kunst zwar stets latent, aber ohne programmatische Folgen blieben, so hätte doch zumindest die frustrierende öffentliche Funktionslosigkeit längst zu tiefgreifenden konzeptionellen und praktischen Konsequenzen für die »Kunst am Bau« führen müssen. Daß es dazu bisher nicht gekommen ist, hängt eng mit der besonderen Bedeutung zusammen, die diese Funktionslosigkeit für die Entwicklung autonomer Kunst hat: Nicht zuletzt wegen der politischen Folgen der Französischen Revolution von 1789 ist die Kunst »aus dem Kreis der ›nützlichen Künste‹ ausgeschieden«[13], weil sie sich der klerikalen und feudalen Fesseln entledigte und nicht mehr als Vermittlerin der göttlichen Sinnordnung oder des herrschaftlichen Ordnungssinns fungieren wollte und konnte.[14] »Wie andere Handwerke auch hätte die Kunst daraufhin aussterben können«[15], wenn sie nicht entdeckt hätte, daß gerade diese Funktionslosigkeit es ihr ermöglicht, unabhängig von den Ansprüchen der äußeren Realität, allein aus sich selbst, das Künstlerische viel reiner hervorzubringen. Um dieser Steigerung der künstlerischen Qualität willen hat sich die Avantgardekunst nicht gescheut, die Funktionslosigkeit zu ihrem wahren Wert und ihrer eigentlichen Funktion zu erklären.

Solange dieses Autonomieverständnis vorherrscht, gilt darum die Funktionslosigkeit als das entscheidende Kriterium für die künstlerische Qualität. Daß jedoch die Werke, gerade wenn sie diesem kunstimmanenten Maßstab genügen, im Außenraum scheitern müssen, darin besteht die unauflösliche Paradoxie der Kunst im öffentlichen Raum. Dabei ist dieses Scheitern an der Funktionslosigkeit, jedenfalls vom Standpunkt des Künstlerischen, gar kein Scheitern, sondern nichts anderes als die Notwendigkeit autonomer Kunst, sich kunstfremder Zweckbestimmung zu verweigern. Indem aber dieses »Scheitern« im öffentlichen Raum als künstlerisch notwendig apostrophiert wird, werden selbst die künstlerisch fragwürdigsten Gebilde allzuleicht gerechtfertigt und bis heute jeder kategorischen Kritik entzogen.[16]

Weil die autonome Kunst ihr gesellschaftliches Scheitern also nicht nur in Kauf nimmt, sondern darin geradezu ihre Selbstbestätigung findet, gerät sie zwangsläufig in Gegensatz zur Gesellschaft: »Nur noch einem selbstbestimmten, kunstimmanenten Wertmaßstab ausgesetzt [...] finden sich die Künste grundsätzlich in Opposition [...] gegenüber [...] der Gesellschaft.«[17] Denn die nach äußerster Zweckrationalität strebende bürgerliche Gesellschaft muß jede sich als Selbstzweck begreifende Betätigung wie einen Angriff auf ihre Ideale, ja ihre Existenz erleben. Wegen dieses Grundwiderspruchs kommt die Kunst gar nicht umhin, ihre Autonomie als etwas gegen die Gesellschaft Gerichtetes aufzufassen. Deswegen hat es ihr auch bislang genügen können, sich hinsichtlich ihrer Funktion in der Gesellschaft ausschließlich negativ, nämlich durch ihre gesellschaftliche Zwecklosigkeit zu definieren.

Selbst und gerade auch da, wo die autonome Avantgardekunst positive Utopien entwikkelt, ja Gesamtkunstwerksvisionen zur Verbesserung der Welt verfolgt, handelt es sich allemal um Gegenentwürfe zur bestehenden Gesellschaft, welche die realen gesellschaftlichen Voraussetzungen, unter denen ihre Verwirklichung überhaupt möglich wäre, negieren. Soweit sie nicht von vornherein als Omnipotenzphantasien gedacht sind, entstammen sie alle einer Einstellung des »Dennoch«; eines »Dennoch – bis zur heroischen Lächerlichkeit«, eines »Dennoch – bis zum anmaßenden Selbstopfer«. »Mit jeder pathetischen Geste des Dennoch«[18] »kritisiert [Kunst] die Gesellschaft durch ihr bloßes Dasein«[19]. Nach dem zum Verzicht umgewerteten Verlust ihrer Brauchbarkeit hat sich die autonome Kunst in dieser Funktion »als eine Art kritische Außenstelle der Gesellschaft halten können«[20] und leistet in solcher »rigiden Distanz [...] vielleicht ihren wichtigsten gesellschaftlichen Beitrag«[21].

Andererseits hat diese Distanz, auch wenn sie im permanenten Protest gegen die Gesellschaft entstanden ist, für die autonome Kunstpraxis fatalerweise zur Folge, daß sie »die

Gesellschaft, vor der ihr schaudert, auch unbehelligt«[22] läßt. Der theoretische Einwand gegen diesen »affirmativen Charakter«[23] der bürgerlichen Kultur, den vor allem Marcuse erhoben hat, ist von der gesellschaftlichen Praxis nur allzusehr bestätigt worden. Autonome Kunst vermag darum gerade nicht als kritische Instanz der Gesellschaft zu fungieren, was ihrem notorischen Widerspruchsgeist am ehesten entspräche und ihre einzig effektive Aufgabe im öffentlichen Raum sein könnte. Statt dessen ist auch unter dieser Perspektive zu konstatieren, daß »das traditionelle Konzept eigengesetzlicher Kunstproduktion [...] nicht geeignet ist für die generativen Kräfte der Kunst im öffentlichen Raum«[24].

II.

Freilich bedeutet die Durchsetzung des Autonomiegedankens in der Kunst seit Anfang des 19. Jahrhunderts nicht die Aufhebung jeglicher Abhängigkeiten. Denn die politische Autonomie der Kunst, das heißt ihre ökonomische, funktionale, institutionelle Unabhängigkeit von der Gesellschaft, ist lediglich relativ[25], weil ihre Durchsetzung immer auch von der Persönlichkeit des Künstlers, insbesondere seiner Willenskraft, abhängt und seine Kunst in ihren generellen »Möglichkeiten stets vom System gesellschaftlicher Praxis«[26] begrenzt ist. Aus denselben Gründen ist auch die ästhetische Autonomie, das heißt die inhaltliche, formale, konzeptionelle Unabhängigkeit von der Gesellschaft, grundsätzlich nur relativ. Trotzdem ist die historisch tatsächlich erlangte politische und ästhetische Autonomie überhaupt nicht zu unterschätzen. Immerhin besteht sie in der Möglichkeit, aber auch der Verpflichtung des Künstlers, sich die politische und geistige Freiheit zur individuellen Aufhebung derjenigen soziokulturellen Bedingungen zu nehmen, die seine Kunst reglementieren oder korrumpieren könnten. Die durch den Gebrauch dieser Freiheit ermöglichte Autonomisierung hat jedenfalls zu einem fundamentalen Umbruch in der Kunst geführt.

In der Entstehungsphase der Kunstautonomie waren das Streben nach politischer und das nach ästhetischer Autonomie noch nicht geschieden, sondern haben sich in unauflöslicher Wechselseitigkeit ermöglicht und erzwungen. Die analytische Unterscheidbarkeit einer politischen und einer ästhetischen Komponente der Kunstautonomie hat sich erst aus der weiteren Entwicklung ergeben: Der zu erreichende Grad an politischer Autonomie ist weitgehend von der politischen Verfassung der Gesellschaft vorbestimmt. Sofern der Künstler nicht zum direkt politisch Handelnden werden will, kann er künstlerisch nur innerhalb der gegebenen gesellschaftlichen Rahmenbedingungen agieren, was indirekt zu deren Veränderung beitragen mag. Während die politische Autonomie der Kunst sich durch die künstlerische Praxis mithin nicht prinzipiell ausweiten läßt, sondern bestenfalls bis an die Grenzen des je Möglichen individuell ausgeschöpft werden kann[27], ist die ästhetische Autonomie auf künstlerische Weise substantiell erweiterbar und hat sich denn auch seit ihren Anfängen dauernd gesteigert.

Die Steigerung der ästhetischen Autonomie geschah durch die Reduzierung jener gesellschaftlichen Einflüsse, die nicht nur die Kunst generell, sondern die einzelnen künstlerischen Entscheidungen in inhaltlicher, formaler und konzeptioneller Hinsicht betreffen. Welche gesellschaftlichen Erwartungen an die Kunst gerichtet und welche für sie derart problematisch wurden, daß sie sich von ihnen unabhängig zu machen suchte, das hat sich in den vergangenen zweihundert Jahren der Geschichte autonomer Kunst völlig verändert. Auch wenn in diesem Prozeß durchaus eine Logik und Fortschritte zu größerer Autonomie erkennbar sind, gibt es in seinem tatsächlichen Verlauf doch Widersprüchlichkeiten und Ungereimtheiten, Vorgriffe und Rückbezüge auf frühere Stufen der Autonomisierung, ohne daß dieser Fortschritt die Kunst auf eine höhere Stufe geführt hätte als die der Möglichkeit ihrer Weiterexistenz. Zur Bestimmung des tatsächlichen gegenwärtigen Standes der Autonomisierung ist es erforderlich, einige ihrer wichtigsten Entwicklungsstufen idealtypisch zu skizzieren.

Am Anfang ist das künstlerische Autonomiestreben vor allem darauf gerichtet, die kirchlichen, höfischen und ständischen Vorschriften über die der Kunst geziemenden Zwecke und Inhalte aufzuheben. In der Malerei der Romantik gelingt es beispielsweise Caspar David Friedrich und Philipp Otto Runge, die Natur, wie sie sich in der »schönen Landschaft« offenbart, als neuen Inhalt der Kunst zu entdecken, der allein dem jenseits aller Nützlichkeit liegenden rein ästhetischen Zweck dient, »die Empfindung unserer selbst im Zusammenhang mit dem Ganzen«[28] zu erwecken. Zugleich aber wendet sich die romantische Kunsttheorie auch schon gegen die herrschenden gesellschaftlichen Geschmacksvorstellungen, wenn etwa Friedrich Schlegel die Berechtigung des Häßlichen in der Kunst damit begründet, daß »selbst in der höchsten Stufe der Häßlichkeit [. . .] noch etwas Schönes enthalten«[29] sei. Wirklich folgenreich für die bildenden Künste wird diese theoretische Argumentation dann in der zweiten Hälfte des 19. Jahrhunderts, um im 20. Jahrhundert in der Praxis durch bestimmte Kunstrichtungen, die sich des Häßlichen immer hemmungsloser bedienen, sogar weit übertroffen zu werden.

Gleich zu Beginn des Jahrhunderts ist es der Kubismus, der sich von der naiven Vitalität der Primitiven stark inspiriert zeigt. Jeder Gegenstand des kubistischen Bildes wird durch abstrahierende Darstellung so deformiert, daß er seine eigentliche Identität verliert, »um nur des Kunstwerks urinnerstem Einheitswillen [noch] zu gehorchen«[30]. Was die kubistische Kunst zu ihrem Inhalt macht, existiert deshalb erst durch die künstlerische Umformung und kommt in der allgemeinen gesellschaftlichen Wirklichkeit nicht vor. Insofern lebt das Kunstwerk nicht länger aus dem mimetischen Rückbezug auf die Realität, sondern kann den Anspruch erheben, eine davon unabhängige, eigene Wirklichkeit für sich zu sein, die anders als alle anderen Wirklichkeitsbereiche wesentlich ästhetisch organisiert ist. Um die Autonomie des Werkes gegenüber dem gesellschaftlich als wirklich Geltenden weiter zu steigern, ist es daher konsequent, wenn in der Folge der Konstruktivismus über die kubistischen Deformationen hinaus die Gegenstände der Außenwelt so stark geometrisiert, daß sie sich in reine Formen und Farben auflösen. Die damit erreichte Ungegenständlichkeit der Kunst bedeutet ihre absolute Befreiung von kunstexternen inhaltlichen Bestimmungen.

Die Kunst ist nun, nachdem der Konstruktivismus die alltäglichen Erscheinungen auf ihre gestalterischen Grundelemente reduziert hat, auch in formaler Hinsicht nicht mehr durch die Alltagswelt bestimmt. Selbst bei völliger Ungegenständlichkeit eines Werkes können die formal-künstlerischen Entscheidungen dennoch nicht in absoluter ästhetischer Autonomie getroffen werden. Da nämlich gesellschaftlich als Kunst nur das anerkannt wird, was gewisse morphologische Merkmale mit früheren Kunstformen gemeinsam hat, ist von diesen – ob bewußt oder unbewußt – letztlich jede subjektive formal-künstlerische

Entscheidung abhängig. Erst seit Duchamp mit seinen Ready-mades exemplarisch gezeigt hat, daß sich als Kunst auch etwas behaupten und anschauen läßt, was nicht die Form des Tafelbildes oder der Sockelplastik hat, bilden diese traditionellen Grundformen der Kunst nicht mehr den obligatorischen Rahmen, in dem sich alle künstlerischen Entscheidungen zu bewegen haben. Vielmehr kann nun völlig frei entschieden werden, welche Formen als Kunst möglich sind.

Zwangsläufig haben solche Formentscheidungen sehr viel grundsätzlichere und weitreichendere Bedeutung als alle bisherigen, da sie das Kunstwerk nicht mehr bloß in seiner Erscheinungsweise betreffen. Denn wenn ein Objekt durch keinerlei morphologische Ähnlichkeiten mit traditionellen ästhetischen Gebilden sich noch als Kunstwerk ausweist, muß mit der Entscheidung über seine Form überhaupt erst seine Seinsweise als Werk der Kunst definiert werden. Dies aber geht über rein formalästhetische Erwägungen weit hinaus und ist nicht ohne konzeptionelle Überlegungen möglich, die grundsätzlich nach dem Wesen, der Idee oder dem Begriff von Kunst fragen. Daß sich die Kunst bei diesen Grundentscheidungen von den herrschenden gesellschaftlichen Kunstvorstellungen, -meinungen und -urteilen nicht einengen läßt, das macht ihre konzeptionelle Autonomie aus. Doch solange diese Autonomie nur in der Abwehr kunstexterner Beeinflussungen besteht, ist sie freilich eingeschränkt. Die Periode, in der die Kunst nach der inhaltlichen (Picasso) und formalen (Mondrian) diese konzeptionelle (Duchamp) Unabhängigkeit von der Gesellschaft gewinnt, wird gemeinhin als klassische Moderne bezeichnet.[31]

Da sich die Kunst in ihrem Streben nach konzeptioneller Autonomie immer auch selbst thematisieren muß, kann sie deren absolute Verwirklichung nur dadurch erreichen, daß sie ihren Anspruch auf Eigengesetzlichkeit nicht mehr nur gegen die Gesellschaft, sondern ebenso gegen sich selbst richtet. Will sie der Entwicklungslogik ihrer Autonomisierung weiter folgen und die absolute konzeptionelle Autonomie erlangen, muß sich die Kunst notwendig von ihrer Fixierung auf die Gesellschaft als bislang einzigen Widerpart ihres Autonomiestrebens lösen. Dieser neue Abschnitt der Autonomisierung ist durch die Paradoxie gekennzeichnet, daß die Kunst ihre Unabhängigkeit so wie bisher gegenüber der Gesellschaft nun gegenüber sich selbst durchzusetzen hat.

Die aus diesem Zwang zum Selbstwiderspruch entstehende Avantgardekunst reagiert mit dem Versuch einer andauernden Überwindung der eigenen Tradition. Nicht nur längst historisch gewordene künstlerische Positionen, sondern gerade die gegenwärtigen werden radikal in Frage gestellt, um sich von ihnen zu befreien. Dabei wird Geschichte nicht einfach negiert, sondern im dialektischen Sinne aufgehoben, nämlich bewahrt und überwunden zugleich, ohne daß dieser Entwicklungsprozeß, trotz immanenter Linearität und Logik, einen Fortschritt der Kunst bedeutete. Die zu immer weiterer Autonomisierung verdammte Avantgardekunst flieht ihre Geschichte ohne Ziel, wenn nicht diese Flucht selbst ihr Ziel und Zweck ist. Sie gleicht dem Herrn in Kafkas Erzählung »Der Aufbruch« (1922), welcher auf die Frage des Knechts, wohin er reite, antwortet: »Ich weiß es nicht, ... nur weg von hier. Immerfort weg von hier, nur so kann ich mein Ziel erreichen«, und als der Knecht sagt: »Du kennst also dein Ziel«, nur zu erwidern weiß: »Ich sagte es doch: Weg von hier, das ist mein Ziel.«

Wie bei der vorangegangenen ästhetischen Autonomisierung der Kunst gegenüber der Gesellschaft, so gibt es im Prinzip auch bei diesem Prozeß, in dem die Avantgardekunst immer unabhängiger von sich selbst und ihrer Tradition wird, die Aufeinanderfolge inhaltlicher, formaler und konzeptioneller Phasen, die aber noch weniger als zuvor scharf voneinander zu trennen sind. Sie gehen nicht nur ineinander über, sondern verlaufen mit wechselnder Dominanz synchron, ohne wirklich zu alternieren. Aber um welchen Entwicklungsschritt in der Autonomisierung es sich auch handelt, immer hat das konzeptionelle Moment dabei eine entscheidende Bedeutung, weil jede avantgardistische Formentscheidung untrennbar mit der Reflexion und Umformulierung des Kunstbegriffs verbunden ist. Die autonome Avantgardekunst ist im Sinne Gehlens wesentlich »conceptuelle«, weil »der Begriff [...] im Nerv der malerischen Konzeption [...] sitzt«, so daß »die Reflexion, und zwar in ihrer begrifflichen, systematischen Form, bereits als Bestandteil des schöpferischen Prozesses zu gelten hat«[32].

Die aus solcher Selbstreflexion sich zunehmend ausbildende Selbstbezüglichkeit und Selbstgesetzlichkeit der Kunst hat diese dazu gebracht, ihre Inhalte, Formen und Ideen immer ausschließlicher aus sich selbst zu schöpfen. Als Momente einer Praxis, die sich zur »Kunst über Kunst«[33] und »Kunst aus Kunst«[34] entwickelt hat, formulieren sich künstlerische Aussagen über Mensch und Welt nur noch gebrochen durch die Selbstreflexion der Kunst. Aus dieser extremen ästhetischen Autonomisierung ergibt sich zwangsläufig, daß die Kunst nicht mehr nur für einzelne ihrer spezifischen Leistungen und Qualitäten, sondern auch für das, was sie sozial als »Ganzes« ist, selbst verantwortlich wird. Die Kunst ist zu einer »Eigengesellschaft«[35] geworden, die nicht mehr gesamtgesellschaftlich bedingt ist, sondern deren Gesellschaftlichkeit erst durch die Gesamtheit derer konstituiert wird, die kunstbezogen agieren – mag dieses Handeln mehr oder weniger Konsequenzen haben und von größerer oder geringerer Verantwortlichkeit sein.

Die Ausdifferenzierung der Kunst zu einer »Eigengesellschaft« bedeutet, daß es nun auch in der Kunst selbst gesellschaftliche Faktoren, also ökonomische, politische, institutionelle Interessen, Ansprüche, Erwartungen gibt, die nicht notwendig mit denen der Gesamtgesellschaft (bzw. denen anderer gesellschaftlicher Teilsysteme) identisch sind. Ob sich die künstlerische Praxis gegenüber diesen eigentlich kunstexternen Bestimmungen, die nunmehr von der Kunst gleichsam internalisiert worden sind, mit ihren bisherigen Strategien der Autonomisierung wird behaupten können, ist freilich die große Frage. Einerseits droht ein Gebaren, bei dem künstlerische Entscheidungen – zumal wenn sie nicht mehr ausschließlich von Künstlern, sondern beispielsweise auch von Ausstellungsmachern, Galeristen, Journalisten getroffen werden – immer stärker und ausschließlicher im »eigengesellschaftlichen« Sinn ökonomischen, politischen, institutionellen Motiven gehorchen. Andererseits sind auch die unter dem umgekehrten Vorzeichen stehenden Reaktionen des bloßen Dagegenseins genausowenig absolut künstlerisch motiviert und richten sich zudem gegen die »eigengesellschaftlichen« Strukturen der Kunst, so daß sie eine Gefahr für deren Bestand bedeuten.

III.

Was bisher kunstimmanent als zunehmende Autonomisierung der künstlerischen Entscheidungen betrachtet worden ist, analysiert Niklas Luhmann aus soziologischer Sicht im Rahmen seiner systemtheoretischen Gesellschaftstheorie[36] als einen Prozeß, in dem die Kunst sich zu einem »autopoietischen Funktionssystem«[37] entwickelt hat. Damit wird der

Kunst eine Form der Selbstorganisation attestiert, die ihr eine »autopoietische Selbstreproduktion« ermöglicht. Dieser Begriff (griech. poiesis = das Verfertigen, das Machen), der ursprünglich aus der Biologie stammt, wird auf soziale Systeme angewendet, wenn in ihnen »alles, was im System als Einheit funktioniert, [...] seine Einheit durch das System selbst [erhält]«[38]. Dabei sind für Luhmann die Einheiten, aus denen das Kunstsystem besteht, spezifische Kommunikationsweisen – und nicht etwa die Werke, deren Einheit letztlich nur in ihrer »Funktion als Kommunikationsprogramm«[39] liegt. Während bisher »die Fortsetzbarkeit der Kunst in die Gesellschaftsstruktur eingehängt und dadurch garantiert war«[40], muß die Kunst ihr Überleben allein aus sich selbst heraus sichern, seitdem sie sich wie autopoietische, selbstreferentielle Systeme verhält, welche »die Elemente, aus denen sie bestehen, durch die Elemente, aus denen sie bestehen«[41] zu produzieren haben.

Über ihren rein theoretischen Gehalt hinaus verdeutlicht diese Formulierung die Zirkelhaftigkeit und damit den drohenden Leerlauf der Kunst auf der heutigen Höhe ihrer Autonomisierung. Zur Beschreibung dieses Zustandes hat Werner Hofmann an eine nicht speziell auf die Kunst bezogene Parabel Heisenbergs erinnert: »Mit der schier unbegrenzten Ausbreitung ihrer materiellen Macht kommt die Menschheit in die Lage eines Kapitäns, dessen Schiff so stark aus Stahl und Eisen gebaut ist, daß die Magnetnadel seines Kompasses nur noch auf die Eisenmasse des Schiffes zeigt, nicht mehr nach Norden. Mit einem solchen Schiff kann man kein Ziel mehr erreichen, es wird nur noch im Kreise gefahren ...«[42]. Gut getroffen mit diesem Bild ist jedenfalls diejenige Kunst, die – auch nachdem sie ein autopoietisches System geworden ist – ihr bisheriges Bewegungsgesetz der Autonomisierung beibehält: Sich immer ausschließlicher »selbst als Medium verwenden[d]«, wird sie »in einer Art von logischem Kurzschluß kollabieren«[43]. Denn zur autopoietischen »Eigengesellschaft« geworden, fehlt der von allen inhaltlichen und formalen Traditionen und sogar von ihrer eigenen konzeptionellen Selbstdefinition unabhängig gewordenen Kunst der notwendige externe Bezugspunkt zu ihrer weiteren Autonomisierung.

Autonom kann die Kunst dann lediglich noch gegenüber der von ihr bislang verfolgten Idee der Autonomisierung werden, wie es sich am Beispiel der als postmodern geltenden Kunst zeigt. Dem avantgardistischen Diktat, die Tradition innovativ überwinden zu müssen, beugt diese sich nicht, sondern bedient sich »unbekümmert« aller inhaltlichen, formalen und konzeptionellen Erfindungen der Kunstgeschichte, um »aus dem Konkurrenzkampf der Stile aus[zu]treten«[44]. Durch Geschichtslosigkeit befreit sich die Postmoderne von dem der Autonomieidee innewohnenden Zwang, sich gegenüber den künstlerischen Entscheidungen und Werken der Vergangenheit autonom verhalten zu müssen. Doch indem sie autonom gegenüber dem bisherigen Konzept der Kunstautonomie wird, gewinnt sie zwar eine »neue ästhetische Autonomie«[45], bricht aber nicht grundsätzlich mit der Tradition der Moderne und ihrem Hang zur Autonomisierung.

Die postmoderne Kunst ist vielmehr als die letzte Stufe konzeptioneller Autonomie zu begreifen[46], nach der es keinen weiteren Schritt einer substantiellen Autonomisierung mehr gibt. Wenn nämlich die Kunst einmal autonom gegenüber ihrer ursprünglichen Idee der Autonomie geworden ist, dann macht jede darüber hinausgehende Autonomisierung (das heißt die Erlangung der Autonomie in bezug auf die gegenüber der Autonomieidee autonom gewordene Autonomie) keinen Sinn mehr. Indem mit der postmodernen Kunst die Negation des Autonomieprinzips erreicht ist, führt jede weitere Fortsetzung der Autonomisierung zur Negation der Negation und damit zwangsläufig zur Aufhebung dieses Prinzips. Die Kunst würde sich auf die Anwendung des immergleichen Prinzips ein für allemal fixieren und könnte aufgrund des verlorengegangenen Vermögens zur autonomen Selbstdefinition nur noch nach dem Mechanismus der Mode funktionieren und nicht mehr dem Gang des Geistes folgen. So gesehen ist das Ende des Prozesses der Autonomisierung der Kunst um der Erhaltung ihrer Autonomie willen notwendig.

Daß die Kunst mit der Durchsetzung und Ausschöpfung des Prinzips der Autonomisierung definitiv den ihre bisherige Entwicklung wesentlich bestimmenden Zweck erreicht hat, macht die tiefgreifende Krise ihrer Produktivität aus. Sie drückt sich sowohl in der Befürchtung Lyotards aus, daß in der Kunst womöglich »nichts [mehr] geschieht, daß es nicht mehr weitergeht, daß die Wörter, Farben, Töne fehlen«[47], als auch und vor allem in der Frage Luhmanns nach der »Fortsetzbarkeit von Kunst als eines sozialen Systems«[48]. Es liegt nahe, die dieser Frage zugrundeliegende Argumentation für den Versuch eines theoretischen Ansatzes zur Begründung des möglichen Bewegungsprinzips der von mir postulierten postautonomen Kunst zu nutzen und im Zusammenhang mit den hier entwickelten Überlegungen weiterzudenken.

Wenn die Kunst, wie die moderne Gesellschaft in ihrer Gesamtheit, als autopoietisches, selbstreferentielles System begriffen wird, ist das Verhältnis beider zueinander ganz anders als in der Vergangenheit aufzufassen. Während Adorno die Autonomie der Kunst noch als »Verselbständigung der Gesellschaft gegenüber«[49] beschrieben hat, wird sie von Luhmann als »Verselbständigung in der Gesellschaft«[50] verstanden. Kunst kann nun ihre spezifische Funktion »nur als Vollzug von Gesellschaft«[51] und nicht in einer »Gegenposition zur Gesellschaft«[52] erfüllen, weil sie »das Schicksal der modernen Gesellschaft gerade dadurch [teilt], daß sie als autonom gewordenes System zurechtzukommen sucht«[53]. Integriert in die Gesellschaft, ist ihre »politische Funktion und Relevanz«, wie es in den 60er Jahren hieß, nicht länger danach zu bemessen, was sie für andere gesellschaftliche Bereiche zu leisten vermag, da es »gerade nicht die Funktion eines ausdifferenzierten Funktionssystems sein [kann], zu anderen Funktionsbereichen etwas beizusteuern«[54]. Mit dem Status der Kunst als eines autopoietischen Systems ist es unvereinbar, daß sie ihr Selbstverständnis weiterhin im Blick auf andere gesellschaftliche Teilbereiche definiert. Darum kann sie sich prinzipiell weder durch die Negation gesellschaftlicher Ansprüche und Einflüsse noch durch eine negierende Haltung gegenüber ihrer eigenen Geschichte selbst bestimmen und autopoietisch reproduzieren. Denn nach der postmodernen Negation ihres bisherigen Autonomiestrebens führt eben jede weitere Negation zu nichts anderem mehr als zur Selbstaufhebung.

Ist die Kunst zur autopoietischen Selbstreproduktion verdammt, »weil sie sich anders nicht halten kann«[55], so steht sie vor der Notwendigkeit einer völligen Umorientierung im Sinne einer positiven Bestimmung ihrer selbst. Angesichts des mit diesem Perspektivwechsel verbundenen Risikos sind indes Zweifel angebracht, ob der Kunst »als Funktionsbereich die Ausdifferenzierung bekommt und ob ihm eine autopoietische Selbstreproduktion gelingen kann«[56]. Dies wird wesentlich davon abhängig sein, ob sie einen anderen entwicklungsbestimmenden Zweck für sich zu finden weiß als den der Autonomisierung, der ihr immer nur eine negative Bestimmung auf die Gesellschaft und auf sich selbst hin erlaubt hat. Ist die Kunst im Prozeß der Autonomisierung an ein definitives Ende gekommen, so kann sie nicht mehr allein in ihrer eigengesetzlichen Entwicklung und in sich selbst ihren einzigen Zweck sehen. Vielmehr bedarf sie dann außerhalb ihrer selbst liegender heteronomer Zwecke, aus denen Bestimmungsgründe für ihre Fortexistenz und Weiterentwicklung zu gewinnen wären.

Aber auch nach dem Ende des Prozesses ästhetischer Autonomisierung ist die Autonomie der Kunst in dem Sinne zu wahren, daß die künstlerischen Entscheidungen prinzipiell in finanzieller, institutioneller und ideologischer Unabhängigkeit getroffen werden können. Die Kunst darf sich darum jene ihr nun unentbehrlichen heteronomen Zwecke nicht aufoktroyieren lassen, sondern muß sie aus sich selbst heraus autonom setzen. Auf den ihr nächstliegenden Zweck, die bloße Bestandserhaltung, sollte sie dabei freilich nicht verfallen, weil das Überleben um des Überlebens willen nichts als ein neuer und nicht einmal künstlerisch motivierter Selbstzweck wäre. Für die künstlerische Praxis bedeutet die Notwendigkeit der Zwecksetzung konkret, daß sie Außenperspektiven aufnimmt und mögliche, künstlerisch zu erfüllende Funktionen, die von allgemeinem Interesse sein können, als heteronome Zwecke erfindet oder bereits vorhandene sich zu eigen macht. Insofern diese Zwecke heteronom sind, weil sie der Kunst nicht nur zur Selbstbestimmung dienen, sondern auch autonomen Charakter haben, weil sie von ihr selbst bestimmt werden, ist die Struktur solcher künstlerischen Praxis durchaus im Schillerschen Sinn als heautonom zu begreifen.[57]

Die neuere Wissenschaftstheorie hat mit der Kategorie der »Finalisierung«[58] einen auf- und anschlußfähigen Terminus entwickelt, der auch auf die hier vorgeschlagene autonome Setzung heteronomer Zwecke anwendbar ist, da er einem vergleichbaren Problem entspringt: Die Kategorie der »Finalisierung« bezeichnet in der Geschichte wissenschaftlicher Disziplinen einen bestimmten Entwicklungsschritt, von dem ab diese nicht mehr ausschließlich autonom den eigenen, immanenten Bedingungen folgen. Wenn sie aufgrund höchster Autonomie in ihrer Grundlagenforschung ein Stadium der »theoretischen Reife« erreicht haben, können und müssen sie sich zum Leitfaden ihrer weiteren Theoriebildung außerwissenschaftliche Zweckorientierungen wählen, »ohne [damit] doch mit der überkommenen Kategorie der ›angewandten Forschung‹ adäquat beschreibbar zu sein«[59]. Auch die Kunst ist inzwischen zu einer umfassenden Selbstvergewisserung und Verfügbarkeit ihrer inhaltlichen, formalen und konzeptionellen Grundlagen gelangt. Dieses durch Erschöpfung ihres innovativen Potentials gezeichnete Stadium erlaubt es, der Kunst – analog zum Stand der Wissenschaft – grundlagenpraktische Reife als die Fähigkeit des Eingehens auf heteronome Zwecke zuzuerkennen. Ebenso wie die »Relativierung des Autonomieanspruchs« in der Wissenschaft keineswegs mit einem »Relativismus des Wahrheitsanspruchs«[60] einhergehen muß, ist auch das spezifisch Ästhetische einer durch heautonome Zwecksetzungen finalisierten Kunst nicht notwendig von geringerer Qualität.

IV.

Was für die Kunst der als Paradigmenwechsel zu begreifende Übergang von der Autonomisierung zur Finalisierung im einzelnen bedeutet, ist schwer absehbar. Ob er in der Praxis tatsächlich gelingt, das wird sich gerade auch an der Kunst im öffentlichen Raum zeigen, die in den vergangenen Jahren eine regelrechte Renaissance mit einer Fülle avantgardistisch ambitionierter Ausstellungsprojekte erlebt. Aufgrund der vorangegangenen Argumentation, daß die Kunst um so zwangsläufiger im öffentlichen Raum scheitert, je avantgardistischer und autonomer sie ist, müßten all diese Anstrengungen eigentlich als überflüssig und künstlerisch verfehlt abzutun sein. Überaus Fragwürdiges gibt es in der Tat zwar immer wieder zu sehen, was zur Kritik an den Künstlern oder Veranstaltern Anlaß bietet; und daß die Ausstellungsprojekte zur Kunst im öffentlichen Raum sich momentan derart häufen, hat sicher auch ganz pragmatische wirtschaftliche Gründe für die Kommunen wie für die Künstler. Aber daß solche Veranstaltungen gerade bei den Experten große Aufmerksamkeit erregen und interessante Diskussionen entfachen, erklärt sich allein daraus, daß dabei wider Erwarten viele der interessantesten gegenwärtigen künstlerischen Arbeiten entstanden sind.

Für deren Gelingen spielt es eine große Rolle, daß die Kunst geeignete »Strategien der Appropriation«[61] von gesellschaftlicher Realität und künstlerischer Tradition ausbildet. Wenn das Bewußtsein über die kritische Lage der Kunst und über deren geschichtliche Ursachen bei den Künstlern wächst und stärker ihre Praxis bestimmt, dann kann die Kunst im öffentlichen Raum »ein Katalysator zur Veränderung«[62] der gesamten künftigen Kunstentwicklung werden.

Anmerkungen

1 Nach: *Bau KUNST Verwaltung* von H. Rave, hg. v. Bundesministerium für Raumordnung, Bauwesen und Städtebau, Bonn o. J., S. 5.
2 Immanuel Kant: *Kritik der Urteilskraft,* hg. v. Karl Vorländer, Hamburg 1974, S. 59.
3 So die Diktion der deutschen Frühromantiker.
4 Martin Warnke: »Kunst unter Verweigerungspflicht«, in: *Skulpturenboulevard Kurfürstendamm Tauentzien, Kunst im öffentlichen Raum,* Berlin 1987, S. 25.
5 M. Warnke, a. a. O., S. 25.
6 M. Warnke, a. a. O., S. 29.
7 M. Warnke, a. a. O., S. 28.
8 D. Honisch: »Das Zweckmäßige ist nicht das Signifikante«, in: R. Häusser/D. Honisch: *Kunst Landschaft Architektur,* 1983, S. 27.
9 *Bau KUNST Verwaltung* [Anm. 1], S. 8.
10 F. Barth/Raimund Kummer/Fritz Rahmann: *REALRAUM.MONUMENT.* Manuskript Berlin 1988, o. Pag.
11 F. Barth/R. Kummer/F. Rahmann, a. a. O.
12 So Adrienne Göhler, die im März 1989 designierte Präsidentin der Hochschule für bildende Künste Hamburg. Zit. nach: A. Lenger: »Wer versteht hier etwas von Kunst?«, in: *Hamburger Rundschau,* Nr. 15/1989, S. 7.
13 M. Warnke, a. a. O. [Anm. 4], S. 29.
14 M. Warnke, a. a. O., S. 29: »Die Kunst ist nicht mehr dazu tauglich, im Dienste staatlicher oder kirchlicher Instanzen Botschaften, Sinnvorgaben und Wertvorstellungen an das Publikum zu adressieren.«
15 M. Warnke, a. a. O., S. 29.
16 In neuerer Zeit kommt das Verdienst der ersten kategorischen Kritik wohl Martin Warnke zu (s. Anm. 4).
17 M. Warnke, a. a. O. [Anm. 4], S. 29.
18 Bazon Brock: »Der Hang zum Gesamtkunstwerk«, in: Kat. *Der Hang zum Gesamtkunstwerk,* hg. v. Harald Szeemann, Zürich 1983.
19 Theodor W. Adorno: *Ästhetische Theorie,* Frankfurt a. M.: Suhrkamp 1970, S. 335.
20 Martin Warnke: »Fluchtpunkt Gemütlichkeit. Die Kunstgeschichte nach dem Ende der Avantgarden«, in: *FAZ,* 28. September 1988, S. 35.
21 M. Warnke, a. a. O. [Anm. 4], S. 29.
22 Th. W. Adorno, a. a. O. [Anm. 19], S. 335.

23 Herbert Marcuse: »Über den affirmativen Charakter der Kultur«. In: *Kultur und Gesellschaft I,* Frankfurt a. M.: Suhrkamp 1968, S. 56ff.
24 Siah Armajani, in Kat. *Skulptur Projekte in Münster 1987,* hg. v. Klaus Bußmann/Kasper König, Köln: DuMont 1987, S. 34.
25 Vgl. B. J. Warneken: »Autonomie und Indienstnahme. Zu ihrer Beziehung in der Literatur der bürgerlichen Gesellschaft«, in: *Rhetorik, Ästhetik, Ideologie,* Stuttgart 1973, S. 79.
26 B. J. Warneken, a. a. O., S. 79.
27 Vor allem durch Verzicht, etwa von Geld, Macht, Unsterblichkeit (Bazon Brock).
28 Philipp Otto Runge: *Hinterlassene Schriften I,* S. 13.
29 Friedrich Schlegel: *Schriften zur Literatur,* München 1972, S. 159.
30 Daniel-Henri Kahnweiler: *Der Gegenstand der Ästhetik,* München 1971, S. 58.
31 Statt Picasso wird Kandinsky von Werner Hofmann zu den »Wegbereitern« der Avantgarde gezählt. W. Hofmann: *Grundlagen der modernen Kunst,* Stuttgart 1978, S. 6.
32 Arnold Gehlen: *Zeitbilder,* Frankfurt 1965, S. 74.
33 Vgl. Gerd de Vries (Hg.): *Über Kunst. Texte zum veränderten Kunstverständnis nach 1965,* Köln 1974.
34 Michael Lingner: »Kunst aus Kunst«, in: *Wolkenkratzer Art Journal,* Bd. 5/1988, S. 30ff.
35 H. S. Stoltenberg in den *Verhandlungen des 7. Deutschen Soziologentages 1930,* Tübingen 1931, S. 170. Unter dem Gesichtspunkt des Spannungsverhältnisses zwischen schöpferischer Selbstbestimmung und gesellschaftlicher Fremdbestimmung wird dieser Begriff näher expliziert in: Michael Lingner/R. Walther: »Paradoxien künstlerischer Praxis«, in: *Kunstforum International,* Bd. 76/1984, S. 60ff.
36 Niklas Luhmann: *Soziale Systeme,* Frankfurt 1984.
37 Niklas Luhmann: »Das Kunstwerk und die Selbstreproduktion der Kunst«, in: *Delfin,* III/1984, S. 52.
38 N. Luhmann, a. a. O. [Anm. 36], S. 51.
39 N. Luhmann, a. a. O. [Anm. 36], S. 53. Dagegen Adorno, a. a. O. [Anm. 19], S. 336f.: »Was sie [die Kunst] zur Gesellschaft beiträgt, ist nicht Kommunikation mit jener, sondern ein sehr Mittelbares, Widerstand [. . .].«
40 N. Luhmann, a. a. O. [Anm. 36], S. 57.
41 N. Luhmann, a. a. O. [Anm. 36], S. 51.
42 Zit. von W. Hofmann: »Die Kunst des Verlernens«, in: *Die Zeit,* Nr. 7, 10. Februar 1989, S. 53.
43 N. Luhmann: »Das Medium der Kunst«, in: *Delfin,* VII/1986, S. 11.
44 A. Wildermuth: »Die neue ästhetische Autonomie. Reflexionen zu Mimmo Paladino«, in: Katalog der Kestner-Gesellschaft, Hannover 1981, S. 21.
45 A. Wildermuth, a. a. O., S. 21.
46 Auf diesem Hintergrund macht Jiří Dokoupils wohl eher ironisch gemeinte Behauptung, daß Salomé »von 1978 bis 1982 der beste konzeptuelle Künstler Deutschlands war«, etwas Sinn.
47 J. Lyotard: »Das Erhabene und die Avantgarde«, in: *Merkur,* 2/1984, S. 153.
48 N. Luhmann, a. a. O. [Anm. 43], S. 11.
49 Theodor W. Adorno, a. a. O. [Anm. 19], S. 334.
50 N. Luhmann, a. a. O. [Anm. 37], S. 52.
51 N. Luhmann, a. a. O. [Anm. 37], S. 52.
52 Theodor W. Adorno, a. a. O. [Anm. 19], S. 335.
53 N. Luhmann, a. a. O. [Anm. 37], S. 52.
54 N. Luhmann, a. a. O. [Anm. 37], S. 69.
55 N. Luhmann, a. a. O. [Anm. 37], S. 63.
56 N. Luhmann, a. a. O. [Anm. 37], S. 69.
57 Friedrich Schiller: *Theoretische Schriften I,* München 1966, S. 181.
58 G. Böhme/W. v. d. Daele/W. Krohn: »Die Finalisierung der Wissenschaft«, in: *Zeitschrift für Soziologie,* 2/1973, S. 128ff. Siehe auch: M. Lingner/R. Walther: »Paradoxien künstlerischer Praxis. Die Aufhebung der Autonomie des Ästhetischen durch die Finalisierung der Kunst«, in: *Kunstforum International,* Bd. 76, 1984, S. 60–113.
59 G. Böhme/W. v. d. Daele/R. Hohlfeld: »Finalisierung revisited«, in: *Starnberger Studien: Die gesellschaftliche Orientierung des wissenschaftlichen Fortschritts,* hg. v. G. Böhme et al., Frankfurt a. M. 1978, S. 129.
60 G. Böhme/W. v. d. Daele/R. Hohlfeld, a. a. O., S. 24.
61 Vgl. entsprechende Tendenzen in der neueren amerikanischen Kunst und z. B. ein Gespräch von Wolfgang Max Faust mit Dan Cameron in: *Wolkenkratzer Art Journal,* 1/1988, S. 20ff.
62 Stephan Schmidt-Wulffen: »En passant«, in: Kat. *Jenisch-Park Skulptur,* Hamburg 1986, o. Pag.

Dank an Volker Krappen und Rainer Walther für Hilfe beim Redigieren.

Statements von Künstlern

Stephan Balkenhol

Wenn es um Skulpturen im Außenbereich geht, sehe ich meine Aufgabe als Künstler darin, mir zunächst die räumliche Situation bewußtzumachen, dann zu überprüfen, ob an diesem Ort überhaupt die Notwendigkeit für ein Kunstwerk besteht, und – wenn ja – zu entscheiden, was dort künstlerisch sinnvoll wäre.

Ich habe erst in zwei Fällen Skulpturen im öffentlichen Raum plaziert: anläßlich der Jenisch-Park-Ausstellung in Hamburg 1986 und zur Münsteraner Skulpturenausstellung 1987. In beiden Fällen ist es mir bei der Auswahl der Standorte so ergangen, daß ich spontan das Gefühl hatte, auf Orte gestoßen zu sein, die förmlich nach einer Skulptur verlangen, sich nach einer ganz bestimmten Skulptur sehnen. Für mich stand damit fest: Diese von mir noch zu schaffenden Skulpturen mußten dort stehen und sonst nirgends.

Die Situationen waren grundverschieden: Der Jenisch-Park ist ein intakter englischer Park, der eigentlich gar keiner Kunstwerke bedurfte, da er als solcher schon schön und perfekt ist. Ich wählte deshalb für meinen »Reiter« den kreisförmigen Platz vor dem Jenisch-Haus als Standort, weil ich dort eine Beziehung zu einem Gebäude herstellen konnte. So entstand ein scheinbar harmonisches Gefüge nach klassischem Vorbild, eine Wechselbeziehung zwischen Haus, Park und Skulptur. Erst bei näherem Hinsehen stellten sich beim Betrachter Irritationen ein, wehrte sich die Reiterskulptur durch Unterlebensgröße, Haltung und Ausdruck und nicht zuletzt durch den provisorischen Sockel-Tisch gegen allzu schnelle Vereinnahmung.

In Münster stellte ich meinen »Mann mit grünem Hemd und weißer Hose« in zirka 5 m Höhe an eine Brandmauer. Es entstand ein ähnliches Verhältnis von Harmonie und Irritation, nur eben in einer Stadtsituation. Mir ging es bei diesen Projekten um eine bestimmte Form der Schönheit, die, wie ich meine, dann erreicht ist, wenn die »richtige« Skulptur am »richtigen« Ort steht, und auch erst dort, nach dieser »Hochzeit« zwischen Ort und Skulptur, funktioniert.

Für mich besteht das Geheimnis einer funktionierenden öffentlichen Skulptur darin, daß sie in der Lage ist, den Ort, an dem sie steht, erst existent werden zu lassen. Aus der Spannung, die sich zwischen Skulptur und Ort ergibt, fließt die Kraft einer solchen Skulptur; sie macht den Ort erst erlebbar dadurch, daß sie in der Lage ist, den Dialog mit dem Ort inhaltlich und formal aufzunehmen.

Das klingt vielleicht banal, ist aber durchaus nicht selbstverständlich, wenn man betrachtet, wie allzu oft »Kunst« nur als Dekoration oder Fußgängerzonen-Design eingesetzt oder einfach ohne Bezug und Sinn auf einer Wiese, vor einem Gebäude oder auf einem Platz abgestellt wird.

(Textfassung eines Gesprächs vom 22. Februar 1989)

Stephan Balkenhol, Mann mit grünem Hemd und weißer Hose, Münster, 1987 ▷

Bogomir Ecker

Frage: Was ist öffentlicher Raum? Was ist das für ein Phänomen für Dich?
Bogomir Ecker: Den »öffentlichen Raum« gibt es erst mal gar nicht. Ein Beispiel: Meine ersten Arbeiten im Außenbereich sind aus der Logik meiner sehr persönlichen Sicht der Dinge entstanden. Interessant ist, daß diese Arbeiten ja erst im Kunstmilieu viel später öffentlich wurden, indem sie in verschiedenen Katalogen abgedruckt wurden. Vorher waren sie zwar faktisch in der Öffentlichkeit, aber nicht im Bewußtsein der Öffentlichkeit. Diese anonymen Arbeiten sind draußen manchmal von nur sehr wenigen Menschen gesehen worden. Vier, sechs oder vierzig, ich weiß es ja selber nicht. Sie funktionieren meiner Meinung deswegen so gut, weil sie nicht sofort als künstlerische Produkte angesehen werden. Die Frage ist: Sind das öffentliche Arbeiten oder nicht? Zu dem gleichen Zeitpunkt, wo diese Arbeiten irgendwo an einer Straßenecke installiert waren, hat unter Umständen in einer Galerie eine andere Arbeit gehangen, die viel öffentlicher war. Nicht alles, was sich außerhalb meiner Privatsphäre abspielt, ist deswegen öffentlicher Raum, nur weil es sich um das Bezugssystem Straße handelt. Das sehe ich zumindest nicht so. Ich glaube, daß man aus einer falsch verstandenen, idealistischen Vorstellung heraus den öffentlichen Raum definiert. Unsere Orientierungspunkte vom öffentlichen, geglückten Raum kommen ja weitgehend aus der Renaissance; daß diese allerdings heute unter den gesellschaftlichen, politischen Gegebenheiten möglich sind, wage ich zu bezweifeln. Mir scheint auch deswegen die Diskussion zu dem Thema sehr oft zu akademisch. Man kann nicht so tun, als ob das Problem »Kunst im öffentlichen Raum« ein rein kunsthistorisches ist.

Wenn wir zum Beispiel jetzt, Samstagabend halb sieben, auf die Straße gehen, begegnen sich dort Menschen? Sprechen sie miteinander? Nein, tun sie nicht! Das heißt, wie soll ich also dort etwas schaffen, was eine Begegnung möglich macht? Das wird sehr schwierig, weil sie zu dieser Zeit alle vor der Fernsehkiste sitzen. Und ebenfalls heute abend um zehn Uhr ist die Ziehung der Lottozahlen. Möglicherweise ist dieser Tatbestand, daß -zig Millionen bei diesem allwöchentlichen Ritual sitzen, die gleiche Begegnung mit dieser seltsamen Maschine, die gleiche trügerische Hoffnung haben, sind diese drei Minuten ein öffentlicher Raum, der zu einem ungeheuren Monument wird.
Frage: Aber diese Begegnung, von der Du anfangs sprachst, ist doch beispielsweise auch morgens um halb elf möglich?
Bogomir Ecker: Morgens um halb elf, da laufen sie ganz schnell an allem vorbei, weil das städtische System wie eine Maschine funktioniert. Unsere Städte, wie sie sich heute darstellen, haben ihr Gesicht nach rein ökonomischen Gesichtspunkten bekommen. Jede Straßenführung erklärt sich letztendlich so.
Frage: Es gibt aber für diese Kunst im öffentlichen Raum doch einen Handlungsbedarf?
Bogomir Ecker: Nein, es gibt keinen Handlungsbedarf. Und weißt Du warum? Weil das Dinge sind, die außerhalb von diesen maschinellen Funktionen dieser Gesellschaft liegen, weil sie andere Werte ansprechen, andere Fragen stellen und weil die Dinge, die die Kunst betreffen, andere Qualitäten besitzen als die, die eine Schnellstraße entstehen lassen. Und das kollidiert. Das ist eine Kollision von Interessen. Die Interessen von Machtstrukturen haben andere Zielsetzungen als die der Kunst. Deswegen glaube ich auch, daß man letztendlich an dieser Kunst im öffentlichen Raum nicht ernsthaft interessiert ist und uns

deswegen am liebsten dort sieht, wo wir scheinbar hingehören: im Museum. Das ist der uns zugewiesene Ort.

Frage: Ich bin mir da nicht so sicher. Ich kann mir vorstellen, daß es aus rein ökonomischen oder rationalen Gesichtspunkten heraus notwendig wird, Kunst einzusetzen.

Bogomir Ecker: Wofür einzusetzen?

Frage: Um so ein Ziel wieder zu erreichen, eine gewisse Öffnung zu machen, denn diese pure Sachzwangargumentation zieht heute nicht mehr.

Bogomir Ecker: Aber es gibt doch keine gesellschaftlichen Vereinbarungen darüber, was die Kunst im öffentlichen Raum thematisieren soll. Außer, daß diese Kunst heute möglicherweise die Freiheit der Kunst selbst thematisiert, nämlich dadurch, daß sie dort überhaupt stattfinden kann. Welchen Tatbestand, welchen Glauben, welche Erinnerung soll eine öffentliche Skulptur denn monumentalisieren oder faktisch belegen? In Bonn wird zum Beispiel seit über dreißig Jahren darüber geredet, daß man ein Denkmal für die Opfer des Faschismus braucht. Es existiert bis zum heutigen Tage nicht, weil es meiner Meinung nach keinen wirklichen Bedarf danach gibt, denn die meisten wollen sich nicht erinnern. Vergessen ist angesagt, vergessen und zerstreuen. Darin sehe ich das Problem, etwas allgemein Verbindliches zu schaffen, was einen Ort sinnvoll definiert.

Frage: Was ist das Interesse, das Du mit dem öffentlichen Raum verbindest, eigentlich?

Bogomir Ecker: Er ist für mich einfach Material, das ich im Laufe der Zeit hinzugewonnen habe, das mir zusätzliche Möglichkeiten schafft und das am Ende Bestandteil einer Arbeit wird. Die ersten Arbeiten, die ich Ende der 70er Jahre in dieser Richtung gemacht habe, waren Arbeiten, für die ich mir gewissermaßen selbst den Auftrag gegeben habe. Das heißt, ich habe die Notwendigkeit gespürt, an bestimmten Orten in der Straße etwas Bestimmtes zu machen. Ich habe die Chance gesehen, gewisse Bezugspunkte in meine Arbeit einzubeziehen, die ich im Atelier nicht vorfand. Brauche ich zum Beispiel für eine Arbeit eine Regenrinne, würde es mich nicht interessieren, diese zu malen oder mir eine zu besorgen, um sie dann im Atelier zu verarbeiten. Ich ziehe es in einem derartigen Fall vor, auf die Straße, direkt zur Regenrinne zu gehen.

Frage: Wie gehst Du jetzt, wenn Du einen offiziellen Auftrag im öffentlichen Raum bekommst, vor?

Bogomir Ecker: Diesen Fall hat's bei mir erst einmal gegeben. Das wirft ein Licht auf die Erfahrungen, die ich auf dem Gebiet habe. Also: In der städtebaulichen Situation am Probsteier Platz in Hamburg ist es eigentlich unmöglich, Kunst auf Dauer zu plazieren. Das ist eine Restfläche, eine zerschnittene Situation, die relativ typisch für unsere Stadtgebilde ist und in der man eigentlich gar nicht viel machen kann. Ich war dort erst mal gezwungen, den zur Verfügung stehenden Platz mit Straßen, Bushaltestellen, Telefonzellen usw. neu zu strukturieren, um an einen Punkt zu gelangen, an dem man überhaupt erst aus einer Intention heraus etwas bewerkstelligen kann.

Ich habe zunächst gesagt, daß zwei Straßen gesperrt werden müssen. Das Straßenbauamt war ja zunächst mit diesem Vorschlag einverstanden. Um eine Beruhigung der Situation zu erreichen, nicht nur eine optische, sondern auch eine akustische Beruhigung, kam dann die Idee zu dem Entwurf. Dann hatte ich eine Platzgestaltung vorgesehen, wo in einfacher Weise, von der Beleuchtung bis zum Gully, alles berücksichtigt wurde. Aus der Not heraus hatte ich eigentlich etwas gemacht, was gar nicht meine Aufgabe ist. Es war notwendig, um einen Platz überhaupt erst zu ermöglichen. Mein sogenannter künstleri-

Bogomir Ecker, Modell für die Gestaltung des Probsteier Platzes, Hamburg, 1985

scher Beitrag war dann letztlich ein ganz kleines Objekt; drei Flüstertüten mit einem Redeschwall. Heute würde ich das sogar noch mehr reduzieren. Ich würde jetzt nur noch eine Flüstertüte in dieser arenaförmigen, tiefen Mulde auslegen.

Frage: Kann man denn dementsprechend sagen, daß Du auch mit diesen Straßensperrungen versucht hast, Dir einen optimalen Platz für Deine Gedanken, für Deine Skulpturen zu schaffen?

Bogomir Ecker: Natürlich. Ich mußte eigentlich erst mal einen Besen nehmen. Das ist etwa so, als wenn ich ein mit Müll vollgestelltes Atelier vorfinde. Dann muß erst ausgemistet werden, um Klarheit zu schaffen. Das ist symptomatisch in derartigen Situationen. Wenn man sich auf den Außenbereich einläßt, bekommt die gesamte Umgebung eine erhöhte Bedeutung und muß konsequenterweise mitgestaltet werden. Entweder interveniert man in eine Negativsituation hinein, dann halte ich nur temporäre Arbeiten für sinnvoll. Oder man versucht diese Negativsituation, wie im Falle Probsteier Platz, als

Gesamtheit zu ändern. Für mich gibt es langfristig nur diese beiden Strategien. Ich kann mir auch vorstellen, daß so eine Aufräumaktion eigentlich schon genug ist. Warum muß man denn die ganze Welt mit Kunst zuscheißen? Ich weiß nicht, ob das künstlerisch wirklich etwas bringt, an jeder Straßenecke eine Skulptur. Ein gräßlicher Gedanke.

(Zusammenfassung eines Gesprächs vom 12. November 1988)

Lili Fischer

Von der Kulturbehörde werden meistens die gewöhnlichen Räume – eine Straßenecke oder ein Bahnhofsplatz – angeboten, als Künstler sucht man lieber nach ungewöhnlichen Räumen – eine Bedürfnisanstalt oder einen Fraktionssaal. Ausgedacht hatte ich mir dazu 1979 im »Utopischen Drehbuch«, was man in Bunkern oder Läden machen könnte, zum Beispiel einen »Kreativen Notdienst«. Ich habe dann in Hamburg beide Arten erprobt und fange mit dem Kulturbehördenauftrag an:

Beim ersten Projekt, »Rosengarten am Bullenhuser Damm« (1984), ging es um die Gestaltung eines Platzes am Bullenhuser Damm: Unter dem Pflaster lagert ein grausames Verbrechen an jüdischen Kindern von 1945. Die Gedenkstätte sollte Verschüttetes wachrufen – und Hinterbliebenen und Anteilnehmenden ein Ort zur Andacht werden. So entstand – an verkehrsreicher Straße – ein Rosengarten – mit Palisadenumzäunung, Eingangstoren, achteckiger Bankanlage in der Mitte und Beeten mit Rosen sowie Wacholder und einer Trauerweide. Auf Holzpfeilern der Eingangstore wird in acht Sprachen auf Geschehenes hingewiesen, persönliche Gedenktafeln der Verbliebenen erinnern an die Opfer, und zur Pflanzzeit kommen Schulklassen und Prominente, um neue Rosen zu setzen. In einigen Jahren werden die Kletterrosen den Zaun zugewachsen haben. Die Realisierung des Auftrags dauerte etwa drei Jahre. Umzugehen hatte ich dabei mit folgenden Mitsprache- und Einspruchsberechtigten: dem Verein der Kinder am Bullenhuser Damm als Initiator und Grundstücksbetreuer, der Kulturbehörde als Auftraggeber, dem Gartenbauamt als Bepflanzungsspender und -anweiser, dem Bauamt als Gestatter öffentlicher baulicher Veränderungen, der Bezirksversammlung als Gestatter derselben, der Firma »Arbeit und Lernen« als Ausführenden und Konstrukteuren und den Hinterbliebenen; das heißt: ein Viertel der Zeit eine Idee entwickeln und drei Viertel der Zeit in Sitzungen verbringen, um diese durchzusetzen – und das nur zum Teil.

Beim zweiten Projekt, »Pflanzenkonferenz mit Wahl des Friedenskrauts« (1985), habe ich mir selbst einen öffentlichen Raum gesucht, das Hamburger Rathaus. Da hatte ich die Idee, das Rathaus – Sicherheitsschutzzone Nummer eins – künstlerisch zu erproben, speziell das Konferenzwesen bzw. den Konferenzraum. Statt trockener Debatte: eine Pflanzenkonferenz, bei der Politiker eine Pflanze wählen. Keinen belanglosen symbolischen Palmwedel, sondern eine Heilpflanze, die unter die Haut geht und inskünftig bei politisch entscheidenden Sitzungen krampflindernd, inspirierend wirken sollte. In der Konferenz sollten die Senatoren gurgeln, inhalieren, räuchern, ihre Füße zum Beispiel ins Senfbad tauchen, ihre Köpfe auf Torf ablegen, die verschiedenen Wirkungen diskutieren und dann ein Kraut als Hamburger Friedenskraut wählen.

Der Antrag an Herrn von Dohnanyi wurde in die Kulturbehörde weitergeleitet und verschwand dann hinter einem Heizkörper. Die Konferenz als Aktion fand nie statt. Aber die Installation – im Phönix-Saal. Die Fotos ließ ich zusammen mit einem imaginären Konferenzprotokoll drucken – in der Form der üblichen Rathausmitteilungen (Senatsvorlage, Zur 1. Friedensbiennale, Hamburg 1985). Diese Drucksache wurde dann allen Politikern persönlich zugestellt – für den öffentlichen Raum in ihren Köpfen. Die Laufzeit des Projektes betrug zwei Jahre – umzugehen hatte ich unter anderem mit dem Leiter des Senatsgeheges im Rathaus, dem Protokollamt, der Rathausdruckerei und der Kulturbe-

Lili Fischer, Rosengarten für die Kinder vom Bullenhuser Damm, Hamburg, 1985

hörde. Eine »richtige« Pflanzenkonferenz führte ich dann in Kiel durch: im Fraktionssaal der SPD mit Björn Engholm, damals noch Opposition.

Das dritte Projekt waren »Hausiergänge« mit »Scheuermittelkollekte« und »Staubflokkenkollekte«. Der öffentliche Raum – das sind auch die Luft und die Schwebeteilchen, die durch die Fenster dringen und auf Möbel und Fußboden niedersinken. Daher unternahm ich Hausiergänge, klingelte an Haustüren und bat um Staub.

Ein Auszug aus dem Protokoll: »Guten Tag, ich möchte Sie um eine Staubprobe bitten. Es geht um die Partikel, die in Ihrem Staub enthalten sind ...« Die Frau in der Tür lacht: »Staub? Wie wollen Sie den denn mitnehmen?« »Aus dem Staubsauger.« »Ach so ... Keine Ahnung ... Ich bin nur zu Besuch.« – An einer anderen Tür: ein junger Mann. »Staub? Einen Staubsauger hab' ich nicht ... Aber die da drüben, die hat bestimmt Staub.« – Eine ältere Frau in Kittelschürze: »Ich bin die Schwester, komme aus der DDR und weiß nicht, wie der Staubsauger funktioniert ...« – Eine Frau in einem Laden: »Staub? Dahinten ...« – sie zeigt auf ein Regal – »können Sie sich was mitnehmen.«

Das war am 2. Januar 1984 – zwei Jahre später nach dem Reaktorunfall in Tschernobyl hätte man mir bestimmt viel selbstverständlicher Staub gegeben. Vielleicht ist es ja bald soweit: »Kunst im öffentlichen Raum« ist nicht nur der Auftrag für Mahnmale im Rückwärtsgang, sondern auch für einfallsreiche Wahntaten im Vorwärtsgang – Ideen Richtung Müll, Meer, Ozonloch, Gipfelkonferenzen und öffentliche Abstumpfung. Ja, und bei den Einweihungen werden dann die Anwesenden nicht nur von der Vergangenheit, sondern auch von der Zukunft betroffen sein.

Ludger Gerdes

1. »Kunst« und »Öffentlichkeit« gehören nicht unterschiedlichen Kategorien an, stehen nicht für völlig unterschiedliche Phänomene. Kunst selbst ist per definitionem öffentlich. Kunstwerke sind das Ergebnis von auf Öffentlichkeit angelegten Handlungen. Metaphorisch gesagt, ist der Bereich der Kunst ein öffentlicher Raum. Man macht keine Kunst, ohne sich mitteilen zu wollen. Alles andere ist Privatsache, Hobby, Selbstverwirklichung.

2. Die wichtigste Institution für den in einem metaphorischen Sinne öffentlichen Raum der Kunst ist das Museum. Diese Institution gilt es vorrangig zu bewahren und zu erhalten. Zwischen der Öffentlichkeit des Museums und der Öffentlichkeit außerhalb des Museums bestehen nur graduelle, keine kategorialen Unterschiede. Das Museum ist ja gerade eine der Institutionen, in denen sich in der Moderne Öffentlichkeit formiert und artikuliert.

3. Aber wenn man von Kunst im öffentlichen Raum spricht, meint man offensichtlich etwas anderes als Kunst in Museen, in Kunstvereins- und Kunsthallenausstellungen, in Ausstellungen, die als große Ereignisse von freien Kuratoren veranstaltet werden, in zugänglich gemachten Privatsammlungen etc.

Es ist ein völlig plausibler Gedanke, daß man sich den Fortgang von moderner Kunst in modernen Gesellschaften nicht nur so vorstellen kann, daß alle neue, moderne Kunst immer direkt ins Museum wandert. Das geht schon deshalb nicht, weil man nicht ständig für jede nachwachsende Generation neue Museen für ihre neue Kunst bauen kann. Auch die schon bestehenden Museen lassen sich nicht von Generation zu Generation leerräumen. Denn die Kunst der älteren, verstorbenen Generationen muß ja aus dokumentarischen Gründen ebenfalls sichtbar zugänglich der Öffentlichkeit erhalten bleiben. Eine allein auf ihre Verwahrung im Museum ausgerichtete Kunst würde also notwendigerweise an Geschichtlichkeit ersticken.

Dagegen steht der Gedanke, daß öffentlich zugängliche Lebensräume außerhalb der Kunsthallen, -vereine und -museen ebenso wie unsere privaten Lebensräume eine künstlerische, ästhetische Gestaltung brauchen. Eine Gestaltung, die etwas anderes ist, die etwas anderes bietet als die Formen, die sich aus der instrumentell-funktionalen Erfüllung von Zwecken ergeben, die technischer, konstruktiver, politischer, ökonomischer, ökologischer, verkehrsplanerischer und anderer Art sind. Die Gestaltung des öffentlichen Raumes – oder einfach des Außenraumes – kann nicht nur und nicht allein gedacht werden als sich sowieso schon ergebend aus der Erfüllung solcher praktischen Zwecke, die notwendigerweise irgendwelche Formen annehmen. Doch dann ist die Frage, was Kunst eigentlich soll im Raum außerhalb der Museen, da draußen, auf den Straßen, den Plätzen – wo auch immer. Was ist der Anlaß für Kunst neben all den Gestaltungen und im Unterschied zu all den Gestaltungen, die dort sowieso schon herumstehen? Und wie soll die Kunst dort aussehen, wozu wird sie von wem dort hingeholt?

4. Im Unterschied zu traditioneller Kunst in traditionellen Gesellschaften gibt es heute keine klar artikulierte Aufgabenstellung für eine außermuseale Kunst. Das ist gerade eine Eigenart dessen, was das Moderne an moderner Kunst und an modernen Gesellschaften ist. Egal wie man im Detail die Geschichte moderner Kunst und die Natur moderner

Gesellschaften beschreibt, ein wichtiges fundamentales Faktum ist, daß traditionelle Kunst in einem klaren Verhältnis zu ihren Gesellschaften stand. Viel zu vereinfachend gesagt, hatten traditionelle Gesellschaften einen Erzählbedarf und einen Bild- und Gestaltungsbedarf, den Kunst deckte. Zum Teil bis ins 20. Jahrhundert hinein erhielt traditionelle Kunst Aufgaben gestellt, die sie mit einem eigenständig entwickelten Arsenal von anschaulichen Methoden zur Gestaltung von Dingen und zur Anfertigung von Bildern erfüllte. Die Kunst hatte innerhalb traditioneller Gesellschaften ziemlich klar bestimmbare Funktionen. Sie hatte öffentlich verbindliche – oder von oben herab als verbindlich verordnete – Geschichten zu artikulieren, zu erzählen und öffentliche Dinge und Räume zu gestalten. Für die moderne Kunst unserer Zeit aber gibt es weder die Kirche noch den Fürstenhof, weder das Herrscherhaus noch den Nationalstaat, weder eine Industriellenfamilie noch eine Klasse, die als Auftraggeber der Kunst gegenüberstehen. Weder gibt es Repräsentationsaufgaben noch große Erzählcorpora – wie zum Beispiel das Alte und das Neue Testament als Erzählcorpus der Kirchen –, die dargestellt oder rhetorisch entwickelt werden müßten und einen Anlaß für künstlerische Arbeit und eigendynamische autonome stilistische Prozesse abgeben.

Das ist kein Zustand, der zu beklagen ist. Das ist Moderne. Wenn ich es recht verstehe, wird heute von manchen gesagt, daß das Verschwinden von sogenannten Metanarrationen oder Metadiskursen ein postmodernes Phänomen sei. Ich denke, es ist gerade ein spezifisch modernes Phänomen. Max Weber hat das früh in diesem Jahrhundert mit den berühmt gewordenen Vokabeln vom »Sinnverlust« in der modernen Welt und von der »Entzauberung« der modernen Welt beschrieben. Jürgen Habermas – der bei der Entwicklung seiner Gesellschaftstheorie Max Weber weitgehend folgt – spricht davon, daß dem modernen Menschen gerade durch die Entwicklung moderner Gesellschaften große sinnstiftende oder sinnvermittelnde »Globalinterpretationen« fehlen. Gerade in Deutschland ist dieser Sinnverlust, diese Entzauberung der modernen Welt immer besonders sensibel registriert worden. Manfred Frank hat darüber eine große Arbeit verfaßt, in der er nachgezeichnet hat, wie bereits die deutsche Romantik eine erste Reaktion auf das Verschwinden der alten sinnstiftenden Globalinterpretationen war, nachdem mit der radikalen Kritik der Aufklärung alte, die Vielfalt der Welt irgendwie erklärende und integrierende Erzählungen obsolet geworden waren.

Wie dem auch sei – dieses Grundphänomen von Moderne kann hier nur angedeutet werden. Es ist aber wichtig zu erwähnen, denn es bildet den Hintergrund für alles Reden auch über die Gegenwartskunst und ihr Verhältnis zur Öffentlichkeit. Ich will als Nachweis für die Wichtigkeit dieser Dinge nur darauf hinweisen, daß Sie eine Reaktion darauf zum Beispiel in den Schriften eines hochmodernen Künstlers wie Donald Judd finden können. In meinen Augen ist diese Entwicklung von Moderne nicht ein Prozeß, der als Verlust beschrieben werden müßte. Er ist ein Gewinn von Freiheit. Aber ein Gewinn, der eben mit Verlust von Sinn und mit Orientierungslosigkeit bezahlt wird. Jedenfalls kann die Kunst die entstandene Sinnlücke nicht füllen. Sie kann nicht sinnstiftend für menschliches Leben sein. Die Frage ist dann jedoch: Wenn Kunst keine öffentlichen Aufgaben und Probleme mehr gestellt bekommt – zum Beispiel den Auftrag, eine christliche Geschichte zu erzählen oder einen Staat zu repräsentieren –, was macht sie dann auf der Straße, und mit welchem Recht macht sie ihre Gestaltungen von öffentlichem Raum, der ja schließlich notwendigerweise von vielen Zeitgenossen wahrgenommen und ertragen werden muß?

Wenn König Ludwig I. in München der Stadt ein bestimmtes anschauliches Aussehen gab, dann war das legitimiert durch eine von oben herab als verbindlich erklärte Weltanschauung. Unsere demokratischen Staaten haben solche Verbindlichkeiten aber nicht mehr. Weltanschauung ist Privatsache. Wie aber dann legitimerweise in einer bestimmten Art die Stadt, den öffentlichen Raum anschaulich machen?

Ich glaube, dies Dilemma ist vor der Kunst schon von der Architektur erlebt worden, jedoch ohne Ergebnis. Die Architektur hat schon vor Jahren bemerkt, daß die Gestaltung öffentlichen Raumes nur durch funktionales und konstruktives Bauen unbefriedigend ist. Doch was dann? Man hat dann alle möglichen Bildlichkeiten, rhetorischen Elemente, Symbole und Schmuck wieder in die Architektur eingeführt, aber man hatte eigentlich nichts zu erzählen.

Ich glaube, wenn sich die Kunst den angedeuteten grundsätzlichen Problemen nicht stellt, wird es ihr im öffentlichen Raum ergehen, wie es der Architektur ergangen ist. Sie wird ein mehr oder weniger amüsanter Spielbetrieb.

5. Man kann sich die Sache auch von der Seite des Publikums verständlich machen. Das Publikum ist tatsächlich – wie alle wissen – in den letzten Jahren hoch interessiert an Kunst. Es schätzt, pflegt, kauft auch Kunst. Es betrachtet und bewundert sie in vielen großen Ausstellungen, in Museen und neuerdings auch in den Hallen von großen Unternehmen. Doch offensichtlich hat das Publikum keinen allzu großen Bedarf an Kunst außerhalb der Museen und Ausstellungen. Bisweilen entscheidet man sich dafür, Kunst außerhalb solcher Institute zu zeigen. Skulpturen werden vor Gebäuden und auf Straßen plaziert, Gemälde in Foyers und Büros. Aber nicht mehr. Die Ausstellungsaktivitäten der letzten Jahre, die ansatzweise Kunst außerhalb der Museen, in Städten, auf den Boulevards, in Parks zeigten, haben beim Publikum keine große Resonanz gehabt. Jedenfalls keine Resonanz der Art, daß gesagt worden wäre: »Aha – richtig: Da hat uns bisher etwas gefehlt. Wir möchten tatsächlich gern Kunstwerke in Städten, in der Landschaft etc. Da herrscht ein Mangel. Wir möchten, daß Künstler uns nicht nur hier und da etwas abstellen oder aufhängen, sondern wir möchten, daß Künstler uns den öffentlichen Raum mitgestalten.« Ich glaube, dies ist eine Tatsache, die man sehen muß, der man nicht ausweichen kann. Ansonsten beschwören wir eine Fata Morgana, wenn wir uns Gedanken machen über Kunst im öffentlichen Raum. Ich glaube, die Reaktion des Publikums auf große Ausstellungen in den letzten Jahren, die in Richtung öffentlicher Raum tendierten, war im Vergleich zur Reaktion des Publikums etwa auf Bücher, Filme, Musik- und Theaterfestivals vernachlässigbar gering. Kaum jemand der Damen und Herren Kunstkritiker – die das Publikum in den öffentlichen Medien der Presse, des Fernsehens etc. vertreten – hat sich veranlaßt gesehen, etwa einer Ausstellung wie der in Münster im letzten Jahr auch nur annähernd so viel Aufmerksamkeit und Raum zu schenken wie sagen wir der jährlich stattfindenden Frankfurter Buchmesse. Ich frage mich ernsthaft, ob es für Kunst im öffentlichen Raum außerhalb des Museums im Augenblick überhaupt einen Handlungsbedarf gibt.

6. Diese Situation kann man aber nicht mit einem generellen Desinteresse an Kunst erklären. Jeff Wall hat einmal gesagt, daß die narrative Kraft der Malerei durch den Film geraubt worden sei. Ich glaube, damit ist etwas sehr Grundsätzliches berührt. Die Men-

schen heute wollen immer noch Erzählungen, Symbole, Gestaltungen etc. Doch sie wollen sie sozusagen in flexiblen Medien. Sie wollen das nicht in dauerhaften Medien. Kunst im öffentlichen Raum ist als materielle Realität aber dauerhaft. Ständig. So wie man aber moderne Wohnungen nicht mehr in einer bestimmten Art gestaltet, sondern sie im wesentlichen weiß anstreicht, sie indifferent macht und damit brauchbar für verschiedene Nutzungen, so ist es auch mit dem öffentlichen Raum der Stadt. Moderne Stadtgestaltung ist indifferent. Es drückt sich darin nicht mehr eine bestimmte Weltsicht aus wie zum Beispiel im München Ludwigs I. Moderne Gesellschaften sind pluralistisch, und es bleibt den Menschen selbst überlassen, ob sie ihr Leben an christlichen oder anderen Überzeugungen orientieren. Daher kann man zum Beispiel nicht mehr eine Kirche auch zum anschaulichen Mittelpunkt einer Stadt machen, der aller anderen Gestaltung auch ihren Sinn und ihren Ort gibt.

Ich glaube, es ist ein wichtiger Faktor, daß viele Menschen moderne Umwelt so haben möchten wie moderne Wohnungen: indifferent, zu vielfältigem und unterschiedlichem Gebrauch nutzbar. Man hat weiße Wände und nicht bemalte. Ganz einfach, um die schlichte Leere zu genießen, weil die reale Umwelt sowieso zu voll ist von optischem Lärm. Seinen Bedarf an Erzählungen, Bildern, Metaphern, Symbolen etc. deckt man durch Bücher, Fernsehen, Filme oder eben Ausstellungskunst, die einem nicht ständig vor der Nase stehen bleibt und ständig dieselbe Geschichte erzählt, sondern die abräumbar ist, die man auch wieder wegstellen kann.

Hinzu kommt, daß die Architektur, die eigentlich die naheliegendste Vermittlungsinstanz von Kunst und öffentlichem Raum wäre, kein großes Interesse an Kunst hat. Unsere Architektur ist immer noch modern, in dem Sinne, daß ein Architekt glaubt, sein Gebäude habe – wenn es gelungen ist – von sich aus schon ästhetische, künstlerische Qualität. Da braucht man Kunst nicht noch zu addieren.

7. Allerdings gibt es auch andere Trends, Trends, die in eine andere Richtung zeigen, in Richtung einer Integration von Kunst in öffentlichen, außermusealen Raum. Man hört zum Beispiel davon, daß große Firmen sich heute um so etwas wie eine »Corporate identity« bemühen. Wenn ich mich recht erinnere, hat das ein Manager einer großen deutschen Firma etwa so begründet: Die Produkte großer Firmen auf dem Markt sind als Produkte nicht mehr sehr unterschiedlich. Um beim Publikum, beim Käufer, sich als Firma von anderen zu unterscheiden, muß man also etwas anderes haben als nur diese einander immer ähnlicher werdenden Produkte. Man erreicht das unter anderem damit, daß man Produkte spezifisch designt oder aber mit dem Produkt das Image einer Firma verkauft. Zum Beispiel das Image, eine an Kultur aktiv teilnehmende, eine kulturfördernde Firma zu sein. Daher investiert man in Kunst.

Eine andere Sache ist, daß Städte sich gegenüber Firmen als Industriestandorte attraktiv machen müssen. Firmen müssen ihre potentiellen Arbeitnehmer und Angestellten damit umwerben, daß sie ihnen nicht nur interessante Arbeit anbieten, sondern auch Arbeit an einem attraktiven Ort. Daher müssen sich Städte als potentielle Standorte von Firmen attraktiv machen: zum Beispiel durch ein großes Angebot an Kultur.

Ein anderer Trend läßt sich rubrizieren unter dem Schlagwort »Freizeitgesellschaft«. Die Menschen müssen immer weniger von der ihnen zur Verfügung stehenden Lebenszeit in Arbeit investieren. Sie haben mehr Freizeit, und die muß gefüllt werden. Unter anderem möglicherweise mit Kultur, mit Kunst. Ich zitiere dazu kurz Lothar Späth: »Wer Politik nicht nur als kurzatmiges Geschäft betreibt, sondern auch über die Perspektiven der Gesellschaft nachdenkt, kommt zwangsläufig zu dem Ergebnis, daß eine Gesellschaft, die über mehr Freizeit verfügt, erfahrungsgemäß ihre Konsumgewohnheiten nicht einfach fortschreibt, sondern neue Nachfragen entwickelt. Vereinfacht gesagt: Unsere gesättigte Konsumgesellschaft will nicht noch mehr Bier, nicht noch mehr Fernsehen, nicht noch mehr Reisen, sondern – und das zeichnet sich schon ab – sie findet immer mehr Gefallen an kultureller, musischer Betätigung, sei es aktiv oder passiv.«[1]

Das alles heißt also, daß man auf der einen Seite ein ziemliches Desinteresse an Versuchen feststellen kann, bildende Kunst tatsächlich außerhalb der Museen, in anderen öffentlichen Räumen ihren Platz finden und schaffen zu lassen. Andererseits läßt sich – wenigstens tendenziell – ein von der Industrie, ein von den Kommunen, ein von Politikern artikuliertes Interesse an Kultur und damit wohl auch an Kunst feststellen. Doch die Frage ist: Will die Kunst dies Interesse befriedigen, wie steht sie solchen Perspektiven, diesem heraufdämmernden Späth-Kapitalismus gegenüber?

8. Wir müssen uns über die Sache mit der Kunst im öffentlichen Raum auch aus der Perspektive der Künstler unterhalten. Wiederum muß man sich dabei mehrere Dinge vergegenwärtigen. Ich habe von der Entwicklung moderner Gesellschaften gesprochen, die keine großen allgemeinverbindlichen Geschichten mehr kennen, die wie in traditionellen Gesellschaften von Kunst öffentlich zu artikulieren wären. Parallel zu diesem Prozeß entwickelt sich in der Moderne das, was man die Autonomisierung der modernen Kunst nennt. Im Prozeß dieser Autonomisierung oder Emanzipation von Gesellschaft hat die Kunst sich selbst aber zumeist als in Kontrast zur Gesellschaft stehend verstanden. Entweder hat sie als klassische Avantgarde eine Kunst entwickelt, die eine Art »Vorschein« einer ganz anderen Gesellschaft sein sollte, oder aber sie hat sich radikal skeptisch, radikal dekonstruktiv gegenüber allem gesellschaftlich Gängigen artikuliert. Ich zitiere Martin Warnke, der neulich diesen Prozeß kurz und bündig so beschrieb: »Die sogenannte Emanzipation der Kunst ergab sich daraus, daß Künstler traditionellen Zuschnitts überflüssig wurden.« Warnke will damit zum Ausdruck bringen, daß alte handwerkelnde Künstler für wichtige gesellschaftliche Aufgaben einfach nicht mehr gebraucht wurden. Und er fährt fort: »Den nutzlosen Raum jedoch, in den die Künste gestellt waren, haben die Avantgarden als ein Experimentierfeld wahrgenommen, von dem aus sie als neuen Maßstab künstlerischer Leistung die ästhetische Dauerzumutung und eine permanente Innovationspflicht durchsetzen konnten. In dieser Rolle, in der die Kunst Kategorien wie Schönheit und Harmonie, die sie selbst einmal aufgebaut und verkörpert hatte, immer wieder in Frage stellte, hat sie sich als eine Art kritische Außenstelle der Gesellschaft halten können.«[2]

Moderne Kunst war im wesentlichen das: kritische Außenstelle der Gesellschaft. Das ist sogar eine gemeingebräuchliche Ansicht gegenüber Kunst. Sie ist sozusagen vulgarisiert, jedermann bekannt. Als Beleg dafür erwähne ich zwei Sätze von Gottfried Sello über René Magritte, die ich gestern morgen im »Lufthansa Bordbuch« Nr. 5/1988 las: »Seine Malerei ist ein permanenter Angriff auf unsere Seh- und Denkgewohnheiten. Magritte zeigt, daß alles immer auch anders sein könnte, als es ist. Er versetzt die Welt gleichsam aus dem Indikativ in die Möglichkeitsform, in den Konjunktiv.« Damit ist knapp formu-

Ludger Gerdes, Hamburger Stern (Entwurf für den Jenisch-Park), Hamburg, 1986

liert, wie moderne Kunst sich vorwiegend begreift und wie sie vom kunstinteressierten Publikum begriffen wird: als Irritation, als Infragestellung, wie man so schön unsinnig sagt. Nicht nur die Kunst selbst begreift sich vorzugsweise so, sondern eben auch das Publikum erwartet das von Kunst. Sonst stünde es nicht in der Lufthansa-Kundenzeitung.

Dieses Prinzip der ständigen Irritation ist aber eines, das der Integration von Kunst in den öffentlichen Raum entgegensteht. Fest in den öffentlichen Raum integrierte Kunstwerke sind notwendigerweise dauerhaft. Etwas, was dauerhaft ist, kann aber nicht dauerhaft irritieren, da man sich aufgrund seiner Dauerhaftigkeit daran gewöhnt. Die moderne Kunst kann ihre Absicht zu irritieren nur erfüllen im Medium wechselnder, nicht ständig, dauerhaft existierender Ausstellungen. Wenn man Kunst so begreift, daß ihre Funktion in der fortdauernden Infragestellung des gesellschaftlich Gängigen besteht, dann kann sie das nur auf zwei Arten tun. Entweder als Avantgarde, die meint, in Kunstwerken ansatzweise Stücke von etwas vorscheinen zu lassen, zu dem sich Gesellschaften als ganze hinbewegen sollten. Ich denke, diesen Traum kann man aber nicht mehr träumen. Wenn ich Habermas richtig verstanden habe, ist das, was die Kunst entwerfen kann, immer zu unterkomplex, zu einfach, um als Modell von ganz anderen Gesellschaften dienen zu können. Oder aber Kunst kann sich als kritische Außenstelle von Gesellschaft sehen, ohne gleichzeitig auch Alternativen anzubieten. Dann begibt sie sich aber in eine Position gegenüber der Gesellschaft, wie man sie aus dem Rennen zwischen Hase und Igel kennt: Die Kunst rennt weg, wird aber immer wieder von der Gesellschaft, die ja schließlich ihr Publikum abgibt, eingeholt, integriert. Man kann sich auf dieses Sisyphusrennen einlassen, nur – wie gesagt – kollabiert das, wenn man es außerhalb des Ausstellungskunstsystems macht.

Für mein Verständnis ist mit das Interessanteste, was in den letzten Jahren über Grundfragen moderner Kunst in modernen Gesellschaften geschrieben worden ist, Niklas Luhmanns Aufsatz »Das Kunstwerk und die Selbstreproduktion der Kunst«. Darin ist Luhmann auf das eben genannte Prinzip der ständigen Irritation, die das Kunstwerk auslöst, eingegangen und hat dieses Prinzip des Staunenerregens, des Stutzigmachens in seiner Geschichte zurückverfolgt. Er hat darin aber vor allem eine Gefahr beschworen, die der Kunst blüht, wenn sie sich diesem Prinzip allein überläßt. Die Gefahr nämlich, daß Kunst wie Mode wird. Wenn die Irritation zum Selbstläufer wird, wird sie irgendwann nur noch willkürlich. Sie ist dann wie das Extravagante beim Schaffen neuer Mode. Sie wird dann aber auch so irrelevant wie Mode, denn sie tendiert zu bloß noch willkürlichen Übertreibungen und Wechseln, sie wird Geschmacksache.

Den anderen Weg, Kunst nicht auf Irritation, nicht auf Dissonanz, sondern auf Konsonanz abzustellen, hat Martin Warnke in seinem bereits erwähnten Artikel kritisch skizziert. Er sagt dort zum Schluß: »Wenn allerdings die Avantgarden einem neohistoristischen Pluralismus Platz machen, der den vorwaltenden Geschmackslagen und -wünschen entgegenkommt und auf Konsonanz mit den gesellschaftlichen Kräften aus ist, dann könnte jenes gemütliche kunstwissenschaftliche Geschichtsbild wieder aktuell werden, nach dem die Kunst, etwa wie die heutige Werbung, für die Sonnenseiten des Daseins zuständig ist.«

Ich weiß nicht, wie man aus dieser Situation herauskommen soll. Nämlich entweder durch fortgesetzte Irritation um der Irritation willen nur noch beliebig, willkürlich zu werden oder aber durch Akzeptieren gesellschaftlicher Phänomene und Anpassung an sie nur noch gemütlich zu werden. Was mir aber unumgänglich erscheint, ist das Akzeptieren der Pluralität unserer Gesellschaften. Innerhalb dieser Gesellschaften, die Luhmann als Systeme beschreibt, die aus vielen Subsystemen bestehen, muß die Kunst irgendwie ihren Platz selbst bestimmen. Luhmann folgend, muß sie, wenn sie als ein System neben den anderen gesellschaftlichen Systemen überleben oder überhaupt leben will, eine Funktion kenntlich machen, auf die sie sich spezialisiert. Und zwar in der Art, daß das, was Kunst tut, nicht auch von anderen gesellschaftlichen Bereichen getan wird.

Alle diese Dinge sind komplizierte Dinge. Die Kunst muß sich darüber aber schleunigst Gedanken machen, damit ihr in Zukunft nicht doch noch das blüht, was ihr in der Moderne immer wieder prophezeit worden ist: daß sie nämlich sterben werde. Leider kann die Kunst bei den vor ihr stehenden Problemen auf kaum etwas zurückgreifen. Selbst ihre theoretischen Grundlagen muß sie selbst schaffen, nachdem die sogenannten Vermittler und die Historiker und Kritiker keinerlei systematische Arbeit über Kunst und die Beziehung von Kunst zu modernen Gesellschaften vorgelegt haben, die zeitgenössischen theoretischen Standards gerecht würde. Ich jedenfalls kenne keine solche Arbeit.

9. Im Augenblick aber muß man meines Erachtens, wenn man das System Kunst betrachtet und sich über sein Verhältnis zum öffentlichen Raum Gedanken macht, noch etwas anderes, sehr viel Profaneres sehen. Man muß die Eigendynamik der Prozesse sehen, in denen heute ein Künstler üblicherweise steckt, wenn er professionell als Künstler arbeitet. Professionell als Künstler zu arbeiten heißt, für einen Markt zu arbeiten, auf dem öffentli-

che Institutionen und Privatleute einkaufen. Es heißt, in einem Beruf zu arbeiten, dessen Ausübung zu einem großen Teil darin besteht, Ausstellungen zu bestücken. Für einen Künstler bedeutet die Realisierung einer Arbeit im öffentlichen Raum aber eine beträchtliche Mehrarbeit gegenüber dem Herstellen eines üblichen Stückes für eine Galerie oder eine Ausstellung. Jeder, der einmal Arbeiten für den öffentlichen Raum einer Stadt projektiert oder ausgeführt hat, kann von den vielen Verhandlungen mit verschiedenen Behörden, gewählten Gremien, Bürgerinitiativen, ausführenden Unternehmern etc. ein Lied singen. Der Aufwand, den der Künstler in eine Arbeit zu investieren hat, die er aufgrund einer Einladung für eine Galerie oder eine Ausstellung anfertigt, ist wesentlich geringer als der Aufwand für ein Stück im öffentlichen Raum. Gleichzeitig sind aber die Verdienst- oder Gewinnraten des Künstlers im »freien« Handel wesentlich höher. Die Preise, die den Künstler im Handel aufgrund der dort ablaufenden Spekulationen und Aufwertungen in ein paar Jahren erreichen kann, wenn er Erfolg hat, werden von Kommunen, die notorisch knapp bei Kasse sind, kaum bezahlt werden können. Wenn sie hohe Preise zahlen, dann für gesicherte Werte, kaum für experimentelle Versuche. Das, was für den Künstler gilt, gilt übertragen auch für den Galeristen. Auch er hat – betrachtet aus der Position des bestehenden Marktes mit seiner Eigendynamik – kein Interesse, sein Geld als Manager für umständlich an den Mann zu bringende Kunst im öffentlichen Raum zu verdienen. Was ich hier sage, ist keine Entschuldigung und erst recht kein Zynismus, sondern ein Faktum, mit dem alle Kollegen umgehen und dem man offenen Auges entgegenzutreten hat.

10. Zusammengefaßt: So wie die Erfahrungen der letzten Jahre zeigen, daß das Publikum sich nicht sonderlich für extramuseale Kunst interessiert, so interessiert sich auch der im Markt etablierte Künstler kaum dafür. Und wenn's denn sein muß mit der öffentlichen Kunst, dann kauft das interessierte Publikum eben die Kunst von der Stange, in der Galerie, und der Künstler setzt die Skulptur ab, hängt das Bild auf, das er sowieso schon auf dem Lager stehen hat. Eine auf ihren Aufstellungsort bezogene, spezifisch dafür hergestellte Arbeit ist und bleibt die Ausnahme.

Mit anderen Worten: So, wie es aufgrund der Reaktionen des großen Publikums auf die extramusealen Ausstellungen der letzten Jahre eigentlich keinen Handlungsbedarf für eine Kunst im öffentlichen Raum zu geben scheint, so auch aus der Perspektive des Künstlers nicht, der, so wie die Dinge nun einmal stehen, sein Auskommen und seinen Ruhm wesentlich einfacher im Ausstellungskunstsystem erwirtschaften kann. Das heißt, wenn man über Kunst im öffentlichen Raum außerhalb der Museen und Ausstellungen spricht: Was eigentlich soll den Künstler motivieren, sich dafür zu interessieren?

In früheren Gesellschaften kam der Anlaß für Kunst im öffentlichen Raum von den Herrschenden. In modernen Gesellschaften würde man erwarten, daß er vom Publikum käme. Technisch gesagt, ist eine Kunst im öffentlichen Raum nur dann politisch durchsetzbar – von Kommunen oder von Privatleuten –, wenn das Publikum sie auch will. Doch an solchen Willensbekundungen fehlt es völlig. Wie gesagt, niemand hat nach den Ausstellungen der letzten Jahre etwas dementsprechendes gesagt, gewünscht, gefordert.

Ich glaube, daß die Zukunft der Kunst nicht allein im Museum stattfinden kann, obwohl sie auch da stattfinden wird. Nur glaube ich auch, daß sich vor allem die Künstler werden Gedanken machen müssen. Wenn die Kunst in Zukunft nicht nur Kompensation für eine entzauberte Welt sein soll und nicht nur Unterhaltung und Zeitvertreib in einer freizeitreichen Gesellschaft, dann muß sie sich klar werden, was sie eigentlich will und kann. Solange sich aber Künstler wie heute vorwiegend einzeln sehen und unter Umständen zu ihren Vermittlern intensivere Beziehungen haben als zu ihren Kollegen, sehe ich nur die Möglichkeit, daß die Zukunft der Kunst von ihren Vermittlern und Besprechern gestaltet wird – mit der Kunst als notwendigem Füllstoff für die Veranstaltungen eben der Macher. Wenn die Kunst aber etwas anderes will, wird sie sich allerdings erhebliche Mehrarbeit aufhalsen. Sie wird nicht mehr nur aus dem Bauch heraus operieren können, sondern mit dem Kopf nachdenken müssen über ihren Status, ihre Rolle und ihre Eigenart in modernen Gesellschaften.

Eines scheint mir unbestreitbar. Menschen – ganz egal in welchen Gesellschaften sie leben – brauchen Bilder, Vorstellungen von der Welt, in der sie leben, und Orientierungen für ihre Handlungen in diesen Gesellschaften. Die Dinge und Sachverhalte des Lebens müssen irgendwie identifiziert werden, müssen irgendwie eingeordnet werden. Vielleicht ist Kunst der öffentliche Raum, in dem Sinn ausprobiert werden kann. Kunst kann nicht verlorengegangene große globale Sinnstiftungen ersetzen. Aber die Künste sind wie die Philosophie und die Geisteswissenschaften Disziplinen, die Sinnmöglichkeiten artikulieren und durchprobieren können, zur Probe anbieten können. Sie haben damit zumindest eine verantwortungsvolle Rolle gegenüber einem Publikum, das in unserer Zeit – wie man so sagt – einen Ersatz für Sinn sucht in Konsum, Unterhaltung, Sport, Tourismus, Popkultur, Sekten und sonst was.

Ich habe auch gesagt, daß man den Pluralismus anerkennen muß, der nun mal in modernen Gesellschaften herrscht. Ich denke, er ist ein Gewinn in der Geschichte der Menschheit, seitdem uns große Philosophen und Wissenschaftler gerade der Moderne gezeigt haben, daß es unmöglich ist, gesicherte wahre Überzeugungen über die Welt zu erlangen. In der Kunst ist längst Pluralismus der Fall. Nur die theoretischen Verwalter der Kunst tun sich häufig noch schwer mit diesem Phänomen der Moderne – wie das Zitat von Martin Warnke zeigt. Allerdings birgt der Pluralismus eine Gefahr. Nämlich die, eine unnötig große Zahl von Beschreibungsvarianten zugleich zuzulassen. Die Anerkennung des Pluralismus entbindet einen nämlich nicht von der Aufgabe, das, was mit einer Sichtweise der Welt zu erreichen ist, auch kohärent und systematisch herauszuarbeiten. Der große Philosoph des Pluralismus, Nelson Goodman, hat einmal gesagt: »Die Bereitschaft, alternative Welten anzuerkennen, kann zwar befreiend sein und Hinweise auf neue Forschungswege geben, aber wem alle Welten gleich willkommen sind, wird keine erbauen.«[3]

Ich glaube, das sollte die Kunst ganz besonders ernst nehmen, die sich selbst fast ersäuft in einer Inflation von Beschreibungsvarianten, von Meinungen und Behauptungen, von Ansichtssachen und irgendwie zurechtgebastelten Weltbildern. Die Kunst, die bildende Kunst, braucht im Augenblick ganz besondere Anstrengungen, sich über ihren eigenen Status systematisch Rechenschaft abzulegen. Wenn sie das nicht tut, steht sie einfach einer zu großen Gefahr gegenüber, daß sie in einen reinen Unterhaltungsbetrieb transformiert wird, daß sie bei all den von außen an sie herangetragenen Interessen irgendwann auch nur noch von außen, also fremdbestimmt wird.

Aber gerade weil ich glaube, daß die Kunst in Zukunft nicht nur in Museen wird existieren können, sondern aus verschiedenen Gründen im weiteren öffentlichen Raum, im Außenraum, existieren muß, muß sie sich überlegen, wie und in welcher selbst bestimmten autonomen Art und Weise sie bei der Gestaltung der tatsächlichen Welt mitarbeiten will. Ich denke, sie sollte dabei nicht so sehr an Bilder denken, sondern an das Herstellen eigenartiger, tatsächlicher materieller Wirklichkeit. Viele moderne Künstler haben mit Emphase das Objektsein von Kunstwerken gegenüber ihrem Bildsein betont. Ich glaube, damit ist etwas in der Moderne angefangen worden, was weitergeführt werden sollte. Ganz einfach, damit die Welt als eine erlebt werden kann, die nicht nur aus Dingen besteht, die Mittel zu irgendwelchen praktischen Zwecken sind.

Ich halte nichts von einem »Fluchtpunkt Gemütlichkeit«, so der Titel von Warnkes Aufsatz, auf den die Kunst zusteuern sollte. Aber Warnke hat in seinem Artikel die Kategorien von Schönheit und Harmonie erwähnt, die die Kunst selbst einmal aufgebaut und verkörpert hat. Ich denke, daß die Kunst sich über diese Kategorien wieder Gedanken machen sollte. Die Ästhetik hat uns immer zwei Kategorien des Ästhetischen angeboten. Die des Schönen und die des Erhabenen, des Schocks, der Irritation, der Plötzlichkeit, des Terrors. Manche Autoren – wie Karl Heinz Bohrer – halten die zweite für die moderne künstlerische Kategorie schlechthin. Ich will gegen diese Kategorie überhaupt nichts sagen. Ich halte sie für unverzichtbar, um einen vernünftigen Begriff von Kunst zu haben – so paradox das klingen mag. Aber die andere Kategorie wird es auch brauchen.

Nachtrag

Nach dem, was auf dem Hamburger Symposion gesagt worden ist, meine ich, daß ich noch etwas nachzutragen habe. Ich nehme Ihre Aufmerksamkeit übermäßig in Anspruch, aber als der einzige Alibikünstler – neben Michael Lingner –, der dort sprach, darf ich das vielleicht auch. Also nochmals:

1. Öffentlichkeit artikuliert sich in der Gesellschaft in verschiedenen Institutionen. Eine davon ist das Museum, eine andere die Presse. Ich glaube, daß das Museum als der Ort für künstlerische Arbeit, der frei ist, relativ frei ist von außerkünstlerischen Zwecksetzungen, vorrangig zu bewahren ist. Es ist gerade dafür zu arbeiten, daß das Museum nicht auch demnächst in die große Kirmes der Kulturindustrie inkorporiert wird. Es ist dafür zu sorgen, daß der Ort des Museums bewahrt bleibt, in dem ganz anderes, zum Teil auch Ernsteres, Feierlicheres, Erhabeneres getan werden kann als sonstwo.

2. Die Öffentlichkeit, wie sie sich durch ihre Vertreter in den Medien der Presse, des Fernsehens etc. formuliert, ist größtenteils ignorant – wie ich bereits angedeutet habe. Ich selbst habe gar kein großes Interesse mehr, eine auf diese Öffentlichkeit ausgerichtete Arbeit zu leisten. Ich habe neulich eine Arbeit realisiert, die mich intensiv ein halbes, weniger intensiv mehrere Jahre meines Lebens beschäftigt und gekostet hat. Eine Reaktion war, daß mich Laszlo Glozer daraufhin mit drei, vier Sätzen in der Süddeutschen Zeitung verarscht hat. Warum soll ich mich nach solchen und ähnlichen Erfahrungen überhaupt für Öffentlichkeit interessieren, wenn ich andererseits weiß, daß ich hier und da private Kunden finde, die sich tatsächlich und intensiv für meine Arbeit interessieren?

3. Es ist hier von Autonomie mehrmals geredet worden. Darum muß es – wie ich bereits angedeutet habe – vorzugsweise gehen. Ich glaube, das autonom Künstlerische besteht sinnvollerweise nach wie vor in Formalität, in Spezialisierung auf und Ausdifferenzierung von Sinnlichkeit.

4. Wie wohl die meisten von Ihnen bin ich am Späthschen Kapitalismus nicht besonders interessiert. Aber ich sehe meine Lebensarbeit auch nicht darin, als Künstler ständig ein kritisches Potential gegenüber irgendwas und allem möglichen zu entwickeln, also das zu machen, wovon hier vorwiegend die Rede war. Nichts gegen Kritik und das kritische Potential der Kunst. Aber die Zukunft der Kunst besteht nicht darin, immer nur sich selbst als kritisches Potential zu verbrauchen. Das ist vielmehr eine Haltung, die immer wieder Kunst mit Erkenntnis, mit Moral, mit Politik, mit guter Absicht verwechselt. Die Veränderungen unserer Gesellschaft müssen auf politischem Wege betrieben werden. Die Kunst aber muß das Recht haben, Kunst zu machen, und das heißt im wesentlichen auch konstruktiv zu sein, und das heißt manchmal auch das Leben zu feiern, völlig auf Kritik verzichtende Schönheit zu stiften.

5. Luhmann ist bereits erwähnt worden. Diese Veranstaltung war für mich eine Plausibilisierung seiner Theorien. Gesellschaften sind danach Systeme aus vielen Subsystemen. Diese Subsysteme haben vorwiegend die Absicht, sich selbst zu reproduzieren. Diese Veranstaltung schien der Reproduktion des Systems Kunstvermittlung zu dienen.

6. Kunst hat kritische Aufgaben. Eine kritische Aufgabe besteht in der Kritik der Kunstkritik, Kunstgeschichtsschreibung und Kunstvermittlung.

Anmerkungen

1 Zit. nach: *Frankfurter Rundschau,* 3. September 1988, S. ZB 2.

2 Martin Warnke: »Fluchtpunkt Gemütlichkeit. Die Kunstgeschichte nach dem Ende der Avantgarden«, in: *Frankfurter Allgemeine Zeitung,* 28. September 1988, S. 35.

3 Nelson Goodman: *Weisen der Welterzeugung,* Frankfurt a. M. 1984, S. 36.

Horst Hellinger

Unter dem Hamburger Fernsehturm

Im öffentlichen Raum entsteht ein Gefüge von Körpern und Räumen, in denen das Recht der einzelnen Bürger auf den privaten Raum mit dem Anspruch der gesamten städtischen Gesellschaft auf gemeinsame Räume zum Ausgleich kommen muß. Der architektonische Rang und die Kultur einer Stadt beruhen auf dem Zusammenspiel der Baukörper und Räume. Aus plastisch durchgeformten Baukörpern bildet sich der öffentliche Raum für das Leben einer Großstadt.

Der öffentliche Raum wird durch unsere Architektur und Zivilisation bestimmt: Häuserwände, Straßenzüge, Wege, Brücken, Lichtmasten, Reklame, Verkehrsschilder, Ampeln, Schaltkästen, Papierkörbe, Sitzbänke, Begrünung, Erdaufschüttung; unterirdisch durchzogen von Leitungen, Kabeln und Rohren. In der horizontalen Bewegung gesellen sich dazu: Schiffe, Eisenbahnen, Lkws, Pkws, Zweiräder und jede Art von Fußgängern. Diese beweglichen Massen ergießen sich auf die vorhandenen Verkehrsleitsysteme oder versammeln sich massiv an deren Rändern. In der Regel sind Orte oder Plätze für längeres und ruhiges Verhalten nicht vorgesehen, oder sie lassen es wegen ohrenbetäubenden Lärms und beißenden Gestanks nicht zu. Die Wege für Fußgänger und Radfahrer sind nahezu versiegelt durch Kies, Betonplatten, Pflastersteine aller Art, Asphalt, Betonverbundsteine, Sieldeckel, Laubenpieperbegrünung und Bordsteinkanten, sie sind verstellt durch genormte Poller, genormte Autos, genormte Schilder, genormte Fahrradständer, genormte Papierkörbe, genormte Sitzbänke, genormte Blumenkübel, genormte Telefonzellen, Geländer und deplazierte Findlinge. Viele Fußwege und Plätze sind dekoriert durch das sogenannte Euroraster, ein erbarmungslos angewandtes Planungsvorhaben, das ohne Bezug zur Straße, zum Weg oder zum Platz steht. Die Wege und Plätze müssen nachts beleuchtet werden, sie sind bestückt mit Straßenlaternen, die man anscheinend im Aldimarkt entworfen hat. Die Fußwege und Radwege bilden an Einmündungen und Kreuzungen von öffentlicher Hand abenteuerlich gestaltete Gebilde.

In Dessau gab es das Bauhaus, wir bestaunen die Entwürfe der Lehrer und Schüler in Ausstellungen. Heute gibt es »Bauhaus Heimwerkermärkte«.

Der öffentliche Raum setzt sich aus unzähligen kleinen und großen Modulen und Volumina zusammen. Es gibt diverse Bezugspunkte, Höhenvorgaben, Tiefenbestimmungen, unterschiedliche Materialien, farbige Schwerpunkte, haptische und akustische Differenzierungen, Licht- und Wetterwechsel, aber es gibt kein Gespür für Zusammenhänge. Es gibt keine differenzierte Raumentwicklung.

So, wie man in der Regel hier in Hamburg verlernt hat, aus Backsteinen Häuser zu bauen – man achte auf die Fensteröffnungen in der Wetterhaut –, so haben die Planer der Tiefbauabteilung nicht begriffen, wie der öffentliche Raum sinnlich für die Bewohner dieser Stadt entwickelt, geplant und angelegt werden könnte. Bemerkenswert negative Beispiele sind der volkstümlich benannte »Platz der Völkerverständigung« vor dem S-Bahnhof Sternschanze oder der Gänsemarkt, der Spadenteich, der Gerhart-Hauptmann-Platz, die Kreuzung an der Weidenallee usw.

Der öffentliche Raum wird willkürlich zerteilt durch eine Anhäufung divergierender Bauteile, die nur noch Aussagen über die Bauplaner machen. Es wird heute kein Platz mehr entworfen, es gibt Parkplätze. Der architektonische Rang oder die Kultur einer Stadt im öffentlichen Raum ist nicht mehr auszumachen. Der öffentliche Mangel an Phantasie, Instinkt und Kraft zum ästhetischen Ausdruck ist in dieser Stadt schon weithin bekannt.

In einem geschlossenen Raum falte ich glücklich meinen Regenschirm zusammen, in den öffentlichen Raum nehme ich lieber zwei Regenschirme mit – den einen als Schutz gegen den Regen und den anderen, um mir einen Weg freizufechten.

Kunst ist nicht für alles zuständig, sie verbraucht sich und bestaunt dann ihre verlorene Utopie. Wenn hinter einer aufgebauten Skulptur im Park ein Hunderttausendtonnenfrachter vorbeizieht, verändert sich wesentlich die Bedeutung der Skulptur durch das Umfeld. Im öffentlichen Raum ist das Umfeld variabel, es bildet evokatorische Hintergründe für die Kunst. Eine Außenskulptur in einem dichtbebauten Innenhof stellt sich anders dar als in einer weitläufigen Parkanlage. Kunst wird beeinträchtigt und beeinflußt durch die Wahl des Standortes. Der Ort, Platz oder das Gelände erfordert einen abgestimmten, vordisponierten Entwurf. Der aufgewühlte Vorplatz eines Kirchturms verlangt einen anderen Entwurf als der ausgesuchte U-Bahn-Schacht im Hauptbahnhof. Im öffentlichen Raum wird Kunst für lange Zeit stehen bleiben und sich dort behaupten müssen gegen die Veränderung des Umfeldes.

Im öffentlichen Raum ist das Artefakt nicht korrigierbar. Es beansprucht für sich Endgültigkeit. Die Rezeption im öffentlichen Raum ist nicht vorstrukturiert, sondern scheinbar demokratischer Begutachtung, Bewertung und Beeinträchtigung ausgesetzt.

Der öffentliche Raum ist nicht die Erweiterung eines Museums oder einer Galerie in den Außenraum. Kunst im öffentlichen Raum muß sich bewußt mit einer Vielzahl von gestalteten und ungestalteten Materialien auseinandersetzen, sonst läuft sie wiederholt Gefahr, irgendwo unverhofft und blind vom Himmel gefallen zu sein. Kunst im öffentlichen Raum muß für die Bewohner einer Stadt provozierend und anregend wirken. Zum Glück gibt es keinen kaiserlichen Verschönerungsverein mehr.

Staatserhaltender Biedersinn beansprucht für sich, die im Grundgesetz verankerte Grund- und Kunstfreiheit zu verwalten. Die ausgesparten Nischen für Kunst im öffentlichen Raum repräsentieren lediglich den grassierenden dualistischen Anspruch über Kunst und Kultur – tiefgründlich, ignorant und intolerant. Die latenten Bemühungen der Kunst, sich differenziert und dialektisch um die Sinne ihrer Zeit zu bemühen, zum Beispiel das Beuys-Projekt in Hamburg, werden nicht respektiert. Kunst beißt Bürgersinn. So wird der öffentliche Raum mit Behördenkultur tapeziert. Er ist als Lebensraum in dem Gefüge von Körpern und Räumen in dieser Stadt nicht mehr vorgesehen.

Kultur braucht Zeit, Kunst braucht Vorbildung. Wenn Lokalpolitiker dieser Stadt nicht bereit oder in der Lage sind, ein zeitgemäßes Angebot im öffentlichen Raum zu machen, da sie sich lieber mit einer Bronzeplastik von Hans Albers oder Reetdachhäusern schmükken wollen, um ihre Wähler zu beschwichtigen, und sich selbst mit Kultur, aktueller Kunst und Ästhetik nicht lebensbejahend auseinandersetzen können, dann erstirbt das kulturelle Angesicht dieser Stadt. Es verkommt zu fernsehbürgerlicher Kleistogamie und erstarrt in grünkohliger Provinzialität.

Horst Hellinger, o. T., Hamburg, 1986

Stephan Huber

Absolut störend ist, daß »Kunst im öffentlichen Raum« sich jeder Kontrolle entzieht, daß die vorgegebenen Plätze jederzeit im nachhinein verändert werden können. Mit Geranien bepflanzte Betonschrauben, Neojugendstilsitzbänke usw. können plötzlich neben einer Skulptur stehen. Die grundsätzliche Frage, ob die total möblierten Städte (von Fahrradständern bis zu Frittenbuden) noch mit Kunst zugestellt werden müssen, ist in dieser Kürze nicht beantwortbar.

Wenn »Kunst im öffentlichen Raum«, dann nehme ich am liebsten klar umrissene Aufträge entgegen. Für Wuppertal zum Beispiel entsteht im Moment ein Denkmal für Else Lasker-Schüler. Die Verbindlichkeit ist die Vorgabe, mit der ich am besten arbeiten kann. Die geistige Nähe zur Stadtverschönerung fällt unter solchen Bedingungen meist weg. Es ist, als ob man für eine Person einen Auftrag erfüllt, in diesem Fall wie ein Grabmal für Lasker-Schüler: Es ist fast eine hermetische Situation zwischen ihr und mir.

Wenn die Aufträge abstrakter sind, das heißt vollkommen dem Künstler überlassen sind, sollte man vielleicht »Kunst im öffentlichen Raum« zeitlich begrenzt sehen. Mit dem Verschwinden einer örtlich-räumlichen Situation verschwindet eben auch das Kunstwerk wieder. In diesem Zusammenhang fand ich die Skulpturenausstellung im Hamburger Jenisch-Park doch einen richtigen Ansatzpunkt. So könnte ich mir für meine damalige Parkskulptur irgendwo im Hafen einen Platz vorstellen, wo sie (ohne Sockel) aufgestellt werden könnte: eigentlich fehl am Platz, wie ein Fremdkörper, vergleichbar diesem schwarzen Monolithen aus dem Film »2001«; ein Opferstock für eine Welt vergangener technischer Träume. Es hat sicher mehr mit einer persönlichen Verehrung für eine bestimmte Situation zu tun als mit dem Versuch, den Menschen das Leben erträglicher zu machen. Sollte irgendwann der Hafen oder Teile von ihm abgerissen werden, würde die Skulptur eben mit abgerissen werden.

Ich glaube, man sollte sich vollkommen entfernen von der Vorstellung, mit »Kunst im öffentlichen Raum« primär politisch auf die Gesellschaft einwirken zu können. Mit drei Tonnen Marmor ist heute die Menschheit nicht mehr zu verändern. Der Künstler sollte heute klar unterscheiden zwischen Sozialarbeitern, Politikern und seinem Beruf.

(Zusammenfassung eines Gesprächs vom 28. November 1988)

Stephan Huber, Helden der Arbeit, Hamburg, 1986 ▷

Raimund Kummer

Seit 1978 habe ich immer wieder Außenarbeiten gemacht, ohne vorher jemanden um Erlaubnis dafür zu fragen. Diese »anarchischen« Arbeiten sind für mich am interessantesten, weil sie spielerisch entstanden, rückbaubar und mobil waren. Ich entwickelte spontan aus einer bestimmten Situation heraus eine Vision für einen Ort, um die zufällig vorbeigehenden Passanten aufmerksam zu machen.

Diese unabhängigen Arbeiten haben immer nur für einen begrenzten Zeitraum existiert. Sie waren durch gesellschaftliche Prozesse motiviert, in die ich mich hineinklemmte und aus denen ich dann auch wieder ausgeschieden bin. Das waren zum Beispiel Stahlträgerformationen an Berliner Abrißhäusern, die ich im Sinne eines Spotlights mit Farbe markiert habe. Die Stahlträger erhielten dadurch für einen Tag, eine Woche oder drei Monate etwas Objektives, Zeichenhaftes; dann wurden sie weiterverwandt, abtransportiert, eingeschmolzen. Sie waren temporäre künstlerische Statements außerhalb der üblichen Ewigkeitsstruktur. Denn Objekte, die irgendwo länger als zwei, drei Jahre stehen bleiben, können zu dekorativen Möbelstücken verkommen, verlieren ihre Kraft.

Für mich wurde die Straße zum Arbeitsfeld auf der Suche nach einem neuen Materialbegriff, als Äquivalent zu Farbe, Leinwand, Stein oder Bronze. Ich wollte einen neuen Erfahrungsraum, ein neues Testfeld finden im Gegensatz zu den Bedingungen in Museen und Galerien.

Es ist an der Zeit, erneut über den sehr unterschiedlich benutzten Begriff »öffentlicher Raum« nachzudenken, ihn als Material zu erforschen. Bisher wurde den Künstlern auch im öffentlichen Raum ein bestimmter Ort zugewiesen, wo sie sich austoben konnten. Dabei gibt es eine gewisse akzeptierte Konvention, innerhalb deren sich niemand aufregt. Wenn jedoch eine künstlerische Arbeit den ihr zugewiesenen Platz verläßt und über das erwartete Ziel hinausschießt, wird sofort die Bremse angezogen; diese Arbeiten überschreiten dann das von Politikern und Auftraggebern gewünschte Soll, sind aber oft wichtiger und spannender als Auftragsarbeiten.

Alle anderen Ansätze haben etwas von »Wir dekorieren die Stadt«. Im Moment muß ich erneut darüber nachdenken, wie ich mich in dieser Situation mit meinem Eigeninteresse behaupten kann.

(Textfassung eines Interviews vom 8. Februar 1989)

Raimund Kummer, Stück für Bagger, Vibrator und Stahlträger, Berlin, 1979 ▷

Klaus Kumrow

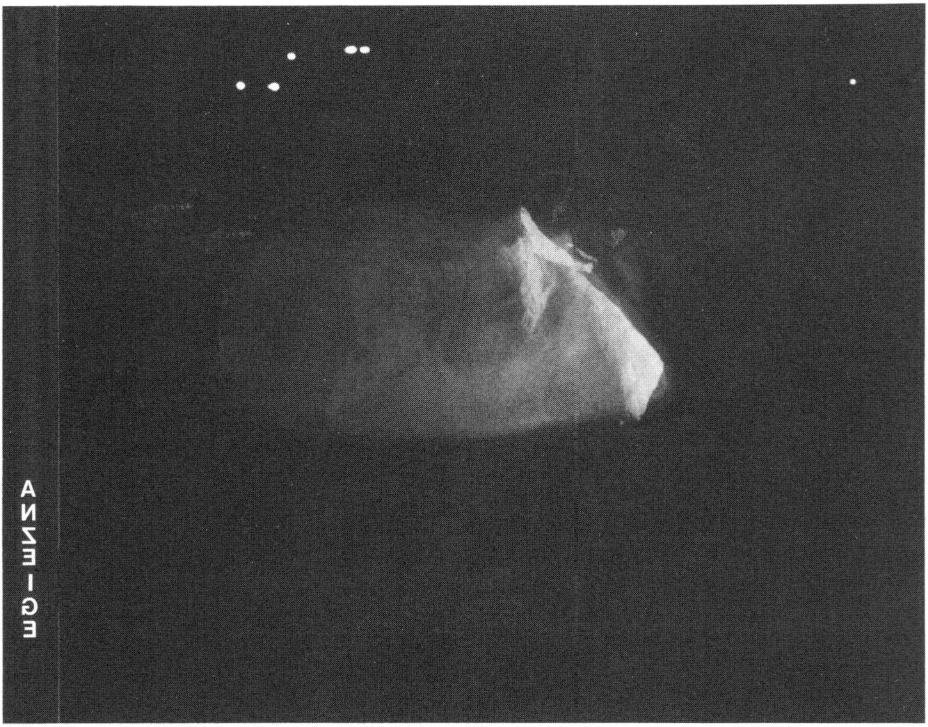

Klaus Kumrow, o. T., Hamburg, 1989

Jan Meyer-Rogge

Sieben Jahre »Kunst im öffentlichen Raum« in Hamburg

Der Wechsel von »Kunst am Bau« zu »Kunst im öffentlichen Raum« wurde in Hamburg 1981 vollzogen, zwei Jahre nach dem internationalen Kongreß »Kunst und Öffentlichkeit« in Stuttgart. Unter dem gleichen Titel erschien eine Dokumentation, in der die damaligen Positionen der Künstler und ihrer Verbände, des Deutschen Städtetages, der Bundesbaudirektion usw. zum Thema »Kunst und Bauen« und zu neuen künstlerischen Arbeitsfeldern zusammengefaßt sind. Das Bremer Modell »Kunst im öffentlichen Raum« wird darin zum erstenmal vorgestellt.

Die Dokumentation zum Kongreß liest sich heute wie ein Dokument des Aufbruchs in der Folge von 1968. Wie weit das kritische Bewußtsein der Künstler, aber auch ihr Selbstbewußtsein damals entwickelt war, zeigte 1979 eine von Hamburger Künstlern zusammen mit Uwe M. Schneede erarbeitete Ausstellung mit internationaler Beteiligung: »Eremiten? Forscher? Sozialarbeiter?« Im gleichen Jahr wurde die Freie Vereinigung bildender Künstler in Hamburg gegründet, die sich als kulturpolitische Dauerinitiative verstand und in den folgenden Jahren einige programmatische Forderungen durchsetzen konnte. Dazu gehören die jährlichen Arbeitsstipendien für Hamburger Künstler und die »Woche der bildenden Kunst«. Im Rückblick muß man sagen, daß der Wille zu Veränderungen in Hamburg damals von Künstlern und Politikern gemeinsam getragen wurde.

Dazu gehörte auch die neue »Kunst im öffentlichen Raum«, die gegen den Widerstand der etablierten Künstler durchgesetzt wurde, denn in der neuen Regelung sollten ja nicht nur Bildhauer und Maler zum Zuge kommen, sondern alle künstlerischen Ausdrucksformen, zum Beispiel Performance, Video, temporäre Installationen und Ausstellungen. Wie man sieht, haben die Ereignisse von 1979 deutliche Spuren hinterlassen.

Heute ist alles anders. Die Künstler haben sich das Heft aus der Hand nehmen lassen. Die Ausstellungen zur »Woche der bildenden Kunst« werden inzwischen nicht mehr von ihnen selbst veranstaltet und organisiert, sondern von bestellten Ausstellungsmachern. Das Symposion »Kunst im öffentlichen Raum – Anstöße der 80er Jahre« wird von der Kulturbehörde veranstaltet. In Stuttgart trugen die Künstler ihre Forderungen vor, heute sind sie dazu eingeladen, Thesen zu diskutieren. Von den achtzehn Referenten ist nur einer Künstler, alle anderen sind Kunsthistoriker, Journalisten, Ausstellungsmacher.

Nach sieben Jahren »Kunst im öffentlichen Raum« in Hamburg stellt sich nun die Frage, ob sich aus den Impulsen der späten 60er und 70er Jahre »Anstöße der 80er Jahre« entwickelt haben. Der äußere Anlaß für das Symposion ist die Dokumentation der Kulturbehörde über das Hamburger Modell. Hamburg ist heute das einzige Bundesland, in dem »Kunst im öffentlichen Raum« noch praktiziert wird. In Bremen, dem Vorbild, hat sich das Programm inzwischen auf Überlebensstrategien der lokalen Künstlerschaft reduziert, alle anderen Bundesländer sind bei »Kunst am Bau« geblieben.

Das Problem des Hamburger Modells besteht aber darin, daß man »Kunst am Bau« zwar abgeschafft, aber die Funktion der begleitenden Kunstkommission ohne Änderungen beibehalten hat. Das bedeutet, daß die Politiker für sich und ihre Vertreter in den

Bezirken ein Einspruchsrecht gegen die Entscheidungen der Kunstkommission in Anspruch nehmen. Das mehrheitliche Votum wird lediglich als »Empfehlung« gewertet.

Spätestens 1984, als das Beuys-Projekt »Gesamtkunstwerk Freie und Hansestadt Hamburg« vom Ersten Bürgermeister gestoppt wurde, hätte das heutige Symposion stattfinden müssen, um das Projekt durchzusetzen. Es wäre das einzige Projekt des Hamburger Modells gewesen, von dem ein Anstoß der 80er Jahre möglich gewesen wäre. Joseph Beuys wollte ein kollektives, ein anonymes Kunstwerk. Vielleicht wäre es ihm gelungen, ein neues »Bauhaus« für die Zukunft des 20. Jahrhunderts zu errichten. Von allen anderen Projekten, die im Rahmen von »Kunst im öffentlichen Raum« realisiert worden sind, kann man getrost behaupten, daß sie in jedem anderen Bundesland auch genehmigt worden wären oder schon in ähnlicher Form vorhanden sind.

Für die Kunstkommission war die Verhinderung des Beuys-Projektes eine schwere Niederlage. Die Glaubwürdigkeit des gesamten Programms war damit erschüttert, denn die Qualität eines staatlichen Auftragsprogramms zeigt sich erst in dem, was die Politiker fördern und was sie verhindern.

Die Folgen sind unübersehbar. Es geht nicht mehr um Utopien, auch nicht um Inhalte, sondern man macht es den großen Ausstellungsmachern und den Showmastern nach, um das eigene Dilemma zu vertuschen. Rückriems Ensembleplastik auf der Moorweide wurde nach den neuen Maßstäben der Hamburger Kulturpolitiker André Hellers »Luna-Luna-Schmonzette« (Petra Kipphoff) geopfert.

Dieser Umgang mit öffentlich ausgestellten Kunstwerken stiftet bei der Bevölkerung nur Verwirrung. Ich finde das verantwortungslos und unzeitgemäß, weil die Wegwerfmentalität der 60er Jahre nicht mehr dem Bewußtsein der 80er Jahre entspricht. In diesem Punkt ist das Hamburger Modell weit hinter die Entwicklung der letzten zehn Jahre zurückgefallen. Vielleicht könnte jedenfalls die konsequente Haltung Rückriems, der am Tag des Zirkusaufbaus seine Skulpturen abbaute, bei jüngeren Künstlern Schule machen.

Nach sieben Jahren »Kunst im öffentlichen Raum« in Hamburg ist Revision notwendig. Eine Bewertung der geleisteten Arbeit konnte beim Symposion vorgenommen werden, von den Kunsthistorikern, den Journalisten und Ausstellungsmachern. Für die zukünftige Entwicklung des Hamburger Modells müssen die Impulse aber von den Künstlern ausgehen, wie könnte es anders sein? Die Voraussetzungen dafür sind günstig, denn viele junge Künstler haben sich daran beteiligt.

In diesem Zusammenhang möchte ich auf die Ausstellung »Künstler-Räume« hinweisen, die 1983 vom Hamburger Kunstverein veranstaltet wurde. Leider wurde der Ansatz, Kunst und Architektur in einen neuen Zusammenhang zu bringen, nicht weiter verfolgt. Heute kann ich mir eine Weiterentwicklung des Hamburger Modells ohne eine Zusammenarbeit mit Architekten und Stadtplanern nicht mehr vorstellen. Um eine Wiederbelebung der »Kunst am Bau« kann es dabei nicht gehen, sondern um die Besinnung auf Utopien und Inhalte und Qualitäten, die heute verschüttet sind: die Unterordnung unter die gemeinsame Idee, an der Zukunft zu arbeiten. So habe ich Beuys verstanden. Deshalb schlage ich in seinem Sinne vor, daß im Anschluß an das Hamburger Symposion zum Thema »Kunst im öffentlichen Raum« Architekten und Künstler zu einem Kongreß eingeladen werden, und nicht nur diese, sondern alle anderen auch, die daran interessiert sind, das Hamburger Modell zu erneuern. Es ist etwas faul an der »Kunst im öffentlichen Raum«, die Beuys verhinderte, Heller förderte und Rückriem opferte.

Jan Meyer-Rogge, Gestürzter Stamm, Hamburg, 1983

Bernhard Prinz

Wenn man sich die zum Teil heute noch recht gut erhaltenen Baustrukturen mittelalterlicher Städte etwa in Belgien oder Oberitalien anguckt, ist es leicht nachzuvollziehen, welchen Sinngehalt und Zusammenhang die Formulierung »Kunst im öffentlichen Raum« damals ausdrückte.

Vergleiche ich dagegen unsere heutigen Stadtbilder, die größtenteils von Phantasielosigkeit und Mangel an historischen Kenntnissen geprägt sind, mit der vorangegangenen Situation, so fällt es mir schwer, diesen als Faktum etablierten Begriff überhaupt irgendwo in unserem urbanen Gefüge unterzubringen und ihm Bedeutung und Gültigkeit zukommen zu lassen.

Es ist ja nicht damit getan, in der Stadt eine Skulptur an einem von der Lage und den Dimensionen einigermaßen idealen Platz aufzustellen und den Ort, da er keinem Privatmann gehört, zum öffentlichen Raum zu erklären.

Ich glaube, eine Definition für »öffentlichen Raum« fällt heute so schwer, weil kaum mehr Plätze mit klaren architektonischen Zielsetzungen entstehen, wo sich die verschiedensten Stile und Auffassungen zu kollektiven Foren des öffentlichen Lebens verbinden lassen.

Wenn ich mir selbst die Orte für »Kunst im öffentlichen Raum« aussuchen könnte und nicht unbedingt auf die von der Kulturbehörde angewiesen wäre, würde ich eine »halböffentliche« Situation wählen, einen Zwischenbereich von innen und außen, von privat und öffentlich, eine Situation, wo meine Arbeit in einem genau bestimmten, abgrenzbaren Kontext steht. Ich denke dabei vor allem an Einrichtungen wie Schwimmbäder, Büchereien, Kino- und Theaterfoyers, Marktplätze und Passagen, wo die Öffentlichkeit durch die Funktion des Platzes oder des Gebäudes eindeutiger bestimmt ist und wo alte kulturelle Modelle lange Zeit gut funktionierten.

Durch gezielte Verbindung von Traditionsbewußtsein, Neugestaltung und Experiment können gerade dort der heutigen Realität neue bildhafte Grenzen und Bühnen entworfen werden. Kunst wäre hier sinnvoll integrativ eingesetzt und müßte nicht immer nur kaschieren, was die Architektur an Ideen und historischen Bezügen vermissen läßt.

Damit »Kunst im öffentlichen Raum« nicht immer nur als Trostpflaster oder kosmetische Retusche für Architektur fungiert, die, unüberlegt, ihren eigenen Ansprüchen nicht gerecht wird oder schlichtweg mißraten ist, bin ich gern bereit, meine künstlerische Handschrift hinter die gedankliche Leistung einer Gesamtkonzeption zurücktreten zu lassen. Architektur als gelungenes komplexes Ganzes ist mir wichtiger als Architektur mit populärer Kunstgarnierung.

Schwierigkeiten treten nicht nur bei der Standortwahl für ein Projekt im öffentlichen Raum auf, sondern auch bei der eigentlichen Realisierung. Da es inzwischen zur marktfördernden Rolle eines jungen Künstlers gehört, neben all seinen Galerietätigkeiten auch noch eine Arbeit im Außenbereich zu realisieren, purzelt er relativ unvorbereitet in diese Auftragssituation hinein und ist zunächst einmal überfordert. Hat er inzwischen gelernt, gezielt für den mit immer gleichen Gesetzmäßigkeiten operierenden Galerie- und Museumsraum und geschulte Besucher zu arbeiten, steht er plötzlich dem ungeschützten Außen gegenüber und hat ein neues Rezipientenpublikum vor sich, das nur schwer faßbar ist.

Bernhard Prinz, Zitronenpresse, Hamburg, 1987

Deshalb wünsche ich mir – ganz gleich, ob ich mich nun für Architektur als Kunst oder für Architektur und Kunst entscheide – bei derartigen Projekten ein bewußtes Mit- und Ineinanderwirken aller beteiligten Werkleute; das heißt, daß der Künstler seinen Beitrag nicht isoliert allein entwickelt, sondern in einem sehr frühen Stadium in die Planung einbezogen wird und seinen Beitrag in Zusammenarbeit mit Anwohnern, Architekten, Stadtplanern und dem örtlichen Bezirksamt realisiert. Nur so kann dem erfahrungsgemäß zu erwartenden Unwillen und den Aggressionen einer unaufgeklärten Öffentlichkeit, der die Arbeit unvorbereitet von einem Tag auf den anderen präsentiert wird, frühzeitig begegnet werden.

Außenskulpturen sind immer Setzungen; sind sie erst einmal realisiert und installiert, läßt sich kaum mehr etwas daran verändern. Bestes Lehrbeispiel dafür war die Gruppenausstellung im Jenisch-Park, die im Grunde nur eine Museumssituation ins Freie übertragen hat. Es wurden keine endgültigen Lösungen angeboten, sondern eher provisorische Modellsituationen konstruiert, die einen Sommer lang die Lichtungen des Park bespielten; und trotzdem war das anwohnende Publikum mangels schlechter und zu später Information über das Projekt völlig überfordert, was der permanente Vandalismus während der ganzen Ausstellungszeit gezeigt hat.

Fritz Rahmann

Man könnte den Begriff »öffentlicher Raum« als Begriff künstlerischen Materials auffassen, wie der »Bildraum« und die »Skulptur« Raumbegriffe sind. Bisher wird der öffentliche Raum, werden seine Dimensionen und Sprachebenen nicht genug als ein eigentümliches, besonderes Material verstanden. Statt dessen werden Ausdrucksmittel aus dem klassischen Kunstraum genommen und mit fragwürdigem Bezug im öffentlichen Raum gebraucht. So entsteht eine Sprachverwirrung. Es geht darum, für den öffentlichen Raum einen anderen Material- und Kunstbegriff zu finden, der sich womöglich von allem unterscheidet, was jetzt historisch nennbar ist.

Wenn ein Künstler heute einen Auftrag für ein Projekt im öffentlichen Raum übernimmt, muß er wie in jeder anderen Arbeit versuchen, seine persönliche Identität darzustellen. Diese künstlerische Selbstbehauptung kommt mit der Außenraumsituation in Konflikt, weil sie nicht in diesen Zusammenhang gehört. Der Künstler geht in seinem Projekt mit dem Außenraum genauso um wie mit einem Museums- oder Galerieraum. Das liegt vielleicht sogar daran, daß es Auftrag ist. Bei Projekten, die ohne Auftrag, also frei und anarchisch entstehen, geht es dagegen weniger um die künstlerische Identitätsbehauptung, sondern mehr darum, eine Sprachmöglichkeit überhaupt zu finden.

Es gibt ja dieses Märchen von dem Marktplatz, auf dem sich die Leute bei Sonnenschein treffen und miteinander reden. In südeuropäischen Kleinstädten ist das vielleicht wahr und erscheint uns hier als ein schönes Bild und erstrebenswert. Die öffentliche Reproduktion dieses Klischees ist aber ganz ohnmächtig, stimmt nicht mit unseren sozialen Bedingungen überein und kann sie auch nicht ändern. Außerdem ist ein Künstler kein Sozialarbeiter. Und umgekehrt kann es auch nicht soziale Aufgabe sein, Kunstwerke, wie sie eigentlich für Sammlungen konzipiert werden, draußen zu präsentieren.

Auf die Dauer, also wenn das Interesse an dieser Aufgabe »Kunst im öffentlichen Raum« bestehen bleiben sollte, müssen Künstler eine Untersuchung darüber durchführen, was der öffentliche Raum für eigentümliche Möglichkeiten bieten könnte, außer freien Plätzen, wo ein architektonisches Umfeld mit Produkten der künstlerischen Selbstbehauptung bestückt wird. Es muß nach allgemein interessantem Material gesucht und überlegt werden, wie man Leute anspricht, die beim Vorbeigehen nicht an Kunst denken und sich auch nicht für einen Künstler besonders interessieren. Öffentlichkeit entsteht dadurch, daß irgendwo etwas zur Sprache kommt, daß eine Äußerung stattfindet. Das kann natürlich auch die Äußerung eines Künstlers sein, aber der Gegenstand ist nicht die Kunst selbst.

Für Arbeiten im öffentlichen Raum werden meistens Künstler beauftragt, die durch Arbeiten in anderem Zusammenhang schon bekannt geworden sind. Aber der Rahmen der Auftragsarbeit ist dann doch so gering bemessen, daß der Betreffende seinen anderen Zusammenhang nicht vergessen kann. Dagegen könnte sich bei einer Materialuntersuchung herausstellen, daß die Künstlergeste und die Kunstassoziation gerade vermieden werden müssen, um zu der Kunstform im öffentlichen Raum zu kommen.

Forschungsarbeit darf nicht ergebnisorientiert sein, wenn man zu etwas Neuem kommen will. Es ist allerdings die Frage, ob es öffentliche Apparate gibt, die so etwas per definitionem ermöglichen können. Von ihnen müßten ähnliche Möglichkeiten geboten werden, wie es sie beim industriellen Research gibt. Solche Forschungsaufträge können ebensowenig an Verschönerungsprogramme wie an schnelle Rendite gebunden werden. Die zuständigen Behörden müßten erkennen, daß es sich dabei um längerfristige Arbeiten, vielleicht jahrelange Arbeiten mit ungewissem Ausgang handelt.

(Auszüge aus einem Interview vom 8. Februar 1989)

Fritz Rahmann, Horizontale Linie, Leeuwarden, Niederlande, 1973

Fritz Rahmann, Horizontale Linie, Leeuwarden, Niederlande, 1973

Fritz Rahmann, U-Bahn-Trajekt, Berlin, 1980

Fritz Rahmann, Kamerafahrten zusammen mit Florian Kleinefenn, Bremen, 1987

Thomas Schütte

Der eigentliche öffentliche Raum ist in den Köpfen und zwischen ihnen.

Thomas Schütte, Tisch mit zwölf Stühlen, Hamburg, 1986 ▷

Franz Erhard Walther

Kunst im öffentlichen Raum? Der Begriff und vermutlich auch die meisten Arbeiten dort werden bald so abgenutzt sein wie die »Kunst am Bau« der 50er und 60er Jahre. Warum? Der Begriff wird zu einem Klischee werden, der überwiegende Teil der Arbeiten wird auf Dauer keine Argumentation entwickeln.

Ich habe keine Rezepte, aber Gründe, in Außenräumen eher kontemporäre Werksituationen hinzustellen. Ein Hauptgrund ist das vorstehend genannte Problem.

Eine der wenigen Arbeiten, die einen festen Ort außerhalb von Ausstellungsräumen brauchen, hatte ich 1970 für Hamburg vorgeschlagen.

Sieben Stahlplatten, je 180 ×180 cm, 1 cm stark, mit einem mittig an einer Plattenkante im Abstand von 8 cm zum Rand eingravierten Wort. Antiquaschrift, Buchstaben 7 cm hoch. Die Wörter sind: ORT, ZEIT, RAUM, KOERPER, RICHTUNG, BEWEGUNG, INNEN · AUSSEN. Die Platten sind auf einem Betonsockel in den Boden bündig einge-

Franz Erhard Walther, Sieben Orte für Hamburg (Teilansicht: bei der Lombardsbrücke), Hamburg, 1989

lassen, wobei das Wort die Blickrichtung angibt. Alle Orte sind ausgesucht, und die Ausrichtung ist erwogen.

Die Orte kann man einzeln oder in Abfolge aufsuchen. Sie bilden einen zeiträumlichen Zusammenhang, der in einer etwa einstündigen Begehung gefaßt werden kann. Gedachter Ausgangspunkt ist die neben der Kunsthalle eingelassene Platte.

In den Notizen zu der Arbeit um 1969/70 finden sich diese Sätze: ». . . auf den realen Raum bezogen . . . Bedeutung der Orte . . . Zeitkomponente . . . Realzeitbezug . . . Vorstellung als Werkbestandteil . . . der Mensch als Werkhervorbringer . . . Körper als Skulptur . . . offene Werkdefinition . . . Handlung als Werk . . . der auf der Fläche stehende Mensch entwickelt WERK – mit der Vorstellung einer Verbindung von Ort und gegebenem Begriff mit dem Umraum, der Blickrichtung, dem Zeitpunkt und der Zeitdauer. Die Flächen sind Sockel. Der darauf Stehende entwickelt die Bedeutung und den Begriff.«

Heute würde ich das Wort »Gedenkorte« hinzufügen und im übrigen weniger programmatisch argumentieren.

Franz Erhard Walther auf der Stahlplatte bei der Lombardsbrücke, Hamburg, 1989

Babette Peters

Katalog der Hamburger Projekte

Die Projekte sind nach ihren Standorten in den Bezirken Hamburg-Mitte, Eimsbüttel, Hamburg-Nord, Altona, Wandsbek, Harburg und Bergedorf gegliedert. Vorangestellt sind die Projekte, die nur für einen begrenzten Zeitraum konzipiert wurden.

Temporäre Projekte

Ausstellung »Halle 6«, 1982
Kampnagelfabrik, Halle 6, Jarrestraße 20–28, Hamburg 60

Beteiligte Künstlerinnen und Künstler:
Carl Andre
Giovanni Anselmo
Michael Buthe
Pier Paolo Calzolari
Sol LeWitt
Richard Long
Mario Merz
Bruce Nauman
Ulrich Rückriem
Reiner Ruthenbeck
Franz Erhard Walther
Gilberto Zorio
Michael Bauch
Detlef Birgfeld
Felix Droese
Bogomir Ecker
Hubert Kiecol
Astrid Klein
Michael Kramer
Jochen Krüger
Klaus Kumrow
Wolfgang Luy
Mimmo Paladino
Barbara Schmidt-Heins
Gabriele Schmidt-Heins
Thomas Schütte
Elisabeth Wagner
Carl Emanuel Wolff

Mimmo Paladino vor seiner Bemalung der Außenfassade der Halle 6, Hamburg, 1982

Richard Long, Wood Line, Halle 6, Hamburg, 1982

Im Rahmen der 2. »Woche der Bildenden Kunst« wurden auf dem Kampnagelgelände Objekte, Skulpturen und Rauminstallationen ausgestellt, wobei die Arbeiten der etablierten Künstler in einen visuellen Dialog mit denen der jüngeren Künstlergeneration traten.

Literatur:
Kulturbehörde Hamburg (Hg.): Kat. *»Halle 6« in der Kampnagel-Fabrik,* Hamburg 1982.

Ulrich Rückriem beim Aufbau seiner Skulptur in der Halle 6, Hamburg, 1982

Wandmalereiaktion »Verlorene Bilder, verschwendete Zeit, vergeudete Liebesmüh«, 1982
Kampnagelfabrik, Halle 36, Jarrestraße 20–28, Hamburg 60

Beteiligte Künstlerinnen und Künstler:
Renate Anger
Dagmar Fedderke
Sigrun Jakubaschke
Margrit Kahl
Rolf Laute
Annette Martens-de-Beisac
Kazue Miyata
Uwe Paduck
Hans Roth
Regine Rothlach
Burkhard Vernunft
Beate Wassermann

Beate Wassermann, Raumbezogene Wandmalerei, Halle 36, Hamburg, 1982

Zwölf Hamburger Künstlerinnen und Künstler haben in abbruchreifen Räumen der Kampnagelfabrik Wand-, Boden- und Deckengestaltungen erarbeitet, die programmatisch für einen begrenzten Zeitraum konzipiert waren.

Literatur:
Kulturbehörde Hamburg (Hg.): Kat. *Verlorene Bilder, verschwendete Zeit, vergeudete Liebesmüh. Wandmalereiaktion zur 2. Woche der Bildenden Kunst,* Hamburg 1982.

Margrit Kahl, Bodenprojektion (Komposition), Halle 36, Hamburg, 1982

Installationen und Projekte um das Künstlerhaus Weidenallee, 1982
Weidenallee 10 a–c und Umgebung, Hamburg 6

Beteiligte Künstlerinnen und Künstler:
Ferruccio Ascari
Monika Ball
Bruna
Harrie de Kroon
Firma Bender & Nern
Joel Hubant
Angiola Janigro
Kees Mol
Luigi Ontani
Sandra Pesmani
Ine Poppe
Jürgen Raap
Bernhard Schwarz
Iljia Soskic
Narciss Tordoir
Jaques van Poppel
Elio Vimercati
Angelika Bader
Tadas Burba
Barbara Hammann
Klaus Jung
Johannes Lenhart
Ulrich Look
Wolfgang Luy
Ulf Rungenhagen
Dietmar Tanzerl
Isolde Wawrin

Siebzehn ausländische Künstlerinnen und Künstler haben in diesem zeitlich befristeten Projekt zusammen mit zehn Künstlern aus der Bundesrepublik Grenzbereiche zwischen Malerei, Raumgestaltung und Performance erforscht.

Projekt am Barmbeker Bahnhof, 1982
Pestalozzistraße, Hamburg 60

Hermann Prigann
Wandbild »Zukunft und Selbstporträt«
Länge 100 m

Zeitgleich mit der von der »Freien Vereinigung Bildender Künstler« organisierten Ausstellung »Dorn im Auge« setzten sich Künstler und Anwohner unter Leitung von Hermann Prigann mit ihrem Zukunftsbewußtsein auseinander; dabei entstand temporär ein gemeinsames Wandbild.

Wettbewerb zur Bemalung von Bunkern, 1982
Gesamtstadt

82 Künstlerinnen, Künstler und Künstlergruppen

Im Hamburger Stadtgebiet existieren noch zirka 100 Hochbunker, die zwischen 1933 und 1942 gebaut wurden. Ein Ideenwettbewerb forderte Künstler und Künstlerinnen, Gartenplaner und Architekten auf, sich mit Hochbunkern als Kriegsgerät auseinanderzusetzen. 70 Künstler der »Freien Vereinigung Bildender Künstler« protestierten gegen das Vorhaben, weil sie eine Ästhetisierung der Bunker befürchteten. Von den 82 eingegangenen Wettbewerbsbeiträgen wurde keiner realisiert, da keiner den Auswahlkriterien der Jury oder der Kunstkommission gerecht wurde.

Symposion Nordseeküste, 1982
Insel Neuwerk, Hamburg 95

Beteiligte Künstlerinnen und Künstler:
Bodo Berheide
Lili Fischer
Fritz Gilow
Rolf Glasmacher
Wulf Kirschner
Peter Könitz
Ingeborg Lüscher
Wolfgang Michael
Nils Udo
Timm Ulrichs
Heinz Wieck

Die Künstlerinnen und Künstler lebten für vier Wochen in der Nähe von Cuxhaven und entwickelten vor Ort landschaftsbezogene Projekte. An der Finanzierung waren der Landkreis Cuxhaven sowie die Länder Niedersachsen, Bremen und Hamburg beteiligt.

Literatur:
Kulturbehörde Hamburg (Hg.): Kat. *Symposion Nordseeküste. Künstler arbeiten vor dem Deich,* Cuxhaven 1982.

Wandmalereiaktion »Triptychon«, 1983
Kampnagelfabrik, Halle 36, Jarrestraße 20–28, Hamburg 60

Beteiligte Künstlerinnen und Künstler:
Wolf Gloßner
Karl-Heinrich Greune
Franz Immoos
Margrit Kahl
Jaroslaw Kozlowski
Rolf Laute
Michael Lingner
Boris Nieslony
Hans Roth
Kyoko Shimono
Jan Smejkal
Peter Jörg Splettstösser
Helmut Streich
Tibor Szemenyey-Nagy

Otto Völker
Beate Wassermann

Die Künstlerinnen und Künstler aus Hamburg, Bremen, den Niederlanden und Polen wollten die Bildform des Triptychons in Frage stellen. Sie entwickelten in mehrmonatiger Arbeit Raumgestaltungen, die, in drei Teile gegliedert, auf die vorhandene Architektur reagierten und nicht auf Dauer bestehen bleiben sollten.

Literatur:
Kulturbehörde Hamburg (Hg.): Kat. *Triptychon. Aufhebung einer Bildform*, Hamburg 1983.

Rolf Laute, Ohne Titel mit Vogel, Halle 36, Hamburg, 1983

Projekt »Skulpturen für Hamburg«, 1984

Ulrich Rückriem

Ulrich Rückriem erhielt den Auftrag, für eine von ihm zu bestimmende Zeit an von ihm ausgewählten Orten Skulpturen aufzustellen. Für das Treppenhaus der Kunsthalle und die Halle 0 auf dem Kampnagelgelände wählte Rückriem fertige Arbeiten aus, die zeitweise als Leihgaben zur Verfügung standen. Für die Moorweide und den Hopfenmarkt konzipierte er Steine, die sich speziell auf diese Aufstellungsorte bezogen.

Hamburger Kunsthalle (Treppenhaus, gegenüber dem »Rückenakt« von Henri Matisse)
Glockengießerwall 1, Hamburg 1
2teiliges Ensemble aus Anröchter Dolomit
Positivform: in 3 Blöcke gespalten, in 3 Teile gesägt, 1,90 × 0,70 × 1,10 m
Negativform: in 3 Blöcke gespalten, in 3 Teile gesägt, 1,90 × 0,72 × 1,04 m
Das Ensemble war von September bis November 1984 in der Hamburger Kunsthalle ausgestellt. Es gehört jetzt dem Westfälischen Landesmuseum in Münster.

Kampnagelfabrik, Halle 0, Jarrestraße 20–28, Hamburg 60
Ensemble aus 7 Teilen
»Großes Relief«
Französischer Granit, gespalten, geschnitten, 3 Flächen poliert
2 × 1,40 × 1 m

»Schwarzer Stein«
Französischer Granit, gespalten, 2 Flächen poliert
0,70 × 1,40 × 0,70 m
»2 kleine Säulen«
Französischer Granit, gespalten, geschnitten
1,40 × 0,70 × 0,70 m
»Großes Normandie-Stück«
Französischer Granit, 2 Elemente in 4 Blöcke gespalten, dann in je 3 Teile gespalten
8 Skulpturenteile aus jeweils 3 Granitblöcken = 24 Teile
davon 4 × 3 Teile liegend, 2 × 2 × 1 m, und 4 × 3 Teile stehend, 1 × 1 × 1,80 m
»3 Variationen über 3 Stufen«
Anröchter Dolomit, je 4 Blöcke, gespalten, je eine Kante geschnitten
2,20 × 1 × 0,80 m, 2,20 × 1 × 0,60 m, 2,20 × 1 × 0,40 m
Die Steine standen hier sechs Monate.

Moorweide, Hamburg 13
4teiliges Ensemble aus hellgrauem finnischem Granit
»Tempel«
1 Element in 7 Teile gespalten, 5 Teile aufgebaut
Höhe 3,40 m, Breite bis 2,60 m, Tiefe 2,10 m
»2 Dreiecke«
1 Element in 2 Teile gespalten
Höhe 2,70 m, Breite bis 0,90 m, Tiefe 0,30–0,90 m
»Säule«
1 Element in 5 Teile gespalten
8,10 × 1,10 × 1,10 m
Das Skulpturenensemble stand bis April 1987 auf der Moorweide.

Nikolaikirche (Ruine), Hopfenmarkt/Ost-West-Straße, Hamburg 11
»Tempel«
1 Element in 3 Blöcke gespalten, 1 Block in 5 Teile gesägt
Französischer Granit
3,35 × 2 × 1,50 m
Der Stein wurde angekauft und bleibt an diesem Ort aufgestellt.

Literatur:
Kulturbehörde Hamburg (Hg.): Kat. *Ulrich Rückriem, Skulpturen für Hamburg 1984*, Hamburg 1984.
Jürgen Hohmeyer: *Ulrich Rückriem*, München: Silke Schreiber 1988.
Alfred Welti: »Den Stein von innen her begreifen«, in: *art*, Nr. 3, März 1983, S. 72–81.
(Siehe auch in diesem Band: Dietrich Helms: »Ulrich Rückriems Skulptur vor der Nikolaikirche in Hamburg«, S. 206–211.)

Projekt Jenisch-Park Skulptur, 1986
Jenisch-Park, Hamburg 52

Beteiligte Künstler:
Stephan Balkenhol
Felix Droese
Bogomir Ecker
Ludger Gerdes
Stephan Huber
Hubert Kiecol
Klaus Kumrow
Wolfgang Luy
Olaf Metzel
Hermann Pitz
Bernhard Prinz
Thomas Schütte

Zwölf Künstler einer jüngeren Bildhauergeneration, deren Anliegen es ist, auch außerhalb von Ausstellungsräumen zu arbeiten, suchten sich in dem ausgedehnten Park Orte aus, für die sie neue Objekte konzipierten. Die Skulpturen bezogen sich auf spezifische geographische, architektonische oder historische Gegebenheiten. Die Stadt finanzierte Entwurf und Ausführung; nach Ablauf des Ausstellungssommers konnten die Künstler – sofern die Stadt ihr Vorkaufsrecht nicht nutzte – ihre Arbeiten weiterverkaufen.

Stephan Balkenhol	»Reiter« Gefärbter Zement Höhe 2,35 m (auf Sockel, 0,73 × 1,45 m)

Der Künstler schuf die Skulptur eines Pferdes mit einem Reiter auf einem niedrigen Holzbock stehend für den Vorplatz des klassizistischen Jenisch-Hauses.

Felix Droese	»Der Sicherheitsschrank« Stahlschrank 2,10 × 1 × 1 m

Felix Droese stellte einen alten Sicherheitsschrank auf die große Wiese vor der dem Elbufer zugewandten Seite des Jenisch-Hauses.

Bogomir Ecker	»Hohlweg« 14teilige Skulptur aus lackiertem Stahlblech 0,90 × 0,20 × 0,60 m und 1,60 × 0,20 × 0,80 m

Im Hohlweg eines Buchenhains installierte Bogomir Ecker an 14 Bäumen rote, ohrmuschelförmige Objekte.

Ludger Gerdes	»Hamburger Stern« 5 weiße, spitzwinklige Gatter mit jeweils einem Fahnenmast und einfarbigen Flaggen

Die weißen Gatter der Arbeit von Ludger Gerdes markierten an fünf Orten in dem Park die Zacken eines Sterns, der die Idee des Landschaftsgartens symbolisieren sollte.

Stephan Huber	»Helden der Arbeit« Aluminium, vergoldet, auf Betonsockel Gesamthöhe 6,50 m

Stephan Huber konzipierte für eine leicht abschüssige Lichtung einen zweimal gebrochenen Obelisken mit geflügelten Engelsköpfen, der sich aus den Wolken eines rohen Betonsockels erhob.

Hubert Kiecol	»Bank« Beton 2,10 × 0,48 × 0,36 m

Am Rand des großen Rasengeländes zwischen dem Jenisch-Haus und dem Elbufer stellte Hubert Kiecol eine quaderförmige Bank mit einem eingefrästen halben Stern auf.

Klaus Kumrow

o. T.
Holz, Stahlrohre, lackiert
Länge 10 m

Klaus Kumrow entwarf eine fragile, modellhafte Skulptur aus grau gestrichenem Holz für eine einerseits geschützte, andererseits landschaftlich offene Situation im Jenisch-Park.

Wolfgang Luy

»Labyrinth – mit 7 Durchgängen«
3 Halbkreise, Holzkonstruktion, gestrichen
Gesamtausdehnung ca. 14 m

Auf einem Wegekreuz stellte Wolfgang Luy drei halbkreisförmige, rot gestrichene Holzkonstruktionen mit Toröffnungen auf. Der ursprüngliche Verlauf der vorhandenen Wege wurde durch die Tore erhalten und zusätzlich durch drei Betonkugeln markiert.

Olaf Metzel

»Eichenlaubstudie«
2 Vitrinen mit Büsten, Masken, Reliefs und Statuetten aus Gips
Vitrinen je 2 × 1,10 × 0,35 m

Olaf Metzel stellte zwei Acrylglasvitrinen mit Abgüssen der Porträts historischer Berühmtheiten aus Literatur, Musik, Philosophie, Architektur und Militärwesen zusammen mit riesigen Eichenlaubstilisierungen in das klassizistische Jenisch-Haus.

Ludger Gerdes, Hamburger Stern (Teilansicht vor dem Jenisch-Haus), Hamburg 1986

Olaf Metzel, Eichenlaubstudie, Hamburg 1986

Hermann Pitz — »u«
Ensemble aus Hartgummiguß
ca. 2,20 × 1,20 m

Wie den Inhalt einer Spielzeugkiste legte Hermann Pitz Abgüsse von ihm lieb gewordenen Gegenständen auf den Boden eines Waldstückes neben einem Parkweg; er gab dem Objekt den Titel »u«, was das holländische Wort für »du« ist.

Bernhard Prinz — »Repertoire und Resonanz«
Holzgerüstkonstruktion
∅ 8,10 m, Höhe 4 m

Bernhard Prinz entwarf eine trichterförmige Holzkonstruktion aus Sperrholzplatten, in der fünf Konsolen mit Vasen aus Korbweidengeflecht standen.

Thomas Schütte — »Tor«
Rot bemaltes Holz
7,50 × 4,20 × 1 m

Über dem Weg, der im Norden in den Jenisch-Park hineinführt, baute Thomas Schütte ein riesiges Tor, auf dessen Vorderseite sich fünf goldene Zacken eines Sternes befanden; sie nahmen auf die sternförmige Arbeit Ludger Gerdes' im Jenisch-Park Bezug.

Literatur:
Kulturbehörde Hamburg (Hg.): Kat. *Jenisch-Park Skulptur,* Hamburg 1986.
Felix Droese und Raum für Kunst (Hg.): Kat. *Der Sicherheitsschrank (Fortsetzung), Alle Fragen – Gestaltungsaufgaben,* Hamburg 1988.
Karlheinz Schmid: »Architektur-Modelle im Park, Figuren im Speicher«, in: *art*, Nr. 6, Juni 1986, S. 11.
Klaus Schrenk: »Verbindungslinien«, in: Städtisches Kunstmuseum Bonn (Hg.): Kat. *Bogomir Ecker,* Bonn 1987, S. 18–21.
(Siehe auch in diesem Band: Annelie Pohlen: »Der Jenisch-Park zwischen Museum und öffentlichem Raum«, S. 116–123, und die Statements von Stephan Balkenhol, S. 260, Bogomir Ecker, S. 262, Ludger Gerdes, S. 268–278, Stephan Huber, S. 282, Klaus Kumrow, S. 286, Bernhard Prinz, S. 290, und Thomas Schütte, S. 294).

»Neonrevier auf der Alster«, 1986
Außenalster

Valerij Bugrov — Lichtskulptur aus 35 Neonstäben
Gesamtfläche 250 × 300 m
Höhe jedes Stabes 10 m über dem Wasser

Valerij Bugrov entwickelte einen Rhombenraster für die Mitte der Außenalster, indem er 35 Stahlrohre im Alstergrund installierte. In diese Unterwasserkonstruktion wurden dünnere Stahlrohre gesteckt, die 10 m aus dem Wasser ragten und mit Neonzügen verkleidet waren. Für die Dauer von drei Wochen waren die roten Neonröhren jeden Abend für vier Stunden erleuchtet.

Literatur:
Waltraut Brodersen, Claus Mewes, Detlef Wittkuhn: Kat. *Valerij Bugrov, Neonrevier auf der Alster, Installation im öffentlichen Raum,* Hamburg 1986.

Hamburg-Projekt »in flagranti«, November 1989
Innenstadt

50 Künstler

Begrenzt auf die City im Bereich des Hamburger Wallrings haben 50 Künstler und Künstlergruppen Konzepte und Ideen für eine neue öffentliche Kunst entwickelt. Die Arbeiten gehen subversiv mit ausgesuchten, vorgefundenen Situationen um und definieren oft eher beiläufig und unauffällig den Begriff der Öffentlichkeit neu.

Hamburg-Mitte

Wettbewerb zur Umgestaltung des 76er Denkmals, 1981 und »Gegendenkmal«, 1985/86
Stephansplatz/Dammtordamm, Hamburg 36

Alfred Hrdlicka

Mehrteilige Skulptur aus Bronze und Marmor:
»Hamburger Feuersturm«, 1985
5 × 5,30 × 7,60 m
»Fluchtgruppe Cap Arcona«, 1986
Sockel 1,45 × 2,30 × 1,25 m, Stein 2,30 × 2 × 2,90 m

Die Kriegervereine des Infanterieregiments Nr. 76 hatten sich seit 1927 für ein Monument eingesetzt, das gegen Ernst Barlachs Ehrenmal für die Gefallenen am Rathausplatz opponieren sollte. Seit 1933 wurden diese Bestrebungen von den nationalsozialistischen Machthabern unterstützt. Der Bildhauer Richard Kuöhl schuf das Denkmal, das die Nationalsozialisten als Instrument faschistischer Kriegspropaganda benutzten. Das 76er Denkmal wurde 1946 nicht von den Entnazifizierungsmaßnahmen betroffen, da man es lediglich für ein Ehrenmal für die verstorbenen Mitglieder einer militärischen Einheit hielt. Seit 1945 wurde immer wieder darüber diskutiert, das Kriegerdenkmal mit der Heroisierung des »Gemeinschaftserlebnisses Krieg« abzureißen. 1981 schrieb die Hamburger Kulturbehörde einen Ideenwettbewerb zur Umgestaltung der Denkmalanlage aus; 107 Entwürfe gingen ein. Nach langen Diskussionen wurde Alfred Hrdlicka damit beauftragt, ein Gegendenkmal zu errichten. Sein Entwurf sah im Gegensatz zu dem geschlossenen Block des vorhandenen Denkmals eine offene Anordnung verschiedener Skulpturenteile vor, die die Kriegsleiden einzelner schildern.

Literatur:
Bärbel Hedinger, Roland Jäger, Brigitte Meißner, Jutta Schütt, Lutz Tittel, Hans Walden: *Ein Kriegsdenkmal in Hamburg,* Hamburg 1979.
Günter Engelhard: »Über die Pflicht, Fleisch aus Stein zu schlagen«, in: *Rheinischer Merkur/Christ und Welt,* Nr. 27, 26. Juni 1985, S. 19.
Gabriele Hoberg: »Denk mal!«, in: Ulrich Schreiber (Hg.): *Kulturpolitik in Hamburg. Ein Weißbuch,* Hamburg 1986, S. 137–143.
Dietrich Schubert: »›Hamburger Feuersturm‹ und ›Cap Arcona‹«, in: *kritische berichte,* Jg. 15, H. 1/1987, S. 8–18.
Dietrich Schubert: »Replik«, in: *kritische berichte,* Jg. 16, H. 3/1988, S. 66f.
Gabriele Werner: »Welche Realität meint das Reale? Zu Alfred Hrdlickas Gegendenkmal in Hamburg. Eine Erwiderung auf Dietrich Schubert«, in: *kritische berichte,* Jg. 16, H. 3/1988, S. 8–18.
Harald Steffahn: »›Deutschland muß leben ...‹. Heldenkult und Totenklage im Denkmal«, in: *Damals, Das Geschichtsmagazin,* H. 11, November 1988, S. 923–936.
(Siehe auch in diesem Band: Dietrich Schubert: »›Hamburger Feuersturm‹ und ›Fluchtgruppe Cap Arcona‹«, S. 150–170, und Jürgen Hohmeyer: »Das Hakenkreuz als statische Krücke«, S. 171–176.)

Hafentorfigur an der Überseebrücke, 1982
Ditmar-Koel-Straße/Johannisbollwerk, Hamburg 1

Bernhard Luginbühl — Eisenplastik
3 × 6 × 3 m

Luginbühl sollte ein auf Hamburg als Hafenstadt und »Tor zur Welt« bezogenes Werk schaffen. Der Künstler verwendete bewußt Materialien aus der Welt des Hafens und seiner angeschlossenen Industrien. Das Kernstück der Eisenplastik besteht aus den Relikten eines nie zu Wasser gelassenen Tankers, die Luginbühl mit gefundenen Stahlteilen aus Schiffsschraubenfabriken und Werften zusammengeschweißt hat.

Literatur:
Peter M. Bode: »Vom eisernen Emmentaler«, in: *art,* Nr. 10, Oktober 1980, S. 24–40.

Plastiken im Traunspark, 1982
Ausschläger Elbdeich, Hamburg 28

Klaus Becker
2 Steinplastiken
Axel Huber
Plastik aus Spritzbeton
Joachim Schächtele
Zerschnittener Dolomit

Drei Studenten der Bildhauerklasse von Ulrich Rückriem schufen eine Vogelgruppe, ein Fabelwesen und ein Tor für verschiedene Orte in dem Park.

Axel Huber, o.T. Hamburg, 1982

Klaus Becker, o.T., Hamburg, 1982

Joachim Schächtele, o. T., Hamburg, 1982

Schriftzug »Allgemeines Krankenhaus St. Georg«, 1982
Lohmühlenstraße 5, Hamburg 1

Wolfgang Finck

Gesägtes Aluminium
1,50 × 5 m

Der Schriftzug wurde bildnerisch in die vorhandene Backsteinarchitektur eingefügt.

Brunnenobjekt in der Sonderschule Marckmannstraße, 1983
Marckmannstraße 60, Hamburg 28

Rolf Laute

»Kommunizierende Berge«
Beton, Kacheln, Wasserräder, Holz
Bunkerberg 4 m hoch, 2 Flußbetten
je 2 × 7 m

Die Brunnenanlage besteht aus zwei Flußbetten, die durch ein unterirdisches Rohrsystem verbunden sind. Die geistig behinderten Kinder können mit den Wasserrädern der Anlage spielen.

Wandmalereien im Ausländerzentralamt, 1983
Bieberhaus, Hachmannplatz/Kirchenallee, Hamburg 1

Maria de Luz dias Lino, Uwe Paduck und Regine Rothlach erhielten den Auftrag, die drei Warteräume des Ausländerzentralamtes mit Wandgemälden auszustatten.

Maria de Luz dias Lino	Wandbild in Acrylfarben 4 × 4 m

Maria de Luz dias Linos schuf eine Gesamtkomposition aus den Symbolen und Farben der jugoslawischen, türkischen, spanischen und portugiesischen Nationalflaggen.

Uwe Paduck	Wandbild in Dispersionsfarben 3,50 × 10 m

Uwe Paduck malte einen Fries in kräftigen Farben mit Motiven des Fernwehs und des Reisens.

Regine Rothlach	»Glück und Hoffnung« Wandbild in Dispersionsfarben 3,50 × 20 m

Regine Rothlach konfrontierte Symbole der westlichen Konsumwelt mit Worten wie »Glück« oder »Hoffnung«.

Bilder im Institut für Strahlentherapie, 1983
Allgemeines Krankenhaus St. Georg, Haus X, Lohmühlenstraße 5, Hamburg 1

Burkhard Vernunft	3 Acrylbilder auf Leinwand, 1,10 × 3 m 1 Acrylbild auf Leinwand, 1,10 × 1,15 m 1 Acrylbild auf Leinwand, 1,70 × 6 m

Die künstlerische Gestaltung der Warteräume für Krebskranke im fortgeschrittenen Stadium erforderte besonderes Einfühlungsvermögen; Burkhard Vernunft schuf Bilder mit abstrakten Farbkompositionen und Bewegungsabläufen.

Friedensworkcamp Neuengamme, 1983
Stadthaus, Neuer Wall 88, Hamburg 36
Ziviljustizgebäude, Sievekingsplatz 1, Hamburg 36
Helmut-Hübener-Haus, Bei der Schilleroper, Hamburg 50

Eckart Keller Sönke Nissen Fritz Steingrobe	Wandbilder je 4 × 3 m

Auf Anregung des Landesjugendringes malten Jugendliche aus 18 europäischen Ländern unter Anleitung der Künstler Wandbilder mit Friedensmotiven unter dem Motto »Keiner ist vergessen – nichts ist vergessen«. Drei der Bilder sind fest an den genannten Orten installiert, die während der nationalsozialistischen Schreckensherrschaft eine zentrale Rolle spielten.

Sieben Bildsäulen im Hauptbahnhof, 1984
U-Bahnhof Hauptbahnhof-Nord, Hamburg 1

Ralf Jurszo
Ralf-Rainer Odenwald
Jadranko Rebec

∅ 1 m, Höhe 4 m

Die drei Künstler umspannten für dieses erste Hamburger U-Bahn-Kunstprojekt Betonsäulen des Fußgängerbereichs im Bahnhof mit abstrakt bemalten Leinwänden.

Stele »Schöne Hamburgerin«, 1984
Alsterarkaden an der Adolphsbrücke, Hamburg 1

Hans Kock
Vergoldete Aluminiumstele
3,80 × 0,60 × 0,60 m

Vor einer Glas-Stahl-Konstruktion, die als Fortsetzung der Alsterarkaden gebaut wurde und die Verbindung zwischen Alster- und Elbwanderweg bildet, errichtete der Bildhauer eine abstrakte Figur auf einem Duckdalben. Die Stele zeigt ein streng stilisiertes Profil und ist aus den geometrischen Formen von Kugel und Würfel zusammengesetzt.

Bilder aus dem Alltag der Billstedter Polizei, 1984
Möllner Landstraße 44, Hamburg 74

Peter Loeding
Kleine Tafelbilder in Mischtechnik

Auf den Bildern hält der Künstler konkrete Situationen fest, die er während der Polizeieinsätze erlebte.

Wandmalereien im Karolinenviertel, 1984/85
Beckstraße 7, Hamburg 36

Manfred Pixa
Wernfried Kundtsen

2 Wandgemälde
je ca. 160 m^2

Arbeitslose Jugendliche aus dem Karolinenviertel führten das Projekt nach Entwürfen und unter Anleitung der beiden Künstler aus. An zwei einander gegenüberliegenden Häusern entstanden Bilder mit einem Floß auf tosender Brandung und einer Taube über dem Meer.

Projekt auf dem Neuen Friedhof Finkenwerder, 1985
Finkenwerder Landscheideweg, Hamburg 95

Felix Droese

»Boot«
6,30 × 2,05 × 1,10 m

1983 wurde auf dem Neuen Friedhof in Finkenwerder ein Urnenhain für anonyme Bestattungen errichtet. Für diesen sollte ein nichtkonfessionelles Symbol geschaffen werden.

Felix Droese wählte ein Rettungsboot zum Gedenken an die anonym Bestatteten. Das ehemalige Rettungsboot des panamesischen Hochseefrachters »Viola« wurde in einer Hamburger Abwrackwerft gefunden. Felix Droese legte es kieloben auf vorn schräg angesägten Eisenbahnschwellen vor mehreren Bäumen ab.

Literatur:
Felix Droese und Raum für Kunst (Hg.): *Vier Hamburger Stücke. 4 × der Beweis, daß Nichts mehr geht und 4 × Alles weiter geht,* Hamburg 1986.
(Siehe auch in diesem Band: Dierk Stemmler: »Felix Droeses ›Boot‹, in Finkenwerder«, S. 184–190.)

Rosengarten für die Kinder vom Bullenhuser Damm, 1985
Großmannstraße/Ausschläger Billdeich, Hamburg 28

Lili Fischer — Freiraumgestaltung

Am 20. April 1945 wurden 20 Kinder aus verschiedenen europäischen Ländern zusammen mit zwei Pflegern, zwei Ärzten und 24 sowjetischen Kriegsgefangenen im Keller der jetzigen Janusz-Korczak-Schule am Bullenhuser Damm von den Nationalsozialisten ermordet. Der Verein »Kinder vom Bullenhuser Damm« regte 1982 die Anlage eines Rosengartens für die Kinder an; Lili Fischer führte das Projekt aus. In der Nähe des Rosengartens steht eine Bronzeplastik des Moskauer Bildhauers Anatoli Mosijtschulk, die das sowjetische Kulturministerium zum Gedenken an die ermordeten Kriegsgefangenen stiftete.
(Siehe auch in diesem Band das Statement von Lili Fischer, S. 266f.)

Telemann-Gedenkplatte, 1985
Rathausmarkt (links vor dem Haupteingang des Rathauses), Hamburg 1

Werner Bunz — Intarsie aus Bronze und Blei in Granit
1,44 × 1,44 × 0,15 cm

Auf dem Gelände des jetzigen Rathausmarktes befand sich bis 1841 der Friedhof des Klosters St. Johannis mit dem Grab des Komponisten Georg Philipp Telemann (1681–1767). Um den damals berühmtesten deutschen Komponisten, der 46 Jahre lang für das musikalische Geschehen Hamburgs verantwortlich war, zu würdigen, entwarf Werner Bunz eine Steinplatte, in die ein Text von Eckart Klessmann eingelegt ist.

Projekt »Kanäle – Fleete, Handel und Wandel«, 1985
Altstadt und Speicherstadt, Hamburg 1

Raffael Rheinsberg — Installationen mit Fundstücken

Um die Bedeutung von Fleeten und Kanälen für die Stadt Hamburg ins Bewußtsein zu rücken, sammelte der Berliner Künstler mit Magneten Reste des einstigen Arbeitslebens in den Wasserstraßen. Diese verrosteten Fundstücke – Schaufelblätter, Handwerkszeug, Schrauben, Metallhaken und anderes Arbeitsgerät – ordnete Rheinsberg zu zeichenhaften Installationen; die Spurensicherung präsentierte er im Sommer 1985 temporär in der Spitaler Straße, auf dem Michel, im Elbtunnel und auf Brücken der Speicherstadt.

Wandmalerei im Kleckstheater, 1985
Alter Steinweg 43, Hamburg 11

Ralf Jurszo — Länge 10,50 m, Höhe 2,55 – 4,20 m
Ralf-Rainer Odenwald
Jadranko Rebec

Auf Initiative der Theaterleitung entstand eine großflächige Wandmalerei mit Motiven aus der Theaterwelt für den Treppenaufgang zum Zuschauerraum.

Wiederaufstellung der allegorischen Figurengruppe des Kaiser-Wilhelm-Denkmals, 1985
Sievekingsplatz vor dem Oberlandesgericht, Hamburg 36

Hans Kock

1903 schuf Johannes Schilling ein Reiterstandbild Kaiser Wilhelms I. mit vier begleitenden allegorischen Figuren. Sie symbolisieren das Maß- und Münzwesen, die Invaliditäts- und Altersversorgung, den Weltverkehr und das Justizwesen. Bis zu seiner Umgestaltung durch Fritz Schumacher (1930) stand das Denkmal auf dem Rathausplatz. Dann wurde es in den Wallanlagen beim Justizgebäude aufgestellt. Die allegorischen Figuren wurden wegen starker Beschädigung eingelagert und erst in den 70er Jahren restauriert. Im November 1985 wurden sie in der Nähe des Reiterstandbildes am Sievekingsplatz mit künstlerischer Betreuung von Hans Kock erneut aufgestellt.

Projekt im Altenpflegeheim Horn, 1985/86
Bauerberg 10, Hamburg 74

Roland Ayck
Jochen Seebass
Malergruppe »Schlumper«
Zahlreiche Bilder

Die Malergruppe der »Schlumper« besteht aus 20 geistig behinderten Bewohnern der Alsterdorfer Anstalten. 1983 gründete der Maler Rolf Laute die Gruppe im ehemaligen DRK-Krankenhaus Beim Schlump 84. Unter Leitung der Hamburger Maler Roland Ayck und Jochen Seebass trafen sich die »Schlumper« dreimal wöchentlich im Pflegeheim Horn. Mit den Senioren zusammen erarbeiteten die geistig Behinderten Zeichnungen und Malereien. Dabei entwickelte sich zwischen den Senioren und den Behinderten ein Vertrauensverhältnis, das dazu beitragen kann, soziale Isolation zu überwinden. Die Projekte in den Altenpflegeheimen Horn, Alsterberg und Oberaltenallee wurden im Januar 1989 in einer Ausstellung in der Kampnagelfabrik vorgestellt.

Literatur:
Kulturbehörde Hamburg (Hg.): Kat. *Kein Traum kein Leben. Künstler arbeiten in Altenpflegeheimen,* Hamburg 1989.

Uwe Bender, Vogelwächter, Hamburg, 1986

Werner Voigt, Alsterdorfer Passion, Hamburg, 1986

Platzgestaltung Spadenteich, 1986
Vor der Heiligen Dreieinigkeitskirche, Hamburg 1

Horst Hellinger

24teilige Eisenplastik
je 2,50 × 0,80 m

Horst Hellinger gestaltete den dreieckigen Platz mit einer Granitsteinpflasterung und doppelten Bordsteinkanten. Im Schnittpunkt der Blickachsen von Kirchenallee und Dreieinigkeitskirche verankerte er 24 Eisenbleche. Die verrosteten, benutzten Platten gehörten zu einem Schiffswrack aus dem Hamburger Hafen. Die Einzelelemente sind so aufgestellt, daß man durch die Formation hindurchgehen kann.

Literatur:
Kunstverein Springhornhof, Neuenkirchen in der Lüneburger Heide e. V. (Hg.): Kat. *Horst Hellinger – Augenwaider,* Neuenkirchen 1988.
(Siehe auch in diesem Band das Statement von Horst Hellinger, S. 279–281.)

Fassadengestaltung am Kino »Metropolis«, 1986
Dammtorstraße 31, Hamburg 36

Dagmar Fedderke
Klaus Geldmacher
Adam Jankowski
Wandgemälde und Lichtobjekt

Dagmar Fedderke und Adam Jankowski bemalten und besprayten vier Innenhofwände und den Passageneingang des kommunalen Kinos »Metropolis« mit streifen- und segmentförmigen Bildern. Im schmalen Eingangsbereich an der Dammtorstraße hängt das Leuchtsignal »Metropolis«, ein Lichtobjekt aus Aluminium, Plexiglas und Glühbirnen von Klaus Geldmacher.

Fotoarbeit im Hauptbahnhof, 1982/1986
U-Bahn-Station Hauptbahnhof-Nord, Hamburg 1

Astrid Klein
»Endzeitgefühle«
3,90 × 5,50 m

Die Fotoarbeit entstand im Zusammenhang mit der Skulpturenausstellung »Halle 6« in der Kampnagelfabrik und wurde 1986 zwischen zwei U-Bahn-Gleisen installiert. Sie zeigt die unverputzte Mauer der ehemaligen Fabrikhalle in Originalgröße hinter den schwarzen Silhouetten springender Hunde.

Literatur:
Kulturbehörde Hamburg (Hg.): Kat. *»Halle 6« in der Kampnagelfabrik,* Hamburg 1982.
Kasper König (Hg.): Kat. *von hier aus. Zwei Monate neue deutsche Kunst in Düsseldorf,* Köln: DuMont 1984.

»Sieben Orte für Hamburg«, 1989
Innenstadt

Franz Erhard Walther
7 Cortenstahl-Platten
je 1,80 × 1,80 m

Die 1970 konzipierte Arbeit ist 1989 an sieben vom Künstler ausgewählten Orten in Hamburg realisiert worden: an der Hamburger Kunsthalle, dem Deichtorplatz, an der Altstätter Straße, dem Meßberghof, an der Ost-West-Straße/Domstraße, am Jungfernstieg/Reesendammbrücke und bei der Lombardsbrücke. An jedem dieser Orte ist eine beschriftete Platte, deren Seitenlänge sich von den menschlichen Körpermaßen ableitet, bündig in den Boden eingelassen worden. Ihre Oberfläche bildet den Sockel, auf dem jeweils der Mensch stehen soll und selbst das Zentrum des Werkes bildet. Das Werk nämlich ist immateriell, es entsteht im Kopf des Betrachters; der Mensch stellt die Bezüge zu Ort und Zeit her und vollendet durch seine Anwesenheit das an sieben Orten befindliche Gesamtwerk. (Siehe auch in diesem Band: Michael Lingner: »Innere Plätze – ›Sieben Orte für Hamburg‹ von Franz Erhard Walther«, S. 212–221, und das Statement von Franz Erhard Walther, S. 296 f.)

Franz Erhard Walther auf den Stahlplatten, Hamburg, 1989

An der Kunsthalle

Am Deichtorplatz

An der Altstätter Straße

Am Meßberghof

An der Ost-West-Straße/ Domstraße

Am Jungfernstieg/ Reesendammbrücke

Bei der Lombardsbrücke

Vogelsäulen in Borgfelde, 1989
Klaus-Groth-Straße/Borgfelder Straße, Hamburg 26

Klaus Becker — 3 Säulen aus Dolomit
Höhe 2,80 – 3 m

Klaus Becker stellte die konischen Säulen in einem Dreieck auf eine längliche Rasenfläche. Auf ihnen hocken stilisierte Vögel, deren Blicke sich im Inneren des Dreiecks in Augenhöhe des Betrachters treffen.

Eimsbüttel

Projekt in der Fußgängerzone Tibarg (1982)
Tibarg, Hamburg 61

Wolfgang Luy — Nicht realisiert

1982 wurde die ehemalige Niendorfer Dorfstraße zu einer Fußgängerzone mit einem Einkaufszentrum umgebaut. Nachdem die Planungen abgeschlossen waren, regte der Bezirk einen Wettbewerb für eine künstlerische Gestaltung an. Die Kunstkommission empfahl einen Entwurf des Düsseldorfer Bildhauers Wolfgang Luy zur Ausführung: eine S-förmige Mauer mit mehreren Durchgängen, umgeben von sieben Bäumen und zwei Bänken sowie zwei frei stehenden Brunnen. Der Ortsausschuß Lokstedt und die Bezirksversammlung Eimsbüttel lehnten die Empfehlung der Kunstkommission ab. 7000 Unterschriften empörter Bürger, Protestschreiben bei der Hamburgischen Bürgerschaft, Flugblätter, einseitige Presseberichte und eine schriftliche kleine Anfrage an die Senatskanzlei führten schließlich im Frühjahr 1985 zu dem Beschluß der amtierenden Kultursenatorin Helga Schuchardt, den Entwurf Wolfgang Luys am Tibarg nicht zu realisieren.

Monument für die Deportierten an der Moorweidenstraße, 1983
Moorweidenstraße/Edmund-Siemers-Allee, Hamburg 13

Ulrich Rückriem — Finnischer Granit, gespalten
4,20 × 2,10 × 0,70 m

Auf dem Rasenzwickel gegenüber der Provinzialloge und neben dem Hauptgebäude der Universität mußten in den Jahren 1941/42 Tausende jüdischer Bürger antreten, um in Todeslager deportiert zu werden. Eine private Initiative, die Jüdische Gemeinde und die

Bezirksversammlung Eimsbüttel regten die Errichtung eines Gedenksteines an diesem Ort an. Ulrich Rückriem wählte einen 35 t schweren Granitblock und zerteilte ihn in drei Grundsteine, drei Säulen und einen Dachstein. Alle Abmessungen sind durch die nach jüdischem Glauben heilige Zahl Sieben teilbar. Seinem Arbeitsprinzip folgend, fügte Ulrich Rückriem die Einzelteile schließlich wieder zu einem neuen Ganzen zusammen. In einiger Entfernung von der Skulptur befindet sich eine Schrifttafel mit folgendem Wortlaut:

»DEM GEDENKEN AN DIE JÜDISCHEN BÜRGER HAMBURGS DIE IN DEN TAGEN DER NATIONALSOZIALISTISCHEN GEWALTHERRSCHAFT ZU TAUSENDEN VON DIESEM PLATZ IN DEN TOD GESCHICKT WURDEN VERGESST ES NICHT SEID WACHSAM«

Monument vor der ehemaligen Synagoge Oberstraße, 1983
Oberstraße 120, Hamburg 13

Doris Waschk-Balz
Bronzestele auf Muschelkalksockel
170 × 104 × 10 cm

Das Gebäude, das 1930/31 von den Architekten Felix Ascher und Robert Friedmann als Synagoge des Israelitischen Tempelverbandes errichtet wurde, wird heute vom Norddeutschen Rundfunk als Sendesaal benutzt. Aus Anlaß des 45. Jahrestages der Zerstörung der Synagogen durch die Nationalsozialisten (Novemberpogrom 1938) wurde die Hamburger Künstlerin mit dem Entwurf für ein Denkmal vor dem erhaltenen Bau beauftragt. Es entstand eine Reliefstele mit der Darstellung eines zerstörten Thoraschreins, eines zerfetzten Vorhangs und zerrissener Thorarollen.

Literatur:
Kulturbehörde Hamburg (Hg.): *Denkmalseinweihung vor der ehemaligen Synagoge Oberstraße am 9. November 1983,* Hamburg 1983.

Vier Projekte in der Staats- und Universitätsbibliothek, 1983–1985
Von-Melle-Park 3, Hamburg 13

Eine große Plastik auf der Rückfront des Bibliotheksneubaus soll als Wiedererkennungssymbol der Institution dienen, drei Atrien im Gebäude wurden mit Kunstobjekten versehen.

Detlef Birgfeld
»Gedankenflug«
Edelstahlplastik auf Sichtbetonsockel
2,50 × 2,80 × 4 m
1983

Das Objekt aus zusammengeschweißten Blechen erinnert an ein Flugzeug und symbolisiert den Flug der Gedanken.

Bodo Baumgarten
»Verspannung im Raum«
Farbiges Eisenblech
1983

Die einzelnen Elemente des Objekts sind in dem Atrium so aufgestellt und -gehängt, daß sie ein Spannungsfeld des Aufstrebens und Abstürzens unkalkulierbarer und zielloser Bewegung bezeichnen.

Karina Raeck
»Oase«
5 Metallgestelle, mit Pflanzen überwuchert
verschieden hoch (2,90 – 4,20 m)
1985

In diesem Atrium wurde künstlich ein Naturraum als grüne Ruhezone in der zweckgebundenen Architektur geschaffen: Wilder Wein überwuchert Metallgestelle.

Jan Meyer-Rogge
»Gestürzter Stamm«
Holzobjekt an Stahlseilen
ca. 15 m lang
1983

Der mehrfach durchtrennte, entrindete Baumstamm ist in einem Geflecht von Seilen so aufgehängt, daß er eine Diagonale in dem Atrium bildet. Der organisch gewachsene Körper steht in krassem Gegensatz zur Betonarchitektur.
(Siehe auch in diesem Band das Statement von Jan Meyer-Rogge, S. 286–289.)

Porträtrelief für Hans Henny Jahnn, 1984
Gymnasium Kaiser-Friedrich-Ufer, Kaiser-Friedrich-Ufer 6, Hamburg 20 (1. Stock)

Hans-Joachim Frielinghaus

Bronzerelief
123 × 54 cm

Auf Anregung der Schulleitung wurde für den von den Nationalsozialisten verfolgten Schriftsteller an seinem 25. Todestag in seiner ehemaligen Schule ein Relief geschaffen.

Gedenkstätte für die Bücherverbrennung am Kaiser-Friedrich-Ufer, 1985
Zwischen Gymnasium Kaiser-Friedrich-Ufer und Heymannstraße, Hamburg 20

Wolfgang Finck
Grüngestaltung mit weißer Backsteinmauer und vier integrierten Granittafeln
Schrifttafeln je 0,65 × 0,90 × 0,22 m

Die Gedenkstätte wurde auf Vorschlag einer Bürgerinitiative errichtet. Wolfgang Finck entwarf eine Anlage, die kulturelle Veranstaltungen ermöglicht: eine geschwungene Mauer mit fünf hochkant eingelassenen Granitblöcken. Neben den Namen von Schriftstellern, deren Bücher an diesem Ort verbrannt wurden, tragen die Tafeln den Text: »Das war ein Vorspiel nur; dort wo man Bücher verbrennt, verbrennt man auch am Ende Menschen. Damit nie wieder Bücher, Städte und Menschen verbrannt werden: Nie wieder Faschismus! Nie wieder Krieg!«

Malereiprojekt Isebek, 1985
Zwischen Fruchtallee und Eimsbüttler Chaussee, Hamburg 20

Dagmar Fedderke
Wandmalereien in der Vereinsstraße und Lindenallee, Schildermalereien in der Fruchtallee und Vereinsstraße

Das Projekt entstand auf Vorschlag der SAGA, mit Einverständnis der Mieter. Die Bilder veranschaulichen den ehemaligen Flußverlauf der Isebek.

Wandmalereien in Verwaltungsräumen, 1985
Bezirksamt Eimsbüttel, Grindelberg 66, Hamburg 20 (Parterre, 1., 5., 7., 9. Stock)
Einwohneramt Harburg, Harburger Rathauspassage 2, Hamburg 90 (2. Stock)

Marion Möller
6 Wandbilder 5,50 × 2,40 m, 1 Wandbild
4 × 2,90 m

Die Idee der Künstlerin war, Bilder für alltägliche, öffentlich zugängliche Situationen zu schaffen. Sie malte die stark von der Symbolkraft indianischer Mythologie beeinflußten Bilder an die Wände der Warteräume und Flure in den beiden Bezirksämtern.

In der Feuerwache 13, 1985
Sedanstraße 28, Hamburg 13

Peter Loeding	13 Kohlezeichnungen, Pastelle, Graphiken und Ölgemälde

Der Künstler begleitete die Feuerwehrleute auf ihren Einsätzen und dokumentierte ihren Berufsalltag.

»Streifenkino«, 1986
U-Bahn-Tunnel zwischen den Stationen Osterstraße und Emilienstraße, Hamburg 20

Wolfgang Berkowski	Wandmalerei im Tunnel

Die Züge passieren diesen Teil des Tunnels mit einer vorgegebenen, gleichbleibenden Geschwindigkeit. Wolfgang Berkowski trug horizontale Farbstrukturen in Rot, Gelb und Blau auf, die sich für den vorbeifahrenden U-Bahn-Fahrgast zu einem bewegten, filmähnlichen Bild zusammensetzen.

»Tisch mit zwölf Stühlen«, 1986
Nordalbinger Weg/Ernst-Mittelbach-Ring/Kurt-Schill-Weg, Hamburg 61

Thomas Schütte	Granittisch mit 12 gemauerten Stühlen Gesamtobjekt 4 × 6 m

Im Neubaugebiet Niendorfs wurden elf Straßen nach ermordeten Widerstandskämpfern gegen den Nationalsozialismus benannt. Auf Vorschlag des zuständigen Bezirksamtes wurde ein Wettbewerb für ein künstlerisches Objekt ausgeschrieben, das an die Widerstandskämpfer erinnern soll. Nach dem prämierten Entwurf von Thomas Schütte wurde ein Tisch realisiert, um den herum zwölf gemauerte Stühle stehen. Elf Stuhllehnen tragen Namensschilder der Niendorfer Verfolgten, die Lehne des zwölften Stuhls am linken Kopfende blieb frei. Thomas Schütte hat eine Versammlungsstätte unter freiem Himmel geschaffen, die als Treffpunkt oder Ruheplatz benutzt werden kann. Der Besucher ist eingeladen, sich auf den Stuhl ohne Gedenkplatte zu setzen; vielleicht, um sich durch diese symbolische Handlung mit der Haltung der ermordeten Antifaschisten zu solidarisieren.

Literatur:
Martin Hentschel: »Für Außen – Zehn große Stücke«, in: Staatliche Kunsthalle Baden-Baden (Hg.): Kat. *Thomas Schütte,* Rastatt 1988, S. 25–39. (Siehe auch in diesem Band das Statement von Thomas Schütte, S. 294 f.)

Wandmalereien in den Sozialwissenschaftlichen Instituten, 1987
Allendeplatz 1, Hamburg 13

Constantin Hahm
7 Wandbilder in Treppenhaus, Fluren und Sitzungssaal des Universitätsgebäudes

Das Gebäude des sogenannten »Pferdestalls« hat eine wechselhafte Geschichte. Es wurde 1908 als modernstes Pferde- und Droschkengebäude seiner Zeit von einem Fuhrunternehmer errichtet. Nach dem Ersten Weltkrieg wurden hier unter anderem Bugatti-Sportwagen verkauft; seit 1929 gehört das Gebäude zur Hamburger Universität. Bis zur Machtübernahme durch die Nationalsozialisten arbeiteten hier viele jüdische Wissenschaftler und Gelehrte, von denen die meisten nach 1933 vertrieben und deportiert wurden. Im Keller des Gebäudes richtete man einen Luftschutzraum für »Nichtarier« ein. Auf Initiative des Fachbereiches Philosophie und Sozialwissenschaften wurde Constantin Hahm für den Entwurf einer künstlerischen Gestaltung des Gebäudes vorgeschlagen. Seine Wandbilder beziehen sich thematisch auf die Geschichte des Gebäudes.

Synagogenmonument am Grindel, 1988
Grindelhof 24 (Bornplatz), Hamburg 13

Margrit Kahl
Platzgestaltung mit Bodenmosaik aus Granit
Mosaik (max. Ausdehnung): 35,30 × 26,40 m

Auf diesem Platz stand bis 1939 die Hauptsynagoge der Deutsch-Israelitischen Gemeinschaft. Beim Novemberpogrom (9./10. November 1938) beschädigten die Nationalsozialisten dieses Zentrum des geistigen und kulturellen jüdischen Lebens in Hamburg und ordneten in der Folgezeit seinen Abriß an. In einem Arbeitskreis mit Vertretern der jüdischen Gemeinde wurde das Konzept für ein Monument entwickelt, mit dessen Realisierung Margrit Kahl zum 50. Jahrestag des Pogroms beauftragt wurde. Über dem durch Grabungen ermittelten Grundriß der ehemaligen Synagoge wurde ein gleich großes Mosaik angelegt. Diese schwarzen Linien kennzeichnen auch die Deckenkonstruktion des Gebäudes, so daß der Betrachter es im Geiste wiedererrichten kann.

Das »Tor« in Eimsbüttel, 1989
Kieler Straße/Eimsbüttler Marktplatz, Hamburg 20

Gabriele Schmidt-Heins
Cortenstahl-Plastik
6,08 × 5,20 × 0,84 m

Die Künstlerin konzipierte die Plastik für eine Verkehrsinsel am Hamburger Stadtrand. Man passiert das Tor, wenn man aus nordwestlicher Richtung in die Stadt hineinfährt.

Wandbild in der Schlüterstraße, 1989
Schlüterstraße 5, Hamburg 13

A. R. Penck

»Theorie in Hamburg
NÄHE FERN gesehen
FERNE nahgesehen
WELT GESCHEHEN
WELT VERSTEHEN«
Wandmalerei auf einem Giebel
25 × 17 m

Der Künstler gestaltete aus seinen einfachen Grundfiguren ein komplexes Wandgemälde, das den Vorplatz des Eingangsbereiches der Staats- und Universitätsbibliothek beherrscht.

Hamburg-Nord

Künstlerwerkstatt in Ochsenzoll, 1982
Sozialtherapeutisches Zentrum im Allgemeinen Krankenhaus Ochsenzoll, Langenhorner Chaussee 560, Hamburg 62

Siegfried Neuenhausen
und Sabine Reiff

Plastische Arbeiten aus Ton, Keramik und Polyester, Zeichnungen, Gemälde

In einer ehemaligen Gymnastikhalle auf dem Gelände des AKO wurde für einige Zeit eine Künstlerwerkstatt eingerichtet. Hier entstanden nach Entwürfen Siegfried Neuenhausens in Zusammenarbeit mit den Patienten unter Neuenhausens und Sabine Reiffs pädagogischer Anleitung künstlerische Arbeiten für den Neubau des sozialtherapeutischen Zentrums. (Siehe auch in diesem Band: Siegfried Neuenhausen: »Zwischen Kunst und Psychiatrie. Das Projekt in Ochsenzoll«, S. 191–197.)

Wandmalereien am Bunker im Falkenried, 1982
Löwenstraße 27–29, Hamburg 20

Sönke Nissen
Eckart Keller

»Hilfe in der Not«
ca. 1000 m^2

Seit Mitte der 40er Jahre wird eine der Ende des letzten Jahrhunderts als Arbeiterquartier erbauten Falkenried-Terrassen architektonisch von einem Bunker zerschnitten. Da zahlreiche Terrassenhausbewohner 1933, kurz nach der Machtübernahme, von den Nationalsozialisten verhaftet und mißhandelt wurden, wählten die Künstler in Zusammenarbeit mit den jetzigen Bewohnern Themen aus Kriegs- und aus Friedenszeiten für ihre Wandmalereien.

Projekt in den Alsterdorfer Anstalten, 1983
Pausenhof der Schule für Geistigbehinderte, Alsterdorfer Straße 440, Hamburg 60

Rolf Laute

»Arche Noah«
Farbiges Objekt aus Holz und Plastik
3,50 × 3,50 × 7 m

Rolf Laute baute ein begehbares Haus mit optischen und akustischen Mobiles, in dem die behinderten Kinder spielen können.

Findlinge am Kuhmühlenteich, 1984
Kuhmühlenbrücke, zwischen Schurbecker Straße und Immenhof, Hamburg 76

Horst Hellinger
60 Natursteinfindlinge

Die Findlinge stammen aus einem Arbeitsschacht auf einer Baustelle am Kuhmühlenteich. Horst Hellinger durchbohrte sie und nagelte sie einzeln auf einer zirka 20 m^2 großen Grünfläche fest.

Projekt an der Schönen Aussicht, 1984
Grünanlage Höhe Auguststraße, Hamburg 76

Klaus-Peter Best

»Gleichgewicht«
Objekt aus drei Stahlplatten und drei Steinen, 0,50 × 2,10 × 2,50 m

Auf einer Fläche von zirka 6 m^2 wurden von dem Künstler drei Einzelelemente aus runden Steinen und konvex oder konkav gebogenen sowie flach auf dem Boden liegenden Stahlplatten aufgestellt.

Projekt einer Brunnenanlage am Straßburger Platz (1984)
Straßburger Platz, Hamburg 70

Harald Klingelhöller

»Die Blaue Blume«
Nicht realisiert

Klingelhöller entwarf eine Brunnenanlage aus fünf runden Gitterkonstruktionen, die kreisförmig um ein ebenerdiges Becken mit niedriger Fontäne stehen sollten, ursprünglich für den Fußgängerbereich der Alten Holstenstraße in Bergedorf. Als der Brunnen dort nicht realisiert werden konnte, äußerte das Bezirksamt Nord den Wunsch nach dem Objekt für den Stadtteil Dulsberg. Bereits bei der probeweisen Aufstellung des Skulpturenmodells jedoch kam es zu heftigen, gewalttätigen Bürgerreaktionen. Harald Klingelhöller lehnte es ab, die »Blaue Blume« an diesem Ort aufzustellen, da ihm hier die Realisierung einer Grünanlage sinnvoller erschien.

Literatur: Julian Heynen: *Harald Klingelhöller – Blaue Blume,* Krefeld 1986.

Projekt am Probsteier Platz (1984)
Probsteier Platz, Hamburg 70

Bogomir Ecker — Nicht realisiert

Die Hauptzugangssituation des Stadtteils Dulsberg sollte 1984 durch die Umgestaltung des Platzes akzentuiert werden. Der Entwurf von Bogomir Ecker sah eine Naturgestaltung vor; in einer in den Platz modellierten Mulde sollten drei Flüstertüten, ein bildhauerisch stilisierter Redeschwall und ein großes Ablaufsieb installiert werden. Der zuständige Ortsausschuß lehnte die Realisierung des Projektes ab. (Siehe auch in diesem Band das Statement von Bogomir Ecker, S. 262–265.)

Steinbildhauerwerkstatt in Santa Fu, 1984–1986
Justizvollzugsanstalt Fuhlsbüttel, Am Hasenberge 26, Hamburg 63

Jörg Möller
Peter Paulwitz-Matthäi
Pascal Schmidt
»Steine für eine Stadt – gehauen in Santa Fu«
36 Reliefs und Vollplastiken aus Wirchstein, Granit und Anröchter Dolomit

Jörg Möller erhielt den Auftrag, ein Kunstprojekt für die Insassen der Justizvollzugsanstalt zu entwickeln. Zwei Jahre arbeiteten dann er, Peter Paulwitz-Matthäi und Pascal Schmidt mit einer Gruppe von jeweils acht Langzeithäftlingen in einem Workshop zusammen. Die Häftlinge konnten die Teilnahme frei wählen und erhielten von der Justizverwaltung dafür die notwendigen Hafterleichterungen. Der Workshop förderte die Kreativität der Insassen, veränderte ihr Sozial- und Gruppenverhalten und verbesserte ihre Selbstwahrnehmung. Die »Steine des Anstoßes« wurden 1986 im Werkhof Ottensen, ein Jahr später auf der Wiese vor dem Schröderstift ausgestellt. Vertreter der Bezirke Altona, Eimsbüttel, Mitte und Nord suchten sich für Straßen, Plätze, Parks und öffentliche Institutionen Skulpturen aus. Ihre Aufstellung in der Öffentlichkeit bezeugt das Bemühen um ein neues Verständnis zwischen den Menschen vor und hinter Gittern. Enno Kaufhold stellte eine Fotodokumentation des Projekts in der Hochschule für Bildende Künste aus; Jürgen Bookmeyer drehte einen Film mit dem Titel »Steine für eine Stadt«.

Literatur:
Kulturbehörde Hamburg (Hg.): Kat. *Steine für eine Stadt,* Hamburg 1986.

Projekt im Altenpflegeheim Alsterberg, 1985/86
Suhrenkamp 40, Hamburg 63

Peter Loeding
Ölgemälde und Zeichnungen

Nach längeren Aufenthalten und Studien in dem Altenpflegeheim entstanden künstlerische Arbeiten, die die Alltagssituation der Bewohner schildern. Die Arbeiten von Peter Loeding sind jetzt Teil einer ständigen Ausstellung im Altenpflegeheim.

Literatur:
Kulturbehörde Hamburg (Hg.): Kat. *Kein Traum kein Leben. Künstler arbeiten in Altenpflegeheimen,* Hamburg 1989.

Projekt im Altenpflegeheim Oberaltenallee, 1985–1987
Finkenau, Hamburg 76

Renate Liptow
»Biographische Dialoge im Pflegeheim Oberaltenallee«

Die Künstlerin baute durch zahlreiche Gespräche mit den Bewohnern des Pflegeheims persönliche Beziehungen zu ihnen auf. Aus Foto-Text-Arbeiten erstellte sie dokumentarische Lebenserinnerungen zahlreicher Bewohner.

Renate Liptow mit einer Bewohnerin des Altenpflegeheims bei einer Erinnerungsfahrt auf der Alster, Hamburg, 1986

Literatur:
Kulturbehörde Hamburg (Hg.): Kat. *Kein Traum kein Leben. Künstler arbeiten in Altenpflegeheimen,* Hamburg 1989.

Projekt im Altenpflegeheim Oberaltenallee, 1985–1987
Finkenau, Hamburg 76

Brian Fitzgibbon
Ölgemälde, Pastelle, Kohlezeichnungen, Holzschnitte

Nach einer längeren Hospitation in diesem Pflegeheim schuf der Künstler zahlreiche Studien der jetzigen Lebenssituation der Bewohner.

Literatur:
Kulturbehörde Hamburg (Hg.): Kat. *Kein Traum kein Leben. Künstler arbeiten in Altenpflegeheimen,* Hamburg 1989.

Projekt in der Schule für Körperbehinderte, 1987
Alsterdorfer Straße 420, Hamburg 60

AG horizont

Freiraumgestaltung

Die Künstlergruppe realisierte auf dem Vorplatz des Gebäudes eine symbolische Darstellung der vier Elemente Erde, Wasser, Feuer, Luft; es entstanden ein kleiner, bepflanzter Garten, eine Wasserpumpe, eine Feuerstelle und ein Windsegel.

Freiflächengestaltung in den Alsterdorfer Anstalten, 1988
Carl-Koops-Haus, Alsterdorfer Straße 440, Hamburg 60

Künstlergruppe »Trafo«
(Susanne Homann)

6 Fabelwesen aus gefärbtem Beton
je ca. 1,30 m lang, 1,20 m hoch

Auf einer Gesamtfläche von 5000 m^2 entstand im Auftrag der Alsterdorfer Anstalten eine Parkanlage mit einem hölzernen Brückenhaus, einem Teich und vier phantasievollen Figurengruppen.

Altona

Freiraumgestaltung im Gymnasium Osdorf, 1981
Knabeweg 3, Hamburg 53

Hans-Dieter Schrader

»Kommunikationsspirale«
6 Elemente aus behauenem, grauem Granit

Schrader entwarf für den Pausenhof Granitelemente, die in einem Betonfundament verankert sind. Als Treffpunkt und zum Spielen wurden sie um einen Baum herum aufgestellt.

Wandmalerei in der Eimsbüttler Straße, 1981
Eimsbüttler Straße 25, Hamburg 50

Günter Lierschof

25 × 17 m

Das von Günter Lierschof mit Schülern der Freien Kunstschule realisierte Projekt zeigt einen Farbenwirbel in Blau, Grün und Gelb mit großen, abstrakten Formen.

Wandmalereien in einer Kindertagesstätte, 1982
Struenseestraße 56, Hamburg 50

Dagmar Fedderke

Wandfries
2,50 × 2 m

Für die Wände eines kuppelüberdachten Umgangs malte Dagmar Fedderke einen umlaufenden Fries in leuchtenden Farben mit Motiven aus der Phantasiewelt der Kinder.

Plastik vor dem Neuen Botanischen Garten, 1982
Ohnhorststraße/Hesten, Hamburg 52

Waldemar Otto
»Adam plündert sein Paradies«
Bronzeplastik
Höhe 2,80 m

Waldemar Ottos Plastik zeigt den den Apfel essenden Adam vor dem Baum der Erkenntnis als Gleichnis für den ersten Schritt des Menschen zur Zerstörung der Natur.

Platz der Seefahrt, 1985
Hafenstraße (Uferpromenade), Hamburg 50

Manfred Sihle-Wissel

Bronzeplastik
Höhe 6,75 m

1980 gründeten ehemalige Cap-Hornier-Kapitäne den Verein »Platz der Seefahrt, Seemannsgedenkstätte zu Hamburg e. V.« mit dem Ziel, ein Denkmal für auf See gebliebene deutsche Seeleute der Handelsmarine und der Fischerei zu errichten. Manfred Sihle-Wissel gewann mit seinem Entwurf den ausgeschriebenen Wettbewerb: Es entstand eine riesige Meereswoge, auf der eine auf die Elbe schauende Frau kauert. Eine Inschrift verwendet ein Zitat aus Joseph Conrads Roman »Spiegel der See«: ». . . der unvergänglichen See, den Schiffen, die nicht mehr sind, und den schlichten Männern, deren Tage nicht wiederkehren.« Das Denkmal wurde größtenteils mit Spenden des Vereins realisiert.

Literatur:
Autorengemeinschaft vier Kapitäne der Cap Horniers, Hamburg (Hg.): *Madonna der Seefahrt. Die Entstehung eines Denkmals zu Ehren der auf den Meeren gebliebenen Seeleute,* Hamburg 1987.

Wandmalerei »Ottenser Industriegeschichte«, 1985
Holstentwiete 31, Hamburg 50 (Innenhof)

Ingrid Heinsohn
Hildegund Schuster
152 m^2

Auf Anregung des Bezirks realisierten die beiden Künstlerinnen zusammen mit ortsansässigen Interessierten ein Wandbild, das typische Fabrikansichten und Architekturfragmente des traditionsreichen Stadtteils zeigt.

Skulpturen für das Altonaer Kinderkrankenhaus, 1985
Bleickenallee 38, Hamburg 50

Beate Wassermann

3 bemalte Holzfiguren

Beate Wassermann entwarf Spielkameraden aus Holz für die fünf- bis zehnjährigen kranken Kinder. Sie stellen zwei kleine Tierfiguren und ein Kind mit einem Spielzeugtier im Arm dar.

Tafelbilder im S-Bahnhof, 1986
S-Bahnhof Landungsbrücken, Hamburg 4

Volker Meier
3 Tafelbilder:
»Gestrandet«
»Sommertag«
»Am Strand«
je 2,55 × 3,60 m

Die Tafelbilder mit hafen- und wasserbezogenen Landschaften hängen an der südlichen Tunnelwand an Gleis 2 zwischen üblichen Großwerbetafeln.

Brunnenanlage in Altona, 1986
Holstentwiete/Große Brunnenstraße/Fischersallee, Hamburg 50

Wolfgang Finck

Granitfindling und Wandgestaltung

Die Brunnenanlage aus rötlichen Granitfelsen mit einer eingefrästen Wasserrinne wird als Motiv auf einer benachbarten Giebelwand aufgenommen; es verbindet die Platzgestaltung mit der vorhandenen Architektur.

Wandmalerei am Altonaer Theater, 1986
Chemnitzstraße 82/Warnholzstraße, Hamburg 50

Peter Herrmann
»Theater und Leben«
2,20 × 41 m

Der Vorschlag für dieses Projekt kam vom Bezirk und von der Leitung des Altonaer Theaters. Der aus Dresden stammende Maler und Grafiker stellte auf dieser langen Mauer Szenen aus dem Altonaer Alltag dar.

»Pathosgeste« im Altonaer Rathaus, 1984–1987/1990
Altonaer Rathaus, Platz der Republik, Hamburg 50

Anna Oppermann

Ensemble aus 2 Holzfiguren, 1 Objektkasten, Fotografien, Ölbildern auf Leinwand
2,50 × 2 × 2 m

Das Ensemble »Pathosgeste« war der Beitrag Anna Oppermanns für die documenta 8 (1987). Im Eingangsbereich des Altonaer Rathauses findet die Arbeit jetzt ihren festen Platz. Im Zentrum stehen zwei große menschliche Figuren mit drohend erhobenem Arm, in einem Holz-Glas-Objektkasten befinden sich Skizzen, Zeichnungen und Modelle. Die verwendeten Textzitate beziehen sich auf Pathos, Suggestion, Manipulation, Zeitgeist und die Postmoderne.

Literatur:
Kat. *documenta 8, Kassel 1987,* Kassel 1987.
Edition Lebeer Hossmann (Hg.): *Anna Oppermann – Pathosgeste,* Hamburg und Brüssel 1987.

Monument für die zerstörte jüdische Gemeinde Altonas, 1989
Platz der Republik, Hamburg 50

Sol LeWitt

»Dedicated to the Missing Jews«
Aus Elementen zusammengesetzter, grauer Quader
5,50 × 2 × 2 m

Zum Gedenken an die durch den Nationalsozialismus vernichtete jüdische Gemeinde Altonas errichtete Sol LeWitt einen rechteckigen Block, der axial vor dem Altonaer Rathaus am Ende einer Grünanlage steht.

Wandsbek

Freiflächengestaltung in der Haupt- und Realschule Redder, 1982
Kunaustraße 4–6, Hamburg 65

Thomas Darboven

»Forum«
1,25 × 2,50 × 0,70 m

Vor dem Eingang der Schule entstanden eine dreistufige Sitzterrasse und eine für Zusammenkünfte und Aufführungen benutzbare Bühne. Der Platz soll die Schüler zum Verweilen einladen.

Bronzesäule vor dem Gymnasium Ohlstedt, 1983
Sthamerstraße 55, Hamburg 65

Edgar Augustin
Höhe 4 m

Augustin schuf für den Pausenhof der Schule eine zylindrische Säule mit drei gegenständlichen Reliefbändern, die Szenen aus dem Alltag zeigen.

Bronzeplastik im Altenpflegeheim Farmsen, 1984
August-Krogmann-Straße 100, Hamburg 72

Doris Waschk-Balz
Dreiteilige Bronzeplastik:
Büste 0,60 m hoch
Dreiviertelfigur 1,30 m hoch
Ganzfigur 1,50 m hoch

Das gegenständliche Ensemble auf der Freifläche vor dem neuen Bettenhaus des Heimes zeigt drei weibliche Figuren: eine ältere Frau, eine junge Frau und ein Mädchen.

Skulptur für den zentralen Platz in Buchenkamp, 1985
Buchenring, Hamburg 67

Hubert Kiecol
Tor aus Gußbeton und Klinker
5,20 × 1,80 × 1,80 m

Inmitten eines Neubaugebietes mit zirka 700 Wohneinheiten, in der Nähe des U-Bahnhofes Buchenkamp entstand ein zentraler Platz. Für dieses neue Zentrum entwarf Kiecol ein hohes Tor mit vier spitzgiebligen Durchgängen, die Blickachsen auf die umliegende Architektur zulassen. Der rote Backstein der Auskleidung korrespondiert mit den Klinkerfassaden der Bebauung.

Freiflächengestaltung im Berufsförderungswerk, 1985
August-Krogmann-Straße 52, Hamburg 72

Ute Hick »Oase«

Ute Hick entwarf für das Kommunikationszentrum des Berufsförderungswerkes Rankgerüste für Grünpflanzen über einigen Teichen, die von Sitzgelegenheiten umgeben sind.

Projekt im Altenpflegeheim Farmsen, 1990
August-Krogmann-Straße 100, Hamburg 72

Burkhard Vernunft 51 bemalte Sperrholzplatten

Vernunft bemalt auf drei Etagen des umgestalteten Altenpflegeheims insgesamt 51 Türen mit abstrakten und geometrischen Motiven. Sie sollen dazu beitragen, daß die einzelnen Bewohner den Eingang zu ihrem persönlichen Bereich wiedererkennen.

Harburg

Bilder für die Wachräume der Feuerwache 36, 1982
Waltershoferstraße, Hamburg 92

Peter Loeding — 40 kleine Tafelbilder

Der Künstler setzt sich in diesen Werken mit realen, von den Feuerwehrmännern täglich erlebten Situationen auseinander.

Projekt im Verkehrsamt Großmoordamm, 1982
Großmoordamm 61, Hamburg 90

Die Schalterhalle und der Sozialraum des Neubaus, der die Technische Prüf- und Kraftfahrzeug-Zulassungsstelle sowie die Polizeistaffel Süd beherbergt, wurde mit Wandgemälden und -teppichen von Bernd Koether, Rolf Schröder-Borm, Tatiana Ahlers-Hestermann und Anka Kröhnke ausgestattet.

Bernd Koether — »Beule«
Öl auf Leinwand
1,50 × 2,20 m

Bernd Koether malte den seitlichen Teil einer blauen, beschädigten Autokarosserie, in dem sich die landschaftliche Umgebung spiegelt.

Rolf Schröder-Borm — »Versunkene Kulturen«
Öl auf Leinwand
1,70 × 2,20 m

Der Künstler stellt realistisch dar, wie das Auto in einer dschungelartigen Pflanzenwelt zu einem Zivilisationsrelikt wird.

Tatiana Ahlers-Hestermann — »Möwen im Gewitter«
Applikation aus Textilmaterialien
2,60 × 1,40 m

Tatiana Ahlers-Hestermann wählte das Motiv fliegender Möwen als Sinnbild für den Kampf gegen die Naturgewalten.

Anka Kröhnke — »Herbstkomposition«
Applikation aus Textilmaterialien
∅ 1,90 m

Die Künstlerin entwarf einen runden Wandteppich mit kräftigen Farben und fließenden Formen.

Projekt »Gesamtkunstwerk Freie und Hansestadt Hamburg« (1983)
Spülfeld vor der Altenwerder Kirche, Hamburg 95

Joseph Beuys

Ökologisches Pilotprojekt
nicht realisiert

Joseph Beuys legte ein umfassendes Konzept zur Beseitigung des Baggergutes aus der Elbe vor, um dem größten Umweltproblem der Hafenstadt, der Verseuchung von Spülfeldern durch giftigen Hafenschlamm, entgegenzuwirken. Ein Organisationsbüro in der Innenstadt war als öffentlicher Mittelpunkt einer Kulturinitiative geplant, die Hamburg in ein ökologisches Arbeitsfeld umwandeln sollte. Auf einem Spülfeld des für die Hafenerweiterung abgerissenen Dorfes Altenwerder sollte die Aktion beginnen: Vor der erhalten gebliebenen Altenwerder Kirche neben der Autobahn A 7 wollte Beuys die »Todeszone« des Spülfeldes symbolisch zur »Kunstzone« erklären. Durch Bepflanzung des Spülfeldes mit speziellen Wildgräsern und schnellwachsenden Bäumen sollte das Absinken der Schwermetalle und Giftstoffe ins Grundwasser verhindert werden. Eine vom Künstler bearbeitete Basaltsäule aus der Serie »Das Ende des 20. Jahrhunderts« auf dem Spülfeld sollte symbolisch das Ende der ökologischen Krise versinnbildlichen. Der Hamburger Senat lehnte das Projekt im Juli 1984 ab.

Literatur:
Jochen Hiltmann: »Spielfelder, Spülfelder«, in: Ulrich Schreiber (Hg.): *Kulturpolitik in Hamburg. Ein Weißbuch,* Hamburg 1986, S. 118–123.
Uwe M. Schneede: »Ein Stück aus dem Tollhaus«, in: Ulrich Schreiber (Hg.): *Kulturpolitik in Hamburg. Ein Weißbuch.* Hamburg 1986, S. 109–117.
Roland Jaeger: »Spülfeld-Sanierung à la Joseph Beuys«, in: *Szene Hamburg,* August 1984, S. 18.
Alfred Nemeczek: »Wie der Senat die Macht gegen die Kunst verteidigte«, in: *art,* Nr. 9, September 1984, S. 8.
»Beuys im Schlick«, in: *Der Spiegel,* Nr. 30, 1984, S. 137f.
»Saftige Skandale«, in: *Der Spiegel,* Nr. 18, 1985, S. 238–240.
Bernhard Rudolph: »Spülfelder: es grünt so grün – auch ohne Beuys«, in: *Bild-Zeitung,* Hamburg, 23. Juli 1984, S. 7.
Karl Weber: »Gesamtkunstwerk Freie und Hansestadt Hamburg«, in: Kat. *Arbeit in Geschichte – Geschichte in Arbeit,* Hamburg 1988, S. 92–95. (Siehe auch in diesem Band: Uwe M. Schneede: »Joseph Beuys' ›Gesamtkunstwerk Freie und Hansestadt Hamburg‹«, S. 198–205.)

Künstlerische Ausstattung des Wilhelmsburger Krankenhauses, 1984
Groß Sand 3, Hamburg 93

40 Künstlerinnen und Künstler

75 Gemälde, Graphiken, Zeichnungen, Fotoarbeiten

Für das neuerrichtete OP-Gebäude und die Intensivstation des Krankenhauses wurden Werke von zeitgenössischen Hamburger Künstlerinnen und Künstlern angekauft.

Mauerwerkrelief am Polizeirevier 46, 1984
Knoopstraße 33, Hamburg 90

Johannes Ufer — 28 × 3 m

Der Künstler gestaltete die Außenmauer des Garagenanbaus aus rotem Backstein mit leicht hervorspringenden Strukturen.

Vier »Bilder zwischen Wand und Wirklichkeit«, 1985
Fußgängertunnel im S-Bahnhof Harburg-Rathaus, Hamburg 90

18 Schüler des Gymnasiums Göhlbachtal/Schwarzenbek — 2,35 × 1,86 m; 2,35 × 2,32 m; 2,35 × 3,67 m; 2,35 × 5,74 m

Die Schülerarbeiten entstanden im Rahmen eines Leistungskurses Bildende Kunst. Sie nehmen thematisch auf den Fußgängertunnel Bezug, indem sie mit der Darstellung Musizierender und Tanzender eine für diesen Ort wünschenswerte Wirklichkeit entwerfen.

Mahnmal gegen den Faschismus, 1986
Harburger Rathausplatz, Hamburg 90

Esther und Jochen Gerz — Versenkbare, bleiummantelte Stahlsäule 12 × 1 × 1 m

Das Mahnmal wurde von der Harburger Bezirksversammlung initiiert. Die Künstler Jochen Gerz, Jochen Hiltmann, Siegfried Neuenhausen, HD Schrader und Timm Ulrichs wurden zu einem beschränkten Wettbewerb eingeladen, den Esther und Jochen Gerz gewannen. Sie konzipierten eine bleiummantelte Säule, auf der alle Bürgerinnen und Bürger »Gegen Faschismus, Krieg, Gewalt – für Frieden und Menschenrechte« unterschreiben können. Das Mahnmal wurde erstmals im September 1987 um das mit Unterschriften versehene Stück von 1,4 m in den Erdboden gesenkt. Seitdem wurden zwei weitere Absenkungen vorgenommen; es wird erst dann vollendet sein, wenn die ganz beschriebene Säule völlig versenkt ist.

Literatur:
galeries Magazine, Paris, Juni/Juli 1987, S. 80–87 und S. 130
Alfred Welti: »Nicht für die Ewigkeit gebaut«, in: *art,* Nr. 1, Januar 1987, S. 62–65.
(Siehe auch in diesem Band: Ulrich Krempel: »Sieben Anmerkungen zum ›Harburger Mahnmal gegen Faschismus, Krieg, Gewalt‹ von Esther und Jochen Gerz«, S. 177–183.)

Der Tubaspieler auf dem Harburger Rathausplatz, 1982/1987
Harburger Rathausplatz, Hamburg 90

Arne Ranslett

Bronzeplastik
Höhe 1,55 m

Die Plastik von Arne Ranslett zeigt einen auf einem Stuhl sitzenden Tubaspieler; sie wurde in der Nähe von Bänken auf dem Harburger Rathausplatz aufgestellt.

Projekt für die Technische Universität Harburg, 1989
Eißendorfer Straße 42, Hamburg 90

Hanne Darboven
»Wende ›80‹«
415 Blätter, Offsetdruck
je 42 × 29,7 cm

Hanne Darboven wurde vom Gründungssenat der Technischen Universität für die Ausführung der künstlerischen Gestaltung vorgeschlagen. Die Harburger Künstlerin nahm den Wahlkampf zwischen SPD und CDU von 1980 zum Thema ihrer Arbeit. In der für sie charakteristischen Vorgehensweise hat sie eine Methode der chiffrierten und kodierten Darstellung gefunden.

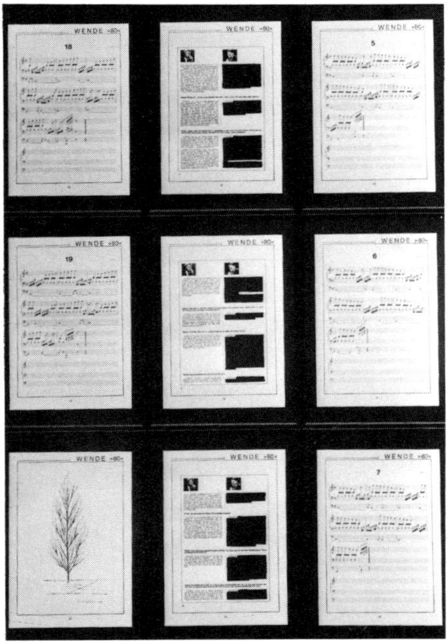

Bergedorf

»Zitronenpresse« in Bergedorf, 1987
Alte Holstenstraße/Sander Damm, Hamburg 80

Bernhard Prinz

Brunnenplastik aus bemaltem Eisen
3 × 2,40 m

In die Fußgängerzone des neuen Einkaufszentrums in Lohbrügge stellte Prinz einen überdimensionierten Haushaltsgegenstand aus zusammengeschweißtem Metall. Die grau und blau bemalte, leicht schräg stehende Zitronenpresse wird von Fontänen umspielt.
(Siehe auch in diesem Band das Statement von Bernhard Prinz, S. 290f.)

Autoren

Stephan Balkenhol
Bildhauer in Hamburg

Leonie Baumann, Dipl.-Päd.
Beauftragte für »Kunst am Bau« beim Kulturwerk des BBK in Berlin

Bogomir Ecker
Bildhauer in Düsseldorf

Lili Fischer, Dr.
Performance-Künstlerin in Hamburg

Ludger Gerdes
Bildhauer in Düsseldorf und München

Walter Grasskamp, Prof. Dr.
Professor für Kunstgeschichte an der Technischen Universität Aachen

Horst Hellinger
Bildhauer in Hamburg

Dietrich Helms, Prof.
Professor an der Hochschule für bildende Künste in Hamburg, Zeichner in Hamburg

Jürgen Hohmeyer, Dr.
Kulturredakteur beim »Spiegel« in Hamburg

Klaus Honnef, Prof.
Initiator der Ausstellung »Umwelt-Akzente« in Monschau, 1970; Ausstellungsleiter am Rheinischen Landesmuseum in Bonn

Stefan Huber
Bildhauer in München

Helen Koriath, Dr.
Mitarbeiterin am Projekt »Im Auftrag« in Essen, 1987; Kustodin am Museum Morsbroich in Leverkusen

Ulrich Krempel, Dr.
Leiter der Ausstellungsabteilung an der Kunstsammlung Nordrhein-Westfalen in Düsseldorf

Raimund Kummer
Bildhauer in Berlin

Klaus Kumrow
Bildhauer in Hamburg

Michael Lingner, Prof.
Professor an der Hochschule für bildende Künste in Hamburg

Hans-Joachim Manske, Dr.
Oberkustos beim Senator für Bildung, Wissenschaft und Kunst in Bremen

Friedrich Meschede, Dr.
Mitarbeiter des Organisationsbüros »Skulptur Projekte in Münster 1987«; künstlerischer Leiter des Westfälischen Kunstvereins in Münster

Jan Meyer-Rogge
Bildhauer in Hamburg

Beate Mielsch, M. A.
Mitarbeiterin des Gerhard-Marcks-Hauses in Bremen

Siegfried Neuenhausen, Prof.
Professor an der Hochschule für bildende Künste in Braunschweig; Bildhauer in Hannover

Tilman Osterwold, Dr.
Direktor des Württembergischen Kunstvereins in Stuttgart

Annelie Pohlen, Dr.
Geschäftsführerin des Bonner Kunstvereins e. V.

Bernhard Prinz
Bildhauer in Hamburg

Fritz Rahmann
Bildhauer in Berlin

Lothar Romain, Prof.
Professor an der Akademie der Bildenden Künste in München

Stephan Schmidt-Wulffen, Prof. Dr.
Professor an der Hochschule für bildende Künste in Hamburg

Uwe M. Schneede, Prof. Dr.
Professor für Kunstgeschichte an der Universität München

Dietrich Schubert, Prof. Dr.
Professor für Kunstgeschichte an der Universität Heidelberg

Thomas Schütte
Bildhauer in Düsseldorf

Dierk Stemmler, Dr.
Direktor des Städtischen Museums Abteiberg in Mönchengladbach

Barbara Straka, M. A.
Projektleiterin »Skulpturenboulevard Kurfürstendamm Tauentzien«, Berlin 1987

Franz Erhard Walther, Prof.
Professor an der Hochschule für bildende Künste in Hamburg; Bildhauer in Hamburg

Martin Warnke, Prof. Dr.
Professor für Kunstgeschichte an der Universität Hamburg

Karl Weber, Dipl.-Ing.
Referatsleiter »Kunst im öffentlichen Raum« bei der Kulturbehörde Hamburg

Auswahlbibliographie

Ammann, Jean-Christophe: »Plädoyer für eine neue Kunst im öffentlichen Raum«, in: *Parkett,* Nr. 2, Juli 1984, S. 6–32. (Auch in: Neuer Berliner Kunstverein [Hg.]: *Skulpturenboulevard Kurfürstendamm Tauentzien, Kunst im öffentlichen Raum,* Berlin 1987, S. 6–32.)

Anderson, Roger: »Mit Kunst den Knast überleben«, in: *art,* Nr. 11, November 1987, S. 106–112.

Bußmann, Klaus, und Kasper König (Hg.): Kat. *Skulptur Projekte in Münster 1987,* Köln: DuMont 1987.

Eichin, Bettina: »Kunst am Bau in Baden-Württemberg«, in: *Kunst und Öffentlichkeit. Beitrag der Internationalen Gesellschaft der Bildenden Künste, Sektion der Bundesrepublik Deutschland, zum Weltkongreß der AIAP in Stuttgart 1979,* Stuttgart 1979, S. 75–78.

Falazik, Ruth, und Lothar Romain (Hg.): *Kunst – Landschaft. Neuenkirchener Symposien 1974–1987,* Bremen 1987.

Frenzel, Christian Otto (Hg.): *Kunst am Bau in Hamburg 1947–1958,* Hamburg: Springer 1959.

Garnier, Friedrich Ernst von: »Nicht Kunst im öffentlichen Raum, sondern die Stadt für alle ist das Ziel. Ketzereien eines Farbenenthusiasten«, in: *Kunstforum International,* Bd. 57, 1983, S. 106–119.

Gerdes, Ludger: »Zur Trialektik von Platz, Kunst und Öffentlichkeit«, in: *Kunstforum International,* Bd. 81, 1985, S. 134–140.

Grasskamp, Walter: »Kunst am Bau / Kunst im öffentlichen Raum«, in: *Kunstforum International,* Bd. 50, 1982, S. 65–71.

Grasskamp, Walter: »Warum wird Kunst im Außenraum zerstört? Künstlerischer und kultureller Raum«, in: *Kunst-Bulletin des Schweizerischen Kunstvereins,* Nr. 4, 1984, S. 2–7. (Auch in: Neuer Berliner Kunstverein [Hg.]: *Skulpturenboulevard Kurfürstendamm Tauentzien, Kunst im öffentlichen Raum,* Berlin 1987, S. 20–24.)

Grasskamp, Walter: »Kunst als Störfall. Demokratie im öffentlichen Raum«, in: *Frankfurter Allgemeine Zeitung,* Nr. 187, 15. August 1987.

Grasskamp, Walter: »Warum wird moderne Kunst im öffentlichen Raum attackiert. Invasion aus dem Atelier. Mit der Beschimpfung des bornierten Bürgers ist das Problem nicht gelöst«, in: *Die Zeit,* 15. April 1988, S. 61 f.

Grasskamp, Walter (Hg.): *Unerwünschte Monumente. Moderne Kunst im Stadtraum,* München: Silke Schreiber 1989.

Hecht, Axel: »Hamburg: Hat die große Flaute nun ein Ende?«, in: *art,* Nr. 8, August 1986, S. 71–73.

Herlyn, Sunke, Hans-Joachim Manske und Michael Weisser (Hg.): Kat. *Kunst im Stadtbild. Von »Kunst am Bau« zu »Kunst im öffentlichen Raum«,* Bremen 1976.

Heynen, Julian: »Kunst für den öffentlichen Raum? – Öffentlicher Raum für die Kunst?«, in: *Kunstforum International,* Bd. 90, 1987, S. 268–281.

Hoffmann, Gabriele: »›La Piazza‹ – öffentlicher Raum. Geschichte – Realitäten – Visionen« (Symposion, veranstaltet von Universität und Italienischem Kulturinstitut Stuttgart; Stuttgart, Staatsgalerie und Lindenmuseum, 11.–14. Mai 1988), in: *Kunst Chronik,* hg. v. Zentralinstitut für Kunstgeschichte in München, Jg. 42, H. 1/1989, S. 31–37.

Iden, Peter: »Nein, sie ist nicht für alle da. Über einige grundlegende Mißverständnisse der Kunst im Stadtraum«, in: Neuer Berliner Kunstverein (Hg.): *Skulpturenboulevard Kurfürstendamm Tauentzien, Kunst im öffentlichen Raum,* Berlin 1987, S. 31–35.

Keller, Klaus, beim Senator für Bau- und Wohnungswesen, Berlin (Hg.): *Kunst und Naturbeteiligung. Bericht über ein Kunst-am-Bau-Projekt an der TU Berlin 1977–1979,* Berlin 1979.

Künstlerhaus Bethanien (Hg.): *Emotope, Büro Berlin,* Berlin 1988.

Kulturbehörde Hamburg (Hg.): *Jenisch-Park Skulptur,* Hamburg 1986.

Kulturbehörde Hamburg (Hg.): *»Skulptur in Hamburg«. Vertretung der Freien und Hansestadt Hamburg, Bonn,* Hamburg 1985.

Kunst und Öffentlichkeit. Beitrag der Internationalen Gesellschaft der Bildenden Künste, Sektion der Bundesrepublik Deutschland, zum Weltkongreß der AIAP in Stuttgart 1979, Stuttgart 1979.

Kunstforum International, Bd. 73/74, »Skulptur im 20. Jahrhundert« (u. a.), 1984.

Kunstforum International, Bd. 79, »Skulptur '85. Funktion: Konstruktion: Imagination«, 1985.

Kunstforum International, Bd. 81, »Res Publica. Plätze, Gärten, Monumente«, 1985.

Kunstforum International, Bd. 91, »Realkunst – Realitätskünste«, 1987.

Kunstverein in Hamburg (Hg.): *Künstler-Räume im Kunstverein und anderswo,* Hamburg 1983.

Manske, Hans-Joachim (Hg.): *Mauern öffnen. Bildhauerwerkstatt in der Justizvollzugsanstalt Bremen-Oslebshausen,* Bremen 1987.

Der Minister für Stadtentwicklung, Wohnen und Verkehr des Landes Nordrhein-Westfalen (Hg.): *Kunst am Bau – Kunst im öffentlichen Raum 1980–1985,* Düsseldorf 1987 (Schriftenreihe des Ministers für Stadtentwicklung, Wohnen und Verkehr des Landes Nordrhein-Westfalen, Bd. 19).

Müller, Felix: »Kunst im öffentlichen Raum«, in: *Stadtteilkultur der 90er Jahre. Kommunen auf dem Weg zu einer neuen Urbanität.* Sondernummer der *Demokratischen Gemeinde. Die Monatszeitschrift für Kommunalpolitik,* 1988, S. 114–118.

Museum van Hedendaagse Kunst (Hg.): *chambres d'amis,* Gent 1986.

Neuenhausen, Siegfried: »Projekt Parkstreifen Bremen-Oslebshausen. Kunst im öffentlichen Raum im Zusammenhang mit den Neubauten der halboffenen Justizvollzugsanstalt«, in: *Kunst und Öffentlichkeit. Beitrag der Internationalen Gesellschaft der Bildenden Künste, Sektion der Bundesrepublik Deutschland, zum Weltkongreß der AIAP in Stuttgart 1979,* Stuttgart 1979, S. 159–166.

Neuer Berliner Kunstverein (Hg.): *Skulpturenboulevard Kurfürstendamm Tauentzien, Kunst im öffentlichen Raum,* Berlin 1987.

Nungesser, Michael: »Kunst – Landschaft – Architektur. Eine einseitige Bilanz der siebziger Jahre«, in: *Kunstforum International,* Bd. 66, 1983, S. 152f.

Plagemann, Volker: »Die Bremer Konzeption für ›Kunst im öffentlichen Raum‹«, in: *Kunst und Öffentlichkeit. Beitrag der Internationalen Gesellschaft der Bildenden Künste, Sektion der Bundesrepublik Deutschland, zum Weltkongreß der AIAP in Stuttgart 1979,* Stuttgart 1979, S. 87–90.

Plagemann, Volker: *»Vaterstadt, Vaterland, schütz Dich Gott mit starker Hand.« Denkmäler in Hamburg,* Hamburg: Christians 1986.

Plagemann, Volker: »Trauerarbeit. Neuere politische Monumente in Hamburg«, in: Kat. *Arbeit in Geschichte – Geschichte in Arbeit,* Hamburg: Nishen 1988, S. 33–49.

Puvogel, Renate: »Pflicht und Kür. Denk-Modelle zwischen Skulptur und Architektur«, in: *das kunstwerk. zeitschrift für moderne kunst,* 6 XXXVIII 1985, Dezember 1985, S. 12–58.

Romain, Lothar: »Kunst im öffentlichen Raum. Bericht über die Diskussion im Arbeitskreis VII«, in: *Stadtteilkultur der 90er Jahre. Kommunen auf dem Weg zu einer neuen Urbanität* (Sondernummer der *Demokratischen Gemeinde. Die Monatszeitschrift für Kommunalpolitik),* 1988, S. 124f.

Romain, Lothar: »Kunst im öffentlichen Raum«, in: *kultur politik. Vierteljahresschrift für Kunst und Kultur,* hg. v. Bundesverband Bildender Künstler, September 1988, S. 72.

Sauerbier, S. D.: »Öffentliche Kunst? Kunst und öffentliche Unordnung: Fragen als Antworten auf Fragen«, in Kat. *Skulptur: Köln-Ehrenfeld 2. 10.–18. 11. 1982,* hg. v. Bogomir Ecker, Köln 1983, o. Pag.

Schmied, Wieland: »Kunst und Öffentlichkeit«, in: *das kunstwerk. zeitschrift für moderne kunst,* 6 XXXVIII 1985, September 1985, S. 3–8.

Schneede, Uwe M.: »Kein Held aus Erz, nur ein Jude im Staub. Die Schwierigkeit, Denkmäler in einer Zeit zu enthüllen, die wenig Siege zu feiern hat«, in: *Rheinischer Merkur / Christ und Welt,* Nr. 3, 20. Januar 1989, S. 13.

Schwickerath, Peter: Kat. *Skulptur D-88,* hg. v. Verein zur Veranstaltung von Kunstausstellungen e. V., Düsseldorf 1988, o. Pag.

Sennett, Richard: »Der öffentliche Raum stirbt ab«, in: *Kunstforum International,* Bd. 81, 1985, S. 100–102.

Sonne, Nikolaus (Hg.): *Res Publica. Ideen und Konzepte für öffentliche Kunst,* Berlin 1987.

Spielmann, Jochen: »Denk-Mal-Prozesse in Hamburg«, in: *Kunst am Bau. Informationsdienst des BBK Berlin,* Nr. 26, 1988, S. 37–39.

Springer, Peter (Hg.): *Oldenburg. Kunst in der Stadt,* Oldenburg: Isensee 1981.

Staeck, Klaus: »Kunst ist Öffentlichkeit«, in: *Kunst und Öffentlichkeit. Beitrag der Internationalen Gesellschaft der Bildenden Künste, Sektion der Bundesrepublik Deutschland, zum Weltkongreß der AIAP in Stuttgart 1979,* Stuttgart 1979, S. 184–187.

Straka, Barbara: »Das Ganze und die Grenzen. Positionen öffentlicher Kunst in der Ausstellung ›res publica‹«, in: Nikolaus Sonne (Hg.): *Res Publica. Ideen und Konzepte für öffentliche Kunst,* Berlin 1987, S. 15–31.

Straka, Barbara: »Von der ›Kunst im öffentlichen Raum‹ zur ›öffentlichen Kunst‹. Zehn Thesen zur akuten Lage der ›res publica‹«, in: Nikolaus Sonne (Hg.): *Res Publica. Ideen und Konzepte für öffentliche Kunst,* Berlin 1987, S. 9–14.

Thiel, Heinz: »Natur – Kunst«, in: *Kunstforum International,* Bd. 48, 1982, S. 23–95.
Weingarten, Susanne: »Über die ›Ochsentour‹ zu markanten Stadtzeichen. Das Hamburger Programm für Kunst im öffentlichen Raum«, in: *art,* Nr. 7, Juli 1989, S. 12f.
Westfälisches Landesmuseum für Kunst und Kulturgeschichte, Münster (Hg.): Kat. *Skulptur,* Bd. 1: *Die Entwicklung der abstrakten Skulptur im 20. Jahrhundert und die autonome Skulptur der Gegenwart,* Aasee 1977.
Winter, Peter: »Im Park, Zoo und Zwinger. Skulpturen und öffentliche Kunstprojekte in Münster«, in: *Frankfurter Allgemeine Zeitung,* Nr. 148, 1. Juli 1987, S. 25.
Württembergischer Kunstverein (Hg.): Kat. *Natur – Skulptur,* Stuttgart 1981.
Wyrwoll, Regina: »Hilflose Helfer. Anmerkungen zum Symposion ›Kunst im öffentlichen Raum‹ am 27./28. 10. 1988 in Hamburg«, in: *Kunstforum International,* Bd. 98, 1989, S. 191.
Zabel, Heinz: *Plastische Kunst in Hamburg. Skulpturen und Plastiken im öffentlichen Raum,* Reinbek: Dialog 1986.

Fotonachweis

Fotos **Wolfgang Neeb**, Hamburg
außer:
Johannes Brus, Essen: S. 130
Büro Jenisch-Park, Hamburg: S. 117, 118, 120, 121li., 121re., 283
Bogomir Ecker, Düsseldorf: S. 265
Brian Fitzgibbon, Hamburg: S. 334u.re.
Ulrich Görlich, Berlin: S. 102, 109, 111, 128
Michael Harms, Berlin: S. 63, 65, 68
Hawoli, Neuenkirchen: S. 82o., 82u., 84
Dieter Herrmann, Berlin: S. 112u.
Hajo Heye, Hamburg: S. 308
Katalog »Umwelt-Akzente«, Monschau 1970: S. 46, 47o., 47u., 50o., 50u.
Silvia Kluge, Berlin: S. 69
Kulturbehörde Hamburg: S. 155, 156, 158, 181, 199, 200, 201, 204, 207, 208, 209u., 209re.
Raimund Kummer, Berlin: S. 285
Klaus Kumrow, Hamburg: S. 286
Landesbildstelle Bremen: S. 23, 41, 76, 78li., 78re., 79, 81, 85li.
Rolf Laute, Hamburg: S. 303
Peter Loeding, Hamburg: S. 333u.re.
Meffert, Hamburg: S. 192
Friedrich Meschede, Münster: S. 138
Ottmar von Poschinger, Hamburg: S. 185, 186, 299o.re., 299u.re., 300o.re., 300u.re., 301, 302
Fritz Rahmann, Berlin: S. 293o.li., 293o.re., 293u.li., 293u.re.
Reiner Ruthenbeck, Düsseldorf: S. 55
Dietrich Schubert, Heidelberg: S. 151, 153, 161, 162
Joachim Schuhmacher, Essen: S. 125, 127
Senator für Bildung, Wissenschaft und Kunst, Bremen: S. 26, 27, 30, 32, 35, 37, 38, 42li., 42re.
Rui M. de Sousa, Heidelberg: S. 159
Staatsarchiv Bremen: S. 25, 31
Dierk Stemmler, Mönchengladbach: S. 187
Thomas Struth: S. 119
Tagesspiegel-Archiv, Berlin: S. 112
Reinhard Truckenmüller, Stuttgart: S. 56, 58, 59
Westfälisches Landesmuseum für Kunst und Kulturgeschichte, Münster: S. 134, 136, 139, 140, 141, 143, 144, 145, 146, 261
Helmut Wieben, Bremen: S. 75, 85re.

Register

Aachener Wandmaler 227 ff.
Abelein, Manfred 44
Adams, Dennis 125, 129, 143, 148, 242
»Bus-Shelter IV for Münster«, Münster 1987 129; Abb. S. 143
Adorno, Theodor W. 86, 238, 255, 257 f.
AG Horizont 334 f.
Projekt in der Schule für Körperbehinderte, Hamburg 1987 Abb. S. 335
Ahlers-Hestermann, Tatiana 342
»Möwen im Gewitter«, Hamburg 1982 342
Alba, Herzog von 224
Altenstein, Bernd
»Arbeitende Hände«, Bremen 1987 77
Ammann, Jean-Christophe 18, 86–89, 98, 115, 218, 221, 242
Andre, Carl 148, 169, 299
Anger, Renate 300
Anselmo, Giovanni 299
Anthony, Sylvester 113
Argan, Giulio Carlo 44
Armajani, Siah 18, 87, 143, 240 f., 258
Artist Placement Group 72
Ascari, Ferruccio 301
Ascher, Felix 323
Asher, Michael 148
Augustin, Edgar 94, 340
»Bronzesäule vor dem Gymnasium Ohlstedt«, Hamburg 1983 Abb. S. 340
Ayck, Roland 318

Bader, Angelika 301
Bärwald, Robert Abb. S. 25
Balkenhol, Stephan 120 f., 304 f.
»Mann mit grünem Hemd und weißer Hose«, Münster 1987 260; Abb. S. 261
»Reiter«, Hamburg 1986 120 f., 260, 305; Abb. S. 120
Ball, Monika 301
Barbie, Klaus 148
Barbusse, Henri
»Le Feu«, 1916 151
Bargheer, Eduard 12
Barlach, Ernst 13, 152, 309
»Ehrenmal für die Gefallenen«, Hamburg 309
Barth, Frank 257
Bauch, Michael 299
Baudissin, Wolf Graf 154
Baumann, Leonie 61–70, 347
Baumgarten, Bodo 94, 324
»Verspannung im Raum«, Hamburg 1983 Abb. S. 324
Baumgarten, Lothar 144
»Irrlichter«, Münster 1987 144; Abb. S. 145
Beaucamp, Eduard 228, 230
Beck, Martha 164
Becker, Klaus 310, 322
»ohne Titel«, Hamburg 1982 Abb. S. 310
»Vogelsäulen in Borgfelde«, Hamburg 1989 322
Beckmann, Max 168
Behne, Adolf 167
Bell, Victoria 89
Belling, Rudolf 152, 167
Bender, Uwe
»Vogelwächter«, Hamburg 1986 Abb. S. 318
Bender & Nern, Firma 301
Benjamin, Walter 52, 155, 167

Bergandt, Hans-Joachim 110
Berheide, Bodo 302
Berkowski, Wolfgang 327
»Streifenkino«, Hamburg 1986 327
Best, Klaus-Peter 331
»Gleichgewicht«, Hamburg 1984 331
Beuys, Joseph 18, 72, 89, 135–138, 148, 203ff., 245, 248, 288, 343; Abb. S. 199, 200f., 204
»Unschlitt/Tallow«, Münster 1977 Abb. S. 134 Abb. Umschlagrückseite
»Das Ende des 20. Jahrhunderts«, Hamburg 1983 202
»Gesamtkunstwerk Freie und Hansestadt Hamburg«, ab 1983 288, 343
»7000 Eichen«, Kassel 1982 202
Birgfeld, Detlef 299, 324
»Gedankenflug«, Hamburg 1983 Abb. S. 324
Bismarck, Otto von 26f.
Blaumeier, Künstlergruppe (Bremen) 81
Blume, Almut 89
Bode, Peter M. 310
Boehle, Hilmar 126
Böhme, Ulrich 154, 168
»Entwurfszeichnung für ein Gegendenkmal«, 1982 (mit Wulf Schneider) Abb. S. 155
Böttcher, Fritz Jürgen 126
Bohrer, Karl-Heinz 277
Bongard, Willi 48
Bookmeyer, Jürgen 333
Bracker, Jörgen 167
Brancusi, Constantin 132, 169
Brandt, Willy 51
Braque, Georges 169
Breker, Arno 168; Abb. S. 35
Brenner, Hildegard 44
Breuste, Hans-Jürgen 74, 75
»Lankenau-Monument«, Bremen 1975 74ff., 83, 89; Abb. S. 75
Brock, Bazon 97, 257f.
Brodersen, Waltraut 308
Brüning, Peter 45
Bruna 301
Brus, Johannes 129
»Nashorn-Tempel«, Essen 1987 Abb. S. 130
Bürger, Peter 43, 89
Bugrov, Valerij 307f.
»Neonrevier auf der Alster«, Hamburg 1986 307f.; Abb. S. 308
Bunz, Werner 316f.
»Telemann-Gedenkplatte«, Hamburg 1985 316f.
Burba, Tadas 301
Buren, Daniel 47
»Vertikale Streifen (Teil 1, weiß und gelb)«, Monschau 1970 Abb. S. 47 oben
Burton, Scott 143, 242
Bußmann, Klaus 86, 132–135, 148, 170, 227, 230, 258
Buthe, Michael 299
»La Madonna Versibile«, Monschau 1970 Abb. S. 47 unten

Calder, Alexander 54
»Tête et queue«, Berlin 1968 Abb. S. 42 rechts
Calzolari, Pier Paolo 299
Cameron, Dan 258
Cellini, Benvenuto 49, 224
Chillida, Eduardo 147
Christo 48, 80
Cosimo de Medici, Herzog 224
Cremer, Fritz
»Freiheitskämpfer«, Bremen 1947/1985 83

Daele, W. v. d. 258
Dalou, Jules 167
Damus, Martin 43f.
Darboven, Hanne 345
»Wende ›80‹«, Hamburg 1989 Abb. S. 345
Darboven, Thomas 339f.
»Forum«, Hamburg 1982 339f.
Daucher, Elmar 160, 169
Delacroix, Eugène 166f.
Delvos, Hubert 167
Dibbets, Jan 45
»Die Diagonalen von D 3 der Touristenkarte Monschau«, Monschau 1970 Abb. S. 46

Diemer, Karl 169
Diepgen, Eberhard 102f., 108, 110
Dix, Otto 151, 167ff.
»Der Krieg«, 1924 151
»documenta«, Kassel 18, 163f.
»documenta 8«, 1987 98, 116, 240, 339
Dohnanyi, Klaus von 150f., 160, 163, 266
Dokoupil, Jiří 258
Dornseif, Frank 98ff.
Droese, Felix 121, 299, 304f., 307
»24. 8. 1984, 9.30 Uhr« 184, 189
»Boot«, Hamburg 1985 184–190, 315f.; Abb. Umschlagvorderseite, S. 185–188, 316
»Hamburg-Zürich Vorwaerts/6. 12. 85« 189
»Ich habe Anne Frank umgebracht«, 1981 189
»Knochenschiffe«, 1984 189
»Der Sicherheitsschrank«, Hamburg 1986 122,305; Abb. S. 123
Duchamp, Marcel 216, 251f.
Dühr, Elisabeth 44

Ebert, Horst Dieter 45
Ecker, Bogomir 116, 121, 125, 129, 299, 304f., 332
»Hohlweg«, Hamburg 1986 305; Abb. S. 121
Projekt für die Gestaltung des Probsteier Platzes, Hamburg 1985 332; Abb. S. 265
Eggert, Klaus 44
Einstein, Carl 150, 169
Eisler, Georg 169
Endlich, Stefanie 70
Engelhard, Günter 309
Engelken, Dierk 110
Engels, Friedrich 158, 164
Engholm, Björn 267
Erben, Josef 98, 100
»Pyramide«, Berlin 1987 114
Eulen, S. E. 168
Ewel, Maria
»Bär«, Bremen 1950 Abb. S. 41
»Experiment Straßenkunst«, Hannover 1970–1973 15, 18, 71

Fässer, Ralf 67
Falazik, Ruth 83
Faust, Wolfgang Max 258
Fedderke, Dagmar 300, 319, 326, 336
»Malereiprojekt Isebek«, Hamburg 1985 Abb. S. 326
Wandmalerei am Kino Metropolis, Hamburg 1986 Abb. S. 319
Wandmalerei in der Kindertagesstätte Struenseestraße, Hamburg 1982 Abb. S. 336
Finck, Wolfgang 311, 325
Brunnenanlage in Altona, Hamburg 1986 338
Gedenkstätte für die Bücherverbrennung am Kaiser-Friedrich-Ufer, Hamburg 1985 Abb. S. 325
»Schriftzug Allgemeines Krankenhaus St. Georg«, Hamburg 1982 311
Finlay, Ian Hamilton 144
»A Remembrance of Annette«, Münster 1987 144; Abb. S. 144
Fischer, Lili 94, 266f., 302, 316
»Rosengarten für die Kinder vom Bullenhuser Damm«, Hamburg 1985 266, 316; Abb. S. 267
Fitzgibbon, Brian 334
Projekt im Altenpflegeheim Oberaltenallee, Hamburg 1985–1987 Abb. S. 334
Flavin, Dan 148
Frank, Manfred 169, 269
Franzke, Andreas 148
Frejer, Romuald 83; Abb. S. 84
Freundlich, Otto 132
»Ascension«, Münster 1929 132
Fried, Erich 157, 169
»Friedensworkcamp Neuengamme«, Hamburg 1983 312f.
Friedmann, Robert 323
Friedrich, Caspar David 251
Frielinghaus, Hans-Joachim 325
»Porträtrelief für Hans Henny Jahnn«, Hamburg 1984 325
Fritsche, Burkhard 148
Frömberg, Andreas Abb. S. 63

Frombowitz, Peter Abb. S. 68
Fujiwara, Mokoto 83; Abb. S. 84

Gadamer, Hans Georg 221
Gaul, Winfred 45
»Verkehrszeichen & Signale«, Monschau 1970 Abb. S. 50 oben
Gehlen, Arnold 253, 258
Geldmacher, Klaus 319
»Lichtobjekt am Kino Metropolis«, Hamburg 1986 Abb. S. 319
Gerdes, Ludger 87, 118ff., 125, 127, 129, 204, 221, 242, 268–278, 304f.
»Hamburger Stern«, Hamburg 1986 305, 307; Abb. S. 118, 273, 306
»Schiff für Münster« 242
»Der versiegelte Brunnen« 119
Gerz, Esther und Jochen 94, 125f., 129, 177–183, 344
»Mahnmal gegen den Faschismus«, Hamburg 1986 177, 344; Abb. S. 179, 181
Gilow, Fritz 302
Glasmacher, Rolf 302
Glasmeier, Rolf 126
Gloßner, Wolf 302
Glozer, Laszlo 277
Gode-Luerßen, Heidrun 89
Goebbels, Joseph 12f., 35ff., 157
Göhler, Adrienne 257
Goethe, Johann Wolfgang von 24
Gonzales, Julio 169
Goodman, Nelson 276, 278
Gorbatschow, Michail 113
Goya, Francisco 164
Grasskamp, Walter 87, 89, 98, 115, 147f., 227–230, 347
Greune, Karl-Heinrich 302
Gropius, Walter 32, 33, 44
»Denkmal für die Märzgefallenen«, Weimar 1920/21 Abb. S. 32
»Teilansicht des Bauhauses«, Dessau 1926 Abb. S. 30
Grzimek, Waldemar 165
Günther, Monika 126f.
Günzel, Robert 165
Gutenberg, Johannes 24

Haarmann, Fritz 164
Habermas, Jürgen 221, 269
Häusser, R. 257
Haffke, Bert
»1 + 1«, Berlin 1986 86
Hahm, Constantin 328
Wandmalereien in den Sozialwissenschaftlichen Instituten, Hamburg 1987 Abb. S. 328
Hajek, Otto Herbert 54, 168
»Halle 6«, Kampnagelfabrik Hamburg 1982 93, 299f., 320
»Hamburg 1989« 18, 314
Hammann, Barbara 301
Hardung, Marcel 126
Harten, Jürgen 228, 230
Harth, Dietrich 167
Hartmann, Arnold Abb. S. 26
Hassemer, Volker 99, 100f., 115; Abb. S. 102
Haus Rucker Co. 80
Hauser, Erich 46
Hawoli 89; Abb. S. 84
»Kran«, Bremen 1978 83; Abb. S. 82 unten
Heartfield, John 168
Hedinger, Bärbel 167, 309
Heidegger, Martin 221
Heinsohn, Ingrid 337
Wandmalerei »Ottenseer Industriegeschichte«, Hamburg 1985 Abb. S. 337
Heise, Carl Georg 13, 148
»Plastik im Freien«, Hamburg 1953 148
Heisenberg, Werner 254
Heller, André 288
Hellinger, Horst 279ff., 319, 331
»Findlinge am Kuhmühlenteich«, Hamburg 1984 Abb. S. 331
»ohne Titel«, Hamburg 1986 Abb. S. 281
»Platzgestaltung Spadenteich«, Hamburg 1986 319
Helms, Dietrich 206–210, 304, 347
Hentschel, Martin 327
Herlyn, Sunke 43, 89

Herrmann, Peter 338
»Theater und Leben« Hamburg 1986 Abb. S. 338
Hertel, Arnold 68f.
Heynen, Julian 332
Hick, Ute 341
»Oase«, Hamburg 1985 341
Hien, Albert 116, 125f., 129
Hilgemann, Ewerdt 83; Abb. S. 84
Hiltmann, Jochen 343f.
Hinz, Berthold 44, 167
Hitler, Adolf 34, 44, 155, 171f.
Hoberg, Gabriele 309
Höpfner, Christian 165
Hoetger, Bernhard 32, 167
»Zyklus der Arbeit«, Bremen 1928/1974 76f.
»Pieta«, Bremen 1919 77; Abb. S. 31
Hoffmann-Axthelm, Dieter 169
Hofmann, Werner 43, 254, 258, 168
Hohmeyer, Jürgen 171–176, 304, 347
Holzer, Jenny 142
Homann, Susanne siehe »Trafo«
Honisch, Dieter 257
Honnef, Klaus 15, 45–52, 71, 234, 347
Horn, Rebecca 141f.
Hrdlicka, Alfred 94, 150–170, 308f.; Abb. S. 151, 165
»Entwurf für das Friedrich-Engels-Monument«, Wuppertal 1977 158; Abb. S. 159
»Friedrich Engels«, Wuppertal 1979–81 158f., 164, 169f.
»Gegendenkmal«, Hamburg 1985/86 150–176; Abb. S. 152, 173f.
»Fluchtgruppe Cap Arcona«, Hamburg 1986 150, 160f., 165; Abb. S. 161, 174
»Hamburger Feuersturm«, Hamburg 1985 150, 156f., 159, 169, 172, 175, 308; Abb. S. 174
»Hommage für Erich Fried«, 1986 162
»Plötzenseer Totentanz«, Berlin 1970/72 157
»Skizze des Hakenkreuzes als Galgen von Plötzensee«, 1983 Abb. S. 158
»Skizze für das Gegendenkmal«, 1983 Abb. S. 156
»Sterbender«, »Marsyas«, Bremen 1981 77, 83; Abb. S. 78
»Waldheimat« 176
»Wie ein Totentanz«, 1974 157
Hubant, Joel 301
Huber, Axel 310
»ohne Titel«, Hamburg 1982 Abb. S. 310
Huber, Stephan 120f., 125, 129, 282f., 304f.
»Helden der Arbeit«, Hamburg 1986 120f., 305; Abb. S. 121, 283
»Rote Sonnen«, Essen 1987 Abb. S. 125

Iden, Peter 86f., 89, 115
»Im Auftrag«, Essen 1987 18, 124–131
Immoos, Franz 302
Installationen und Projekte um das Künstlerhaus Weidenallee, Hamburg 1982 301
»International Sculpture Exhibition«, Sonsbeek 1986 116, 133, 148
Ipostéguy, Jean 61
»Alexander der Große vor Ecbatane – Der Mensch baut eine Stadt«, Berlin 1979 Abb. S. 65

Jacobi, Peter 83; Abb. S. 84
Jaeger, Roland 167ff., 309, 343
Jahnn, Hans Henny 325
Jakubaschke, Sigrun 300
Jangiro, Angiola 301
Jankowski, Adam 319
Wandmalerei am Kino Metropolis, Hamburg 1986 Abb. S. 319
Janßen, Karl-Heinz 167
»Jenisch-Park«, Hamburg 1986 18f., 93, 116–123, 237, 260, 304–307
Jean Paul 160
Jenni, Ulrike 169f.
Jochimsen, Margarethe 89
Judd, Donald 148, 269
Jung, Klaus 116, 126f., 301
Jurszo, Ralf 313, 317
Sieben Bildsäulen im Hauptbahnhof, Hamburg 1984 Abb. S. 313
Wandmalerei im Kleckstheater, Hamburg 1985 317

Kähler, Gerd 44
Kafka, Franz 252
Kahl, Margrit 300, 302, 328f.
»Bodenprojektion«, Hamburg 1982 Abb. S. 301
Synagogenmonument am Grindel, Hamburg 1988 Abb. S. 328
Kandinsky, Wassily 233, 258
Kant, Immanuel 22, 43, 257
Kaufhold, Enno 333
Keller, Eckhart 312f.
»Hilfe in der Not«, Hamburg 1982 Abb. S. 330
Kempas, Thomas 99
Kiecol, Hubert 299, 304f., 341
»Bank«, Hamburg 1986 305f.
Skulptur für den zentralen Platz in Buchenkamp, Hamburg 1985 Abb. S. 341
Kienholz, Edward und Nancy 98, 100f., 230
Kipphoff, Petra 288
Kirchner, Wulf 302
Kirkeby, Per
»ohne Titel«, Bremen 1988 Abb. S. 85 rechts
Kishon, Ephraim 106, 115
Klee, Paul 168
Klein, Astrid 299, 320
»Endzeitgefühle«, Hamburg 1982/1986 Abb. S. 320
Klessmann, Eckart 317
Klingelhöller, Harald 116, 331f.
»Die Blaue Blume«, Hamburg 1984 331f.
Kluge, Silvia
»Stein, Wasser, Wellen«, Berlin 1988 Abb. S. 69
Klumpp, Dieter 170
Kock, Hans 314, 317f.
»Schöne Hamburgerin«, Hamburg 1984 Abb. S. 314
Köker, Azade Abb. S. 63
König, Kasper 86, 132–135, 258, 320
Könitz, Peter 302
Koether, Bernd 342
»Beule«, Hamburg 1982 342
Kohl, Helmut 99
Kollwitz, Käthe 152
Koriath, Helen 124–131, 347
Koselleck, Reinhart 167
Kotte, Wauter 169
Kozlowski, Jaroslaw 302
Kramer, Michael 299
Krappen, Volker 258
Krempel, Ulrich 129, 177–183, 347
Kremser, Engelbert 81
Kricke, Norbert 132
Kriwet, Ferdinand
»TALK WALK«, Monschau 1970 Abb. S. 50 unten
Kröhnke, Anka 342
»Herbstkomposition«, Hamburg 1982 342
Kröll, Friedhelm 44
Kronsbein, Joachim 170
Kroon, Harrie de 301
Krüger, Jochen 299
Kruger, Barbara 125
Kubach-Wilmsen, Anna-Maria und Wolfgang 83; Abb. S. 84
Künstlerwerkstatt in Ochsenzoll, Hamburg 1982 336, 191–197
Kujath, Christa 170
Kummer, Raimund 66, 125, 129, 257, 284f.
»Stück für Bagger, Vibrator und Stahlträger«, Berlin 1979 Abb. S. 285
Kumrow, Klaus 116, 286, 299, 304, 306
»ohne Titel«, Hamburg 1989 Abb. S. 286
»ohne Titel«, Hamburg 1986 (Jenisch-Park) 306
Kundtsen, Wernfried 315
»Wandmalerei im Karolinenviertel«, Hamburg 1984/85 Abb. S. 315
Kunert, Günter 170
»Kunst in der Landschaft« 18
»Kunst im 3. Reich. Dokumente der Unterwerfung«, Frankfurt/M. 1974 44
»Kunst im Stadtbild« von »Kunst am Bau« zu »Kunst im öffentlichen Raum«, Bremen 1976 43f., 61, 71–89, 234
Kuöhl, Richard 151f., 167, 171, 309
»Denkmal für den Coburger Convent«, Coburg 1926 152

»Denkmal für das Infanterieregiment Nr. 76«, Hamburg 1936 171, 173, 176, 309; Abb. S. 152, 153, 165, 173
»Helm ab zum Gebet«, Lübeck 152

Lasker-Schüler, Else 282
Laute, Rolf 93, 300, 302, 311, 318
»Arche Noah«, Hamburg 1983 93, 331
»Kommunizierende Berge«, Hamburg 1983 311
»ohne Titel mit Vogel«, Hamburg 1983 Abb. S. 303
Le Corbusier 247
Lechner, Alf 45
Lehmbruck, Wilhelm 168
Lenhart, Johannes 301
Lersch, Heinrich 152f., 171
»Soldatenabschied«, 1914 152f.
Lewin, Michael 168f.
LeWitt, Sol 140f., 299
»Black Form, Dedicated to the Missing Jews«, Münster 1987 140f.; Abb. S. 141
»Monument für die jüdische Gemeinde in Altona« 18, 339
»White Pyramide«, Münster 1987 140; Abb. S. 140
Liebenwein-Krämer, Renate 167
Liehenau, Herbert 113
Lierschof, Günter 335
Wandmalerei in der Eimsbüttler Straße, Hamburg 1981 335
Liesen, Wolfgang 125, 129
Lingner, Michael 212–221, 238f., 246–256, 258, 277, 302, 347
Lippe, Rudolf zur 221
Liptow, Renate 334
Projekt im Altenpflegeheim Oberaltenallee, Hamburg 1985–1987 Abb. S. 334
Loeding, Peter 314, 327, 333, 342
Bilder aus dem Alltag der Billstädter Polizei, Hamburg 1984 Abb. S. 314
Bilder für die Wachräume der Feuerwache 36, Hamburg 1982 342
Projekt im Altenpflegeheim Alsterberg, Hamburg 1985/86 Abb. S. 333
»In der Feuerwache 13«, Hamburg 1985 327
Lörcher, Wolfgang 104
Long, Richard 148, 299
»Wood Line«, Hamburg 1982 Abb. S. 299
Look, Ulrich 301
Ludwig I. von Bayern 270f.
Ludwig, Peter 168
Ludwig, Wolfgang 110
Lüscher, Ingeborg 302
Luginbühl, Bernhard 309
»Hafentorfigur an der Überseebrücke«, Hamburg 1982 309; Abb. S. 310
Luhmann, Niklas 253ff., 258, 274, 278
Lurz, Meinhold 167f.
Luther, Adolf 45
Luther, Martin 24
Luy, Wolfgang 119, 126f., 299, 301, 304, 306, 322
»Labyrinth«, Hamburg 1986 122, 306; Abb. S. 119
Projekt in der Fußgängerzone Tibarg, Hamburg (1982) 322
Luz dias Lino, Maria de 93, 312

Maciunas, George 72
Magritte, René 272
Manske, Hans-Joachim 43, 44, 71–89, 347
Manz, Achim 85
Marcuse, Herbert 258
Maria, Walter de 15, 71, 148, 203ff.
Marjanov, Wasa 125, 129
Marquard, Odo 167
Martens-de Beisac, Annette 300
Mataré, Ewald 247
Matschinsky-Denninghoff, Martin und Brigitte 98, 100, 106, 114, 169
Skulptur »Berlin«, Berlin 1987 106, 114
Matisse, Henri 247
McLean, Bruce 125, 129
Meier, Volker 338
Tafelbilder im S-Bahnhof Landungsbrücken, Hamburg 1986 Abb. S. 338
Meißner, Brigitte 167, 309
Merkel, Ursula 168

Merkert, Jörn 99
Merz, Mario 299
Meschede, Friedrich 132–148, 347
Metzel, Olaf 98, 99, 100, 104, 125, 129, 304, 306; Abb. S. 102, 112 unten, 120
»13. 4. 81«, Berlin 1987 102, 108, 113, 115; Abb. S. 109
»Eichenlaubstudie«, Hamburg 1986 Abb. S. 306
»NEWS«, Essen 1987 Abb. S. 128
Mewes, Claus 308
Meyer-Rogge, Jan 89, 94, 287–289, 325
»Mastbaum«, Bremen 1978 83; Abb. S. 82 oben
»Gestürzter Stamm«, Hamburg 1983, 325; Abb. S. 289
Michael, Wolfgang 302
Michelangelo (Buonarroti) 49, 175, 225
Mields, Rune 45
Mielsch, Beate 21–44, 347
Mies van der Rohe, Ludwig 32
Mittig, Hans-Ernst 43, 115, 167
Miyata, Kazue 300
Möller, Jörg 93, 332f.
Möller, Marion 326f.
Wandmalereien in Verwaltungsräumen, Hamburg 1985 Abb. S. 326
Mößinger, Ingrid 169
Mol, Kees 301
Mondrian, Piet 252
Moore, Henry 54, 148
Motte, Manfred de la 48
Müller, Manfred 116
Münch, Ingo von 9, 170

Naegeli, Harald 228
Nauman, Bruce 148, 299
Nemeczek, Alfred 343
Nerdinger, Winfried 167
Nesch, Rolf 12
Neuenhausen, Siegfried 69, 80f., 89, 93, 191–197, 347
Projekt in Ochsenzoll, Hamburg 1982 191–197, 330; Abb. S. 192, 193, 197
Bildhauerwerkstatt Oslebshausen, Bremen 1978/79 80; Abb. S. 81
Neuffer, Martin 48
Niebuhr, Louis 83; Abb. S. 84
Nierhoff, Ansgar 169
Nieslony, Boris 302
Nipperdey, Thomas 43, 44
Nissen und Keller 94
Nissen, Sönke 312f., 330
»Hilfe in der Not«, Hamburg 1982 Abb. S. 330
Nolde, Emil 168
Nordman, Maria 18, 242

Odenwald, Ralf-Rainer 313, 317
Sieben Bildsäulen im Hauptbahnhof, Hamburg 1984 Abb. S. 313
Wandmalerei im Kleckstheater, Hamburg 1985 317
Oelze, Richard 168
Oldenburg, Claes 145f., 148
»Giant Pool Balls«, Münster 1977 145; Abb. S. 146
»Olympische Spielstraße«, München 1972 15, 71
Ontani, Luigi 301
Opper, Dieter 89
Oppermann, Anna
»Pathosgeste«, Hamburg 1984–1987/1989 339
Osterwold, Tilman 53–60, 347
Osthaus, Karl Ernst 124
Otto, Waldemar 165, 336
»Zur Schicht«, Bremen 1983 77; Abb. S. 78 links
»Adam plündert sein Paradies«, Hamburg 1982 Abb. S. 336

Paduck, Uwe 93, 300
Wandmalerei im Ausländerzentralamt, Hamburg 1983 312
Paladino, Mimmo 221, 299; Abb. S. 299
Palladio, Andrea 49
Panamarenko
»Raumschiff General Spinaxis« 1978 83

Papen, Franz von 155
Paschen, General 151
Pasolini, Pier Paolo 158, 164
Paulsen, Renate
»Die vierzehnte Klasse«, Bremen 1986/87 85
»Zwölf Tröge«, Bremen 1986/87 85
Paulwitz-Matthäi, Peter 332f.
Penck, A. R. 147, 329
Penth, Boris 170
Perucchi-Petri, Ursula 190
Psemani, Sandra 301
Peters, H. 168
Pfahler, Georg Karl 168
Pfeiffer, Andreas 169
Phillips, Patricia 243
Picasso, Pablo 168, 180, 252, 258
»Mann mit Lamm« 180
»Picobello – Kunst aus Zwischenräumen«, Aktion der IBA Berlin mit Kreuzberger Selbsthilfe-Projekten, Berlin 1985 69, 70
Pitz, Hermann 66, 121, 125f., 129, 304, 307
»u«, Hamburg 1986 307
Pixa, Manfred 315
»Wandmalerei im Karolinenviertel«, Hamburg 1984/85 Abb. S. 315
Plagemann, Volker 10–20, 43, 44, 89, 167
»Plastik im Freien«, Hamburg 1953 15, 17, 148
Platschek, Hans 168
Pohlen, Annelie 116–123, 347
Poppe, Ine 301
Poppel, Jacques van 301
Prager, H. G. 158, 169
Prigann, Hermann
Projekt am Barmbeker Bahnhof, Hamburg 1982 301
Prinz, Bernhard 119, 122, 290f., 304, 307, 346
»Repertoire und Resonanz«, Hamburg 1986 87; Abb. S. 117
»Zitronenpresse«, Hamburg 1987 346; Abb. S. 291
»Promenade«, Parc Lullin, Genf 1985 133, 148
Raap, Jürgen 301
Raddatz, Fritz J. 168
Radermacher, Norbert 85, 116
Raeck, Karina 94, 324
»Oase«, Hamburg 1985 Abb. S. 324
Rahmann, Fritz 257, 292f.
»Horizontale Linie«, Leeuwarden 1973 Abb. S. 293 oben
»U-Bahn-Trajekt«, Berlin 1980 Abb. S. 293 links unten
Kamerafahrten zusammen mit Florian Kleinefenn, Bremen 1987 Abb. S. 293 rechts unten
Rainer, Arnulf 175
Ranke-Heinemann, Uta 154
Ranslett, Arne 345
»Tubaspieler«, Hamburg 1982/1987 345
Reagan, Ronald 113
Rebec, Jadranko 313, 317
Sieben Bildsäulen im Hauptbahnhof, Hamburg 1984 Abb. S. 313
Wandmalerei im Kleckstheater, Hamburg 1985 317
Reck, Hans Ulrich 240
Recker, Thomas 79
»Faschismus und Widerstand«, Wandbild in Bremen-Hastedt 1983 79
Reddin-Kienholz, Nancy 100, 101
Rée, Anita 12
Reiff, Sabine 93, 196, 330
Reineking, James 126, 129
»Dislocator«, Essen 1977/1987 126
Reisch, Linda 110
Rheinsberg, Raffael 83, 89, 317
»Kanäle – Fleete«, Hamburg 1985 317
Richter, Gerhard 137
Rickey, George 98, 99, 100, 132
»Rotierende Quadrate«, Münster 1973 132
Ringel, Erwin 157, 169
Robbins, Leslie Abb. S. 63
Rodin, Auguste 132, 167
Romain, Lothar 88, 231–240, 347
Rosenberg, Alfred 44, 153, 168
Roters, Eberhard 99, 233
Roth, Hans 300, 302

Rothlach, Regine 93, 300
»Glück und Hoffnung«, Hamburg 1983 312
Rudolph, Bernhard 343
Rübsam, Jupp 167
Rückriem, Ulrich 126, 129, 137f., 148, 160, 169, 176, 206–211, 288, 299, 310; Abb. S. 300
»Dolomit, zugeschnitten«, Münster 1976/86 137; Abb. S. 138
Heinrich-Heine-Denkmal, Bonn 1982 158
»Skulpturen für Hamburg« 206–211
»Zweiteiliges Ensemble aus Anröchter Dolomit«, Hamburger Kunsthalle 1984 303; Abb. S. 207
»Ensemble aus sieben Teilen«, Kampnagelfabrik, Hamburg 1984 303f.; Abb. S. 208
Skulpturenpark Moorweide, Hamburg 1984 93, 176, 206, 304
»Tempel und Säule auf der Moorweide«, Hamburg 1984 206, 304; Abb. S. 209
»Zwei Dreiecke auf der Moorweide«, Hamburg 1984 206, 304; Abb. S. 209
»Gedenkstein für die deportierten Juden an der Moorweidenstraße« Hamburg 1983 96, 206, 322f.; Abb. S. 210
»Tempel« vor der Ruine der Nikolaikirche, Hamburg 1984 206, 304; Abb. S. 211
»Stele«, Bremen 1988 85; Abb. S. 85
Ruhnau, Werner 15, 71
Runge, Philipp Otto 251, 258
Rungenhagen, Ulf 301
Ruthenbeck, Reiner 299; Abb. S. 55
Rutenberg, Lüder Abb. S. 23

Saheb, Oveis 126f., 129
Saint-Phalle, Niki de 71
Salomé 258
Sauerlandt, Max 12
Saul, Manfred 89
Schächtele, Joachim 310
»ohne Titel«, Hamburg 1982 Abb. S. 311
Schäuble, Frieder 43, 44
Schauer, Lucie 99
Schiller, Friedrich 22, 24, 221, 256, 258
Schilling, Johannes 317
Schlaun, Johann Conrad 139, 141f., 148
Schlegel, Friedrich 251, 258
Schlemmer, Oskar 168
»Die Schlumper« 318
Schmalenbach, Werner 168
Schmid, Karlheinz 307
Schmidt, Pascal 332f.
Schmidt-Heins, Barbara 299
Schmidt-Heins, Gabriele 299, 329
»Tor in Eimsbüttel«, Hamburg 1989 Abb. S. 329
Schmidt-Wulffen, Stephan 18, 86f., 89, 237, 240, 241–245, 258, 347
Schmied, Wieland 169
Schmoll gen. Eisenwerth, J. A. 167
Schneckenburger, Manfred 98
Schneede, Uwe M. 89, 198–205, 287, 343, 348; Abb. S. 199
Schneider, Johannes 89
Schneider, Wulf 154, 168
Entwurfszeichnung für ein Gegendenkmal (mit Ulrich Böhme), Hamburg 1982 Abb. S. 155
Schrader, Hans-Dieter 335, 344
»Kommunikationsspirale«, Hamburg 1981 335
Schreiber, Ulrich 309, 343
Schrenk, Klaus 307
Schröder-Borm, Rolf 342
»Versunkene Kulturen«, Hamburg 1982 342
Schubert, Dietrich 150–170, 309, 348
Schuchardt, Helga 322
Schütt, Jutta 167, 309
Schütte, Thomas 120, 122, 126, 129, 135, 137, 148, 242, 299, 304, 307, 327
»Tor«, Hamburg 1986 120, 122, 307; Abb. S. 118
»Tisch mit zwölf Stühlen«, Münster 1986 327; Abb. S. 295
»Kirschensäule«, Münster 1987 137; Abb. S. 136
»Eispavillon«, Kassel 1987 242
Schumacher, Fritz 12, 317
Schurian, W. 337

Schuster, Hildegund 337
Wandmalerei »Ottenseer Industriegeschichte«, Hamburg 1985 Abb. S. 337
Schwarz, Bernhard 301
Seebass, Jochen 318
Sello, Gottfried 272f.
Sello, Kathrin 89
Semper, Gottfried 10, 12, 14, 28f., 33, 44
Serra, Richard 49, 56, 137–140, 143, 148, 160, 238, 239
»Tilted Arc«, New York 1981 139
»Trunk«, Münster 1987 139; Abb. S. 139
»Terminal«, Kassel 1982 239
Shimono, Kyoko 302
Siebeck, Wolfram 45
Sieveking, Monika 67
Sihle-Wissel, Manfred 337
Bronzeplastik auf dem Platz der Seefahrt, Hamburg 1985 337
»Skulptur«, Münster 1977 116, 227, 132f.
»Skulptur im 20. Jahrhundert«, Wenkenpark, Riehen/Basel 1980 133, 148
»Skulptur im 20. Jahrhundert«, Merianpark, Basel 1984 133, 148
»Skulptur Projekte in Münster« 1987 18f., 86, 87, 98, 116, 132–147, 227
»Skulpturenboulevard Kurfürstendamm Tauentzien« Berlin 1987 16, 18, 44, 64, 86, 97–131, 205
Skulpturenpark Moorweide, Hamburg 1984 93
Simon, Klaus 126, 128f.
»ohneTitel«, Essen 1987 Abb. S. 127
Smejkal, Jan 302
Semmer, Bettina Abb. S. 199
Sonderborg (Kurt Rudolf Hoffmann) 168
Soskic, Iljia 301
Späth, Lothar 272, 278
Speer, Albert 41; Abb. S. 35
Spindel, Ferdinand 45
Splettstösser, Peter Jörg 302
Sprayer von Moabit (anonym) 228
Sprayer von Zürich siehe Naegeli, Harald
»Stadt-Natur-Skulptur« Hamburg 1984 198
Staeck, Klaus 115, 168, 235
Steffahn, Harald 309
Steinbildhauerwerkstatt in Santa Fu, Hamburg-Fuhlsbüttel 1984–1986 338f.
Steingrobe, Fritz 312f.
Stemmler, Dierk 183–190, 348
Straka, Barbara 86, 89, 97–115, 348
Streich, Helmut 302
Stüttgen, Johannes 190; Abb. S. 199
Stuzmann, Hermann
»Liebe Hertha«, Wandbild in Bremen-Gröpelingen, 1979 78f.; Abb. S. 79
Suplie, Frank 67
Suvero, Mark di 56ff.; Abb. S. 56, 58, 59
»Symposion Nordseeküste«, Hamburg 1982 302
»Symposion Urbanum«, Nürnberg 1971 15, 71
Syring, Eberhard 81, 89
Szeemann, Harald 257
Szemenyey-Nagy, Tibor 302
Szymanski, Rolf 98, 100

Tanzerl, Dietmar 301
Tarnowski, Wolfgang 154
Taut, Bruno 152, 167
Telemann, Georg Philipp 317
Teut, Anna 44
Thiele, Rolf 79f.
»Gewalt und Idylle«, Wandbild in Bremen-Huckelriede, 1981 79, 80
Thorak, Josef Abb. S. 37, 38
Tittel, Lutz 167, 309
»Trafo« (Susanne Homann) 335
Freiflächengestaltung in den Alsterdorfer Anstalten, Hamburg 1988 335
Tuaillon, Louis Abb. S. 27
Turrini, Peter 176

Udo, Nils 302
Uecker, Günther 45
Ufer, Johannes 344
Mauerwerkrelief am Polizeirevier 46, Hamburg 1984 344
Uhlmann, Hans Abb. S. 42 links

Ulrichs, Timm 126, 129, 302, 344
»Umwelt-Akzente«, Monschau 1970 15, 18, 45–52, 71, 233

Valenta, Rudolf Abb. S. 63
Vasari, Giorgio 225
Verheyen, Alf 45
»Verlorene Bilder, verschwendete Zeit, vergeudete Liebesmüh«, Wandmalereiaktion in der Kampnagelfabrik, Halle 36, Hamburg 1982 300f.
Vernunft, Burkhard 300, 312, 341
Vimercati, Elio 301
Virnich, Thomas 116
Völker, Otto 303
Voigt, Werner
»Alsterdorfer Passion«, Hamburg 1986 Abb. S. 318
Vorländer, Karl 257
Vostell, Wolf 98, 99, 100, 102, 104, 115
»Beton-Cadillacs«, Berlin 1987 102, 104, 106, 113, 114, 115; Abb. S. 111
Vries, Gerd de 258

Wagner, Elisabeth 299
Wagner, Klaus 168
Wagner, Richard 28, 44
Walden, Hans 167, 309
Wall, Jeff 270
Waller, Jürgen 77, 89
Wandbild am Pastorenweg, Bremen 1978 Abb. S. 76
Walther, Franz Erhard 212–221, 296f., 299, 320f.; Abb. S. 297
»1. Werksatz«, 1963–1969 212f., 216f.
»2. Werksatz« 216, 218
»Stand- und Schreitstücke« 216
»Sockel« 216
»Wandformationen« 216
»Sieben Orte für Hamburg«, 1989 18, 212–221, 320f.; Abb. S. 213–219, 296, 321
Walther, Rainer 221, 258
Wandmalereiaktion »Triptychon«. Kampnagelfabrik, Halle 36, Hamburg 1983 302f.
Warneken, B. J. 258
Warnke, Martin 43, 44, 48, 86, 89, 115, 223–226, 247, 257f., 272, 274, 276, 277, 278, 348
Waschk-Balz, Doris 94, 323, 340f.
Monument vor der ehemaligen Synagoge Oberstraße, Hamburg 1983 Abb. S. 323
Bronzeplastiken im Altenpflegeheim Hamburg-Farmsen, 1984 Abb. S. 340
Wassermann, Beate 303, 337
Raumbezogene Wandmalerei, Kampnagelfabrik, Halle 36, Hamburg 1982 Abb. S. 300
Skulpturen für das Altonaer Kinderkrankenhaus, Hamburg 1985 337
Wawrin, Isolde 301
Weber, Ilona und Wolfgang 126
Weber, Jürgen 169
Weber, Karl 90–95, 189f., 343, 348
Weber, Max 269
Weiner, Lawrence 45
Weingarten, Susanne 163, 170
Weisser, Michael 43, 44, 89
»Weltenbühne«, Giebelgestaltung für den Abenteuerspielplatz an der Spree, Berlin-Kreuzberg (1989 noch in Arbeit) 67f.
Welti, Alfred 304, 345
Werner, Gabriele 167, 168, 170, 309
Wettbewerb zur Bemalung von Bunkern, Hamburg 1982 302
Wettbewerb zur Umgestaltung des 76er Denkmals, Hamburg 1981 308f.
Wieck, Heinz 302
Wildermuth, A. 221, 258
Wilhelm I., dt. Kaiser 26; Abb. S. 25
Wilhelm II., dt. Kaiser 26, 141
Wittkuhn, Detlef 308
Wolff, Carl Emanuel 299
Wulf, Joseph 44

Yalter, Nie 126

Zadkine, Ossip 180, 237
Zorio, Gilbert 299
Zweite, Armin 168

DuMont Dokumente: Auswahl

Arnheim, Rudolf
Anschauliches Denken
Zur Einheit von Bild und Begriff

Backes, Klaus
Hitler und die bildenden Künste

Baldissera, Fabrizia/Michaels, Axel
Der Indische Tanz

Baumgart, Fritz
DuMont's Kleine Kunstgeschichte

Baumgart, Fritz
Stilgeschichte der Architektur

Baumeister, Willi
Das Unbekannte in der Kunst

Bischoff, Ulrich (Hrsg.)
Romantik und Gegenwart

Blaeser, Rolf
Federico García Lorca als Zeichner

Boulboullé, Guido/Zeiss, Michael
Worpswede
Kulturgeschichte eines Künstlerdorfes

Braunfels, Wolfgang
Abendländische Stadtbaukunst

Braunfels, Wolfgang
Abendländische Klosterbaukunst

Braunfels, Wolfgang
Kleine italienische Kunstgeschichte

Brucher, Günter
Barockarchitektur in Österreich

Brucher, Günter
Die sakrale Baukunst Italiens im 11. und 12. Jahrhundert

Budde, Rainer
Köln und seine Maler 1300–1500

Burckhardt, Lucius
Die Kinder fressen ihre Revolution

Buttlar, Adrian von
Der Landschaftsgarten
Gartenkunst des Klassizismus und der Romantik

Coubier, Heinz
Europäische Stadt-Plätze

Decker, Edith
Paik Video

Eckstein, Hans
Die Romanische Architektur

Faust, Wolfgang Max / Vries, Gerd de
Hunger nach Bildern
Deutsche Malerei der Gegenwart

Franzke, Andreas
Skulpturen und Objekte von Malern des 20. Jahrhunderts

Göttler, Gerhard
Die Tuareg
Kulturelle Einheit und regionale Vielfalt eines Hirtenvolkes

Grabar, Oleg
Die Alhambra

Grimme, Ernst Günther
Die Geschichte der abendländischen Buchmalerei

Gronemeyer, Reimer/Rakelmann, Georgia A.
Die Zigeuner

Hansmann, Wilfried
Baukunst des Barock

Hansmann, Wilfried
Gartenkunst der Renaissance und des Barock

Herzogenrath, Wulf/Decker, Edith
Video-Skulptur
retrospektiv und aktuell 1963–1989

Hofmann, Werner
Nana
Mythos und Wirklichkeit

Holländer, Hans/Thomsen, Christian W. (Hrsg.)
Besichtigung der Moderne: Bildende Kunst, Architektur, Musik, Literatur, Religion

Imdahl, Max (Hrsg.)
Wie eindeutig ist ein Kunstwerk?

Jetter, Dieter
Das europäische Hospital

Kitzinger, Ernst
Byzantinische Kunst im Werden

Klee, Felix (Hrsg.)
Paul Klee Tagebücher 1898–1918

Klimkeit, Hans-Joachim
Die Seidenstraße

Küppers, Harald
DuMont's FARBEN-ATLAS
Über 5500 Farbnuancen mit Kennzeichnung und Mischanleitung

Küppers, Harald
Harmonielehre der Farben
Theoretische Grundlagen der Farbgestaltung

Kultermann, Udo
Die Architektur im 20. Jahrhundert

DuMont Dokumente: Auswahl

Maenz, Paul
Art Deco 1920–1940

Meulen, Jan van der / Hohmeyer, Jürgen
Chartres
Biographie der Kathedrale

Murken, Axel Hinrich
Vom Armenhospital zum Großklinikum

Murken-Altrogge, Christa / Murken, Axel
Vom Expressionismus bis zur Soul and Body Art
Moderne Malerei für Einsteiger

Naredi-Rainer, Paul von
Architektur und Harmonie
Zahl, Maß und Proportion in der abendländischen Baukunst

Neumann, Wolfgang
Die Berber
Vielfalt und Einheit einer alten nordafrikanischen Kultur

Emil Nolde Mein Leben
Herausgegeben von der Stiftung Seebüll Ada und Emil Nolde

Nußbaum, Norbert
Deutsche Kirchenbaukunst der Gotik
Entwicklungen und Bauformen

Panofsky, Erwin
Studien zur Ikonologie
Humanistische Themen in der Kunst der Renaissance

Pawlik, Johannes (Hrsg.)
Goethe Farbenlehre
Didaktischer Teil
Textauswahl mit einer Einführung und neuen Farbtafeln

Pawlik, Johannes
Praxis der Farbe
Bildnerische Gestaltung

Pawlik, Johannes
Theorie der Farbe

Pawlik, Johannes / Straßner, Ernst
Bildende Kunst
Begriffe und Reallexikon

Reuther, Manfred
Das Frühwerk Emil Noldes
Hrsg. von der Stiftung Seebüll Ada und Emil Nolde

Rewald, John
Die Geschichte des Impressionismus

Rewald, John
Von van Gogh bis Gauguin

Richter, Hans
Dada – Kunst und Antikunst
Der Beitrag Dadas zur Kunst des 20. Jahrhunderts

Romain, Lothar (Hrsg.)
Kunstfonds e. V.
Modell einer Förderung

Sager, Peter
Neue Formen des Realismus
Kunst zwischen Illusion und Wirklichkeit

Schneede, Uwe M. (Hrsg.)
Künstlerschriften der 20er Jahre

Schreiber, Ulla
Modelle für humanes Wohnen
Moderne Stadtarchitektur in den Niederlanden

Schwitters, Kurt
Anna Blume und andere
Literatur und Grafik
Hrsg. von Joachim Schrenk

Selle, Gert
Design-Geschichte in Deutschland

Stützer, Herbert Alexander
Die italienische Renaissance

Thomas, Karin
Bis Heute: Stilgeschichte der bildenden Kunst im 20. Jahrhundert

Thomas, Karin
Zweimal deutsche Kunst nach 1945

Thomsen, Christian W.
LiterArchitektur
Wechselwirkungen zwischen Architektur, Literatur und Kunst im 20. Jahrhundert

Tietzel, Brigitte
Geschichte der Webkunst

Waldberg, Patrick
Der Surrealismus

Wescher, Herta
Die Geschichte der Collage
Vom Kubismus bis zur Gegenwart

Wick, Rainer
Bauhaus-Pädagogik